유대인
인생의
비 밀

The Secret of Jewish Coaching
ⓒ Benny Gal
Published in Hebrew by BSD, 2012
All rights reserved.

Korean Translation Copyright ⓒ 2015 by a tempo, in imprint of Munhakdongne Publishing Group.
Published by arrangement with Asia Publishers Int., Israel (asia01@netvision.net.il) through BC Agency, Seoul.

무엇이 그들을 특별하게 만드는가?

유대인
인생의
비밀

The Secret of Jewish Coaching

베니 갈 지음 | 박상은 옮김

아템포

CONTENTS

독자 여러분에게

나의 특이한 코칭 이야기는 22년 전, 비즈니스맨을 위한 특강에서 시작되었습니다. 그 당시에는 코칭 분야가 걸음마 단계에 있을 때였지요.

10년 전, 나는 다양한 경험을 쌓게 해준 광고 회사 경력에 마침표를 찍고, 평소에 애착을 느끼던 코칭에 몰두하기로 했습니다. 그리고 10년이라는 세월과 많은 자본을 들여 '유대식 코칭 모델'을 개발했습니다. 이 모델은 토라의 지혜와 카발라, 하시디즘 철학, 전통적인 유대 윤리, 《탈무드》의 가르침에 기초를 두고 있습니다.

그동안 천 명이 넘는 사람들이 우리의 코칭 과정에 직접 참여했고, 수만 명의 사람들이 라디오와 인터넷을 통해 유대식 코칭에 대한 방송을 들었습니다. 또한 이스라엘과 세계 전역에서 수백 쪽에 달하는 질문지와 감사 편지가 날아왔습니다. 그리고 이제, 그 강의를 엮어 책으로까지 출간하게 되었습니다.

이 책은 소설 형식으로 구성되어 있는데, 이는 독자 여러분을 소형 카메라와 고성능 마이크가 설치되어 있는 듯한 조용한 방으로 데려다줄 것입니다. 그래서 여러분은 내부에서 코칭 과정을 경험하게 되고, 바로 눈앞에서 코칭이 이루어지는 것처럼 생생한 현장감과 코칭 과정의 에너지를 느낄 수 있을 것입니다.

이 책에서 '고객'은 코칭을 통해 실제적이고 빠른 변화를 이루고자 합니다. 하지만 코칭이 시작되기도 전에 여러 단계의 준비 과정을 거치고, 코칭의 언어를 배우며, 새로운 기술들을 습득해야 한다는 것을 발견하고 놀라게 되지요. 이런 '준비'는 삶을 진정으로 변화시키고자 하지만, 자신의 오랜 습관으로는 그렇게 하기가 힘들다는 것을 아는 사람에게 꼭 필요한 과정입니다. '고객'(이 책의 저자인 나)을 따라가다 보면, 그가 어떻게 의지와 에고를 그리고 그의 삶을 지배하던 오랜 습관들을 다루는지 알게 될 것입니다. 그렇습니다. 이 책에는 내 개인적인 삶이 상당 부분 드러나 있는 게 사실입니다. 하지만 나는 여러분에게도 자신의 내면을 드러내 보일 것을 권합니다. 그렇게 하면 다른 사람에게 멋지게 보이고 싶어하는 마음에서 벗어나 자기 자신이나 다른 사람들과 따스하고 인간적인 접촉을 할 수 있게 될 테니까요.

이 책에서 내가 가장 많은 관심을 기울인 세상은 바로 여러분, 독자들입니다. 유대의 현자들은 여러분을 '작은 세상'이라고 하고, 세상을 '큰 인간'이라고 했습니다. 그리고 여러분이 세상인 동시에 성소(聖所, 구약시대에 제사장이 하나님에게 제물을 바치고 의식을 베풀던 곳)이기 때문에 충만하고 행복한 삶을 영위하는 데 필요한 힘을 모두 갖고 있다고 가르쳤습니다. 유대식 코칭에서 가장 많이 다루는 영혼의 근육은 믿음—인간에 대한 믿음과 인류에게 무언가를 선택할 수 있는 힘이 있다는 믿음—의 근육입니다. 이 강력한 근육을 완벽하게 발달시키면 그에 대한 연쇄 반응으로 성장과 치유가 일어나고, 삶에서 접하는 모든 선을 활용할 수 있게 됩니다.

여러분이 이 책의 독특한 여정을 따라 흥미진진한 여행을 하실 수 있기를 진심으로 바랍니다. 아마 그 첫 번째 여행지는 '단순성, 기쁨, 결과'가 될 것입니다.

여러분에게 따스한 포옹을 보내며,

베니 갈Benny Gal

일러두기
1. 본문에 인용된 성경 구절은 《개역개정판 성경전서》를 참고했다.
2. 본문에서 괄호 처리해 추가 설명한 부분은 모두 옮긴이 주이다. 원저자의 주석인 경우에는 '원주'라고 별도 표기했다.

큰 변화가 필요한 시간

The Secret of
Jewish Coaching

1장 큰 변화가 필요한 시간

●

츠비와의 첫 만남
유대식 코칭의 다섯 가지 기초
적응, 마음이 바라는 바, 믿음 안에서 하는 코칭

●

"계속 말해보게. 듣고 있으니까." 탈이 말했다. 우리는 그의 편안하고 쾌적한 사무실에 앉아 있었다. 탈 로넨은 나의 코치이다.

"사업은 잘 돼가나?" 탈이 물었다.

"다행히 괜찮은 편이라네. 이스라엘의 주요 기업들을 고객으로 모셔 수천만 셰켈(이스라엘 화폐 단위. 1셰켈은 한화로 약 300원)의 수익을 내고 있지. 직원들도 만족스러워하고 말일세."

탈은 상대방의 말에 다양한 반응을 보이는 법을 알고 있었다. 꼼짝도 않고 듣고 있는가 하면 눈물을 찔끔거리며 웃기도 하는 게 마치 이스라엘 코미디언 세피 리블린 같았다. 이번에는 눈가에 잔주름이 질 정도로 미소를 지으며 스핑크스 같은 눈동자로 나를 가만히 응시했다. 내 안에서 내면의 목소리가 중얼거렸다. '탈은 내가 본론으로 들어가기를 기다리고 있는 거야.'

"이야기를 하나 들려줌세." 내가 말했다.

탈은 자세를 고쳐 앉았다. "나는 자네 이야기를 좋아한다네." 그는 환하게 웃으며 말했다.

"매주 금요일이면 신문배달부가 우리 집 마당에 주말에 볼 신문들을 던져 넣고 가지. 마당에 신문이 쌓이면 나는 그 신문들을 가져와 거실 탁자 앞에 앉아서 하나씩 훑어본다네. 광고업자인 내 주된 관심사는 우리가 만든 광고가 각 신문의 어느 면에 실렸느냐 하는 거야. 어느 면의 어느 위치에 실리느냐에 따라 광고 효과가 달라지니까. 나는 광고를 자세히 살펴보고는 잘된 점과 잘못된 점을 기록해두었다가 일요일에 신문사 사장이나 광고 담당 팀장에게 전화를 걸어 칭찬을 하거나 소리를 지르기도 하지. 내 개인적인 취미에 대해 한마디 덧붙이자면, 나는 광고를 꼼꼼하게 살펴볼 뿐만 아니라 신문의 냄새까지 맡는다네. 잉크 냄새와 인쇄소, 신문을 쏟아내는 윤전기 따위를 좋아하니까.

그런데 2주 전 토요일에 서재에 들어갔더니 아직 읽지 않은 신문들이 책상 위에 쌓여 있는 게 아닌가. 갑자기 '아니, 아직 신문을 펼쳐보지도 않았잖아!' 하는 생각이 들더군. 참으로 이상한 일이었네. 나는 그 앞에 앉아 이게 대체 어떻게 된 일인지 자문해보았지. 왜 신문이 모두 새것 그대로 있는 것일까? 한참이 지나서야 내가 더 이상 신문에 흥미를 느끼지 못한다는 답이 나오더군. 글쎄, 어떻게 말해야 할지……. 참으로 묘한 기분이었네. 일주일 동안 아이에게 입맞춤을 하지 않다가 문득 내가 아이에게 관심이 없다는 사실을 깨달았을 때와 같은 느낌이라고나 할까. 적절한 비유는 아닐지 모르지만 뭐, 대충 그런 느낌이었네. 이런 뭐라 말할 수 없는 느낌을 깨닫기까지는 시간이 좀 걸렸어. 한 번도 펼쳐보지 않은 채 책상 위에 쌓여 있는 신문 더미를 보고 있으려니 마음이 착잡하더군. 그 일은 내가 매일 아침마다 고객들과 함께 새롭고 흥미진진한 세상으로 뛰어들었던 게 아니라 천 달러를 놓고 다른 회사들과 경쟁을 벌여왔던 것임을 깨닫는 계기가 되었네. 음식이 맛을 잃듯 신문이 향기를 잃은 거야. 내 인생에서 '광고 제작'이라고 하는 한 장章이 끝난 거지."

내가 말을 멈추고 탈을 힐끗 쳐다보니 그는 가슴을 문지르고 있었다.

어떤 사람들은 생각할 때 가슴을 문지른다. 우리 회사의 협력업체 사장인 내칙도 무엇인가 생각할 때면 가슴을 문지르곤 했다. 내가 무슨 말을 하려고 하자 탈이 가로막으며 "쉿!" 하고 말했다.

"그만할까?" 내가 물었다.

"아닐세." 그가 대답했다. "지금은 자네에게 변화가, 그것도 아주 큰 변화가 필요한 시점이야. 우리는 서로 오랫동안 알고 지내왔네. 하지만 이제 자네의 인생이 새로운 국면으로 접어든 것 같으니 내 자네에게 아주 특별한 친구를 소개해주지. 그는 츠비 구트먼이라고 하는 대단히 훌륭한 코치로, 애틀릿이라는 시골 마을에 살고 있다네. 원한다면 그의 전화번호를 알려주지. 그에게 안부 전해주게나."

나는 애틀릿에 있는 조그만 기차역에서 내렸다. 커다란 바늘이 달린 대형 시계가 플랫폼을 굽어보고 있었다. 나는 지난 수년간 그런 크고 잘 보이는 시계를 찾아왔다는 생각이 들었다. 하지만 시계 따위는 잊어버리기로 하고 지나가는 사람에게 길을 물어보았다. 그는 말없이 근처의 소나무 숲을 가리켰다. '비현실적인걸' 하고 나는 생각했다. 츠비의 집 앞에 도착해 문을 두드리자 수염을 기른 랍비가 나왔다.

"안녕하세요?" 그가 말했다.

"안녕하세요?" 나는 살짝 놀라서 대답했다. "츠비 구트먼 씨를 만나러 왔습니다만……."

"제가 츠비입니다. 만나서 반갑습니다."

"전화드렸던 베넨입니다. 탈 로넨의 소개로 왔지요."

츠비는 환히 웃으며 작은 소리로 말했다. "탈 로넨은 좋은 친구죠."

"제 코치랍니다." 내가 말했다.

"그럴 거라고 짐작했어요. 들어와서 차 한잔 하실래요?"

"그런데 탈과는 어떻게 아는 사인가요?"

"1980년대에 유즈와 더들리 뱅커, 스포트 비전 같은 미국 회사들을 위해 함께 일했죠." 츠비가 주방에서 대답했다. "당신은 탈을 어떻게 알게 됐는데요?"

"신문 기사를 보고 알았습니다." 내가 대답했다. "탈이 미국에서 귀국했을 때 그에 대한 기사가 크게 났더군요. 사실 나는 그 기사 내용을 한 마디도 이해하지 못했어요. 그 당시에는 매우 새로운 내용이었거든요. 요즘에는 코치가 흔하지만, 그 당시만 해도 그렇지 않았으니까요. 그 기사를 보고 나는 번개를 맞은 듯한 느낌이 들었어요. 그를 꼭 만나보고 싶었지요. 그래서 신문사에 전화했더니 친절하게 전화번호를 알려주더군요. 우리는 텔아비브에 있는 그의 사무실에서 만났어요. 탈은 그가 하는 코칭 강좌에 나를 초대했지요. 하지만 코칭이라고 하는 분야는 내게 너무 생소했어요. 집에 돌아와서 아내에게 뭐라고 설명할 수가 없었답니다. 아내는 가만히 듣더니 조용히 묻더군요. '그러니까 거기에 참석한다는 거죠?' 하고 말이에요. 그래서 그 강좌에 참석하게 되었죠."

"그게 언제였는데요?" 츠비가 말했다.

"1992년이었어요."

"그러니까 당신은 코칭에 대해 꽤 오랫동안 알고 계셨군요."

"그렇습니다." 내가 대답했다. "저도 코칭을 하는걸요. 코칭을 통해 사업의 기반을 다져왔으니까요."

"그런데 왜 저를 찾아오신 거죠?" 츠비는 나를 조용히 그리고 주의 깊게 응시했다.

"나는 이제 막 인생의 한 장을 마감했습니다." 내가 대답했다. "나는 꿈을 실현했어요. 예전에 품었던 비전을 온전히 실현했지요. 그래요, 다 이룬 겁니다. 하지만 꿈을 이루고 나니 만사가 허무하게 느껴졌어요. 이제는 아침에 눈을 뜨자마자 돈과 고객을 놓고 경쟁자들과 다퉈야 하는 게 싫습니다. 나는 이제 광고 일에 미련이 없습니다. 젊은이들은 이 일에 관심이 많지만, 나는 그렇지 않아요. 키부츠에서 마음이 떠나면 그다음엔 몸도 떠나게 되는 법이죠."

"키부츠에서 생활하셨나요?" 츠비가 물었다.

"네, 카르멜 산 중턱의 베이트오렌 키부츠에 있었습니다."

"베이트오렌이요? 여기서 가까운 곳이군요."

"네." 내가 대답했다. "어릴 때 이 근방의 밭은 거의 다 갈아보았을 겁니다."

"참 좋은 곳이죠." 츠비가 미소를 지으며 말했다.

"그렇습니다." 내가 대답했다. "그런데 요즘 내게 어떤 변화가 찾아온 것 같아요."

"그래서요?" 그가 물었다.

"그래서 탈에게 조언을 구했더니 당신을 만나보라고 하더군요."

"잠시 바깥으로 나가실래요?" 츠비가 권했다. "나가서 나에 대해 그리고 내가 하는 코칭에 대해 간단히 말씀드릴게요."

우리는 마당으로 나갔다. 츠비는 허리를 굽히고 커다란 무화과나무 가지 밑을 지나 널찍하고 편안한 접이 의자로 안내했다.

"이 녀석의 이름은 와플이랍니다." 츠비가 개를 쓰다듬으며 말했다. "나는 코치라는 흥미로운 직업이 처음 생겼을 때부터 지금까지 20년간 이 직업에 몸담아왔습니다. 이스라엘과 해외의 많은 기업을 위해 일했지요. 내가 하는 일은 주로 기업과 사회단체의 조직을 설계하고 리더십을 개발하는 것이었어요. 하지만 10년 전에 내면의 변화를 깊이 체험한 뒤부터 우리의 뿌리에 대해 관심을 갖게 되었죠.

아시겠지만, 우리는 코칭을 할 때 상대방의 내면에 있는 영적 자질에 대해 자주 이야기합니다. 코칭의 세계는 영혼에 대한 지식을 두 방향에서 흡수했다고 할 수 있는데, 하나는 전통적인 서구의 심리학이고 다른 하나는 영혼의 구조와 힘에 대해 설명을 제공하는 동방의 가르침과 여러 종교입니다. 우리는 에스키모 현자들과 샤먼들, 인디언들의 지혜와 불교, 기독교, 이슬람교의 통찰을 받아들이게 되었습니다. 확실히 선불교의 철학에는 심오한 무언가가 있고, 다른 종교에서도 많은 지혜를 얻을 수 있지요. 그러나 10년 전, 나는 어떤 세미나에 참석하게 되면서 변화의 필요성을 느꼈습니다. 그때 나는 잔디밭에 누워 있었는데 강사가, 우리에게 우리 안의 붓다가 드러나도록 집중할 것을 요청했습니다. 나는 한쪽 구석의 커다란 나무 밑으로 자리를 옮겨보았지만, 도무지 집중할 수가 없었어요. 그러자 이런 식으로 계속할 수는 없다는 생각이 들어 생소하게만 느껴지는 말과 상징들을 따라 코칭을 계속할 수가 없었습니다. 그래서 그날 밤에 결심했지요. 내가 그토록 애정을 기울인 기존의 코칭 방식에서 벗어나 유대 전통, 즉 유대의 현자들이 남긴 글과 카발라(13세기에 프랑스 남부 프로방스 지역에서 일어난 유대교 신비주의 운동), 유대 윤리, 하시디즘(18세기에 동유럽에서 일어난 신비주의 운동으로, 카발라를 대중에게 확산시킴)에서 코칭의 기초를 찾기로요."

츠비는 말을 멈추고 나를 물끄러미 바라보았다. 그러고는 수염을 쓰다듬으며 말했다. "말씀해보세요. 유대인의 천부적인 재능이 인류에 공헌한 바가 있습니까?"

"네." 내가 대답했다. "유대인 천재가 정신세계나 윤리 분야에서 공헌한 바가 있습니까?" 그가 물었다. 나는 아무 말도 하지 못했다.

"천재 유대인이 인권의 가치를 걸고 노예제도에 반대해 싸웠습니까?" 이번에도 나는 아무 말도 하지 못했다.

"경제제도나 금융구조를 설계했습니까?"

나는 고개를 끄덕였다.

"의학 발전에 공헌했습니까? 심리학이나 신경 계통의 연구는요? 노벨상을 받은 유대인이 전 세계 인구의 몇 퍼센트나 되지요? 미국에는 얼마나 많은 유대인 변호사와 경제학자, 신문 편집자, 정치 컨설턴트가 있습니까? 농업과 기술, 방위산업 분야에서 이스라엘이 얼마나 선도적인 역할을 해왔습니까? 그리고 매년 이스라엘에서 이뤄지고 있는 특허 출원이 얼마나 많습니까? 그런데 왜 코칭 분야에서만큼은 유독 할 말이 없는 것일까요? 우리가 공헌할 만한 무언가가 없을까요?" 츠비는 한 손에 컵을 쥔 채 내 대답을 기다리는 것처럼 나를 빤히 쳐다보았다.

"그래서 무얼 발견하셨습니까?" 내가 물었다.

"나는 유대교가 영혼의 구조를 가장 정확하게 이해하며 가장 효과적인 방식으로 영혼의 힘을 컨트롤할 줄 안다는 사실을 깨달았습니다. 그리고 이러한 이해를 바탕으로 10년이라는 세월과 백만 셰켈을 투자하여 유대식 코칭 모델을 개발하였습니다. 사실을 말하자면, 당신이 이곳에 온 것처럼 세계 각지의 많은 사람이 단순하면서도 참된 행복을 얻는 방법을 배우려고 이곳을 찾습니다. 단순하면서도 참된 행복, 이게 바로 당신이 찾던 게 아닌가요?"

그 순간 나는 츠비의 말이 옳다는 것을 깨달았다. 단순하면서도 참된 행복, 그것이 바로 내가 찾던 것이었다. 탈이 나를 이곳에 보낸 이유를 이제야 알 것 같았다.

"이제 당신 자신에 대해 말씀해보시지요." 츠비가 말했다. "하지만 꼭 필요한 만큼만 말씀하셔야지 그 이상 하시면 안 됩니다. 그리고 마지막에는 여기서 무엇을 얻고 싶은지에 대해서도 말씀해주세요. 당신을 진정으로 행복하게 해주는 것은 무엇인가요?"

"글쎄요, 말씀드렸다시피 저는 광고업에 종사하고 있습니다. 텔아비브에서 가족과 함께 회사를 경영하는데, 거기서 매년 수천만 셰켈의 매출을 올리고 있지요. 직원도 30명이나 되고요. 저는 그 분야를 대표하는 기업인으로 인정받고 있습니다. 하지만 이제 인생의 한 장이 막을 내린 듯합니다."

"그럼 이제 무엇을 하고 싶으신가요?" 츠비가 물었다.

"모르겠어요." 내가 대답했다. "많은 것을 하고 싶습니다."

츠비는 말이 없었다. 나는 '많은 것'이라는 대답이 도움이 되지 않는다는 것을 눈치챘다.

"모르겠어요." 나는 조용한 목소리로 말했다. 키 큰 유칼립투스 나무들 사이로 기차의 기적 소리가 들려왔다. 문득 내가 애틀릿에 있으며, 기차를 타고 이곳에 왔다는 사실이 생각났다. '지난 몇 년간 기차를 타고 여행한 적이 없는데' 하고 속으로 생각했다. '참으로 묘하군. 대체 내가 여기서 뭘 하는 걸까?' 나는 조용히 츠비를 바라보았다. 그는 내가 모르는 무엇을 알고 있을까? 앞으로 어떻게 되는 걸까?

"차차 알게 되겠지요." 내가 대답을 마무리했다. "무엇이 되었든 내가 진정으로 원하는 것이라면 그건 나를 행복하게 해줄 겁니다."

"그렇군요." 츠비가 말했다. "그럼 이제 제 작업방식에 대해 말씀드리죠. 마음에 들면 저와 코칭 계약을 맺고 오늘부터 코칭을 시작하는 겁니다. 마음에 안 들면 제가 벤 에즈라 식당에서 생선튀김을 대접할 테니 그것을 드시고 8시 기차로 돌아가시면 됩니다."

나는 알았다고 대답했다.

"이제 안으로 들어갈까요?" 츠비가 말했다. "보여드릴 게 있습니다."

"그러니까" 츠비가 설명을 시작했다. "유대식 코칭이라고 하는 기차는 '단순성, 기쁨, 결과'라고 하는 세 궤도를 따라 달립니다. 여행의 전 과정이 이 세 궤도를 따라 진행되는 것입니다. 코칭을 건축에 비유해보죠. 모든 건물은 기초 위에 세워집니다. 그러나 그 기초는 땅속 깊이 묻혀 있어 눈에 보이지 않습니다. 마찬가지로 코칭에도 기초가 있습니다. 일반 고객에게 이런 이야기는 하지 않지만, 당신은 코칭에 대해 잘 알고 계시니까 말씀드리는 겁니다. 코칭의 기초를 프레젠테이션으로 보여드리죠. 단순성 얘기가 나왔으니 단순하게 전달하는 게 좋을 것 같아서요."

츠비가 웃으며 마우스를 클릭했다. 컴퓨터 화면에 다채로운 색상의 그래 픽이 나타났다.

"당신이 하는 코칭에서는 유대교와 관련된 많은 것을 배울 수 있겠군 요." 내가 말했다.

츠비는 생각에 잠겼다. 마치 아직 말하지 않은 무언가를 설명할 방법 을 찾고 있는 것처럼.

"당신은 반 전문가이시니까 미리 말씀드리면 대화하기가 한결 수월할 것 같군요. 제가 말씀드리고 싶은 것은 이겁니다. 우리의 작업 모델과 우 리가 하는 모든 것은 토라(유대 율법. 흔히 《모세 오경》을 가리킨다)와 수 세대에 걸쳐 전해 내려오는 현자들의 가르침—카발라와 하시디즘, 유대 전통 윤리를 포함한—을 기초로 하고 있다는 것. 유대 현자들은 인간 의 영혼과 그 다양한 자질에 대해 잘 알고 있었지요. 우리는 주요 원리 만 가르치고 나머지는 학생들이 스스로 터득하게 했던 마하랄과 《난제 를 위한 안내서The Guide to the Perplexed》의 저자 마이모니데스의 예를 따를 겁니다. 이는 사람들로 하여금 내면세계를 관조할 때 발견하는 것 들을 깊이 이해하여 온전히 자기 것으로 만들게 하는 코칭 원리에 부합 하지요.

현자들의 가르침은 우리에게 정보와 활력을 줍니다. 물론, 지식과 활 력은 당신이 찾던 것이죠. 그러나 이것들을 얻으려면 코칭을 받는 것보 다 서재에 틀어박히는 편이 더 나을 겁니다. 당신은 서재에서 토라에 대 한 지식을 쌓을 수 있고, 거기서 어떤 깨달음을 얻을 수 있으며 실제로 성격과 행동이 달라질 만큼 정신적으로나 도덕적으로 변화하고 성장할 수 있으니까요. 그러나 여기엔 위험 부담이 따릅니다. 그것은 바로 당신이 진정한 내적 변화를 이루지 못한 채 하나의 거대한 데이터베이스처럼 되어버릴 수 있다는 겁니다. 이런 일이 생기면 당신에게서는 구체적인 변화가 일어나지 않고 주변 사람들과의 관계도 달라지지 않을 것입니다. 분명 당신은 점점 더 많은 것을 배워나가며 지혜로워지고 있는데 정작 당신의 부인에게는 당신이 한 인간으로서 동반자로서 혹은 아버지로서 성장하는 게 느껴지지 않는다면 그게 다 무슨 소용이겠습니까?

반면에 깨달음의 빛이 당신의 내면을 뚫고 들어와 도덕적인 삶의 온기를 가져다준다면, 그 빛은 당신의 머리와 사지로 뻗어나가 당신의 행동까지 빛나게 할 것입니다. 그리하여 당신과 당신의 집안 그리고 온 세상까지 환해질 겁니다."

"멋진데요. 그런데 뭐가 문제죠?"

"문제는 시간이 없다는 겁니다." 츠비가 미소를 지으며 대답했다. "평생 코칭 작업에만 매달려 있을 수는 없으니까요. 우리는 변화를 원합니다. 내적인 변화와 외적인 변화 모두를요."

츠비는 계속해서 말을 이어나갔다.

"내가 키워드를 하나 제시하고 당신의 내면에서 그 키워드와 관련한 본질적인 지식을 찾아보라고 한다면 당신은 그것을 찾는 과정에서 당신이 온전한 하나의 세계임을 깨닫게 될 것입니다. 그리고 답을 찾음으로써 자존감이 강화되는 경험을 하게 되어 당신이 찾은 것이 당신의 삶과는 아무 상관이 없는 금언 모음이 아니라 진정한 자산임을 알게 될 것입니다.

예를 하나 들어보지요. 람쉘은 '게으름'에 대해 이렇게 말했습니다. '게으름 속에는 거대한 악이 존재한다. 게으름은 죽을 때까지 우리 안에서 조금씩 퍼져가는 독과 같다.' 여기에 대해 어떻게 생각하십니까?"

"람쉘은 매우 지혜로운 사람이군요. 게으름에 대한 그의 말은 간결하면서도 중요한 내용을 담고 있다고 생각합니다."

"좋습니다." 츠비가 말을 계속했다. "하지만 람쉘은 당신의 칭찬이 필요하지 않습니다. 그리고 여기서 정말 지혜로워야 할 사람은 람쉘이 아니라 당신입니다. 람쉘은 이미 지혜로우므로 우리에게 그의 현명함을 보여줄 필요가 없지요. 게으름에 대한 이런 종류의 이해에 도달해야 할 사람은 당신입니다. 당신이 말했듯 이런 것들은 간결하면서도 중요하지만 금언들을 수집하고 다른 사람들이 깨달은 것들에 공감한다고 해서 내적인 변화가 일어나는 것은 아니니까요."

"그래서요?"

"그래서 우리는 현자들의 글을 인용하거나 당신이 유대교를 더 깊이 이해하게 하려고 애쓰지 않습니다. 그것은 당신 스스로 해야 할 일이죠. 그보다 우리는 당신이 이미 알고 있는 모든 것을 새로운 시각으로 볼 수 있게 해줍니다. 당신도 람쉘처럼 말할 수 있도록 말이죠. 당신 안에는 당신이 알고 느끼는 모든 게 있습니다. 따라서 당신이 자신의 내면으로 돌아가 그것들을 새롭게 발견하면, 그것은 평생 기억에 남을 만한 경험이 될 것입니다. 아마 그것은 삶을 온전히 당신 자신의 것으로 만들어주는 대단히 중요한 무언가가 될 거예요. 그것은 '당신'이라고 하는 세상을 여행할 수 있게 해줄 겁니다. 람쉘도 자기가 온 이유는, 사람들에게 그들이 모르는 것을 가르치기 위해서가 아니라 이미 알고 있는 것을 상기시키기 위해서라고 말했지요."

나는 이것이 코칭과 관련된 츠비의 기본적인 접근방식임을 알게 되었다. 그에게는 꾸미는 태도가 없었다. 그는 그럴싸하게 보이려 하지 않았고, 자기가 하는 말이 옳다는 것을 입증해 보이려 하지도 않았다. 그는 지엽적인 것들에 구애받지 않고 곧바로 핵심으로 들어갔다. 그리고 자신을 돌아보게 하고, 그동안 잊고 있던 모든 게 여전히 내 안에 있음을 확인시켜주었다.

"나는 당신의 풍요로운 내면과 당신이 자기 자신과 자신이 지닌 지식에 대해 확신할 수 있도록 도와드리고자 합니다." 츠비가 말했다.

1. 인간은 하나의 세상이자 성소이다

"첫 번째 원리는" 하고 츠비가 프레젠테이션에 나오는 글귀를 읽었다. "인간이 하나의 세상이자 성소라는 겁니다. '탈무드 시대'의 위대한 학자인 유대의 현자들은 인간을 '작은 세상'이라고 하고 세상을 '큰 인간'이라고 했습니다. 천지 창조의 6일 동안 하나님은 아담에게 날마다 특별한 능력을 불어넣어 주셨습니다. 그리하여 세상이 지닌 모든 능력은 인간의 본성 안에도 자리하게 되었지요. 세상의 온갖 보물이 인간의 내면에 존재하게 된 것입니다. '내가 그들 중에 거할 성소를 (중략) 짓되'(《출애굽기》 25장 8절)에서 알 수 있듯 인간은 성소이기도 합니다. 현자들은 인간과 세상과 성소가 정확한 계획에 따라 창조되었으며, 서로 놀라운 조화를 이루고 있다고 가르칩니다. 우리는 하나로 시작한 것이 널리 흩어져 결국, 전 세계에 존재하게 되었음을 기억할 필요가 있습니다.

인간이 해야 할 일은 다양한 피조물들이 완벽한 조화를 이룸으로써 다시 하나가 될 수 있도록 하는 것입니다. 우리는 성소인 인간 안에 존재하는 세상에서 정신과 물질의 결합을 봅니다. 랍비 메나헴 멘델은 '하늘은 여호와의 하늘이라도 땅은 사람에게 주셨도다'(〈시편〉 115편 16절)라는 구절을 '땅이 사람에게 주어진 것은 그것을 하늘로 만들 수 있게 하기 위해서이다'라고 설명합니다. 지금은 이것을 자세히 설명할 수 없지만, 어쨌든 참 좋은 말이지요. 하지만 정말 중요한 것은 맞은편에 앉아 있는 사람 안에서 진정 온 세상을, 부분이 아닌 완전한 세상을 보는 것입니다. 그 사람이 자신의 일부분만, 그것도 그리 훌륭하지 않은 일부분만 보여줄 때에도 말입니다."

츠비는 숨을 들이쉰 뒤 다시 말을 이었다.

"때로는 맞은편에 있는 사람이 어린아이일 수도 있습니다. 그럴 때 우리는 진정 그 아이 안에서 온 세상을 볼 수 있을까요? 그 아이에게 그가 세상 전부이고 그 안에 부족한 부분이 없다는 것을 알려줄 수 있을까요? 맞은편에 있는 사람이 부족한 부분이 없는 완전한 세상이고, 당신 역시 그렇다는 깨달음은 당신이 그를 코치할 수 있게 해주고 긍정적인 시선으로 바라볼 수 있게 해줍니다. 당신이 다른 사람을 완전한 세상으로 받아들이면 그 사람 스스로도 그런 식으로 받아들이게 됩니다. 그 시작은 당신이 스스로를 존중하고 가치 있게 여기는 것입니다."

2. 믿음과 신뢰

"두 번째 원리는 믿음과 신뢰, 즉 창조주에 대한 믿음과 사람에 대한 신뢰입니다. 창조주를 믿고 사람을 신뢰하는 것은 일회성으로 끝나는 일이 아닙니다. 그것은 우리 안에서 끊임없이 새로워져야 할 삶의 원천입니다. 웃으시는군요?"

츠비는 놀라서 나를 바라보았다. "믿음이 중요하다는 것은 자명한 사실입니다. 그러나 신뢰의 특성에 대해 생각해보면 자신과 부모님, 선생님, 친구들에게 갖는 신뢰의 정도와 관련된 어려운 질문들과 맞닥뜨리게 되지요. 사람들은 신뢰에 대해 이야기하는 것을 좋아합니다. 우리는 믿음의 기초가 되는 신뢰의 근육을 강화하고자 하는 무의식적인 의도에서 신뢰에 대해 깊이 파고들지요. 잠시 쉬었다 할까요?" 츠비는 갑자기 마음에서부터 우러난 미소를 지어 나를 놀라게 했다.

"아니요." 나는 자리에서 일어났다. "계속하세요. 듣고 있으니까."

"랍비 모쉬 하임 슐랭거가 그의 저서 《야곱과 레아의 천막The Tent of Jacob and Leah》에서 한 말을 읽어드릴까요?" 츠비가 물었다.

"그러시죠." 나는 흥미를 느끼며 대답했다. 빨리 퍼즐 조각을 맞춰 전체 그림을 보고 싶었다. 나는 츠비가 자연스럽게 신적인 세계와 현실 세계를 연결하는 게 기뻤다. 그리고 일상적인 삶에 깃든 숭고함과 위대함을 보고 싶었다. 컴퓨터 화면 속의 이미지가 점점 더 선명해지고 방 안은 츠비의 목소리로 가득 찼다.

아이를 가르치는 부모와 교사들은 천지를 창조하실 때의 창조주에게 교육 방법을 배워야 한다. 그럼, 그 당시의 하나님과 세상과의 관계를 살펴보기로 하자. 〈신명기〉에 나오는 '신실하신 하나님'(7장 9절)이라는 구절에 대해 《미드라시》(성경 주석서)에서는 이렇게 말하고 있다. "하나님은 세상에 대한 믿음을 가지고 천지를 지으셨다." 천지 창조를 가능하게 한 것은 세상이 의도되었던 대로 완벽한 상태를 향해 성장할 수 있다는 창조주의 믿음 때문이었다. 이러한 믿음이 아니었다면 결코 세상은 창조되지 않았을 것이며, 믿음 없이는 이 작은 세상이 창조주의 위대한 뜻을 실현하리라고 기대할 수 없었을 것이다. 믿음은 성장할 힘을 제공한다. '세상에 대한 믿음을 가지고'라는 구절은 하나님이 세상에 대해 그 안에 완벽한 상태를 향해 자랄 능력이 잠재되어 있다고 여기셨음을 의미한다.

이렇게 믿음은 위대한 창조주와 연약한 피조물 사이의 관계에 도움이 된다. 피조물 안에 잠재된 완벽한 미래와 생명력에 대한 믿음은 무한하신 창조주와 유한한 피조물 사이의 거리를 좁혀준다.

이것은 인간이 성장하는 방식이기도 하다. 교사들은 창조주의 메신저로서 창조주의 방식을 따라야 한다. 아이의 잠재력을 믿고 그 영혼의 감추어진 부분을 보아야 한다. 아이의 행동이 아니라 내적인 본질을 보고 이야기해야 한다. 그럴 때에야 아이는 자기 안에 뛰어난 능력과 드높은 이상이 잠재하며 이런 것들을 통해서만 그가 성장할 수 있다는 것을 알게 될 것이다.

츠비는 잠시 읽기를 멈추고 나를 바라보았다. 그러고는 숨을 들이쉰 뒤 이렇게 말했다. "아이를 믿는 것, 그게 기본적으로 교사가 할 일입니다. 사실 이것이 아이를 키우는 방법입니다. 우리는 자녀 안에 숨겨진 미래를 찾아서 자녀가 그쪽으로 나아가도록 이끕니다. 그리고 자녀의 성장은 자녀가 어린애처럼 굴거나 어른이 다 된 것처럼 다른 사람들을 무시하고 혼자 잘난 체하게 두어서는 결코 이루어질 수 없으며, 자녀 안에 잠재된 뛰어난 능력을 파악하여 그 능력을 꾸준히 발전시킬 수 있게 도와줌으로써 이루어집니다.

부모는 자녀가 잠재력을 실현할 수 있게 도와야지 자신을 부족하다고 여기게 해서는 안 됩니다. 이것이 랍비 슐랭거가 말하려던 것입니다. 믿음은 사랑의 단순한 표현입니다. 그리고 한 가지 더! 내 경험상 아이를 믿어주면 그 아이는 점차 그 믿음에 부응하게 됩니다."

3. 코칭은 근원으로의 회귀이다

"세 번째 원리는 코칭이란 근원으로의 회귀라는 것입니다. 이는 종교적인 회개를 의미하는 게 아니라 사람이 원래 자아로 돌아가는 것을 가리킵니다. 사람이 그의 근본 뿌리에서 멀어지면 점점 쇠약해져서 얼마 안 돼 죽고 맙니다. 겉보기에는 살아 있을지라도 죽은 것이나 다름없는 상태가 되어버리지요. 삶의 근원은 각 사람의 근본 뿌리에 있으며, 사람이 삶을 추구하기 위해서는 그의 뿌리로, 본래적인 자아로 돌아가야 합니다. 시간이 지나면서 희미해진 본래의 음(音)으로 돌아가야 하지요. 따라서 유대식 코칭은 '근원으로의 회귀'라 할 수 있습니다. 그래서 원래 자아로 돌아가는 것은 그 어떤 판단이나 비난도 하지 않고 주어진 여건에서 자신이 할 수 있는 일을 할 때 늘 일어나는 일입니다. 그러나 자신의 뿌리로 돌아가려면 먼저 그 뿌리가 무엇인지 알아야 하고 그것에 익숙해져야 하며 그것을 받아들이고 존중할 수 있어야 합니다. 무슨 뜻인지 이해하시겠습니까?" 츠비가 물었다. 마치 내가 맞은편에 앉아 그의 말에 귀 기울이고 있음을 알고 있다고 말하려는 듯이.

4. 사람 안에 모든 답이 있다

"네 번째 원리는 사람 안에 모든 답이 있다는 겁니다. 이 원리는 첫 번째 원리에서 나온 부가적인 원리라 할 수 있습니다. 사람이 하나의 세상이어서 만물이 그 안에 존재한다면 사람의 내면에서 솟아나는 무수히 많은 질문과 답 역시 마찬가지이며, 따라서 그는 답을 찾아 바깥의 먼 곳을 헤맬 필요가 없습니다. 답은 미리 녹음되어 있어 그가 '재생' 버튼을 누르고 귀를 기울이기만 하면 되는 것과 마찬가지입니다."

츠비는 웃음을 터뜨렸다. "이렇게 말하니 마치 '재생' 버튼을 누르고 귀를 기울이는 일이 아무나 할 수 있는 아주 쉬운 일처럼 느껴지는군요. 하지만 사실 이 두 가지 행위는 '재생' 버튼이 어디 있는지 모르고 자신의 마음에 귀 기울이는 데에도 익숙하지 않은 사람에게는 전혀 쉬운 일이 아닙니다. 내 안에 모든 답이 들어 있지만, 그 답을 이끌어낼 질문이 결여되어 있으니까요. 그러나 이런 질문들과 씨름할 때 보다 중요한 일을 선택할 힘을 얻고 자유를 선물로 받게 될 것입니다."

5. 코칭이란 '잠재력을 이끌어내는 질문enabling question'을 하는 기술이다

"이제 다섯 번째이자 마지막 원리에 도달했군요. 유대식 코칭은 사람의 잠재력을 이끌어내는 질문을 하는 기술입니다. 우리는 질문을 많이 하는 민족이지요. 질문과 답변은 세상을 풍요롭게 하고 정신적으로나 물리적으로 황무지에 꽃을 피우는 유대식 방법입니다. 구전되어오는 답변(responsa, 일상적인 삶에서 제기되는 문제들에 대한 랍비들의 답변)을 집대성한 이 많은 양의 문헌이 수세기에 걸쳐 전 세계 유대인에게 율법에 대한 안내서가 되어온 것도 질문하는 습관에 기인합니다. 이러한 습관에서부터 교사가 질문하고 학생이 대답하는 전통이 생겨났습니다. 랍비가 제자들이 한 질문을 그들에게 되돌려주고, 그들 스스로 문제와 씨름하고 새로운 무언가를 발견하게 하는 전통이 생겨났지요. 질문 중에는 질문을 가장한 메시지도 있습니다. 깨달음이 담긴 복잡한 메시지에서부터 기대하고 비난하며 판단하고 반대하는 메시지에 이르기까지 그 종류도 다양하지요. 유대식 코칭을 하는 우리는 다양한 질문 중에서도 단순하고 허용적인 질문을 하고자 합니다. 그것은 '네 이웃 사랑하기를 네 자신과 같이 사랑'(《레위기》 19장 18절)하는 입장에서 하는 질문입니다. 그리고 이러한 질문을 가능하게 하는 것은 상대방에 대한 깊은 이해와 경청입니다. 상대방이 우리를 신뢰하면 그는 우리가 그의 삶에 관여하는 것을 허용할 것입니다. 하지만 언제까지? 질문이 그 사람 안에 있는 답을 찾아서 그것이 겉으로 드러나게 할 때까지입니다. 단순하고 허용적인 질문은 난자를 만난 정자에 비유할 수 있습니다. 그것은 결실을 맺어 새로운 세계를 창조합니다. 그리고 여기서 큰 기쁨이 생깁니다. **사람이 자기 안에서 답을 찾으면 그 답은 그의 일부가 됩니다. 유대식 코칭에서 코치는 상대방의 잠재력을 이끌어내는 질문을 하는 데 능한 사람입니다. 그리고 이런 질문을 하려면 상대방에게 관심을 갖고 그의 말을 끝까지 들어주어야 합니다.**" 츠비가 열정적으로 말을 맺었다.

"어떤 질문이 잠재력을 이끌어내는 질문인가요?" 내가 물었다.

"좋은 질문입니다." 츠비는 미소를 지으며 고개를 끄덕였다. "잠재력을 이끌어내는 질문은 '네 이웃 사랑하기를 네 자신과 같이 사랑'하는 마음에서 비롯되는 질문입니다. 원하시면 나중에 더 자세히 말씀드리겠습니다. 하지만 지금은 당신이 기차를 놓칠까 봐 걱정이 되는군요. 현자들은 잠재력을 이끌어내는 질문의 갖가지 장점을 알고 있었습니다. 《탈무드》는 무수히 많은 질문과 대답으로 이루어져 있으며, 유월절 축제 때 자녀들과 함께 부르는 노래인 '네 가지 질문'조차도 어릴 때부터 질문하는 법을 배우는 유대 민족의 문화가 반영된 것입니다. 잠재력을 발휘하는 사람들은 잠재력을 이끌어내는 질문을 할 줄 아는 사람들입니다."

"기분이 어떠세요?" 갑자기 츠비가 물었다.

"기분이 어떠냐고요……?" 나는 조용히 되물었다.

불현듯 나도 내가 어떤 기분인지 궁금하다는 생각이 들었다. 애틀릿, 기차, 유칼립투스 향기, 고요, 와플의 짖는 소리, 랍비 츠비, '통곡의 벽' 사진, 벽에 걸린 시계 그리고 방 안에 있는 많은 책……. 이 모든 것을 둘러보며 내 기분이 어떤지를 생각해보았다.

컴퓨터 화면에 다음과 같은 문구들이 떠 있었다.

• 인간은 하나의 세상이자 성소이다.
• 믿음과 신뢰
• 유대식 코칭=근원으로의 회귀
• 사람 안에 모든 답이 있다.
• 코칭이란 사람의 잠재력을 이끌어내는 질문을 하는 기술이다.

'묘하군.' 나는 생각했다. 하지만 이 모든 새로운 개념들이 마음에 들었다. "좋습니다." 나는 츠비의 질문에 대답했다.

"다행이군요!" 츠비는 내 대답에 매우 기뻐했다. 그는 남은 시간을 어떻게 활용하면 좋을지 잠시 생각하는 듯했다.

"제가 말이 좀 많습니다." 그가 변명했다. "하지만 미리 설명해두어야 할 배경지식이 많아서요. 그래도 당신이 재미있어하는 것 같으니 다행입니다. 괜찮으시다면 조금만 더 할까요?"

나는 내가 재미있어하는 것 같다는 그의 말에 동의한 후 이야기를 계속해도 좋다고 말했다.

"지금까지 코칭의 원리를 말씀드렸으니 이제는 코칭 과정에 대해 간단히 살펴보죠. 이것이 당신에게 적절한 과정인지 한번 생각해보세요."

"코칭 과정은 세 단계로 나뉘는데, 그중 마지막 단계만이 실질적인 코칭이라고 할 수 있습니다. 놀라셨나요? 당신에게 익숙한 코칭은 원하는 목표를 설정하고 이를 실현하고자 도움을 요청하는 것으로 시작하는 코칭일 겁니다."

"그렇습니다." 내가 수긍했다.

"하지만 우리가 할 코칭은 조금 다릅니다." 츠비는 컴퓨터 화면에 새로운 이미지를 불러왔다. 그 안에는 1~3까지 번호가 매겨진 오렌지색 큐브가 있었다. "당신은 삶의 변화를 원합니다. 하지만 변화에 필요한 도구들은 당신에게 익숙한 것들을 사용하려 하지요. 바로 가까이에 있으니까요. 그러나 당신이 원치 않는 결과를 불러오는 것들은 바로 그 도구들입니다. 따라서 변화는 도구와 그 사용방식을 바꾸는 것에서부터 시작되어야 합니다. 알베르트 아인슈타인은 경험을 기초로 무언가 새로운 것을 발명하기란 불가능하다고 말했습니다. 다시 말해서 변화에 대한 욕구가 아니라 변화의 힘과 깊이가 우선시되어야 하는 것이죠. 따라서 새로운 형식에 기존의 개념이 담긴 그런 코칭으로 시작할 필요가 없습니다. 중요한 것은 형식이 아니라 내용이니까요. 안 그렇습니까?" 그가 물었다.

"맞는 말씀입니다." 내가 대답했다. "그래요, 나는 이곳 애틀릿에 있고 싶습니다. 여기에 있으면 기분이 좋으니까요." 나는 생각에 잠겨 혼잣말을 했다.

"뭐라고요?" 츠비가 물었다.

"아무것도 아닙니다." 내가 대답했다. "계속하시지요."

"좋아요. 그러니까 당신도 아시는 것처럼 우리는 여기서 상황을 진단하고 도구를 개발하는 것에 대해 대화하려고 합니다. 이것은 당신에게 익숙한, 일반적인 코칭을 위한 준비 작업이라고 할 수 있죠. 우리는 함께 작업할 영역을 구축하기 위해 대화하는 방법을 배우는 것에서부터 시작할 겁니다.

1단계는 조율 단계입니다. 이 단계는 연주를 앞둔 오케스트라와도 같습니다. 이때는 무대가 온갖 소음과 귀에 거슬리는 악기 소리로 가득하지요. 무대 위에서 연주자들이 무엇을 하지요?"

"악기를 조율합니다." 내가 말했다.

"맞았습니다. 그들은 악기를 조율합니다. 모든 단원이 악기를 조율한 지 얼마 되지 않았더라도 말입니다. 그래서 우리는 의아해하죠. '방금 전에 조율을 했는데 또 조율할 필요가 있을까?' 하고 말입니다. 그러나 여기에 대한 답은 '그렇다'입니다. 악기가 내는 소리는 멈추지 않고 끊임없이 움직이는 까닭에 변화하기 쉽고 서로 조화를 이루는 데 필요한 음에서 점점 멀어져가는 경향이 있기 때문입니다. 사람도 마찬가지입니다. 사실 여기에 대해서는 할 이야기가 많습니다." 츠비는 힐끗 시계를 쳐다보며 말했다. "맬빔은 '인간은 작은 하프와 같고 그 맞은편에는 세상이라고 하는 커다란 하프가 놓여 있다'고 말했습니다. 커다란 하프는 인간이 작은 하프—그의 몸과 영혼—를 연주할 때에만 거기에 반응하여 연주를 하지요. 하지만 지금은 코칭과 음악의 관계에 대해 자세히 말씀드리기 힘들 것 같군요. 그것은 공명의 법칙과 음계와 옥타브의 구조와 관련이 있습니다. 혹시 클래식 음악을 좋아하시나요?" 츠비가 갑작스러운 질문을 던졌다.

"네, 아주 좋아합니다." 나는 대답했다. "아버지가 음악 애호가이셨거든요. 집 안에 늘 음악이 흘렀죠."

"악기 연주도 하시나요?" 츠비가 물었다.

"리코더와 하모니카를 조금 부는 정도입니다." 나는 대답했다. "키부츠에서 연주할 수 있는 악기는 많지 않았으니까요. 아버지는 내가 아코디언을 배우길 원하셨지만 그건 건반이 너무 많았어요. 혹시 악기를 다룰 줄 아시나요?"

"네, 바이올린과 피아노를 연주할 줄 압니다. 어떻게 그렇게 할 수 있었는지는 모르겠지만, 여하튼 저는 음악 공부를 마쳤답니다." 츠비가 수줍게 웃었다.

'우와! 겨우 1단계를 마쳤을 뿐인데 집에 가야 할 때가 다 됐군.' 나는 속으로 생각하며 츠비에게 기차 시간이 다 됐음을 알리기로 했다. 조금 전에 들은 내용이 기차처럼 빠르게 머릿속을 지나갔다. 와플부터 바이올린까지, 커다란 무화과나무에서 코칭에 대한 혁신적인 생각과 현자들의 지혜에 이르기까지 갑작스럽게 마주한 세상에 살짝 겁이 났다.

"왜 그러십니까?" 츠비가 물었다.

"아, 그냥 시계를 보는 중이었습니다." 내가 조용히 대답했다.

"제가 제안을 하나 드리죠. 당신은 먼 곳에 살지만 이미 여기에 와 있습니다. 당신이 우리가 하는 코칭 방식을 이해하는 것은 매우 중요합니다. 저한테도 당신이 모든 것을 명확하게 이해하고 돌아가는 게 중요하고요. 그러니까 당신만 괜찮다고 한다면 설명을 좀 더 드리고 싶습니다만……. 기본적인 설명을 다 듣고 나면 당신도 이 작업이 진정으로 당신에게 필요한지 아닌지를 결정할 수 있을 겁니다. 설명할 내용은 많지만 앞서 말한 것처럼 간단하게 하기로 하지요."

나는 우리가 둘 다 밤새 이야기하고 싶어한다고 느꼈다. 그러나 츠비는 코치의 역할을 맡고 있었고 나는 기차역으로 달려가야 하는 사람의 역할을 맡고 있었다.

"차를 한 잔 더 드릴까요?" 츠비가 물었다.

"좋죠! 차를 한 잔 마시면 기분이 좋아질 것 같습니다." 나는 큰 소리로 말했다.

'지금은 기분이 어때?' 나는 나에게 물었다. 그리고 이렇게 대답했다. '잘 모르겠어. 여기엔 정말로 중요한 무언가가 있어. 하지만 나는 그것으로 무엇을 하려는 걸까? 그것은 나를 어디로 데려다줄까?'

츠비가 따뜻한 차를 가지고 돌아왔다. 그는 다시 설명을 이어나갔다.

"조율 단계는 '나는 어디에 있는가?'로 시작해서 '여기에 있다'로 끝납니다. 조율은 거울 곧 코치 앞에 놓인 거울을 들여다보는 것과도 같습니다. 그것은 그의 삶을 비추는 거울이지요. 삶을 소망하고 겸손과 용기를 지닌 사람이라면 누구나 있는 그대로의 자신을 만날 수 있으며, 이는 그가 변화하는 데 계기가 되어줄 것입니다. 이것은 사방이 커다란 거울로 둘러싸인 결혼식장 로비에 비유할 수 있습니다. 거울 앞을 지나가면서 하객들은 문득 실물 크기의 자기 모습을 보게 됩니다. 당신은 그들이 거울을 들여다보며 옷매무새를 가다듬거나 자기 몸을 이쪽저쪽 비춰보며 '살이 좀 붙었나?' 하고 혼잣말을 하는 모습을 상상할 수 있을 겁니다. 그들은 거울 앞에서 흐트러진 머리를 단정히 하거나 진한 화장을 살짝 지우곤 합니다. 결코 사람들은 자기 외모에 무관심하지 않습니다.

　문제는 자신의 단점을 고칠 만큼의 의지와 힘과 겸손이 있느냐 하는 것입니다. 변화하고자 하는 사람에게는 그의 진정한 자아를 비춰주는 거울이 필요합니다. 그가 있는 그대로의 자기 자신을 받아들이지 않으면 변화는 일어나지 않습니다. 있지도 않은 무언가를 변화시킬 방법은 없으니까요. 예를 들어, 내가 체중이 110킬로그램이 나가는데 뚱뚱하다고 여기지 않는다면 과연 다이어트를 시작할 수 있을까요? 내가 뚱뚱하다고 생각하지 않는 한 달라지는 건 아무것도 없습니다. 달라져야 할 게 없기 때문입니다. 조율 단계도 비슷합니다. 그것은 실제 상황과 내가 바라는 상황 사이에 어떤 차이가 있으며 내가 어떤 방식으로 상황에 대처하는지, 또 나를 행동으로 이끄는 것은 무엇이고 내가 적절한 행동을 하지 못하게 가로막는 것은 무엇인지를 살펴보는 단계입니다. 때로는 조율 단계가 내면의 힘을 강하게 만들기도 합니다. 계속해도 될까요?" 츠비가 물었다.

　나는 더 이상 시계를 쳐다보지 않았다.

　"두 번째 단계는 마음이 바라는 바와 관련이 있습니다. 이 단계에서 우리는 그 사람의 의지의 영역으로 들어가 그의 마음이 바라는 것들과 의지의 여러 자질을 만나게 되며 그가 할 수 있는 것과 원하는 것을 구분하게 됩니다. 그리고 적극적으로 꿈을 실현하며 사는 방법에 대해 알게 됩니다. 꿈을 실현하기 위한 도구 중 하나가 자기 한계를 극복하기 위한 '돌파 프로젝트'입니다. 돌파 프로젝트를 수행하는 것은 타이어가 도로를 만나고, 꿈이 현실을 만나고, 약속이 의무를 만나는 것에 비유할 수 있지요."

"계속하세요." 나의 재촉에 츠비는 웃음을 터뜨렸다.

"좋습니다." 그가 말했다. "그럼 이제 세 번째 단계로 넘어가보죠. 세 번째 단계는 '믿음 안에서 하는 코칭' 단계로, 결과에 초점을 맞추게 됩니다."

"제게 익숙한 코칭이 시작되는 단계인가요?" 내가 물었다.

"그렇다고 할 수 있죠." 츠비가 대답했다. "하지만 코칭을 요청하는 방식을 보면 일반적인 코칭과 유대식 코칭의 차이를 알 수 있을 겁니다."

"일반적인 코칭과 유대식 코칭의 본질적인 차이는 무엇입니까?"

"일반적인 코칭은 가지에서 시작하지만 유대식 코칭은 뿌리에서 시작합니다. 유대식 코칭은 문제 해결에 주안점을 두지 않습니다. 우리가 각자의 고유한 사명을 자유롭게 선택하고 우리 안에 잠재된 내적인 힘을 통해 그것을 실현하는 데 주안점을 둡니다. 유대식 코칭은 믿음에 초점이 맞추어져 있습니다. 하나님을 믿는 사람은 과거와 현재에 대한 하나님의 섭리에 집중함으로써 혁신을 꾀하는 한편 자신의 힘을 인식하고 하나님을 찬양하며 앞으로의 목표를 알기 위해 기도합니다. 유대식 코칭 모델의 중요성은 하나님이 코치와 고객 간의 대화를 동등하게 보신다는 데 있습니다. 우리에게 익숙한 일반적인 코칭은 고객과 그가 원하는 바가 중심이 되고, 코치는 고객이 자기실현에 방해가 되는 장애물이나 두려움을 극복할 수 있게 돕습니다. 유대식 코칭은 그와 반대입니다. 하시디즘 철학에 의하면 스스로에 대한 확신을 강화하거나 결혼생활을 개선하거나 직장에서 자아를 실현하거나 직업과 관련한 분야에서 변화에 대처하는 등 뭔가 큰 변화를 이루려면 자신을 중심에 놓지 않고 내려놓아야 합니다. 자신을 내려놓는다는 것은 그가 세상과 그 안에서의 삶을 위한 내적인 근원이 존재한다는 것을 알고 있음을 나타냅니다. 자신을 내려놓으려면 감수성과 도덕 그리고 무엇보다도 합리성이 삶에 스며들도록 해야 합니다. 하시디즘 철학은 자신을 내려놓고, 보다 큰 가치에 헌신함으로써 만족감과 성취감을 얻을 수 있다고 가르칩니다.

인간은 자신을 내려놓음으로써 그가 바랄 수 있는 최고의 선 곧 행복을 얻습니다. 에고를 강조하면 영혼의 균형이 깨지고 결핍감과 슬픔, 우울, 분노의 감정이 들끓게 됩니다. 오만하고 완고하며 난폭한 기질이 기승을 부리게 됩니다. 이런 인간의 연약함에 대한 가장 근본적인 해결책은 깊이 있는 지성과 감성으로 창조주의 존재를 기억하고 그분의 창조 행위와 그 안에서의 내 위치를 늘 새롭게 하는 것입니다."

나는 등을 뒤로 기대고 창문 쪽을 바라보았다. 바깥은 어둑어둑했다. 가로등 불빛이 나무들을 오렌지색으로 물들이고 있었다. 멀리서 트랙터 소리와 빠르게 달리는 기차의 굉음이 들려왔다. 나는 츠비가 방금 전에 한 말에 대해 생각해보았다. 그가 한 말 중에 내가 이미 알고 있는 것과 비슷한 게 하나라도 있었던가? 전혀 없었다. 비슷한 것이 전혀 없으니 모든 게 너무나 이상하게 느껴졌다.

"기분이 어떻습니까?" 츠비가 물었다.

"좋습니다." 내가 대답했다.

"오늘의 만남에서 무엇을 얻었습니까?" 그가 물었다.

"많은 질문을 얻었습니다." 내가 대답했다.

"훌륭합니다!" 츠비가 열정적으로 외쳤다. "차 한 잔 더 드시겠습니까?"

"아니요, 괜찮습니다." 내가 대답했다. "그보다 화장실을 사용해야 할 것 같군요. 거기엔 전신 거울이 없었으면 좋겠습니다만⋯⋯."

츠비가 웃음을 터뜨렸다. 전화벨이 울렸다. 갑자기 주위가 시끄러워지면서 나는 현실 세계로 돌아왔다. 익숙한 세계와 다시 연결되고 싶어 휴대폰을 받았다.

츠비와 그가 설명한 것들에 신뢰가 갔으므로 나는 그에게 내 코치가 되어달라고 부탁했다.

"좋아요." 츠비가 말했다. "잘 생각하셨습니다. 그럼 코칭 계약서를 쓰기로 하지요."

그래서 우리는 계약서를 작성했다. 츠비가 또 물었다. "오늘은 무엇을 얻었습니까?"

"거울을 얻었습니다." 내가 대답했다.

"무슨 말씀이신지⋯⋯." 츠비가 말했다. "알아듣기 쉽게 말씀해주시겠습니까?"

"삶을 변화시키기 위한 적절한 방법을 얻었습니다." 내가 대답했다.

"그리고 또 다른 중요한 것을 얻었는데, 바로 이 방법이 믿음과 유대인의 지혜에 기초한다는 사실입니다."

"기분이 어떻습니까?" 츠비가 물었다.

"행복합니다." 내가 대답했다.

"여기서는 무엇을 느낍니까?" 츠비가 가슴을 툭툭 두드리며 말했다.

"행복을 느낍니다." 내가 대답했다.

츠비는 벌떡 일어나서 환한 미소를 지으며 나를 껴안았다.

"와주셔서 감사합니다! 다음 주 이 시간에 다시 뵙죠. 다음에 오실 때는 당신이 삶에서 접한 일을 들려주세요. 당신을 화나게 한 일에 대해 이야기해주면 좋겠군요. 단, 여기에는 다른 사람이 연관되어 있어야 합니다. 그리고 이야기를 간단하게 해야 한다는 것을 잊지 마세요. 일상에서 경험한 간단한 이야기여야 합니다."

"알 것도 같고 모를 것도 같군요." 내가 말했다.

"당신은 잘 알고 계십니다." 츠비가 미소를 지으며 대답했다.

바깥은 어두컴컴했다. 나는 기차역을 향해 걸었다. 머릿속에 많은 생각이 오갔다. 농촌 마을의 흙냄새가 애틀릿에서의 어린 시절을 떠올리게 했다. 커다란 요새와 백사장, 푸른 바다와 해파리, 소금산, 영국군 포로수용소의 회색 건물을 둘러싼 철조망, 야자수의 행렬, 아론슨 농장…… 그때도 어부 에스라가 있었고 감자를 냉장 보관하기 위한 창고와 기차역이 있었다. 그리고 지금은 랍비 츠비도 있다. 이 모든 것이 코칭 철학이나 나 자신을 변화시키고 싶은 마음과는 어울리지 않는다. 여기서 코칭을??? 이곳 애틀릿에서?!!!

'변화하고 싶다고? 너는 이미 변했어.' 나는 웃음을 터뜨렸다.

가로등의 강렬한 불빛이 선로와 플랫폼을 비췄다. 짧은 신호음이 하이파행 기차의 도착을 알렸다. 이윽고 브레이크가 마찰하면서 내는 소리와 함께 기차가 도착했다. 나는 기차에 올라 창가 자리에 앉았다. 신호음이 울리더니 기차가 움직이는 것이 느껴졌다. 기차는 유칼립투스 그림자를 벗어나 속도를 내기 시작했다. 나는 편안한 좌석에 몸을 기대고 바다 위로 떠오른 달을 바라보았다.

수많은 생명체와
그들의 필요

The Secret of
Jewish Coaching

2장 수많은 생명체와 그들의 필요

●

차이의 법칙
실제 상황과 우리가 바라는 상황 그리고 그 사이에 놓인 기회

●

기차가 하이파역 플랫폼으로 들어섰다. 나는 창가 자리에 앉아서 시계를 들여다보았다. 기차는 다시 출발했고, 곧 시골 풍경이 눈에 들어왔다. 그것은 고속도로에서 흔히 볼 수 있는 풍경이 아니었다. 고속도로에서는 도로표지판과 주택, 주차된 차량, 키부츠의 입구, 협동조합으로 가는 길을 안내하는 표지판, 농촌 마을, 사이프러스가 길게 늘어선 길을 쉽게 볼 수 있다. 그러나 기차에서는 이 모든 것의 뒤쪽만 볼 수 있을 뿐이다. 기차에서 다른 사람들의 세계를 바라보는 데에는 관음증적인 무언가가 있다. 마치 그들 뒤로 살금살금 다가가 등을 툭 치는 듯한 그런 느낌이 있다.

갑자기 사과가 먹고 싶어졌다. 나는 금빛이 도는 탐스러운 사과를 하나 꺼냈다. 사과에 '미국산'이라는 스티커가 붙어 있었다.

'왜 미국산인 거지?' 나는 속으로 투덜거렸다.

라벨에 또 다른 문구가 쓰여 있나 보려고 사과를 자세히 들여다보자 '미국의 햇빛이 키운 사과'라는 문구가 보였다. 갑자기 수치스럽고 화가 나서 도저히 사과를 먹을 수가 없었다. 나는 차창 밖으로 스쳐 지나가는 과수원과 양어장, 온실 따위를 바라보았다. 건널목이 트랙터와 미니밴, 트럭, 스쿨버스, 자전거를 끌고 가는 사람 등으로 혼잡스러웠다. 기차의 움직임에 따라 건널목의 벨소리가 점점 커졌다가 작아졌다. 나는 미국산 사과를 다시 가방에 넣었다.

"다음 역은 애틀릿입니다." 안내 방송이 흘러나왔다. 나는 자리에서 일어났다. 플랫폼에 있는 커다란 시계를 쳐다보자 츠비가 내준 숙제가 생각났다. 그는 다음 번에 만날 때 일상에서 경험한 사건을 들려달라고 했는데, 그에게 들려줄 이야기를 준비하지 못한 채 그냥 온 것이다. 내겐 이렇다 할 사건이 없었다. 나 자신이 하나의 우주적인 사건일 뿐이다. '여기에 대해 츠비와 이야기해야겠어.' 나는 츠비의 집 앞, 커다란 무화과 나무 앞에 서서 생각했다.

"어서 오세요." 츠비가 반갑게 맞아주었다. "오는 길은 불편하지 않으셨어요? 마실 것은 무엇으로 드릴까요? 화장실을 쓰시겠어요? 지금 바로 시작할까요, 아니면 그 전에 제가 알아야 할 일이라도……?"

"민트 티를 마시면 기분이 좋아질 것 같군요." 내가 대답했다.

"잠깐만 기다리세요." 츠비가 말했다.

그는 주방에서 따뜻한 민트 티와 갓 구운 참깨 과자가 놓인 구리 쟁반을 들고 돌아왔다.

"지난 한 주간은 어떻게 보냈나요?" 츠비가 물었다.

"사실을 말씀드리자면" 내가 대답했다. "지난주는 제게 하나의 사건이었답니다. 시간이 어찌나 빨리 가던지……. 여러 일이 일어났지만, 그것들에 대해서는 아직 말씀드리기가 뭣하군요. 그런데 일상에서 흔히 접하는 사건에 대해서는 아직 생각해보지 못했습니다. 괜찮으시다면 지금부터 생각해보려고 합니다만……."

"어떤 의미에서의 '사건'을 말씀하시는 거죠?" 츠비는 이렇게 묻고는 생각에 잠겼다.

내 머릿속에서 생각이 줄달음질치기 시작했다. '정신 차려.' 내면의 목소리가 말했다. '이곳에 집중해. 모든 건 지금 여기서 일어나고 있어. 그러니까 딴생각은 하지 말고 이곳에 집중하라고.'

갑자기 마당에서 물소리가 들렸다. 수돗물이 관을 타고 스프링클러로 흘러들어가는 소리였다. 스프링클러가 물을 뿜기 시작했다. 그 소리가 내게 현실 감각을 되찾게 해주었다. 나는 내가 여기에 있다고, 또한 살아 있고 집중하고 있으며 츠비의 코칭을 들을 준비가 되어 있다고 느꼈다. 츠비가 미소를 지었다.

"이제 시작해도 될까요?" 그가 조용히 물었다.

그것은 내가 나와 츠비 그리고 그의 코칭에 대한 믿음을 가졌는지 확인하는 질문처럼 들렸다.

"네, 그러시죠." 내가 대답했다.

그러자 츠비가 무슨 말을 중얼거렸다.

"뭐라고 하셨죠?" 내가 물었다.

"'코치의 기도'를 암송했답니다."

"제가 듣고 싶은 것은 두어 주 혹은 두어 달 전에 일어난 짤막한 에피소드입니다. 그것은 다른 사람이 연관된 일로, 당신을 흔들어 놓을 정도의 사건이어야 합니다. 작은 컵으로 바닷물을 뜨면 그 컵 안에는 여전히 바다가 담겨 있습니다. 넓은 바다로 작업하기는 힘들지만, 컵에 든 바닷물은 바다를 대신할 수 있지요. 컵 속의 바닷물은 전체 바다를 충분히 반영하니까요. 마찬가지로 우리는 한 가지 사건을 통해 우리가 실생활에서 어떻게 행동하고 어떻게 반응하는지 알 수 있습니다. 그러니 한 가지 사건을 떠올려보세요. 당신이 말씀하시면 제가 칠판에 받아적겠습니다."

나는 기억을 더듬어보았다.

"간단한 사건이어야 합니다." 츠비가 말했다. "일상에서 흔히 접하는 간단한 사건 말입니다. 간단히 말씀하셔야 한다는 것도 잊지 마세요."

"한 가지가 떠올랐어요. 이게 도움이 될지 모르겠지만……."

"좋아요." 츠비는 이젤 위에 놓인 칠판을 향해 걸어갔다.

"나는 차를 몰고 하비마 극장(텔아비브에 있는 이스라엘 국립 극장) 옆의 주차장으로 들어갔습니다. 다행히 차량 한 대가 주차장을 빠져나가려던 참이어서 나는 그 자리에 주차하겠다는 의미로 깜빡이를 켜고 옆에서 대기하고 있었습니다. 그런데 그 차가 빠져나가자 어디선가 나타난 다른 차가 그 자리로 쏙 들어가는 게 아니겠습니까? 이윽고 운전자와 그의 아내가 차에서 내리더니 차 문을 닫고 어디론가 걸어갔습니다. 나는 경적을 울리며 '이봐요!' 하고 소리쳤지요. 하지만 그 사람은 알 수 없는 손짓을 하며 계속 걸어갔습니다."

"그게 답니까?" 츠비가 물었다.

"그게 다냐니, 그게 무슨 말씀입니까? 나는 폭발할 지경이었다고요."

"알겠습니다." 츠비는 칠판 오른쪽에 그 이야기를 적었다. 그러고는 그가 적은 내용을 읽어준 뒤, 내 말을 제대로 옮겨 적었느냐고 물었다. 나는 칠판에 적힌 내용을 읽고서는 제대로 되었다고 말했다.

"그럼 계속할까요?" 츠비가 물었다.

나는 지금, 이 방에서 그 사건이 일어나기라도 한 것처럼 화가 치솟아 퉁명스럽게 대꾸했다. "그러시죠!"

"그때 기분이 어땠습니까?" 츠비가 물었다.

나는 아무 말도 하지 않았다. 격렬한 감정이 나를 사로잡았다. 하지만 츠비에게 조금이라도 도움이 되려면 구체적인 답을 떠올려야 했다.

"싸움에서 진 기분이었습니다." 마침내 내가 대답했다.

"정확히 어떤 감정이었나요?" 츠비가 말했다.

"화가 났습니다. 모욕감과 좌절감을 느꼈지요."

"다른 감정은 없었습니까?" 츠비는 칠판 옆에 선 채로 물었다. "감정은 한꺼번에 밀려오는 법이지요. 그때 느낀 또 다른 감정이 있다면 말씀해주시겠습니까?"

"두려움과 버림받은 듯한 느낌, 고독감을 느꼈습니다."

나는 잠시 쉬었다 하면 좋겠다고 생각했다. 츠비는 말없이 내 말을 받아 적었다.

"그때 무슨 말을 했습니까? 그런 감정 상태에서 입 밖으로 튀어나온 말은 무엇이었나요?"

"'저 사람은 정상이 아니야! 텔아비브 사람들은 무례하기 짝이 없군!' 이라는 말이었습니다."

"그때 당신이 취한 행동은요?" 츠비가 질문을 계속했다.

"어떤 의미의 '행동' 말씀인가요?"

"무언가를 한다는 뜻에서의 행동 말입니다. 실제적인 의미에서 어떻게 반응하셨죠?"

나는 화가 치밀어 오른 그 순간에 내가 무엇을 했는지 떠올리려고 안간힘을 썼다.

"차에서 내려 소리를 지르며 그 남자를 쫓아갔습니다." 내가 말하자 츠비가 그 말을 받아 적었다.

'그리 좋은 그림은 아닌걸.' 나는 속으로 생각했다.

"그러고는요?"

"그러고는……. 그걸로 그만이었죠." 나는 잠시 말을 멈췄다가 다시 말을 이었다. "그는 어떤 카페 안으로 사라졌고, 나는 달리 할 수 있는 일이 없다는 것을 깨달았습니다. 그래서 매우 비참한 기분으로 차로 돌아왔지요. 이게 답니다."

잠시 침묵이 흘렀다. 이윽고 츠비는 칠판 위에 적혀 있는 글귀로 돌아와 사건의 전 과정을 소리 내어 읽었다. "당신은 '분노와 모욕감, 좌절감, 두려움, 버림받은 느낌, 고독감을 느꼈다고 했습니다. 맞습니까?"

나는 고개를 끄덕였다.

"그때 당신이 한 말은 '저 사람은 정상이 아니야! 텔아비브 사람들은 무례하기 짝이 없군!'이었습니다. 그리고 당신이 한 행동은 소리를 지르며 그를 뒤쫓는 것이었습니다. 맞습니까?"

"정확합니다."

나는 의자에 기대앉아 칠판을 바라보았다. 거기에 적혀 있는 내용은 익히 알고 있던 것들이었지만 전체 그림을 마주하기란 그리 유쾌한 일이 아니었다.

"계속해도 될까요?" 츠비가 물었다. 나는 고개를 끄덕였다.

"이제 사건이 어떤 식으로 전개되었으면 좋았을까 생각해보세요. 당신은 지금 시나리오 작가인 동시에 감독이고 제작자이며 배우입니다. 모든 게 당신 손에 달렸지요. 자, 어떻게 하시겠습니까? 당신은 사건이 어떻게 전개되었기를 바라시나요?"

나는 상상 속에서 그때 그 주차장으로 돌아가 불쾌한 상황 속으로 들어가 보았다. 그리고 츠비의 질문을 내게 들려주었다. 실제 있었던 일 대신 어떤 상황이 전개되었다면 좋았을까?

"사건이 어떻게 전개되었기를 바라느냐고요?" 내가 물었다.

"그렇습니다. 당신이 이렇게 되었으면 좋았으리라고 생각하는 상황을 이야기해보세요."

"나는 하비마 극장 옆의 주차장으로 들어갑니다. 마침 차량 한 대가 빠져나가려던 참이어서 나는 그 자리에 차를 주차하겠다는 뜻으로 깜빡이를 켜고 기다립니다. 그러나 그 차가 빠져나가자 다른 사람이 그 자리에 차를 주차하고는 아내와 함께 차에서 내려 어디론가 걸어갑니다. 나는 경적을 울리다 다른 주차 공간을 찾아보기로 마음먹습니다. 그리고 주차장을 한 바퀴 돌다가 빈자리를 발견합니다. 카페 입구에서 조금 전 그 부부를 다시 만난 나는 미소를 지어 보이며 '좋은 아침입니다' 하고 인사를 건넵니다."

"이때는 기분이 어땠을까요?"

"기쁨과 사랑, 용서, 만족감을 느꼈을 겁니다."

츠비는 내 말을 받아 적었다.

"당신은 뭐라고 말했을까요?"

"아마 그 사람이 급한 일 때문에 내가 기다리고 있는 것을 보지 못한 모양이라고 말했을 겁니다."

"어떻게 행동했을까요?"

"그 사람과 악수를 나눴을 겁니다."

츠비는 감탄사를 내뱉고는 재빨리 내 말을 받아 적었다.

다 적은 그가 한 발짝 옆으로 비켜나자 전체 그림이 보였다. 오른쪽에 적힌 내용 위에는 '실제로 일어난 일'이라는 제목이 붙어 있었고, 왼쪽에 적힌 내용 위에는 '일어났으면 하고 바라는 일'이라는 제목이 붙어 있었다.

"두 경우 모두 당신이 주인공인 사건입니다. 두 사건이 다 당신을 드러내고 있으니까요. 첫 번째 사건은 당신이 실제 겪은 상황이고, 두 번째 사건은 이렇게 되었으면 하고 당신이 바라는 상황입니다. 두 사건의 차이를 아시겠습니까?"

"차이라고요?" 내가 물었다. "그게 무슨 말씀입니까?" 나는 그렇게 말하면서도 두 사건의 차이가 무엇인지 그리고 츠비가 무슨 말을 하려고 하는지 짐작해보려고 애썼다. "차이가 있지요." 내가 말했다. "이 두 사건은 전혀 다른 사건입니다."

츠비는 웃으며 말을 이었다. "지금 우리가 하는 작업에는 과학적인 정확성이 요구되지 않는다는 것을 기억하십시오. 따라서 이 두 사건의 차이를 1~10까지의 숫자로 나타내보는 것도 괜찮을 것입니다. 1만큼의 차이가 나면 차이가 얼마 안 나는 것이고 10만큼의 차이가 나면 큰 차이가 나는 것입니다. 당신은 이 두 사건이 얼마 만큼의 차이가 난다고 생각하십니까?"

나는 칠판을 보고는 곧 대답했다. "9만큼의 차이가 납니다."

츠비는 칠판에서 물러나 자리에 앉았다. 그리고 이렇게 설명했다.

"9만큼의 차이는 고통의 근원이 됩니다. 이렇게 큰 차이는 다루기가 어렵지요. 이 두 사건이 모두 당신을 나타냄에도 불구하고 당신이 현실 세계에서 경험한 사건은 '실제로 일어난 일'이라는 데 동의하시나요?"

"네. 하지만 그 차이 또한 '나$_{me}$'라고 누가 그러던가요?"

"당신이요." 츠비가 대답했다. "그 사건이 다른 방식으로 일어나기를 바란다는 것은 곧 사건이 실제와 다르기를 바라는 당신의 내적인 바람을 나타내줍니다. 그리고 이러한 바람이 차이를 드러내지요. 이런 차이 안에 뭔가 좋은 것이 있다고 생각하십니까?"

"좋은 것이요?" 나는 의아했다. 하지만 곧 좋은 점이 있다고 말했다.

"이 차이 안에서 뭔가 기회를 찾을 수 있을까요?"

"기회요?" 나는 잠시 생각에 잠겼다. 그러자 갑작스러운 깨달음의 빛이 쏟아졌다. 나는 "네!" 하고 대답했다.

"네." 츠비는 내가 하는 말을 칠판에 옮겨 적었다. "여기엔 기회가 있습니다."

"어떤 기회입니까?" 츠비가 물었다.

"분노를 없앨 기회입니다." 나는 대답하면서 내가 하는 말에 놀랐다.

"분노를 없앨 기회." 츠비가 내 말을 받아 적었다. 내 안에서 질문이 쏟아져 나왔지만 츠비는 미소 띤 얼굴로 내가 하는 말을 되풀이하며 컬러 마커로 칠판에 옮겨 적을 뿐이었다.

"그림이 그려지나요?"

"네."

"차이 안에서 당신을 찾을 수 있겠습니까?"

"네, 그럼요. 전부 다 나인걸요."

결국, 와플이 나를 구해주었다. 녀석이 통통한 꼬리를 흔들며 방에 들어왔기 때문이다. 와플의 유쾌한 등장에 우리는 칠판에서 시선을 뗄 수 있었다.

"차를 좀 마실까요?" 츠비가 말했다. 그가 주방에 들어갔을 때 얼마나 마음이 놓였는지 모른다.

내겐 잠시 쉬면서 생각할 시간이 필요했기 때문이다. '저렇게 작은 칠판에 저렇게 엄청난 의미가 담긴 이야기가 쓰여 있다니.' 나는 속으로 생각했다.

우리는 조용히 차를 음미했다.

"오늘은 여기서 끝내야 할 것 같군요." 츠비가 부드럽게 말했다. "어느새 시간이 훌쩍 지나가 버렸으니 말입니다. 오늘 배운 것을 정리해봅시다. 기분이 어떻습니까?"

"글쎄요, 뭐라 말씀드려야 할지……."

"오늘의 만남에서 무엇을 배웠습니까?"

"새로운 무언가를 배웠습니다." 내가 대답했다. "차이를, 내 안에 있는 차이를 배웠습니다."

"좋아요." 츠비가 말했다. "다음 한 주 동안은 당신이 일상에서 경험한 차이 다섯 가지를 생각해보세요. 당신과 당신 자신, 아내, 아이들, 이웃, 친구와의 사이에서 느끼는 작고 간단하면서도 분명한 차이를 생각해보세요. 특별한 것이 아니어도 상관없습니다. 중요한 것은 당신이 차이를 발견한 후 기록해서 다음 주에 가져오는 것입니다. 우리는 아주 잘 해나가고 있습니다. 당신도 아주 잘하고 있고요. 중요한 것은 지금 하는 작업에서 가치를 끌어내는 것입니다. 당신이 보여준 솔직함과 나에 대한 신뢰에 감사드립니다. 그리고 한 가지 더! 작은 책 한 권을 읽어보셨으면 합니다. 《상자에서 나오기Getting Out of the Box》라는 제목의 책인데, 이 것을 읽는 것은 중요합니다. 자, 이제 작별 인사를 할까요?"

츠비와 나는 마주 껴안았다.

그런 다음, 츠비는 내게 스테이플러로 찍은 종이 뭉치를 건네주며 말했다. "이걸 가져가세요. 여기에는 차이에 대한 심오한 통찰이 담겨 있답니다."

"다섯 가지 차이 이야기라······." 기차역으로 향하며 나는 비슷한 제목의 동화책을 떠올리곤 미소를 지었다. 밝은색으로 칠한 기차가 도착했다. 나는 자리에 앉아 다리를 뻗으며 창밖을 바라보았다. 무심코 가방에 손이 닿자 미국산 사과의 둥그런 형체가 만져졌다. 나는 다시 사과에 대해 생각해보았다. 미국은 이스라엘의 동맹국이니 미국인들에게 진다고 해서 부끄러울 것은 없다는 생각이 들었다. 나는 기쁜 마음으로 사과를 꺼내 한 입 베물었다.

"여기에 첫 번째 차이가 있었군." 갑작스러운 깨달음이 나를 사로잡았다. "그건 시온주의자의 이상과 맛있는 사과를 먹고 싶은 마음 사이의 차이야!"

가방에서 츠비가 준 자료를 꺼내면서 얼핏 차창을 보니 한 손에는 사과를, 다른 한 손에는 차이에 관한 자료를 들고 있는 내 모습이 비쳤다.

"차이는" 하고 나는 자료를 읽기 시작했다. 내게 그 자료를 읽어주는 츠비의 목소리가 들리는 듯했다.

"차이는 코칭의 세계에서 매우 중요한 도구이다. 코칭은 현실과 내가 바라는 것 사이의 차이에서 시작한다. 대화를 나누고 있는 한 무리의 사람에게 내가 '차이의 개념에 대해 어떻게 생각하십니까? '차이'라고 말할 때 어떤 느낌이 드십니까?' 하고 물어보면 많은 사람이 차이는 전혀 도움이 되지 않는 불쾌한 것이라고 대답할 것이다. 차이에는 사회 계층의 차이가 있고 경제적인 차이도 있으며 교육의 차이도 있다. 차이는 불공평하고 잘못된, 고통을 초래하는 무언가로 여겨진다. 따라서 우리는 '차이'란 근사한 것이라고 하는 새로운 개념을 도입하고자 한다. 차이는 선물이고, 큰 차이는 큰 선물이다! 차이는 성장과 쇄신의 기회이다. 개인의 내면에 잠재된 강력한 힘이 드러나는 기회이고, 개인이 유익과 행복을 얻는 기회이다. 차이가 크면 큰 고통과 혼란이 따르는 것은 사실이다. 이스라엘 가수 슐리 랜드의 말을 빌리자면 '마음을 움직이지 않는다면 이 고통이 다 무슨 소용이겠는가?' 차이로 인해 생겨난 고통은 마음을 각성시키는 자극제이다.

차이는 왜 고통을 통해 나타나는가? 그것은 오직 하나님만이 아신다. 이 질문을 깊이 생각하고 고민해도 답은 나오지 않는다. 좋은 질문은 고통 속에서 생겨난다. 우리는 마비와 좌절을 경험할 것인가 아니면 성장과 향상을 경험할 것인가? 이 질문에 대한 답은 다음과 같은 질문에 달렸다. 그것은 바로 '차이의 개념을 어떻게 받아들일 것인가? 선으로 받아들일 것인가, 악으로 받아들일 것인가? 형벌로 받아들일 것인가, 기회로 받아들일 것인가?' 하는 질문이다. 이 질문에 대한 답은 각자의 마음속에 있다."

나는 이 대목에서 읽기를 멈추고 고개를 들었다. 그러고는 이렇게 자문해보았다. '나는 어떤가? 내 안에는 무엇이 잠재되어 있는가?'

나는 얼핏 같은 페이지 제일 아래에 있는 문장을 보았다. 상상 속에서 츠비가 계속해서 내게 글을 읽어주었다.

"차이는 이중의 선물이다. 차이 안의 가장 깊숙한 곳에는 맬빔이 '마음이 바라는 것'이라고 일컬은 가장 깊은 소망이 있고, 그 옆에는 소망을 이루는 데 필요한 내면의 힘이 있다."

'알겠어?' 나는 생각했다. '하나님은 그리 가혹한 분이 아니야. 그 반대지. 차이가 고통을 초래하는 것은 사실이지만, 그 안에는 선물도 함께 있어. 내 마음속 깊은 곳에 있는 소망과 이 소망을 실현할 수 있게 해주는 힘이.'

'그래서 어떻게 생각해?'

'어떻게 생각하느냐고? 지금은 혼란스러울 뿐이야. 츠비는 내 기분 따위엔 관심도 없는 걸까?'

내 생각을 알아차리기라도 한 것처럼 츠비가 준 자료는 다음과 같이 이어졌다. "차이에는 특별한 축복이 있다. 우주의 왕이시며 무수한 생명체와 그들의 필요를 창조하신 주 하나님은 복되시다. 그는 모든 살아 있는 존재의 영혼을 떠받치는 온갖 것들을 지으셨나니……. 세상의 생명이신 주님은 복되시다."

"아멘." 나는 속삭였다.

"'그들의 필요'라는 표현은 하나님이 영혼을 창조하시고 그와 더불어 이러한 필요, 즉 차이를 만드셨음을 의미한다."

"왜 차이를 만드신 거지?" 나는 자문했다.

"그것은 '모든 살아 있는 존재의 영혼을 떠받치기' 위해서이다." 츠비가 자료에 적힌 글 속에서 말했다. "그리고 이러한 떠받침은 그 사람에게서, 그의 가장 내적인 본질과 그의 선택에서 온다."

나는 내 몸을 느껴보고 싶었다. 그래서 자리에서 일어나 스트레칭을 했다. 살짝 피로감과 긴장감이 느껴지면서 뭐라도 하고 싶은 마음이 들었다.

"뭐라도 하고 싶은 기분은 차이가 드러났을 때 혹은 삶의 필수 요소로서 차이의 존재를 인지했을 때 수반되는 주된 감정이다."

"그러니까 차이가 분명해지면 내가 어떻게 해야 하는 거지?" 내가 물었다.

자료가 대답했다. "우리가 사는 세상은 행동하는 세상이고, 우리는 늘 뭔가를 해야 한다. 행동하고 반응해야 한다. 차이나 고민거리, 알려지지 않은 무언가에 대한 우리의 자동적인 반응은 뭔가를 하는 것이다! 우리는 행동의 토대 위에서 키워졌다. 우리는 행동하는 사람이다. 능동적인 행위자이다. 우리는 실제적인 일을 하도록, 다시 말해서 책임감을 가지고 무언가를 하게끔 프로그래밍되어 있다."

"맞아." 나는 고개를 끄덕였다.

"그래서 우리는 아무것도 하지 말 것을 권한다."

"뭐라고?" 나는 소리쳤다.

자료는 계속해서 말했다. "큰 차이가 있을 때 이것은 마치 메가폰에 대고 '아무것도 하지 마시오!'라고 외치는 것과도 같다."

나는 짜증났다.

"애틀릿도 좋고 코치가 랍비인 것도 좋고 유대식 코칭도 좋고 기차를 타고 가야 하는 것도 좋고, 다 좋아. 하지만 차이를 발견하고 고통을 느끼면서도 아무것도 하지 말라고? 그게 말이 돼? 고통을 느끼는 치유라고 주장하고 싶은 건가? 고통을 이상화하거나 고통을 이용해 영혼을 정화하라는 식의 주장을 펴려는 거야? 제발 부탁이니 나를 내버려둬!"

나는 자료를 접었다. 더 이상은 읽을 수가 없었다. 아무래도 커피를 한 잔 마셔야 할 것 같았다. 그래서 서둘러 식당 칸으로 갔다. 나는 어두운 유리창에 코를 박고 커피 향을 깊이 들이마셨다. 자료를 가지고 오지 않은 것은 잘한 일이었다. 지금 당장은 아무것도 하지 않는 게 좋았다. 몇 분 뒤에는 다시 내 자리로 돌아와 자료를 읽고 있었지만.

"왜 아무것도 하지 말라는 거지?" 나는 당혹스러웠다. "그건 논리적이지 않아. 코칭은 사람에게 동기를 부여해서 행동하게 만드는 거야. 코칭은 '타이어가 공중을 날아다니는 나비가 아닌 도로를 만나게' 해야 하는 거라고. 코칭의 생명은 사람이 적극적으로 행동하게 하는 것인데 아무것도 하지 말라고? 그것도 나한테? 도저히 이해할 수 없어!"

"괜찮아요. 우리가 하는 일은 당신의 이해 여부와는 상관없어요." 츠비가 행간에서 나를 달랬다. "하지만 어쨌거나 여기에 대해 간단히, 하지만 천천히 말씀드리죠."

"당신이 생각하는 데 사용하는 논리는 당신이 행동하는 데 적용하는 논리와 같으며, 그것은 당신이 흥미를 느끼지 못하는 결과를 불러옵니다. 당신이 나를 찾아온 것도 그 때문이지요. 당신은 변화를 원하기 때문에 나를 찾아왔습니다. 그러나 예전과 같은 방식과 논리를 사용한다면 변화는 일어날 수 없습니다. 따라서 당신이 차이를 발견하고 예전과 같은 방식으로 행동하려 할 때 우리는 기다리라고, 익숙한 습관을 버리

라고 조언합니다. 행동하지 마세요. 차이 안에 머무세요. 그 안에 머물
되 행동하지는 마세요. 차이가 행동하게 하세요. 논리는 '그건 논리적이
지 않아' 하고 소리치겠지요. 하지만 차이는 논리에게 속삭일 것입니다.
'맞아. 너는 이 상황에 어울리지 않아. 우리에겐 너보다 더 고차원적인
무언가가 필요해. 변화하기 위한 적절한 때는 논리가 영감을 주지 못할
때야!' 하고 말입니다. 거기, 차이 안에 머무세요. 온통 알려지지 않은
것들뿐인 곳, 모든 게 논리적이지 않고 불분명한 곳, 고통의 근원이 되
는 곳, 그곳에 머무세요. 하지만 그 안에서 행동하지는 마세요."

나는 자료를 무릎 위에 내려놓고 머리를 뒤로 기댔다. 그리고 내 안으
로 침잠했다. 그러자 모든 것을 해방시키는 낯선 피로감이 느껴졌다.

"중앙역입니다." 안내 방송이 나왔다.

"잠깐만. 그러니까 거기서, 차이 안에서 무얼 할 수 있다는 거지?" 나
는 여행이 끝나기 전에 재빨리 물었다.

"기도를 할 수 있지요." 자료 안에서 츠비가 말했다. 나는 주변을 둘러
보았다. 츠비가 내 옆에 있는 것 같았기 때문이다. 다른 승객들은 재빨
리 짐과 여러 색깔의 가방을 챙겨 출입구 앞에 모여들었다. 기차가 플랫
폼에 도착했다. 한 여자가 유모차를 밀며 나왔고, 군인 한 사람이 독서
에 몰두해 있었다. 사람들은 기차를 타고 내리느라 바빴다. 나는 현실과
소망 사이에 끼어 있었다. '마음이 바라는 것'이라? 마음이 바라는 것을
실현하는 힘? 기도? 갑자기 텔아비브가 애틀릿에서 매우 가깝게 느껴졌
다. 습도가 높은 밤이었다. 나는 서둘러 에스컬레이터로 향하는 수백 명
의 인파에 섞여 들어갔다. 바쁘게 발을 움직이면서도 나는 서두르지 말
아야 한다는 것을 떠올렸다.

불현듯 내면의 목소리를 통해 랍비 아브라함 이츠하크 하코헨 쿡의 조용한 음성이 들려왔다. "때때로 인간의 켜켜이 쌓인 추악함 사이로 그의 영혼이 드러나며, 그 사람은 여기에 충격을 받는다. 그러나 그의 정신은 영혼의 타락하고 추악한 힘이 강하면 강할수록 영혼의 아름다움과 순수함도 크다는 사실과 하나님이 서로 반대되는 것을 만드셨다는 사실에 위안을 얻는다."《성스러운 빛The Lights of Holiness》3권 251쪽_원주)

"서로 반대되는 것"이란 '현실'과 '내 마음이 바라는 것'을 가리키는 것일까? 만약 그렇다면 그 둘 사이의 차이는 변화를 싹트게 하는 밭이다. "차이는 나를 성장하게 한다" 하고 나는 나에게 말했다. "큰 차이는 의지와 소망의 힘의 거대함을 입증해준다." 그리하여 나는 차이가 실제로 선물임을 깨달았다.

아직 네 가지 차이를 더 찾아야 한다. 이 간단한 과제가 이번 주 내내 내게 영향을 미쳤다. 마치 내가 '차이'라는 안경을 끼고 일상을 바라보는 기분이었다. 갑자기 내 삶이 온갖 종류의 차이들로 가득 찬 것처럼 보였다. 마음이 점점 무거워졌다. 나는 어머니에게 화요일에 찾아뵙겠다고 말씀드렸지만, 약속을 지키지 못했다. 이것은 약속과 그 실천 사이의 차이다. 나는 사업을 통해 보다 많은 수익을 창출하고 싶다. 이것은 수입과 지출의 차이다. 나는 매일 《탈무드》를 공부하기로 했지만 그러지 못했다. 이것은 결심과 실행의 차이다. 나는 운동을 열심히 해서 살을 빼기로 했다. 이것은 실제의 몸 상태와(나는 100미터만 걸어도 숨이 차다) 내가 도달하고자 하는 몸 상태의 차이다. 차이를 정의하기 위해 내가 어떤 종류의 삶을 살고 싶은지 돌아보았지만, 답을 얻을 수 없었다. "원하는 게 뭔지 모르면 차이는 존재하지 않습니다"라고 말하는 츠비의 목소리가 들리는 듯했다.

한 주 뒤에 나는 츠비가 선물이라고 일컬은 차이들을 안고 기차에 올랐다. 하지만 내게는 그것이 선물이 아니라 짐처럼 느껴졌다.

지난 한 주간 나는 차이를 찾으려 애쓰면서 츠비가 내가 모르는 크고 복잡한 프로그램 안에서 작업하고 있음을 알게 되었다. 나는 이것이 내가 찾던 코칭인지 아닌지 자문해보았다. 코칭에 익숙해진 나는 코칭을 통해 무엇을 얻을 수 있는지 알고 있었다. 그러나 차이를 찾는 동안에는 내가 알던 코칭의 특성을 접할 수 없었다. 나는 이 점에 대해 츠비와 솔직하게 대화해보기로 마음먹었다. 기차는 반쯤 비어 있어 정면을 향한 좌석을 찾기란 그리 어렵지 않았다. 애틀릿으로 가는 기차가 혼잡하지 않다는 것은 흥미로운 일이었다. 그리고 기차를 타고 여행하는 것은 유쾌했다.

내적인 패턴

The Secret of
Jewish Coaching

3장 내적인 패턴

•

차이 다루기

진실을 말하는 이의 스크린

단순히 관찰하기

•

"다음 역은 애틀릿입니다." 안내 방송이 들렸다. 창밖을 보니 저수지의 수면이 햇빛을 반사하고 있었다. 흰 날개를 펼친 왜가리 떼가 식품 저장고 위를 뒤덮고 녹지 위로 전선 뭉치가 팝콘처럼 흩어져 있었다. 나는 카르멜 해안 인근의 마을 이름들을 떠올려보았다. 모두 어린 시절부터 알고 있던 이름들이었다. 나는 애틀릿에서 내리는 데 익숙하지 않았다. 애틀릿은 내가 자주 방문하는 지역이 아니었기 때문이다. 안내 방송이 나오지 않았더라면 아마 하이파까지 계속 갔을 것이다. 내게 하이파는 긴요한 물건들을 사러 가는 '대처'였다.

츠비네 집 정원에 있는 무화과나무에서는 특별한 향기가 났다. 그것은 여름 향기였다. 츠비는 운이 좋아 그가 키우는 무화과는 열매가 실하고 즙이 많은 데다 껍질이 얇고 달콤했다. 이 탐스러운 과일이 깨끗하게 씻긴 채 구리 쟁반에 담겨 나를 기다리고 있었다. 츠비의 환한 미소와 커다란 잔에 담긴 물과 함께. 우리는 반가움의 표시로 포옹을 했다.

"대화를 할까요? 아니면 설명을 들으실래요? 어느 쪽이 좋으신가요?" 츠비가 말했다.

나는 내가 츠비의 코칭 계획에 대해 잘 이해하지 못했고, 그것이 코칭이라기보다는 학습과 개념 습득 및 평가에 더 가깝게 느껴진다는 것을 털어놓는 게 중요했다. 츠비는 내게 익숙하지 않은 영역에서 나를 지도하고 있었고, 나는 그에게서 가르침을 받고 배운 내용을 내면화하고 있었다. 그러나 이것은 코치와 고객의 관계라기보다는 교사와 학생의 관계에 가까웠다. 어쩌면 처음 시작할 때 여기에 대해 대화를 나눴을지도 모르겠지만 내게는 코칭의 실제적인 개념이 깊이 있게 와 닿지 않았다. 나는 이런 내 생각을 이야기했다.

"맞습니다." 츠비가 말했다. "처음에 말씀드렸듯이 우리는 코칭 단계가 아니라 조율 단계입니다. 아직 거울 사이를 여행하는 중이지요. 당신이 어떻게 행동하는지를 알고 싶다면 거울을 들여다보세요. 그리고 원하는 결과를 얻으려면 어떻게 행동해야 하는지를 알게 될 때 내가 하는 코칭이 당신과 잘 맞는지 알 수 있습니다. 만약 맞지 않는다면 당신은 이를 통해 삶을 꾸려가는 데 필요한 새로운 도구를 만들어낼 수 있을 것입니다."

"만약 맞는다면요?" 내가 물었다.

"그렇다면 당신은 내가 제시하는 도구들을 계속해서 사용할 수 있습니다. 그것도 당신의 자발적인 선택으로 말이죠."

나는 여기에 대해 좀 더 자세히 묻고 싶었지만, 일단은 코칭 과정의 흐름을 따라가야 할 것 같았다. 그래서 지금은 차이에 대한 이야기로 넘어가되 이 주제에 대해서는 다음에 다시 이야기하고 싶다고 말했다.

"그러시죠." 츠비가 말했다. "그래서 어떻게 됐습니까? 다섯 가지의 차이를 찾으셨나요? 찾아보니 어떻던가요?"

나는 신이 나서 설명하기 시작했다.

"정말이지, 차이는 선물입니다. 차이를 발견하고 이를 받아들이기란 그리 간단한 일이 아니에요. 특히 아무것도 하지 않고 차이에 머물기란 쉬운 일이 아니지요. 하지만 당신이 주신 자료는 차이를 통해 알게 된 것들을 내면화하는 데 많은 도움이 되었습니다."

츠비는 매우 기뻐했다. "그래, 당신이 예로 든 그 주차장 사건에서는 어떤 기회를 찾으셨습니까?"

"분노를 없앨 기회를 찾았습니다."

"분노를 없애는 것은 당신에게 얼마나 중요합니까?"

"매우 중요합니다."

"분노를 없애면 어떤 일이 가능해지나요?"

"행복하게 살면서 에너지를 낭비하지 않을 수 있습니다. 분노가 지성을 내쫓는다는 것은 잘 알려진 사실입니다. 그리고 사람에게서 지성의 빛이 사라지면 그가 가진 신의 형상도 사라집니다. 따라서 분노를 품는 것은 성소 안에 우상을 두는 것과도 같습니다. 분노는 지성을 내쫓고 그 자리를 차지하니까요."

"이런 현명한 생각들을 하는 것만으로는 분노가 고개를 들어 우리 삶을 휘저을 때 별 도움이 되지 않습니다."

우리는 한동안 말없이 앉아 있었다. 나는 문득 랍비 쿡이 한 말이 떠올랐다. 그는 "식물의 성장을 위해서는 식물들 사이에 여유 공간을 두는 게 중요하다"고 말했다. 츠비의 침묵은 시간 낭비가 아니었다. 그가 침묵하는 동안 나는 우리가 한 말들에 대해 생각할 수 있었다.

"그럼 계속해도 될까요?" 츠비가 물었다.

"물론이지요." 나는 기쁜 마음으로 대답했다.

"좋아요. 전에 말씀하신 주차장 사건으로 돌아가 봅시다. 그때 당신은 실제로 일어난 일과 일어났으면 하고 바라는 일 사이에 9만큼의 차이가 있다고 말씀하셨습니다."

"또 그 사건으로 돌아가자고요?" 나는 깜짝 놀랐다. "그 이야기를 한 이후로 벌써 몇 년은 지난 것 같은 느낌입니다. 그것은 어쩌다 한 번 일어난 일이고 일상의 다른 일들과는 아무 상관이 없어요. 그때 이후로 다른 중요한 사건이 많이 일어났는데 굳이 그 일을 꺼내야 할 필요가 있을까요?"

"생각해보세요." 츠비가 말했다. "당신이 그 일을 일회적이고 독립적인 사건이라고 한다면, 우리는 그 사건에서 배우는 것이 없습니다. 그러나 그 사건이 독립적인 사건이 아니라는 게 판명되면 그것은 우리의 일을 진척시키는 데 중요한 도구가 되어줄 것입니다. 그게 당신이 원하던 게 아니었나요?"

그의 말이 옳았다. 나는 나아가고 싶었다.

츠비는 하비마 주차장에서 있었던 일을 요약해서 들려주었다. 그때 어떤 일이 있었고 내 기분은 어떠했는지 또, 내가 무슨 말을 하고 어떤 행동을 했는지에 대해 되짚어주었다. 그리고 내가 이렇게 되었더라면 좋았겠다고 생각했던 상황과 그런 상황에서 내가 느꼈을 감정이나 내가 했을 말과 행동을 상기시켜주었다. 그러고는 미소를 지으며 물었다.

"기억하십니까?"

"오, 기억하고말고요." 내가 대답했다.

"좋습니다. 이야기를 계속하기 전에 여기에 대해 더 깊이 생각해본 뒤, 지금 우리가 처한 상황과 이 상황에서 어디로 나아가야 할지 말씀드리도록 하지요."

그의 코칭 과정을 더 깊이 이해하는 것, 그것은 내가 바라던 바였다.

"현자들은 영혼에 대해 연구하고 가르쳐왔습니다. 영혼에 대한 가르침은 아리잘의 신비주의나 바알 셈 토브와 바알 하타냐의 글을 통해서도 접할 수 있습니다. 각 세대마다 이해하는 방식이 다르기에 현자들은 후세 사람들이 이해할 수 있는 말로 가르침을 전해왔지요. 영혼은 내적이고 초월적인 자질을 가지고 있지만, 이러한 자질들은 눈에 보이지 않습니다. 우리가 볼 수 있는 것은 그 자질들이 '영혼의 외피'를 통해 드러나는 것들뿐입니다.

영혼의 외피 곧 생각과 말과 행동은 영혼이 자기를 드러내는 수단입니다. 이 영혼의 외피를 통해 우리 안에 있는 다양한 자질이 잠시나마 모습을 드러내는 것이죠. 영혼의 외피가 갖는 중요성이 바로 여기에 있습니다. 우리는 그것들을 통해 우리 영혼의 자질을 알 수 있습니다."

"그래서요?" 내가 물었다.

"그래서 우리는 그 자질에게 지배당하는 대신, 우리가 그 자질을 지배하기로 선택할 수 있습니다. 그리고 적어도 거기에서 무슨 일이 있었는지에 대해 좀 더 자세히 알 수 있습니다."

"거기에서라뇨?"

"하비마 극장 옆의 주차장 말입니다. 말씀드렸듯이 영혼의 외피는 생각과 말과 행동입니다. 이것들은 영혼이 스스로를 드러내는 수단으로, 우리 안에서 어떤 일이 일어나고 있는지를 말해줍니다. 우리가 하고자 하는 것은 일상에서 이것들을 알아보는 기술을 익혀 그 안에 감추어진 영혼의 자질과 만나는 것입니다."

"영혼의 외피를 어떻게 알아보지요?"

츠비는 자리에서 일어나면서 내게도 일어나라고 말했다.

"제게 좋은 생각이 있습니다." 츠비가 말했다. 그는 책상 위에 있던 영사기를 컴퓨터 위에 놓더니 그것들을 함께 들어 올리고는 내게 따라오라는 몸짓을 했다. 우리는 어둠이 깔린 마당으로 나갔다. 츠비는 컴퓨터를 설치한 후 내게 컴퓨터 화면을 들여다보라는 몸짓을 했다. 컴퓨터 화면에는 귀여운 빨강 머리 소년의 사진이 떠 있었다. 챙이 넓은 흰색 모자를 쓰고 파란색 셔츠를 입은 소년의 푸른 눈이 내 눈을 똑바로 들여다보고 있었다. 그의 손에 들린 샛노란 막대사탕이 배경의 녹색 잔디밭과 대조를 이루었다. 캠핑을 간 모양이었다.

"이 아이는 제 손자인 요세프 다비드입니다. 캠핑 갔을 때 찍은 사진이죠." 츠비가 미소를 지으며 말했다.

"멋진 사진이군요." 내가 말했다.

"이제 이 영사기를 하늘로 향하게 하겠습니다. 이 조그만 빨강 머리 소년이 훨씬 더 크게 보이도록 말이죠."

"아무것도 안 보이는데요." 나는 실망해서 말했다.

"왜 그럴까요?" 츠비가 물었다.

나는 하늘을 쳐다보며 스크린이 없기 때문이라고 했다. 스크린이 없으니 영사기에서 나온 광선이 어둠 속으로 빨려 들어가는 것처럼 보였다.

"그러니까 뭐가 없다고요?" 츠비가 물었다.

"스크린이요." 내가 대답했다.

츠비가 웃으며 말했다. "바로 그겁니다. 만약 하늘에 구름이 있다면 사진을 볼 수 있을까요? 아마 볼 수 있을 겁니다. 하지만 지금은 구름이 없네요." 말을 마친 그는, 영사기를 창고 벽을 향하게 두었다. 그러자 눈앞의 거대한 스크린에 빨강 머리 소년의 모습이 선명하게 드러났다. 창고는 사라지고 요세프 다비드가 어둠 속에 서 있었다.

잠시 후에 우리는 장비를 챙겨 집으로 들어왔다. 츠비는 쉬자며 내게 차를 권했다. 내가 차를 마시고 즙이 많은 무화과를 먹는 동안 츠비는 다시 영사기 이야기로 돌아갔다.

"조금 전에 보신 것처럼 영사기에서 나오는 광선이 이미지로 변하는 것을 보려면 스크린이 있어야 합니다. 스크린이 광선을 차단해 빛이 스크린 위로 흩어질 때, 빛의 입자가 산란하여 영사기에서 보낸 원래의 시각 이미지를 재생하는 겁니다. 영혼의 외피는 이 스크린과도 같습니다. 우리는 그 스크린을 통해 영혼의 투사된 이미지를 보고, 일상에서 접하는 일들에 대처하는 방법을 배웁니다. 우리가 살면서 접하는 모든 것이 이런 스크린입니다.

아내는 나의 스크린입니다. 아이들과 이웃들, 친구들은 나의 스크린입니다. 그리고 이 스크린에 비치는 모든 것이 '나'입니다. 당신이 누군지 알고 싶습니까? 그렇다면 아내와 아이들을 보세요. 그들은 속이거나 사물을 왜곡하지 않습니다. 자신을 알려고 멀리 갈 필요가 없습니다. 우리는 우리의 진실한 모습을 드러내는 스크린들에 둘러싸여 있습니다. 우리가 할 일은 그 스크린들을 자세히 살펴보고 거기에 보이는 것들을 받아들이는 것뿐입니다. 이걸로 무엇을 할 수 있느냐고요? 그건 다른 이야기입니다. 우리는 아직 행동할 단계에 도달하지 않았기 때문에 지금은 상황과 자기를 파악하는 일에 능숙해져야 할 때입니다."

츠비는 여기서 한 걸음 더 나아가도 되겠느냐고 물었다. 내가 동의하자 그는 칠판이 있는 쪽으로 가서 섰다. 그러고는 '실제로 일어난 일' 쪽을 가리키며 감정을 섞어 읽어 내려갔다. "싸움에서 진 기분, 분노, 모욕감, 좌절감, 두려움, 버림받은 듯한 느낌, 고독감. 맞나요?"

나는 내가 그토록 다양한 감정을 표현했다는 데 놀랐지만, 그런 감정들에 압도되었다는 사실은 인정했다. 내가 한 말은 "저 사람은 정상이 아니야. 텔아비브 사람들은 무례하기 짝이 없군!"이었고 내가 한 행동은 '차에서 내려 소리를 지르며 그 사람 뒤를 쫓아가는 것'이었다.

"다른 건 없나요? 혹시 빠진 거라도……." 츠비가 물었다.

"아뇨, 이것으로 충분합니다." 내가 대답했다.

"여기 적힌 내용을 간단하게 고쳐봅시다. 사실을 이해할 때 방해가 되지 않는 한에서 요점만 남기고 겹치는 부분을 지워보세요."

나는 칠판에 적힌 내용을 보며 요약해서 불러주었다.

"감정: 분노, 두려움, 고독감.

말: 저 사람은 정상이 아니야. 텔아비브 사람들은 무례하기 짝이 없군!

행동: 차에서 내려 소리를 지르며 그 사람 뒤를 쫓아간다."

"그 사람이 했던 행동 중 가장 언짢았던 것은 무엇입니까?"

"그가 나를 무시한 것이요. 그는 나를 투명인간 취급했어요. 그에겐 내가 무가치하고 하찮은 존재였던 거지요."

"그래서 어떻게 했나요? 그가 당신의 어떤 감정을 상하게 했지요?"

나는 그때의 사건으로 들어가 내 감정을 돌아보았다.

"당신은 아직도 화가 난 것 같군요." 츠비가 말했다.

"그건 그리 유쾌한 경험이 아니었어요." 나는 시인했다. "전혀 유쾌하지 않았죠."

"어떤 점이 유쾌하지 않았나요?" 츠비가 계속해서 물었다.

"하찮은 존재가 되는 거요."

"당신이 하찮은 존재라뇨? 그렇다면 무엇이 당신을 하찮은 존재로 만들었나요?"

"그 사람이요!"

"그 사람이 당신을 하찮은 존재로 만들었나요?" 츠비가 물었다.

"좋은 질문입니다." 나는 중얼거렸다.

"다시 물을게요." 츠비가 말을 계속했다. "당신은 자신이 어떻게 반응했는지 알고 있나요? 누군가 당신을 화나게 했고 당신은 스스로를 하찮은 존재처럼 느꼈어요. 화가 난 당신은 그 사람이 무례하기 짝이 없다고 말한 뒤, 소리를 지르며 그 사람 뒤를 쫓아갔지요."

츠비의 질문을 받고 나는 내 삶에 대해 생각해보았다.

"전에도 이렇게 반응한 적이 있나요, 아니면 이번이 처음인가요?"

내 안에서 깊은 침묵과 더불어 온갖 소음이 들려왔다.

"사실을 알고 싶으세요?" 나는 츠비를 향해 고개를 들었다.

"물론입니다." 그는 내게 미소를 지어 보였다.

"그런 반응을 보인 적이 여러 번 있었습니다. 누군가 내 자존감을 상하게 하거나 내 존재를 인정하지 않으면 나는 속에서 불이 난답니다. 그

다음부터는 전쟁이죠!"

츠비는 웃음을 터뜨렸다.

"그러니까 그동안 이런 전쟁을 여러 번 치렀다는 말씀인가요?" 그는 자신이 내 말을 이해했음을 확인받으려는 것처럼 다시 물었다.

"네, 종종 있었습니다." 내가 확인해주었다.

"이것은 우리가 '인쇄기'라고 부르는 것입니다. 인쇄기가 뭔지 아십니까?" 츠비가 물었다.

"인쇄하는 기계죠." 내가 대답했다.

"무엇을 인쇄하나요?"

"기계 속에 넣은 것은 무엇이든지요."

"이 인쇄기는 우리를 인쇄한답니다!" 츠비가 말했다. "우리 안에 기본적인 틀이 형성되면 그것은 늘 우리를 따라다닙니다. 그리고 특정한 조건이 주어졌을 때, 이를테면 자존감에 상처를 입었을 때 그 틀은 인쇄기를 작동시킵니다. 짐작하시겠지만 인쇄기는 늘 우리 안에 있는 기본적인 틀을 인쇄합니다. 외부에서 일어나는 다양한 사건들에 반응하며 인쇄를 자동 반복하지요. 인쇄기는 상황에 영향을 받지 않습니다. 상황은 인쇄기의 전원을 켜는 방아쇠 역할을 할 뿐이죠. 인쇄는 이런 식으로 이루어집니다. '누군가 당신을 화나게 한다. 당신은 스스로를 하찮은 존재로 느낀다. 당신은 화가 나서 그 사람에게 소리를 지르며 그를 쫓아간다.' 당신은 전에도 이 같은 패턴을 경험한 적이 있습니까?"

"네."

"그럴 때 당신은 화를 내고 난폭한 말을 하는 쪽을 선택하나요?"

"아니요." 내가 대답했다.

"당신은 인쇄기를 선택하지 않았습니다. 인쇄기가 당신을 선택했지요. 당신은 인쇄기가 작동하면 그제서야 알아차리지만, 그때는 이미 늦습니다. 결과물이 출력되는 중이니까요. 우리는 오랜 세월에 걸쳐 형성된 우리의 반응에 익숙한 나머지, 이것이 우리의 존재 양식이고 본성이라 여깁니다. 그리고 이런 인쇄 패턴은 우리가 그런 방식으로 우리 자신과 주변 환경을 인식하게 만들지요. 우리는 겉으로 드러나지 않는 다른 패턴이 우리 안에 있으리라고는 생각도 하지 않습니다. 하지만 겉으로 드러난 패턴들은 우리가 좋아하지 않는 패턴들뿐이랍니다.

"놀랍군요!" 내가 소리쳤다.

츠비가 웃으며 대답했다. "네, 놀랍지요."

그런 뒤 그는 내게 미소를 지어 보이며 말했다.

"좋아요. 지금은 기분이 어떻습니까?"

"몹시 흥분되는데요." 내가 대답했다.

"아주 좋습니다! 오늘의 만남에서 무엇을 얻으셨나요?"

"많은 것을 얻었습니다."

"지금 당장 생각나는 것은 없나요?"

"이런 패턴은 재앙을 초래하는 습관이 될 수도 있겠다는 생각이 들었습니다. 하지만 내 안에 그런 패턴이 있다는 사실을 알아차리기 전에는 아마 그 패턴에 끌려다닐 것 같습니다. 이것을 알게 되어 기쁘군요. 감사합니다."

츠비는 그가 준 자료가 이해를 돕는 데 도움이 되었는지 물었다. 나는 자료를 주어 고맙다고 말한 뒤, 다른 자료는 없느냐고 물었다. 츠비는 내게 새로운 자료를 건넸다.

"이번 주 과제는 살면서 접하는 패턴 다섯 가지를 찾아보는 것입니다. 이번에도 간단한 것으로 부탁드립니다. 어떤 대단한 성취를 이루었을 때가 아니라 일상적인 삶을 살면서 경험하는 간단한 패턴으로 찾아보세요. 그리고 이 일을 즐기는 것을 잊지 마십시오." 츠비가 웃으며 말했다.

"패턴을 발견한 다음엔 어떻게 하지요?" 내가 물었다.

"차이를 발견했을 때는 어떻게 하셨습니까?" 츠비가 되물으며 말했다. "아무것도 하지 마십시오. 우리는 지금 행동하는 단계가 아니라 발견하고 찾아보는 단계에 있으니까요. 하지만 걱정하지 마세요. 조만간 행동할 단계가 올 겁니다."

츠비는 나를 문 앞까지 바래다주었다. "당신은 잘하고 있습니다! 아주 잘하고 있어요." 우리는 포옹을 하고 헤어졌다.

깊은 어둠과 애틀릿의 고요가 기차역으로 향하는 나를 배웅해주었다. 나는 기차 안에서도 줄곧 생각에 잠겨 있다가 샤르하게이에 이르자 츠비 생각이 났다. 나는 영혼의 외피라고 하는 스크린을 통해 떠오른 패턴을 재구성해보았다.

감정: 분노, 두려움, 고독감. 말: 저 사람은 정상이 아니야. 텔아비브 사람들은 무례하기 짝이 없군! 행동: 차에서 내려 소리를 지르며 그 사람 뒤를 쫓아간다.

그러자 강렬한 감정이 이 패턴을 지배하고 있다는 깨달음이 왔다. 누군가 내게 상처를 주거나 나를 무시했을 때, 내 안에서는 하나의 패턴으로 굳어진 강렬한 반응이 일어나는 것이다.

내 안의 무언가가 기뻐하기 시작했다. '이 패턴을 바꿀 수 있다고 한번 상상해봐.'

나는 작은 구원을 얻을 수 있다는 생각에 몹시 기뻤다. '분노와의 독립전쟁.' 마침 이스라엘 독립전쟁 당시 텔아비브–예루살렘 고속도로를 방어하던 병사들을 위한 기념관 앞을 지나던 차에 이 작업이 독립전쟁이라는 생각을 떠올린 것이 재미있게 느껴졌다. 츠비는 버림받을지도 모른다는 두려움에 대해 뭐라 말했던가?

그때 내면의 목소리가 전쟁에 뛰어들었다. '그는 네가 말한 두려움과 고독감이 아주 어릴 때부터 익숙한, 버림받는 것에 대한 두려움의 표현이 아닌지 물었어.'

"이런 감정들이 그토록 깊이 뿌리내리고 있었던 것일까?"

'들어봐.' 내면의 목소리가 다시 말을 이었다. '츠비는 조율 단계에 대해 이야기했어. 네가 어떻게 반응하며 네 안에서 어떤 힘이 작용하고 있는지 살펴보라고 했어. 어쩌면 두려움은 그런 힘들 중 하나인지도 몰라. 그 힘들이 작용하고 있을 뿐만 아니라 실제로 너를 이끌고 있는지도 몰라.'

참된 겸손과 용기가 없이는 우리에게 통찰력을 불어넣어 주는 심오한 대화를 할 수 없을 것이다. 나는 모르는 사람과의 만남이 내 안 깊숙이 감추어져 있던 것들을 드러냈다는 사실에 놀라지 않을 수 없었다.

'지금 상황에서 츠비가 요구한 것이라곤 아무것도 하지 말고 그 어떤 일이나 변화에도 관심을 기울이지 말고 오직 스스로를 파악하라는 거였어. 지금은 너의 참된 자아를 알기 위해 오직 관찰에만 전념해야 해.' 내면의 목소리가 말했다.

"맞아." 내가 동의했다. "하지만 그건 너무 어렵고 혼란스러운 데다 살짝 고통스럽기까지 해."

패러다임

The Secret of
Jewish Coaching

4장 패러다임

●

패턴의 어머니
존재 양식
자동항법장치

●

나는 내 패턴과 습관에 대해 조금 더 자세히 알아보기로 했다.

나에 대해 가장 잘 아는 사람은 아내다. 그래서 나는 즐거운 저녁식사가 끝난 뒤 아내 사랄레에게 요즘 내 패턴에 대해 연구하는 중인데 내가 발견한 것들에 대해 어떻게 생각하는지 말해달라고 부탁했다. 그러고는 하비마 주차장에서 있었던 일과 영혼의 외피라고 하는 스크린에 나타난 반응들에 대해 들려주었다. 내가 그 사건을 통해 발견한 나의 패턴을 묘사하자 아내는 미소를 지었다.

"그 미소는 무슨 뜻이지?" 내가 물었다.

"내겐 너무나 익숙한 상황이라서요." 사랄레가 대답했다. "아까 뭐라고 했죠? 스스로에 대해 잘 모른다고요? 당신은 누군가 당신 자존심을 건드리면 폭발하잖아요. 굳이 하비마 주차장에서 있었던 일을 예로 들 필요도 없어요. 그런 일이라면 내가 얼마든지 이야기해줄 수 있으니까요."

"츠비는 패턴이란 되풀이되는 것이라고 말했어. 우리가 패턴을 선택하는 게 아니라 패턴이 우리를 선택한다고."

"옳은 말이에요. 정신이 어떻게 되지 않고서야 누가 분노와 폭언 같은 극단적인 반응으로 이루어진 패턴을 선택하려 하겠어요?"

나는 사랄레에게 내가 모르는 다른 패턴을 알고 있냐고 물어보려다가 내면의 목소리에 의해 제지당했다. '뭐야, 스스로 찾아낼 생각은 하지 않고 아내에게 묻는 쉬운 방법을 택하겠다는 거야?'

"당신 말이 맞아." 나는 사랄레에게 말했다. "패턴이 없는 사람은 아무도 없어. 중요한 것은 패턴을 찾아내는 거지. 그건 이번 주 과제이기도 해. 내 이야기를 듣고 의견을 말해줘서 고마워. 진심이야."

나는 수박을 자르려고 일어섰다. 패턴을 바꿀 수 있고, 또한 이를 통해 전과는 다른 반응을 보일 수 있다고 생각하니 기뻤고 내가 새로워진 느낌마저 들었다. '패턴을 찾는 일에는 마법과도 같은 무언가가 있어.' 나는 속으로 미소 지으며 츠비에게 고마워했다.

그날 밤, 나는 패턴과 습관 그리고 나도 모르는 사이에 나를 움직이는 힘에 대해 참고할 만한 게 있을까 해서 랍비 데슬러의 저서 《진리를 찾아서Strive for Truth》를 뒤적거리다가 다음과 같은 구절을 발견했다.

"사람은 늘 그의 영혼의 자연스러운 성향에 따라 행동한다. 그 사람이 화를 잘 내는 사람이면 그는 매사에 화를 낼 것이고, 교만한 사람이면 어디서나 교만하게 굴 것이다. 선한 사람이면 모든 사람을 선하게 대할 것이고, 악한 성향을 지닌 사람이면 악한 행동을 할 것이다. 사람은 자신에게 없는 어떠한 영혼의 힘도 친구에게서 빌릴 수 없다."

간단히 말해서 내 안에 있는 영혼의 힘이 무엇이든 그것들이 원하는 대로 할 것이고 그 영혼의 힘들 중 다른 힘을 압도하는 힘—나에게는 분노—이 있다면, 나는 상처 받을 때마다 화를 낼 것이라는 말이었다. 그러나 내가 모든 힘을 조금씩 다 가지고 있다면 어떻게 되는가? 결국, 어떤 힘이 내 삶을 지배할 것인가?

츠비는 내게 다섯 가지 패턴을 찾아보라고 했는데, 사실 나는 패턴 이외의 것들에 대해서는 거의 생각하지 않았다. 츠비와의 작업에 시간을 투자하고 내가 원하는 변화와 성장의 길로 안내해줄 과제를 수행하는 게 다른 것들보다 더 가치 있다고 느꼈기 때문이다. 하지만 나는 츠비의 방법에 대해 잘 알지 못했고, 그 방법이 나를 어디로 데려다줄지에 대해서도 아는 게 없었다. 그럼에도 불구하고 나는 그의 안내에 따르기로 했다. 여기 내가 찾아낸 패턴들의 목록이 있다.

> - **첫 번째 패턴** 내키지 않는 일을 부탁받았을 때, 나는 나 대신 그 일을 해줄 다른 사람을 찾기 시작한다.
> - **두 번째 패턴** 안식일 저녁시간에 내가 이야기할 때 아이가 형이나 동생에게 귓속말을 하면 나는 입을 다물고 침묵을 지킨다.
> - **세 번째 패턴** 슈퍼마켓에서 줄을 서 있는데 누가 밀거나 새치기를 할 때 나는 공격적으로 반응한다.
> - **네 번째 패턴** 나는 좋은 아이디어가 많이 떠올라도 실천에 옮기는 게 별로 없다.
> - **다섯 번째 패턴** 어떤 사람이 내가 부탁하지도 않은 것을 제공하겠다고 할 때 나는 긴장해서 상대방의 숨은 의도를 찾기 시작한다.

나는 이 다섯 가지 패턴과 하루빨리 이 패턴들을 변화시키고 싶은 마음에 애틀릿으로 향했다.

'츠비에게 네가 요점을 이해했으니 이제 변화할 때가 되었다고 말해.'

내면의 목소리가 말했다. '조율을 계속하다 보면 오케스트라가 연주를 시작할 때가 오는 게 아니겠어?'

"나는 너를 움직이는 패턴들이 뭔지 말해줄 수 있어." 나는 내면의 목소리에게 말했다. "일이 뜻대로 되지 않을 때, 너는 믿음과 인내심을 잃고 화를 내지."

'꼭 너처럼 말이지.' 내면의 목소리가 말을 받았다.

우리는 기차에 올랐다. 이번에는 바다가 마주 보이는 좌석에 앉았다. 눈앞에 파랑과 노랑, 회색으로 이루어진 별세계가 펼쳐졌다. 이번 여행의 끝에는 무엇이 기다리고 있을까?

멀리서 츠비네 집 대문과 무화과나무가 보이자 반가운 마음이 들었다.

"어서 오세요." 츠비가 미소로 맞아주었다.

우리는 시원한 물을 마시며 대화를 시작했다.

"기차 안에서 예전에 있었던 일들을 돌이켜보았습니다." 내가 말했다. "그 일들이 코칭과 관련이 있는지 기차와 관련이 있는지 아니면 그 둘 다와 관련이 있는지는 모르겠지만 말입니다."

츠비는 말이 없었다.

"내 안에서 어떤 변화가 일어나고 있는 것 같아요." 나는 말을 계속했다. "내 안의 무언가가 움직이고 있어요. 암, 그렇고말고요. 그냥 이 점을 알려드리고 싶었습니다. 그리고 이 이야기를 한다는 사실 자체가 당신에 대한 신뢰를 말해준다는 것도 알려드리고 싶군요. 당신은 나를 변하게 해주었어요. 고맙게 생각합니다."

"제 직업의 명칭을 바꿀 수 있다면, '코치' 대신 '잠재력을 이끌어내는 사람'이라고 부르고 싶군요." 츠비가 미소 지으며 말했다.

'맞아! 아주 정확한 표현이야!' 내면의 목소리가 열광했다.

"이번이 네 번째 만남입니다. 오늘은 좀 더 나아갈 수 있을까요?" 츠비가 물었다.

"가능할 것 같습니다." 나는 처음으로 '가능성'의 개념을 사용해서 대답했다.

츠비는 내가 한 주 동안 어떤 새로운 생각들을 하고 얼마나 많이 발전했는지, 일상에서 다섯 가지 패턴을 찾는 과제에서 무엇을 배웠고 《상자에서 나오기》는 얼마나 읽었는지 물어보았다.

"3분의 2쯤 읽었습니다. 사고의 틀을 근본적으로 바꿔놓는 책이었지요." 내가 대답했다.

나는 내가 발견한 다섯 가지 패턴을 읽어주었고, 츠비는 내게 그 패턴에서 무엇을 배웠는지 물어보았다.

"우리의 일상에는 패턴이 존재하며, 그 패턴들은 특정한 사건과 상관없이 같은 포맷으로 되풀이된다는 것을 배웠습니다. 또 그 패턴들이 내 성격과 일치하며 친구들이나 친척들이 나를 그런 성격의 소유자라고 확신한다는 것도 알게 되었어요. 그리고 마지막으로 이러한 패턴들이 그리 마음에 들지 않는다는 것을 알았습니다. 그 패턴들을 변화시키고 싶지만, 이 나이에 그게 가능할지 모르겠네요."

"우와! 장족의 발전이군요! 아주 좋습니다!" 츠비가 미소 지었다.

나는 더 나아지고 싶은 마음과 패턴을 변화시키고 싶은 마음에 대해 이야기했다. 내가 발견한 패턴들이 더 이상은 나나 나의 바람에 부합하지 않고 또한 그 패턴들을 변화시키면 현재의 패턴들이 가져다주는 것과는 다른, 내가 원하는 결과를 얻을 수 있을 거라고 설명했다. 츠비는 몹시 기뻐했다.

"맞는 말씀입니다. 하지만 우리는 아직 변화할 단계에 도달하지 못했습니다. 패턴을 변화시키려면 패턴을 낳는 포맷을 변화시켜야 합니다. '패턴의 어머니'라 할 수 있는 그 포맷을 바꾸지 않는 한 패턴은 바뀌지 않습니다. 패턴과 습관, 행동을 바꾸기가 얼마나 어려운지는 잘 아실 겁니다. 마이모니데스와 윤리 운동을 펼친 학자들은 늘 이 문제로 고민했죠. 지금 상황에서는 패턴을 바꾼다고 해도 당신이 원하는 결과를 얻을 수 없을 겁니다."

나는 이해가 안 되었다.

'이해하려 들지 마!' 내면의 목소리가 중얼거렸다. '네가 이해한다고 해서 변화할 수 있는 게 아니야. 변화 가능성은 네가 츠비와 그의 코칭 방법을 얼마나 신뢰하느냐에 달려 있다고. 지금 네가 맡은 역할이 뭐지? 코치야, 고객이야?'

"고객."

'그러니까 츠비가 이끄는 대로 따라가. 그가 할 일은 그가 하게 하고, 너는 네가 할 일을 하라고. 고객의 역할에 충실하도록 해.'

츠비가 미소를 지으며 말했다. "당신은 자신이 여기에 와 있다고 확신하십니까?" 츠비의 말은 나를 놀라게 했지만, 츠비는 개의치 않고 말을 계속했다.

"당신이 여기 이 의자에 앉아 있다고 해서 완전히 여기에 와 있는 건 아닙니다. 몸뿐만 아니라 감정과 생각, 기억, 환상 등 당신의 모든 게 와 있어야 합니다. 그러니까 조급하게 생각하지 마시고 여유를 가지세요.

시간은 얼마든지 있으니까요. 당신이 여기에 와 있지 않으면 우리는 시작할 수 없습니다. 인내심을 갖고 천천히 하세요." 츠비는 등을 뒤로 기대며 눈을 감더니 미소를 지었다.

"조금 우울하군요." 놀랍게도 내 입에서는 이런 말이 흘러나왔다.

"당신은 어디에 있고 싶습니까?"

"여기에 있고 싶습니다."

"그럼 여기에 완전히 도착하면 말씀해주세요."

'책임감 있게 행동해.' 내면의 목소리가 말했다.

"나는 여기에 있고 싶습니다. 여기에서는 삶이 움직이는 게 느껴집니다. 어떻게 해서 움직이는지는 알 수 없지만, 움직임의 방향은 느낄 수 있습니다. 그 방향이 곧 삶이고, 그게 바로 내가 원하던 것입니다."

나는 미소를 지으며 츠비의 손을 잡았다.

"오!" 츠비가 조용히 말했다. "드디어 도착하셨군요. 환영합니다. 당신은 주차장 사건을 통해 실제로 일어난 일과 일어나기를 바라는 일의 차이를 알게 되었습니다. 당신은 영혼의 외피 즉 생각과 말과 행동이라고 하는 세 가지 스크린을 통해 그 사건을 보았고, 그 사건에서 변화할 기회를 발견했습니다. 당신은 그 사건을 새롭게 바라볼 수 있을 것 같다고 말했습니다. 그리고 당신을 이끄는 패턴을 찾았습니다. 여기에 대해 어떻게 생각하십니까?"

"나는 나의 패턴과 그 패턴이 야기하는 결과 사이의 직접적인 관계를 알게 되었습니다. 이것은 내가 삶에서 다른 결과를 원한다면 패턴을 바꿔야 한다는 것을 의미합니다."

"그래서" 츠비가 물었다. "어떻게 하면 패턴이 바뀔까요?"

나는 교차로에서 '패턴을 변화시키는 길'을 가리키는 이정표를 찾는 느낌이었다. 츠비는 칠판 앞으로 가서 가상의 다층 건물을 밑에서부터 위로 그리기 시작했다.

"1층에는 사건과 당신이 발견한 차이가 있습니다. 2층에는 패턴이 있고요. 3층으로 올라가기 전에 우리가 어디쯤 있는지 한번 적어보기로 하지요."

츠비는 표가 그려진 종이를 꺼냈다.

"이것은 사건이 일어나는 과정의 구조입니다. 먼저 아래쪽의 '사건'과 '패턴' 칸을 채워주세요."

현재 내가 있는 층	요 약
관점	
패러다임	
패턴	나는 상처를 받으면 화를 내고 난폭하게 행동한다.
사건	하비마 주차장에서 내가 주차할 자리를 다른 운전자가 가로챘다.

"우리는 이제 패러다임 층에 도달했습니다. 이곳은 패턴이 형성되는 곳이지요. 이게 바로 우리가 이곳에서 패턴의 어머니 격인 패러다임을 찾는 일에 집중하는 이유입니다."

"전적으로 옳은 말씀입니다." 나는 담담한 어조로 말했다.

'드디어 진전이 보이기 시작했어.' 내면의 목소리가 기뻐했다.

"패러다임은 틀입니다. 그것은 우리가 행동하는 방식들로 이루어진 틀입니다. 그리고 이 틀 안에서 행동은 자동적으로 이루어집니다. 우리는 어떤 행동을 하면서도 그 사실을 의식하지 못할 때가 많은데, 그것은 행동을 하는 데 아무런 결정이 필요하지 않기 때문입니다. 패러다임은 우리를 현실 세계와 연결시키고 우리의 관점을 제시합니다. 관점에 대해서는 다음 층에 도달했을 때 다시 이야기하기로 하지요."

'이게 다 뭐지? 웬 다층 건물이람?' 내면의 목소리는 거의 공황상태에 빠져버렸다.

나는 마음을 진정시키며 물었다. "아직 올라갈 층이 많이 남았나요?"

츠비가 미소 지었다. "걱정하지 마세요. 한 층밖에 남지 않았으니까요."

'좋아. 그렇다면 츠비가 알아서 하겠지.' 내면의 목소리가 말했다.

츠비가 다시 말을 이었다.

"패러다임은 우리 안에 겹겹이 쌓여 있습니다. 사실, 그것들은 우리의 대응 방식입니다. 우리가 일하고 행동하는 방식이지요. 행동을 이끌어내는 것은 규칙이기 때문에 패러다임에는 생각이나 두려움이 낄 자리가 없습니다. 모든 개인과 가정과 조직에는 패러다임이라고 하는 자동항법장치가 작동합니다. 패러다임은 행동을 결정합니다. 그것은 우리와 현실 세계를 연결해주는, 개인의 특정한 행동 양식입니다. 패러다임은 장애물인 동시에 선물입니다. 패러다임이 장애물인 이유는 그것이 눈에 보이지 않고 비합리적인, 우리 안에 잠재된 생각이기 때문입니다. 그것은 감시를 받지 않기 때문에 무엇이든 자신이 원하는 대로 할 수 있습니다. 당신도 패러다임을 찾다보면 알겠지만, 그것은 쉽게 손에 잡히지 않습니다. 그렇다면 왜 선물인 걸까요? 패러다임을 바꾸면 패턴을 바꿀 수 있기 때문입니다. 그래서 완전히 새로운 결과를 얻을 수 있기 때문이지요. 이렇듯 패러다임을 바꾼다는 것은 이미 본질적이고도 심오한 변화가 시작되었다는 뜻입니다."

나는 츠비가 말하는 의도를 이해했다. "패러다임을 찾기 전에는 변화가 불가능하다는 말씀이군요."

"그렇습니다." 츠비가 말했다.

"그렇다면 이번에는 패러다임을 찾아야겠군요." 내가 말했다.

'대체 이게 뭐람?' 내면의 목소리가 불쑥 끼어들었다. '매번 뭔가를 찾아다녀야 하니…… 우리가 범인을 찾는 경찰도 아니고……'

츠비가 나를 보며 미소 지었다. "패러다임을 찾아야 패러다임을 변화시킬 수 있지요. 패러다임을 변화시키면 새로운 패러다임에서 완전히 다른 새로운 패턴들이 나올 것이고, 이것은 새로운 결과를 얻기 위한 출발점이 될 겁니다."

나는 등을 뒤로 기대고 숨을 깊이 들이마신 뒤 츠비에게 말했다. "할 일이 있습니다."

"일의 전후맥락을 기억하세요." 츠비가 말했다. "주차장 사건을 통해 어떤 패턴을 발견했는지 다시 한 번 말씀해주시겠어요?"

나는 종이를 하나 꺼내 펼쳤다.

"그걸 다 적으시려고요?" 츠비가 물었다.

"네. 생각이 점점 복잡해지는 것 같아 글로 쓰면서 정리해보려고 합니다만……"

"좋은 생각입니다." 츠비는 기뻐하며 말했다. "글로 옮겨 적다 보면 해야 할 일과 일의 진행 상황을 아는 데 도움이 되지요. 패턴의 어머니인 패러다임을 찾을 수 있도록 패턴을 기억해두세요. 제가 칠판에 쓰는 것들을 종이에 옮겨 적으시기 바랍니다. 자, 이제 말씀해보세요. 어떤 패턴이 있었지요?"

"누군가 나를 화나게 하면 나는 이성을 잃고 난폭하게 반응합니다."

"그것이 반복적으로 나타나는 패턴임을 입증해보세요."

나는 입증해 보여주었다.

"이제 이 패턴을 낳은 패러다임을 찾아보세요. 그 전에 먼저, 한 가지 묻겠습니다. 이런 반응 패턴을 보이는 사람은 무슨 생각을 할까요? 생각이란 것을 하기는 할까요? 지금 당장은 분명히 드러나지 않는, 그리고 앞으로도 저절로 드러나지는 않을 그 어떤 생각이 패턴을 낳았고, 우리는 그 흔적을 찾고 있습니다. 우리가 왜 그 흔적을 찾아야 할까요?" 츠비가 물었다.

"그것을 찾아야만 새로운 패러다임을 선택할 수 있기 때문입니다." 내가 대답했다.

"우리가 그러기를 원한다면 말이죠." 츠비가 덧붙였다.

"이 생각이 자동적으로 생겨난다는 것을 기억하세요. 그것은 우리의 존재 양식이나 마찬가지여서 우리는 거기에 대해 깊이 생각하지 않습니다. 빵을 굽거나 운전을 할 때처럼 말이죠. 빵을 굽거나 운전을 할 때 우리는 우리의 행동에 대해 생각하거나 분석하거나 다음에 무엇을 해야 할지 결정하지 않습니다. 이런 행동은 저절로 이루어집니다. 머릿속에 많은 생각이 오가다 그중 하나가 당신의 존재 양식과 맞아떨어지면, 그것은 패턴을 형성하게 됩니다. 그리고 생각의 패러다임과 행동 패턴은 일이 저절로 이루어지게 하지요.

오늘은 여기까지 할까요? 당신에게 영감을 줄 과제와 패러다임을 찾는 데 도움이 될 만한 질문을 드릴 테니 다음에 올 때 생각해오세요. 그러면 다음 층으로 올라갈 수 있을 겁니다."

'이게 마지막이라더니?' 내면의 목소리가 짜증을 냈다.

"아직 한 층이 더 남았다고 했잖아." 내가 대답했다.

츠비는 내게 새로운 자료를 건네며 기분이 어떤지 물었다.

"유쾌한 긴장감이 느껴집니다." 내가 대답했다. "그리고 여기에 삶을 설계할 수 있게 돕는 코칭 과정이 있다는 확신이 듭니다. 또 지금 일어나고 있는 일에 대해 많이 알지 못해도 괜찮다는 생각도 듭니다. 이제는 논리에 따라 판단하는 것을 포기할 수 있을 것 같아요. 감사합니다."

츠비는 일어나서 나를 껴안았다. 그리고 내가 이 모든 힘든 작업을 잘 해나가고 있는 것에 대해 고마움을 표했다.

"별것은 아니지만, 말씀드리고 싶은 게 있습니다." 내가 말했다. "처음에 시작할 때는 정말 힘들었지만, 지금은 아주 즐거운 마음으로 이 작업에 몰두하고 있답니다."

텔아비브로 돌아가는 기차 안에서 나는 츠비에게 받은 자료를 읽었다. 거기에는 우리의 행동을 이끌어내는 동기에 관한 질문들이 있었다.

- 다른 사람들의 눈에 당신이 어떻게 비칠지 생각하지 않고 해버리는 행동의 예를 들어보라.
- 당신이 생각 없이 하는 행동을 묘사해보라.
- 당신은 이 행동이 계획된 행동이라고 생각하는가?
- 당신은 일상에서 언제, 어떻게, 아무 생각 없이 자동적으로 행동하는가?
- 부모님과의 관계에서 당신이 당신 스타일대로 하는 행동의 예를 들어보라.
- 주말에 부모님 댁을 방문할 때 아무 생각 없이 하는 행동 세 가지를 들어보라.
- 당신이 통곡의 벽에서 기도를 하고 있는데 거지가 다가와 귀찮게 한다면 당신은 어떻게 반응할 것인가?

- 당신이 20일간의 예비군 훈련을 받아야 하는데 훈련받을 인원이 부족하니 10일간 훈련을 더 받으라는 권고를 받는다면 어떻게 반응할 것인가?

다음 페이지에는 연습 과제가 있었다.

- **상황** 당신은 집에 도착해 방으로 들어가려고 한다. 하지만 문이 잠겨 있고 당신은 열쇠가 없다. 모든 창문에는 방범창이 설치되어 있으며 당신이 사는 동네에는 철물점이 없다. 그런데 주방에서 뭔가 타는 냄새가 난다.
- **과제** 한 시간 안에 집 안으로 들어가야 한다.
- **해결책** 어떻게 하면 집에 들어갈 수 있을지에 대한 실제적인 생각들을 제시하라.

  1. _____

  2. _____

  3. _____

  4. _____

  5. _____

- **주의 사항** 당신이 제시한 모든 생각에 행동이 포함되어 있다면, 그 각각의 생각은 패러다임—추상적인 생각에 대비되는 **계산된 행동**—이다.
  당신은 가장 먼저 어떤 생각에 따라 행동할 것 같은가? 어떤 생각을 자동적으로 선택할 것 같은가?

세 번째 페이지에는 패러다임을 찾는 방법에 대한 부가적인 설명이 나와 있었다.

- **목표** 눈에 보이는 행동 패턴을 찾는 것에서 한 걸음 더 나아가 패턴의 어머니 격인, 눈에 보이지 않는 사고 패러다임을 찾을 수 있도록 한다.

  패러다임은 패턴을 통해 매우 실제적인 방식으로 나타나고 일반적인 가정들과 속담, 격언, 규칙, 문화, 믿음, 철학 등에서 비롯된다는 것을 기억하라.

  당신은 패러다임이 무엇인지 알고 패러다임에서 나온 패턴이 매번 되풀이되는 것을 보았다. 그러나 패턴이 당신이 선택한 것이 아니듯 패러다임 또한 당신이 선택한 것이 아니라는 점을 알아야 한다.

  다음 질문에 대답하라
  1. 이 반복적인 패턴이 되풀이되는 것은 당신이 선택에 의한 것인가?
  2. 당신의 행동 패턴을 겉으로 드러나게 하는 보이지 않는 패러다임은 무엇인가?
  3. 패턴은 어디에서 비롯되었는가? 그것은 어떻게 해서 만들어지며, 당신은 그것이 무엇을 나타낸다고 생각하는가? 그것은 당신 안의 어디에 있으며, 무슨 일을 하는가?

     패턴은 당신에게 어떤 이익과 손해를 끼치는가?

     당신이 새로운 패턴을 선택하기 위해 포기해야 하는 것은 무엇인가?

     (당신은 우리가 우연히 패턴을 찾는 문제로 돌아왔다고 생각하겠지만, 걱정할 필요는 없다. 우리는 우리가 패러다임을 찾고 있음을 잘 알고 있다. 하지만 패턴에 집중하다 보면, 패러다임을 찾는 데 도움이 될 것이다.)
  4. 패턴은 '존재 양식'이 될 수 없다. '존재 양식'이라는 말로 특징지을 수 있는 것은 패러다임뿐이다. 당신을 이끄는 패턴의 어머니 패러다임은, 즉 당신의 '존재 양식'은 무엇인가?

'패러다임을 찾으려면 일주일간 휴가를 내야 해. 이제 좀 쉴 때도 되지 않았어?'

내면의 목소리가 한숨을 쉬었다. 한참 이리저리 생각하는 동안 기차에 타고 있던 군인들이 일어나는 바람에 나는 우리가 텔아비브 북역에 도착했다는 것을 깨달았다.

'패러다임을 잊지 마!' 내면의 목소리가 말했다. 주차장에 있는 차를 보니 반가웠다. 주차된 수백 대의 차 중에 내 차가 있어서 기뻤다. 나는 푹신한 운전석에 앉아서 운전대 위에 손을 얹었다. 그러자 마음이 편안해졌다.

"이 많은 차량 속에서 내 차를 찾아낸 것처럼 내 사고의 패러다임도 찾아야 한다. 뇌리를 스치는 많은 생각 중에 오직 하나만이 내가 찾는 패러다임이다."

나는 시동을 켜고 집으로 향했다.

필요와 그 필요를
지탱해주는 것

The Secret of
Jewish Coaching

5장 필요와 그 필요를 지탱해주는 것

●

에란과 타미르에게도 패턴과 패러다임이 있다
내 행동 패턴을 낳은 사고의 패러다임은 무엇인가?

●

'내 행동 패턴을 낳은 사고의 패러다임은 무엇인가?'라는 질문은 나를 끊임없이 괴롭혔다. 나는 패러다임을 찾는 게 얼마나 중요한 일인지 알고 있었지만, 그것을 안다고 해서 패러다임이 더 잘 찾아지는 것은 아니었다. 문득 '일이 뜻대로 되지 않으면 나는 믿음과 인내심을 잃고 화를 내며 난폭하게 반응한다'는 패턴이 생각났다. 다시 이런 패턴을 마주한 게 부끄러웠다. 나는 전에도 비슷한 상황이 여러 번 있었음을 시인해야 했는데, 그것은 참으로 당혹스러운 일이었다. 어쩌면 패러다임을 쉽게 찾을 수도 있는데 내가 일을 복잡하게 만들고 있는지도 모르겠다는 생각이 들었다. 그래서 나와 다른 사람들 그리고 주변에서 일어나는 일들에 집중하기로 했다. 단순하게 하라는 츠비의 말이 들리는 듯했다.

아침에 나는 늘 하던 대로 직원회의를 주재했다. 광고업의 특성 중 하나는 팀워크가 중요하다는 것인데, 광고는 혼자 만들 수 있는 게 아니기 때문이다. 광고를 제작하려면 수요를 파악하고, 소비자 행동을 분석하고, 마케팅 플랜을 짜고, 목표를 설정하고, 광고 콘셉트를 잡고, 저작권을 확보하고, 그래픽 디자인을 통해 아이디어를 구현하는 등의 일이 이루어져야 하며, 여기에 고객의 취향과 정치적 성향까지 고려해야 한다. 이 모든 것의 실제적인 의미는 우리가 많은 사람들과 함께 일하고 있으며 또한 이들 모두가 심리적인 압박감 속에 있다는 것이다.

나는 직원회의를 하는 동안 문득 회의실 안에서 많은 행동 패턴을 볼 수 있고, 또한 행동을 통해 나타나는 다양한 패러다임을 접할 수 있으리라는 생각이 들었다.

"생각하고 경청하고 깨닫고 찾아내야 해. 세상은 겉으로 드러난 패턴과 눈에 보이지 않는 패러다임으로 가득하니까. 너는 찾는 요령만 터득하면 되는 거야."

나는 팀으로 일하는 직업을 가졌다는 사실을 기쁘게 여기며 회의실 안에서 일어나는 일들을 통해 패러다임을 찾아보기로 했다. 우선, 아기 아빠인 젊은 타미르에게 눈길이 갔다. 그는 영민하고 민첩한 사람이었다. 우리는 그가 유망한 판촉 회사의 부장으로 일하고 있을 때 알게 되었다. 그때 이후로 나는 그를 영입하려고 공을 들였고 결국 성공했다. 우리는 매우 가까운 사이로, 나는 그를 전적으로 신뢰했다. 타미르는 회사가 나아가야 할 방향을 잘 알고 있었고 에너지가 넘쳤으며 세부적인 일들을 처리하는 데 능했다. 나는 세부적인 일을 다루는 것을 싫어했다. 하지만 타미르가 그런 일들을 잘 처리해준 덕에 다른 일들에 전념할 수 있었다. 그의 옆자리에는 에란이 앉아 있었다. 에란은 계획 세우기를 좋아하는 사람으로, 그가 하는 일은 시장조사를 하고 그 결과를 분석해서 마케팅 계획을 수립하는 것이었다. 에란은 광고업의 기초를 놓은 세대를 대표한다. 그는 직원 중 가장 연장자이고 손녀를 둔 할아버지였음에도 판단이 빠르고 결단력이 있었으며 팀 내에서의 존재감이 뚜렷했다. 또 그는 화려한 인맥을 자랑했으며, 고객들은 일과 관련된 문제뿐만 아니라 개인적인 문제에서도 그에게 조언을 구하곤 했다.

나는 이 두 사람을 관찰하며 그들의 패턴과 패러다임을 찾아보기로 했다. 나는 회의실에서의 활발한 토론이 끝난 뒤 사무실로 돌아왔다.

"회의실에서 깨달은 것들을 정리해보자." 나는 키보드를 끌어당겨 타이핑을 했다. "타미르의 패턴: 타미르는 매번 토의 주제를 제시하고, 사람들이 그의 말을 가로막으면 목청을 높여 회의 분위기를 주도한다."

글로 쓰기 전에는 이런 사실을 알아차리지 못했다는 게 흥미롭게 느껴졌다.

"에란의 패턴: 에란은 말수가 적다. 그는 누군가 말을 시킬 때에만 말을 한다. 그리고 자기 의견이 받아들여지지 않으면 토의 주제에 관심을 잃고 다시 말이 없어진다."

나는 이것을 소리 내어 읽어보았다. 오랜 세월 함께 일했으면서도 에란에게 이런 패턴이 있는지 미처 몰랐었다. 회의를 하거나 상담을 할 때처럼 우리가 함께 앉아 있었던 때를 돌이켜보니 이것이야말로 그의 행동 패턴이 틀림없다는 생각이 들었다.

나는 두 사람을 관찰하고 싶은 마음이 점점 커졌다. 그렇게 하면 나자신의 패러다임을 찾는 데 도움이 될 것 같았기 때문이다. 나는 패러다임이 좀처럼 손에 잡히지 않기 때문에 찾기 힘들다는 츠비의 말을 떠올렸다. 드디어 어려운 부분에 도달한 것이다.

타미르의 패러다임은 어떤 것일까?

츠비가 내준 과제를 마쳐서 나는 머릿속에 떠오르는 생각들을 마음 편하게 글로 옮길 수 있었다. 그 생각들의 독특한 특성들에 대해서는 이미 알고 있었다. 모든 생각이 패러다임이 될 가능성을 가지고 있지만 패턴을 만들어내는 것, 즉 패러다임은 단 하나뿐이다.

타미르처럼 행동하는 사람은 어떤 생각을 할까? 토론을 주도하는 행동은 그의 어떤 사고방식을 나타내고 있을까? 회의 때마다 새로운 토의 주제를 제시하면서 그는 무슨 생각을 할까?

'우리는 점점 가까운 사이가 되어가고 있어.' 내면의 목소리가 기분 좋게 말했다. '하지만 이런 식으로 타미르의 삶을 기웃거리는 것은 조금 무례한 일이 아닐까?' 내면의 목소리는 이렇게 말한 뒤 다시 조용해졌다.

'맞아!' 갑자기 어떤 생각이 떠올라서 나는 비서에게 타미르를 불러달라고 했다. 타미르가 문틈으로 얼굴을 내밀고는 무슨 일이냐고 물었다.

내가 들어오라고 하자 타미르는 15분쯤 시간을 낼 수 있을 것 같다고 말했다. 나는 그에게 내가 하고자 하는 일에 대해 자세히 설명해주었다.

"흥미로운데요." 그는 중얼거렸다.

"자네를 귀찮게 하는 일은 없을 걸세." 나는 그를 안심시켰다. "자네를 감시하는 일도 없을 거고. 이건 전적으로 내 일이고, 나 혼자서 할 수 있다네. 하지만 우리 둘 다 이 일에서 많은 것을 얻게 될 거야. 자네는 새로운 각도에서 자신을 바라볼 수 있게 될 거고, 나는 내 패러다임을 정확하게 알 수 있겠지."

타미르는 싱긋 웃으며 말했다. "우리 광고장이들은 늘 혁신을 추구하면서도 막상 그것이 자신의 삶과 직결되면 뒷걸음질을 치지요. '고맙지

만 사양하겠습니다. 저를 그냥 내버려두세요'라고 하면서 말이죠. 하지
만 이 일은 꽤나 흥미롭게 느껴지는군요. 좋으실 대로 하세요."

나는 패턴과 패러다임이 무엇인지에 대해 최선을 다해 설명한 뒤, 타
미르에게 분위기를 주도하고 좌중을 압도한 적이 있느냐고 물어보았다.
타미르는 웃으며 집에 있을 때나 친구들과 있으면 늘 그런다고, 그것이
자신의 존재 양식이라고 말했다.

"그렇다면 그것이 자네가 사람들과 있을 때의 패턴인가?"

"네." 타미르가 말했다.

"이 패턴의 이면에 무엇이 있을 것 같은가?"

나는 의도치 않게 츠비가 말한 잠재력을 이끌어내는 질문들을 던지기
시작했다. 나는 그냥 생각나는 대로 묻기만 하면 되었다.

"저는 사람들을 이끌고 싶지, 이끌려가고 싶지는 않아요!" 타미르의
입에서 갑작스러운 말이 터져 나왔다. 그는 이 말이 들리지 않도록 입을
다물었지만, 이 말은 저절로 입 밖으로 나왔다. 우리는 오랫동안 아무
말도 하지 않았다.

"다시 한 번 말해주겠나?" 내가 부탁했다. 타미르는 미소를 지었다.

"이렇게 말할 수 있을까? '자네는 리더의 역할을 원하기 때문에 회의
때마다 새로운 토의 주제를 제시한다. 그리고 누군가 자네의 말을 가로
막으면 자네는 목청을 높여 회의 분위기를 주도한다.'"

타미르는 잠시 생각한 뒤 조용히 말했다. "네, 그런 것 같습니다." 그
러고는 다음 질문을 기다리는 것처럼 나를 바라보았다.

"정말 고맙네, 타미르. 자네는 내가 코칭 과정에서 배우는 아주 중요
한 것들을 이해할 수 있게 해주었어. 하지만 자네도 이 일을 통해 뭔가

얻을 수 있을 걸세. 그리고 그것을 자네의 삶에 적용할 수 있을 거야."

"이미 많은 것을 얻은걸요!" 타미르가 외쳤다. "사장님은 제게 거대한 거울을 가져다주셨어요. 저 자신이 어떤 사람이고 제가 다른 사람들에게 어떻게 행동하는지를 알게 된 것은 이번이 처음입니다. 저도 이 일에 동참해도 될까요?"

"내가 배운 것은 여기까지일세. 그다음은 어떻게 해야 할지 아직 모른다네." 나는 당황해서 대답했다. "하지만 다음 단계로 나아가게 되면 자네에게도 알려줌세." 우리는 악수를 나누고 헤어졌다.

'이건 마치 아기를 낳는 것과도 같군.' 내면의 목소리가 기뻐했다. '계속해서 힘을 주다 보면 어느새 아기가 나오는 거지.'

나는 매우 감격해서 에란의 패턴으로 넘어가기로 했다.

'사무실에서 산파처럼 구는 것 말고 다른 할 일은 없나?' 내면의 목소리가 불평했다. 그렇지만 나는 이것이 지금 내가 해야 할 일임을 알고 있었다. 나는 다시 태어난 기분으로 키보드를 바라보았다.

"에란의 패턴." 나는 큰 소리로 읽었다. "에란은 말수가 적다. 그는 누군가 말을 시킬 때에만 말을 한다. 그리고 자기 의견이 받아들여지지 않으면 토의 주제에 관심을 잃고 다시 말이 없어진다." 에란의 패턴은 매우 복잡해 보였다. "간단하지 않아. 절대로 간단하지 않아." 나는 혼잣말을 했다.

'사실은 아주 간단하답니다.' 내면의 목소리를 통해 츠비의 목소리가 들려왔다. '에란의 패턴이 그런 것은 그가 그런 방식으로 생각하기 때문이지요.'

나는 나에게 계속 질문을 쏟아냈다. 에란은 무슨 생각을 할까? 그는 무슨 생각을 할까? 아마 이런 생각을 할 것이다. '회사 일에 관한 한 나는 모르는 게 없어. 어쨌든 내가 없으면 일이 돌아가질 않는다고. 사람들은 자기 생각대로 하겠지. 그러니 내 의견을 말한들 무슨 소용이 있겠어. 하지만 일이 돌아가는 상황을 아는 사람은 나뿐이고, 사람들도 내게 도움을 요청하게 될 거야. 내게 조언을 구하지 않은 데에 대한 대가를 톡톡히 치른 뒤에 말이지. 나는 사람들이 나를 존중할 때에만 정보를 제공하겠어.'

이것이 에란의 패러다임일까? 어디 한번 살펴보자. '사람들이 나를 존중할 때에만 정보를 제공하겠어'라는 것이 그의 생각이고, 이 생각에서 나온 패턴은 침묵이다. 그 침묵의 패턴은 이렇게 요약할 수 있을 것이다. '에란은 과묵한 사람으로, 사람들의 요청이 있을 때에만 정보를 제공한다. 그리고 아무도 그의 말에 따르지 않으면 그는 문제 상황에 대해 관심을 잃고 말이 없어진다.' 이런 내 생각이 옳을까?

'왜 그렇게 자신이 없는 거야? 당연히 옳지!' 내면의 목소리가 기뻐했다.

나는 중요한 것은 직원들이 아니라 내 패러다임을 찾는 것임을 상기했다. 하지만 어쨌든 나는 조금씩 나아가고 있었다. 그때 앙드레가 광고 시안을 봐달라고 하는 바람에 이 문제에 대해서는 밤에 다시 생각해보기로 했다.

그날 밤, 츠비가 준 자료를 주의 깊게 읽어보니 내 패러다임을 찾을 수 있을 것 같다는 느낌이 들었다. 나는 패러다임이 자동적으로 작동하고 겉으로 드러나지 않으며 비합리적이라는 것을 되새겼다. 그것은 나의 존재 양식이라고 할 만한 것으로, 의식적인 노력에 의해 만들어지는 게 아니라 저절로 생겨나는 것이었다. 그것은 이미 형성되어 있으니 내가 할 일은 그것을 찾는 것뿐이다. 아주 간단하다.

나는 '일이 뜻대로 되지 않으면 믿음과 인내심을 잃고 화를 내며 난폭하게 반응한다'는 패턴에서부터 다시 시작하기로 했다. 나 자신을 슬쩍 곁눈질해 보니 이런 모습이 보였다. '나는 일이 어떤 식으로 되어야 하는지에 대한 나름의 기준을 가지고 있다. 그런데 일이 뜻대로 안 되면 맥이 빠진다. 모든 계획과 의욕과 희망이 사라지고 분노만 남는다. 그래서 소리를 지르고 난폭하게 행동한다.' 나는 이런 내가 마음에 안 들었지만 내가 지금 수술대 위에 있음을 이해했다. 지금은 피를 흘리며 고통스럽지만 곧 건강을 회복하고 새로운 삶을 살게 될 것이다.

"나는 정글에서 살아남으려고 애쓰는 야만인이다." 내 입에서 말이 흘러나왔다. "상황을 통제해야만 살아남는다."

"나는 일인자이고, 이 점을 모두에게 분명히 해두려 한다. 아무도 내게 마음을 써주지 않으며, 따라서 나는 스스로 리더의 위치를 유지하려고 애쓴다."

나는 등을 뒤로 기대고 침묵의 소리에 귀를 기울였다. 심장 뛰는 소리가 들렸다. 심장이 내 안에서, 사무실 안에서, 세상 속에서 고동치고 있었다. "나 스스로 리더의 위치를 유지하려고 애쓴다"라고 하는 본질적이고 전투적인 말이 들리면서, 내가 마치 이겼을 때 받는 상이 삶 그 자체인 레슬링 시합을 하고 있는 듯한 느낌이 들었다. 그리고 이 느낌이 나를 침묵하게 했다.

'이 모든 게 어디서 온 걸까?' 나는 의아했다.

'분명 네가 원하는 대로 되지는 않을 거야. 이젠 어쩔 셈이야? 비명이라도 지를 셈이야?' 내면의 목소리가 잔인한 말을 내뱉었다.

"이건 내가 원하는 것과는 거리가 멀어." 나는 상처받았다. 이 단순한 진리는 고통스러웠다. 나는 앞으로의 일이 걱정스러웠다. 어찌나 걱정이 되었는지 실제로 두려움을 느낄 정도였다. '달아나!' 내 안에서 큰 소리가 들렸다.

'진정해.' 내면의 목소리가 속삭였다.

갑자기 내면의 목소리 안에서 츠비의 목소리가 들려왔다. '당신은 변화를 원한 게 아니었나요? 변화는 당신이 원하는 방식으로 오지 않아요. 당신에게 익숙한 방식이 아닌 다른 방식으로 오지요. 그러니 어떻게 하시겠어요? 달아나시겠어요, 아니면 성장하는 쪽을 택하시겠어요?'

나는 내 온 영혼을 통해 차이를 느꼈다. 내 삶의 보트는 항구를 떠나 차이라는 바다를 항해하고 있었다. 폭풍우와 세찬 파도가 내 삶의 보트를 이리저리 떠밀었다. 그것은 희망에 대비되는 두려움의 파도인 동시에 좌절에 대비되는 믿음의 파도였다. 소생의 파도이고, 거절과 마비와 저항에 대비되는 새로운 소망의 파도였다.

나는 문득 차이가 빈 공간이 아니라는 것을 깨달았다. 그 안에는 중요한 것들이 있었다. 나는 가까이 다가가 그것들을 만져보고 싶었다. 이 차이 안에 무엇이 있는지 살펴보고 그것들을 종이에 적어보고 싶었다. 어느새 나는 이렇게 쓰고 있었다. "달아나기, 현실에서 구현하기, 기도, 기회, 내 위치, 자존감, 습관, 필요, 허용, 마음이 바라는 것, 가치, 감정적 특성, 능력, 자유, 변화, 이미지, 믿음."

이 모든 것들이 부드러운 빛 속에서 자신의 존재를 드러내고 있는 듯했다. 나는 내면의 목소리를 통해 '수많은 생명체와 그들의 필요를 창조하신 하나님'이라고 말하는 츠비의 목소리를 들을 수 있었다.

만약 그의 말이 사실이라면 차이는 창조주가 나를 위해 준비하신 '필요'이고, 그분은 이 차이 안에 가능성과 기회로서의 삶의 편린들을 넣어두신 것이다. 이제 나는 선택할 수 있었다.

내가 선택할 수 있다는 사실이 내게 활력을, 심지어 일종의 기쁨까지 불러일으켰다. 츠비는 '모든 살아 있는 것들의 영혼을 지탱하기 위해서'라고 말을 이었는데, 지금의 내 기분이 꼭 그랬다. 나의 전 존재를 새롭게 '지탱하기' 위해서 하나님이 이 필요들을 창조하신 것 같았다.

나는 차이를 자궁과 같은 것으로, 무엇이든 그 안에 넣으면 생명을 낳는 자궁 같은 것으로 생각하기로 했다. 모든 게 그 안에 있었다. 나는 선택하기만 하면 되었다. 하지만 내가 무엇을 원하는지 모른다면 어떻게 선택할 수 있겠는가?

나는 무엇을 원하는지는 알지만, 그것을 실현할 방법은 알지 못했다. 나는 내면의 변화를 원했다. 접근방식에서의 변화를 원했고 습관과 패턴, 생각, 패러다임의 변화를 원했다. 나는 두려워지기 시작했다. 이번에는 오직 두려움만, 엄청난 두려움만이 느껴졌다.

그때 전화벨이 울렸다. 연이어 울리는 전화벨 소리 때문에 나는 차이에 대한 생각에서 깨어났다. 전화선 너머로 츠비의 목소리가 들렸다. "안녕하세요, 베니?"

나는 시간이 조금 지난 뒤에야 온통 혼란스러운 상태에서 벗어날 수 있었다.

"아, 안녕하세요, 츠비? 애틀릿은 어떤가요?" 이 무슨 바보 같은 질문이란 말인가! 츠비는 웃음을 터뜨렸다.

"애틀릿은 소금으로 뒤덮였어요." 그가 대답했다. 마치 그 순간 애틀릿에 어떤 일이 일어나고 있는지 말해줘야 한다고 생각하기라도 한 것처럼.

"오늘 애틀릿에 소금 배달차가 도착했는데, 트럭에서 쏟아진 소금 때문에 온 마을이 하얗게 변해버렸답니다. 한 달에 한 번꼴로 이런 일이 발생하지요. 제가 전화를 드린 것은 다음 번 만남에서도 패러다임을 찾는 데 시간을 할애하는 게 어떨까 해서입니다. 전에도 말씀드렸듯이 패러다임이라는 게 좀처럼 손에 잡히지 않아서 아마 찾는 데 시간이 오래 걸릴 거예요. 어떻게 생각하세요?"

순간 나는 츠비와 나 자신, 그리고 패러다임의 삼각 구도를 느낄 수 있었다.

"나는 차이 속에 깊이 빠져버렸어요." 내가 대답했다.

"그 안에서 뭘 하고 계시는데요?"

"계속해서 빠져 들어가는 중이랍니다."

"온 세상을 지탱하시는 하나님은 복되시다." 츠비가 말했다. "좋습니다. 그 안에 머물러 계세요. 여느 때처럼 만나서 함께 생각해보기로 하지요. 제가 워크시트와 함께 드린 표를 기억하세요? 패러다임을 찾으면 표의 '패러다임' 난에 그 내용을 쓰세요. 여기에 과학적인 정확성이 요구되는 것은 아니라는 점을 기억하시고요. 그리고 다음에 만나면 '그(the)······'에 대해 이야기해달라고 말씀하세요. 그럼 안녕히 계세요. 즐기는 것을 잊지 마시고요." 전화가 끊겼다.

"즐기라고? 정확히 뭘 즐기라는 거지?" 나는 자문했다.

그러나 마음속 깊은 곳에서 자그마한 즐거움이 느껴졌다. 차이 안에서 부드러운 빛에 싸여 춤을 추고 있는 것들 가운데 오렌지색으로 반짝이는 자그마한 즐거움이 느껴졌다. 츠비와 전화 통화를 한 것은 이번이 처음이었다. 기차 여행을 하지도 않고 무화과나무와 와플도 없이 대화를 나누자니 기분이 좀 묘했다. 나는 '패턴' 칸 위의 '패러다임' 칸에 내용을 적어 넣고 전체 과정이 어떻게 전개되는지 살펴보았다. 마치 내가 살아온 방식을 엑스선으로 투시하는 듯한 느낌이 들었다.

현재 내가 있는 층	요 약
관점	
패러다임	사람들이 나를 인정해주지 않을 때 나는 그들을 공격한다.
패턴	나는 상처를 받으면 화를 내고 난폭하게 행동한다.
사건	하비마 주차장에서 내가 주차할 자리를 다른 운전자가 가로챘다.

기차 안은 마카비 하이파 축구팀과의 원정 경기를 보러 가는 하포엘 텔아비브 축구팀 팬들로 가득했다. 나는 애틀릿에 도착할 때까지 줄곧 응원가와 축구 경기에 대한 익살스러운 촌평과 심판의 기분이나 가족 상황에 대한 전문가적 견해를 들어야 하리라는 것을 깨달았다. 그리고 화장실에 다녀오면 다시 자리에 앉을 수 없으리라는 것도 깨달았다. 나는 창가 자리에 앉아 여느 때처럼 차창에 코를 박았다. 하지만 애틀릿역이 가까웠을 때쯤에는 이미 하포엘 텔아비브팀의 응원가를 따라 부르며 마카비 하이파팀과 특히 그 팀의 코치를 성토하고 있었다.

본능의 변화

The Secret of
Jewish Coaching

6장 본능의 변화

●

'그(the)······'
버림받고 상처받은 것에서 온 두려움이 사고에 미치는 영향
관점의 변화

●

우리는 무화과나무 그늘에 앉았다. 츠비는 와플을 쓰다듬으며 개들
이 왜 개의 본성을 잃었는지 아느냐고 물었다. 나는 키부츠에서 키우던
조니를 떠올렸다. 츠비는 계속해서 개를 제외한 모든 동물이 본성을 유
지하고 있다고 설명했다.

"개들에게 무슨 일이 일어난 걸까요? 무엇이 개들에게 영향을 끼쳤을
까요?" 츠비가 물었다.

나는 알지 못했다.

"개들은 너무 많은 시간을 인간과 함께한 까닭에 본성을 잃어버렸답
니다." 츠비가 설명했다.

"무슨 말씀을 하시려는 건지요?" 내가 물었다.

츠비는 나와 와플을 보며 웃었다. "와플을 보니 제가 890여단에 있을
때 우리 부대를 지휘하던 장교가 생각나는군요. 짤막한 이야기를 하나

들려드릴까요?"

나는 그가 오늘 '그(the)……'에 대한 이야기를 해주기로 했음을 상기시켰지만, 그러면서도 고리버들 의자에 몸을 더 바싹 붙이고 이야기를 들을 준비를 했다. 츠비는 몸을 꼿꼿이 펴고 앉아서 다음 세대에게 전통을 전수하는 사람의 눈으로 나를 보며 이야기를 시작했다.

"이 이야기를 다 하려면 몇 시간으로도 부족하겠지만, 지금은 간단하게 하지요. 헤르즐리야에 있는 학제간 연구센터를 설립한 유리얼 리치먼 교수가 내가 속해 있던 낙하산부대의 지휘관이었습니다. 다 말하자면 긴데, 어쨌든 우리는 훈련소에서 여단으로 옮겨왔습니다. 중대 막사 안에는 라마트간 출신의 뺨이 불그스름한 젊은 소대장이 우리를 기다리고 있었지요. 그는 우리를 일렬로 서게 하더니 벨트에 손을 얹고는 우리 앞을 왔다 갔다 했습니다. 그러면서 이렇게 말했어요. '하나님은 우주와 자연과 동물들을 창조하셨고, 모든 동물에게 본능을 불어넣어 주셨다. 이 동물의 본능이라는 게 뭘까? 바로 생존 본능이다. 스스로를 돌보고 자신의 필요를 충족시키는 본능 말이다. 그런데 세월이 흐르면서 인간의 생존 본능에 문제가 생겼다. 뭔가가 잘못되어 인간은 자신을 돌보고 살아남으려 애쓰는 대신, 스스로를 망치느라 바빠진 것이다. 그 한 예를 들어볼까? 루바커!' 그는 내 옆에서 졸고 있던 젊은 병사의 이름을 부르고는 이렇게 말했어요. '주말에 기지 안에 남아 있도록!'

'네, 알겠습니다.' 루바커가 대답했습니다. '하지만 기지에 남아야 할 이유를 여쭤 봐도 되겠습니까?'

'너는 내 앞에서 졸았기 때문이다. 너희가 보았듯이 루바커는 자기를 망치고 있다. 그래서 생존 본능이 손상되었지. 따라서 앞으로 1년 반 동안 우리는 너희가 생존 본능이 다시 건강한 방식으로 작동할 수 있게, 그래서 너희가 살아남는 방법을 배울 수 있도록 도와줄 것이다. 너희가 이 부대를 선택한 것은 아주 잘한 일이다! 좋아, 뒤로 돌아! 앞으로 갓!'"

이 이야기를 듣고 나는 나의 본능에 대해 생각해보았다. 츠비는 이 이야기가 우리의 코칭 과정과 직접적인 연관이 없다고, 그냥 와플을 보니 옛날 생각이 떠올랐을 뿐이라면서 내 마음을 편하게 해주었다.

"그런데 전에 말씀하신 '그……'는 뭔가요?" 내가 말했다.

"아, 그거요? 말씀 잘하셨습니다. 당신에게 '그……'의 개념에 대해 설명해드리고 싶었습니다. 특히 당신이 패러다임을 찾고 있는 지금은 '그……'의 개념에 대해 잘 알아두는 게 좋을 것 같군요. 우리는 바로 그 무언가를 찾는 경향이 있습니다. 그 순간, 그 여자, 그 직업, 그 일을 찾는 것이죠. 다시 말해서, 우리가 하는 모든 일이 만족스러워야 직성이 풀리는 겁니다. 가장 좋고 가장 완벽하고 가장 정확한 그 무엇이라야 하는 것이죠. 그 무엇을 찾지 못하면 모든 게 그 맛을 잃고 맙니다. 그러나 유대식 코칭에서는 결코 '그……'를 추구하지 않습니다. 코칭은 과학적인 정확성과는 상관이 없기 때문입니다. 정확하냐 아니냐는 주어진 시간의 주어진 순간에 따라 달라지는 상대적인 것이며, 따라서 우리가 내린 정의가 지금은 최상의 것으로 보일지라도 시간이 지나면 달라질 수 있습니다. 뿐만 아니라 우리도 달라집니다. 모든 것은 세월의 흐름과 더불어 변해갑니다. 패턴이나 패러다임을 찾을 때 최대한 정확하게 하려고 애쓰다 보면 초조해지고 좌절감을 느끼게 됩니다. 하지만 그럴 필요가 없습니다. 정확한 패턴과 패러다임을 찾으려고 애쓰기보다는 오히려 인내심과 융통성을 발휘해야 제대로 찾을 수 있으며, 그렇게 해서 찾은 것을 나중에 좀 더 정교하게 다듬으면 됩니다. 원하신다면 지금 저와 함께 패러다임을 찾아볼 수도 있습니다. 하지만 그에 앞서 이번 주에 당신이 어떤 새로운 일을 경험하셨는지 듣고 싶군요."

나는 에란과 타미르에 대한 이야기를 들려주었다. 츠비는 내가 다른 사람들의 삶을 통해 패러다임을 더 잘 이해하게 된 것을 기뻐했다. 그리고 대개 본인에게 일어나는 일보다는 다른 사람들에게 일어나는 일을 더 쉽게 알아차릴 수 있다는 데 동의했다.

"그런 사실을 어떻게 알게 되었죠?" 츠비가 물었다.

"본능이죠." 우리는 둘 다 웃음을 터뜨렸다.

츠비는 내게 가져온 표를 보여 달라고 했다. 표에는 두 개의 층, 즉 '사건'과 '패턴' 칸만 채워져 있고 '패러다임' 칸은 비어 있었다.

"오늘은 이 칸을 채워볼까요?" 츠비가 말했다.

"네, 어렵지 않게 채울 수 있을 것 같군요." 내가 말했다.

츠비는 집 안으로 들어가서 연습 과제를 하자고 제안했다.

연습 과제에서 주어진 상황은 다음과 같다. '집에 와보니 문이 잠겨 있고, 주방에서는 무언가 끓고 있는 것 같다. 집으로 들어가야 하는데 열쇠가 없다.'

"아무것도 하지 말고 생각만 하세요. 자, 어떻게 해야 할까요?" 츠비는 칠판 앞으로 가서 기다렸다.

"뒷문 쪽으로 달려가 뒷문이 열려 있는지 확인해야 합니다. 아니면 방범창을 절단하거나 굴뚝을 통해 들어가는 것도 방법입니다. 문을 부수거나 벽에 구멍을 뚫을 수도 있고, 소방서에 전화해서 불이 났다고 말하거나 집 안에 사람이 쓰러져 있다며 구급차를 부를 수도 있습니다." 내가 대답했다.

"내가 칠판에 받아 적은 내용을 보세요." 츠비가 말했다. "이 모든 것들에 어떤 공통점이 있나요?"

"달려가다, 절단하다, 들어가다, 부수다, 전화하다 등 죄다 실제적인 행동을 나타내는 단어들이군요." 나는 마치 나 자신에게 말하듯 답했다.

"그렇습니다. 이것은 행동으로 마무리되는 실제적인 사고의 흐름이라고 할 수 있습니다. 이렇게 해서 패러다임이 무엇인지를 정의할 수 있게 되었군요. 자, 이제 당신의 패러다임을 찾아보시겠습니까, 아니면 다른 예가 더 필요한가요?"

나는 아직 이해가 잘 안 되었기 때문에 다른 예를 들어달라고 말했다. 츠비는 다음과 같은 이야기를 들려주었다.

"토요일 밤입니다. 당신은 가족과 함께 부모님 댁에 다녀오는 길입니다. 아이들은 뒷좌석에서 자고, 아내는 당신 옆에서 졸고 있습니다. 라디오에서 경쾌한 음악이 흘러나옵니다. 당신은 반쯤 잠이 든 상태로 운전을 하고 있는데 갑자기 타이어가 펑크 났습니다. 차가 덜덜거리더니 도로 왼쪽으로 쏠립니다. 차 밑에서 날카로운 마찰음이 들리고 운전대가 흔들립니다. 잠이 싹 달아난 당신은 운전대를 단단히 잡고 차를 오른쪽으로 붙입니다. 갓길에 차를 대고 비상등을 켭니다. 놀란 아내를 진정시키고 시동을 끄고 운전대에 손을 얹습니다. 지금 당신은 무슨 생각을 할까요?"

이 시나리오는 나를 겁에 질리게 했다. 나는 마치 방금 전에 타이어가 펑크 난 바람에 잠에서 깨어난 듯한 기분이 들었다. 우리는 차를 운전할 때 이런 종류의 사고를 예상하지 않는다. 모두들 차가 자동항법장치 같은 것에 의해 저절로 앞으로 나아가는 것처럼 생각하는 것이다.

"어떤 생각이 머리를 스칠까요?" 츠비가 물었다.

"삼각대를 설치하고 잭을 꺼내고 여분의 타이어가 멀쩡한지 살펴보고 비상등을 켜고 아이들을 진정시키고 지나가는 차를 세워 도움을 요청하는 등의 일을 해야 하겠다는 생각이 들 것 같습니다."

나는 이 모든 생각 또한 실제적인 행동에 대한 것이고 저절로 떠오른 것임을 알아차렸다. 이 패러다임은 참으로 흥미로웠다.

"당신의 패턴이 뭐였지요?" 칠판 앞에 선 츠비가 검은색 마커를 집어들며 말했다. "누군가 나를 화나게 하면 나는 이성을 잃고 난폭하게 반응한다." 다시 나는 별로 유쾌하지 않은 패턴과 마주하게 되었다.

츠비는 참을성 있게 조용히 기다리다가 다시 말을 이었다. "이 패턴이 늘 반복되는 이유는 그렇게 되도록 당신이 선택했기 때문입니까?"

"아니요."

"그 패턴은 어디서 나왔습니까? 어떻게 해서 생겨났지요? 그것이 무엇을 나타낸다고 생각하십니까?"

나는 이 질문에 대답할 용기가 없었다. 나는 몹시 부끄러웠지만 그러면서도 진리에 다가가고 싶은 마음이 간절했다. 나는 이 장소와 이 순간, 그리고 내게 이 모든 질문을 퍼부으며 나를 어두운 터널(그 끝에 빛과 생명이 기다리고 있는) 속으로 들여보낸 사람을 신뢰했다. 참으로 고통스러운 순간이었다. 질문 하나하나가 망치가 되어 나를 내려치는 것 같았다. 내 입에서 다음과 같은 말이 흘러나왔다.

"이 패턴은 어머니에게 버림받은 이후로 줄곧 나를 따라다니던 실존적인 두려움을 나타냅니다. 그 당시, 나는 세 살이었어요. 아버지는 가족을 데리고 이스라엘로 돌아왔지만, 어머니는 혼자 외국에 남았지요. 이 패턴은 고독감과 스스로를 돌봐야 하는 필요와 관련이 있습니다. 그 것은 내 자리를 찾고자 애쓰는 과정에서 생긴 패턴입니다. 나는 다른 누구에게도 기대지 않고 스스로 내 권리를 지켜야 했지요."

아름다운 이야기는 아니었다. 나는 이제껏 이 이야기를 입 밖에 내본 적이 없다.

"당신은 화가 나 있군요." 츠비가 속삭였다.

"그럴 수밖에요."

"그럴 겁니다. 화를 내는 데 다른 사람의 허락을 구할 필요는 없지요. 문제는 당신이 화를 내기로 선택했느냐 하는 겁니다."

츠비는 잠시 기다렸다가 아주 상냥한 목소리로 물었다. "계속해도 될까요?"

"네, 그렇게 하시죠." 나는 불편한 마음으로 대답했다.

"패턴을 정교하게 다듬으면 패러다임을 찾는 데 도움이 됩니다. 패턴이 당신이 선택한 것이 아니듯 패러다임 또한 당신이 선택한 것이 아닙니다. 당신의 패턴이 드러나게 한 그 알 수 없는 패러다임, 즉 당신의 패턴을 낳은 실제적인 생각을 말씀해주실 수 있을까요?"

"스스로를 보호하려고 다른 사람을 공격한다는 생각입니다."

"그렇군요. 당신이 그렇게 생각한다면 누군가 당신에게 위해를 가했을 때 이성을 잃고 난폭하게 반응하는 것도 무리가 아닙니다. 이런 식으로 생각이 패턴을 낳는 것이죠. 누군가 위해를 가할 때 당신은 위협을 느낍니까?" 츠비가 물었다.

"네." 내가 대답했다. "하지만 과장할 필요는 없겠지요. 내가 위협을 느끼고 스스로를 보호하기 위해 상대방을 공격하는 것은 사실이지만, 생각하시는 것처럼 그렇게 지나친 행동을 하지는 않습니다."

"당신은 이 패러다임을 정확하게 정의하고 싶습니까? 그렇다면 이 패러다임이 당신 안에서 일어나는 일을 얼마나 많이 나타내주는지 생각해보세요. 이 패러다임을 정확하게 정의한 후 사건-패턴-패러다임의 흐름이 당신에게 익숙한지 살펴보세요. 어때요, 이게 진정 당신의 패러다임이 맞습니까?"

그리 유쾌한 순간은 아니었다. 나는 그것이 나의 패턴이고 그 패턴을 낳은 패러다임이라는 것을 인정했다.

"그래서 여기에 대해 어떻게 생각하십니까? 츠비가 물었다.

"내 삶을 변화시키고 싶다면 패러다임을 바꿔야 한다고 생각합니다."

츠비는 그렇다고 말한 뒤, 계속해도 되겠느냐고 물었다. 나는 기쁜 마음으로 허락했다.

"당신은 아주 잘하고 있습니다. 이제 한 층 더 위로 올라가 볼까요?" 츠비가 말했다. "그러나 패러다임의 변화가 우리가 바라는 변화를 가져다주리라는 생각으로 패러다임을 변화시키는 일에 뛰어들기에 앞서 패러다임의 층에서도 변화는 일어나지 않는다는 것을 말씀드려야 할 것 같군요. 패러다임은 한 층 위, 즉 관점의 층에서 태어납니다."

'이건 바벨탑과도 같군. 도무지 끝이 보이지 않으니 원!' 내면의 목소리가 짜증을 냈다. '대체 애틀릿 탑은 몇 층으로 이루어져 있는 거야?'

"변화는 관점의 층에서 시작합니다. 여기서 시작된 변화가 패러다임을 변화시키고 패러다임의 변화는 다시 패턴의 변화를 가능하게 하지요. 이것이 제대로 된 순서입니다."

'제대로 되었다고? 나는 벌써부터 지치는걸!' 내면의 목소리가 말했다.

"관점이라는 게 뭔가요?" 내가 물었다.

츠비가 설명을 시작했다.

"우리의 영혼에 자리하고 있는 관점은 살면서 경험하는 다양한 사건들에 대한 우리의 해석에서 비롯됩니다. 우리는 우리가 경험하는 다양한 사건들을 해석하는데, 이러한 해석의 결과가 바로 관점인 것이죠. 우리는 이 관점을 통해 우리 자신과의 관계와 삶과의 관계를 형성합니다. 관점은 패러다임을 낳고, 패러다임은 관점을 표현하는 수단입니다. 말이 좀 길어졌지요? 하지만 단순성의 원리를 기억하십시오. 이 모든 것은 기본적으로 단순하답니다. 제가 이것들을 가장 단순한 형태로 제시할 수 있었으면 좋겠군요."

나는 전체 과정을 요약해보았다. "내가 어떤 관점을 가지고 있다는 것은 알겠습니다. 나는 살아오면서 관점을 형성하게 되었고, 그것은 내 생각과 철학의 일부가 되었습니다. 특정한 분야에 대한 나의 전략적 사고들이 된 관점은 행동을 취하는 데 필요한 도구입니다. 그리고 관점에서 비롯된 생각들이 패러다임이고, 패러다임은 패턴을 통해 드러납니다."

츠비는 잠시 말이 없다가 이렇게 덧붙였다. "패턴은 현실과 우리의 바람 사이에 존재하는 차이를 보여주며 영혼의 세 가지 외피를 통해 나타납니다. 이것은 변화 과정의 첫 단계죠."

'오, 이런! 어서 집에 가자.' 내면의 목소리가 애원했다. 그러나 나는 굴하지 않았다. "그래서 이 단계를 완성하는 데 빠진 것이 무엇입니까?" 내가 물었다.

"관점을 찾는 겁니다." 츠비가 대답했다. "어떻게 하시겠습니까? 지금 저와 함께 찾아보시겠습니까 아니면 집에서 혼자 찾아보시겠습니까?"

"쉿!" 나는 무슨 말을 하려고 하는 내면의 목소리에게 속삭이고는 이렇게 대답했다. "제가 몇 가지를 이해할 수 있게 도와주신다면 집에서 할 수 있을 것 같습니다만……."

"기꺼이 도와드리죠." 츠비는 이렇게 말하고 잠시 방에서 나갔다.

가로등에 불이 들어오자 거리와 정원이 오렌지색으로 빛났다. 소매가 긴 드레스를 입은 여자가 관목 사이로 사라지는 게 보였다. 제1차 세계대전 때 영국 편에 서서 오스만 제국을 상대로 첩보활동을 한 유대인 첩보원 사라 아론슨이 생각났다. 그녀는 카르멜 지역과 아론슨 농장을 오가며 터키에 대한 비밀 임무를 수행한 내 어린 시절의 영웅이었다.

츠비가 향기롭고 달콤한 차를 가지고 돌아왔다. 차를 마시니 온몸에 녹색 에너지가 퍼져나가면서 긴장이 풀리는 듯했다.

"고맙습니다." 내가 말했다.

"점령지역에 대한 당신의 관점은 무엇입니까?" 츠비가 물었다.

"제 생각에 점령지역 같은 건 존재하지 않습니다. 그곳은 우리 조상들이 물려준 땅입니다. 우리가 오랜 세월 떠나 있다가 돌아와 정착한 우리 땅이지요."

"관점이 분명하시군요." 츠비가 미소를 지었다. "그렇다면 세계 에너지 위기에 대한 관점은 뭔가요?"

"사실 그것은 에너지 문제가 아닙니다. 그보다는 정치적인 문제라고 해야겠지요. 대체 에너지 자원을 개발할 줄 모르는 어리석은 서방 국가들에 대한 아랍권 국가들의 횡포입니다."

"와!" 츠비가 말했다. "당신은 정말 모든 주제에 대해 관점을 갖고 계시는군요."

"모든 주제는 아닙니다." 나는 미소를 지으며 말했다.

"좋아요, 오늘은 여기서 끝내기로 하지요. 오늘 무엇을 배우셨는지 궁금하군요."

나는 오늘 있었던 일을 죽 돌이켜보았다. 그러자 내 삶에 뭔가 새로운 일이 일어날 것 같은 기분 좋은 흥분감이 느껴졌다.

"우선 바로 그 무엇이 아니라도 괜찮다는 것, 그리고 정확한 평가를 내리느라 에너지를 낭비할 필요가 없다는 것을 배웠습니다. 또한 관점이 패러다임과 패턴을 낳는 과정의 구조를 알게 되었고, 여기에 대한 지속적인 호기심이 생겼습니다. 이 점, 대단히 감사하게 생각합니다."

"당신이 잘하고 있는 것 같아 기쁩니다. 다음 한 주간의 과제를 이메일로 보내드리지요."

"아," 나는 한 가지가 더 생각났다. "삶에 대한 본능을 회복해야 한다는 것도 배웠습니다."

우리는 웃으며 감사의 포옹을 나눈 뒤 츠비가 나를 대문까지 바래다주었다. 기차역으로 가는 길이 온통 오렌지색으로 물들어 있었다.

애틀릿을 뒤덮은 소금은 모두 흩어지고 없었다. 나는 길가에 소금이 남아 있는지 살펴보았지만, 찾지 못했다. 소금 입자가 매우 고와서 바람에 날려 사방으로 흩어진 듯했다. 소금에 대해 생각하다보니 소금에 대한 생각이 꼬리를 물었다. 나는 어떤 종류의 소금에 익숙한가? 요리용 소금? 식탁용 소금? 천일염? 정제염? 구운 소금? 소금기 머금은 눈물? 생각은 거기서 멈췄다.

과제

The Secret of
Jewish Coaching

7장 과제

●

자신과의 만남
요약: 사건-패턴-패러다임-관점
당신은 변화를 원한다

●

집에 도착하니 츠비가 보낸 이메일이 기다리고 있었다.

베니에게,

안녕하세요? 변화는 관점의 층에서 생겨나기에 관점은 탐구할 만한 가치가 있습니다. 따라서 이번 주는 '관점 주간'으로 정했습니다. 관점에 대한 평가를 포함한 몇 가지 과제를 보냅니다. 과제를 하면서 즐기는 것을 잊지 마세요.

포옹을 보내며, 츠비

평가: 행동 버튼

• 관점을 활성화하는 것은 무엇인가? 행동 버튼이다!
• 행동 버튼이란 무엇인가? 초기 기억과 관련된, 상처 입기 쉬운 예민한 부분이다.
• 그것은 어떻게 작동하는가? 행동 버튼을 누르면 관점이 드러나거나 활성화한다.

두 번째 평가
- 당신은 행동 버튼을 컨트롤할 수 있는가? 행동 버튼을 작동시키거나 멈출 수 있는가? 주변에 당신의 동의 없이 당신의 행동 버튼에 접근하여 그것을 작동시킬 수 있는 사람이나 사건이 있는가?

과제
1. 아래의 '관점을 찾는 데 도움이 되는 질문'에 답하라.
2. 관점을 찾는 데 성공했으면 그것을 표의 '관점'칸에 기록하라.
3. 《누가 내 치즈를 옮겼을까?》를 읽어보라.

관점을 찾는 데 도움이 되는 질문
- 당신의 패러다임을 강화하는 관점은 무엇인가?
- 당신의 삶이나 인간관계 속에 당신 자신과 당신의 삶에 대한 이런 인식을 가능하게 한 장소나 시간이 있는가?
- 당신의 삶 속에 이 관점이 나타난 것은 어떤 맥락이었는가?
- 그 맥락을 만들어낸 상황들을 기억하는가? 어떤 상황들이 있었는가?
- 결론: 우리는 이런 질문들과 관련하여 제3자라면 어땠을까 하는 생각을 하곤 한다. 그렇게 거리를 두고 객관적으로 바라보면 생각하기가 한결 수월할 것이다. 특정한 패러다임 안에서 행동하는 지인 한 사람을 떠올려보라. 당신이 생각하기에 이 주제에 대한 그의 관점은 무엇인가?

나는 주중에 따로 시간을 내어 관점을 찾는 데 할애하기로 했다.

몇 년 전에 시간관리 코치인 애덤 마다르에게서 나 자신과 회의하는 법을 배운 적이 있다. 아프로포스 카페에서 처음 만났을 때 애덤은 그해 내가 사용하던 다이어리를 보여 달라고 했다. 애덤은 그 다이어리를 한 페이지씩 넘기면서 한 해의 첫날부터 마지막 날까지의 일정을 죽 훑어보더니 그 안에 쓰여 있는 내용을 다 읽기라도 한 것처럼 이렇게 말했다.

"당신은 아내와 아이들, 부모님을 사랑하지 않는군요. 뭔가를 배우거나 야외활동을 하는 것을 좋아하는 것도 아니고요. 바다나 콘서트, 전시회를 좋아하지도 않고 악기를 연주하거나 그림을 그리거나 친구를 만나는 것도 좋아하지 않아요. 참으로 흥미로운데요."

'텔아비브 출신의 이 작은 사내는 아무것도 모르는 얼간이야!' 애덤의 말이 끝나자마자 내면의 목소리가 나를 방어하려고 나섰다. '사람 심리를 교묘하게 이용하는 뻔뻔하고 무례한 작자일 뿐이야!' 나는 나와 내 삶에 대해 그토록 조용하면서도 유쾌한 방식으로 이야기하는 그에게 놀랐다.

"나에 대해 잘 모르시잖아요." 내가 지적했다.

"아주 잘 안답니다." 애덤은 미소를 지으며 다이어리를 가리켰다.

"이 안에 당신이 무엇을 했는지가 전부 쓰여 있거든요." 그는 웃으며 말했다. "여기에서 일과 관련되지 않은 게 하나라도 있나요?"

그는 내가 가족과 바다와 카르멜 지역과 친구들을 사랑하지 않는다고 비난하고 있다.

'무시해!' 내면의 목소리가 말을 계속했다. '이 자는 자신이 무슨 말을 하고 있는지도 몰라. 이런 사람들의 수작이야 뻔하지. 처음엔 네 약점을 찾아내고 다음엔 약점을 고칠 방법을 알려준다며 거액을 요구할 거야. 아마 조금 있으면 네가 수박을 좋아하지 않는다고, 심지어 너 자신조차 사랑하지 않는다고 할걸.'

"당신이 사랑하는 모든 것을 소홀히 하는 것은 그렇다 쳐도 당신 자신을 소홀히 하는 것은 심각한 문제입니다." 애덤이 말을 이었다. "게다가 당신은 이미 정해진 일정 사이사이에 더 많은 일과 회의를 끼워 넣을 방법을 알려달라고 하고 있어요. 이게 당신이 말하는 '시간 관리'입니까?"

침묵이 흘렀다. 마치 서로의 역할이 뒤바뀐 것 같았다. 그는 왜 내게 화를 내는 걸까? 지금 무슨 일이 일어나고 있는 거지? 그는 왜 내가 무엇을 좋아하느니 좋아하지 않느니 하는 얘기를 하는 걸까?

"미안하지만" 애덤이 말했다. "다른 코치를 알아보세요. 당신이 원하는 게 그런 거라면 나는 당신을 도울 수 없으니까요."

나는 그의 푸른 눈에서 시선을 뗄 수가 없었다. 그의 눈은 사람의 마음을 꿰뚫는 듯하면서도 따뜻하고 행복해 보였다.

애덤은 내게 고개를 끄덕여 보이며 조용히 말했다. "시간은 돈이나 씨앗, 명예와도 같지요. 관리를 해줘야 합니다. 그러면 많은 유익이 돌아올 거예요. 그 방법을 알고 싶으세요?"

'그것 봐!' 내면의 목소리가 큰 소리를 냈다. '이 자는 너를 조종하려 하는 거라고! 뭐? 시간이 돈이고 씨앗이라고? 말도 안 돼. 어서 자리를 박차고 나가!'

"알고 싶군요." 나는 대답했다. 그리고 그때 이후로 그에게 배운 것들이 내 안에 깊이 뿌리박혀 있다.

나는 츠비와의 작업에서 더 발전하고 싶어 나에게 도움이 되는 질문에 대답하는 것으로 이번 한 주를 시작하기로 했다. 그래서 나 자신과의 특별 회의에서 관점을 찾기 위해 마우스로 츠비가 보낸 이메일을 열었다.

• 당신의 패러다임을 강화시키는 관점은 무엇인가?
  잘 모르겠다. 하지만 나를 힘들게 하는 사람은 내 자리를 위협할 수 있다. 그러므로 나는 나를 돌봐야 한다.

- 당신의 삶이나 인간관계 속에 당신 자신과 당신의 삶에 대해 이런 인식을 가능하게 한 장소나 시간이 있는가?

  그렇다. 나는 키부츠에서 힘든 시절을 보냈다. 내 또래의 아이들 틈에서 살아남으려고 스스로를 돌봐야 했다.

- 당신의 삶 속에 이 관점이 나타난 것은 어떠한 맥락 안에서인가?

  살아남기, 자존심을 지키고 내 자리를 유지하기.

- 그 맥락을 만들어낸 상황들을 기억하는가? 어떤 상황들이 있었는가?

  생생하게 기억한다. 아버지는 어머니와 이혼한 뒤 동생과 나를 데리고 이스라엘로 돌아왔다. 아버지는 개구쟁이 사내아이 둘을 키우는 게 힘에 부쳐서 우리를 고아원에 맡겼다. 우리가 고아원에서 도망치자 아버지는 우리를 키부츠로 보냈고, 얼마 후에 아버지도 키부츠에 들어왔다.

나는 이 사건들이 내가 성인으로서 기능하고 결정하는 방식에 깊은 영향을 끼쳤음을 깨닫고 놀라지 않을 수 없었다.

- 마지막 질문. 우리는 이런 질문들과 관련하여 제3자라면 어땠을까 하는 생각을 하곤 한다. 그렇게 거리를 두고 객관적으로 바라보면 생각하기가 한결 수월할 것이다. 특정한 패러다임 안에서 행동하는 지인 한 사람을 떠올려보라. 당신이 생각하기에 이 주제에 대한 그의 관점은 무엇인가?

  자신의 존재를 인정하지 않는 사람들에게 공격적으로 반응하는 패러다임을 지닌 사람이라면, 인생이 '나냐, 너냐'의 투쟁이라는 관점을 가지고 있을 것이다. 다시 말해, '나냐, 너냐'의 투쟁에서 승자는 오직 한 사람, 나여야 한다.

나는 등을 기대고 방금 전에 작성한 질문지를 다시 들여다보았다. 그

리고 "이게 나의 관점이야" 하고 속삭였다. 눈에 눈물이 고였다. 내 관점
과 나는 서로 마주 보았다. "네가 내 관점이야." 내가 속삭였다. "너를 찾
게 되어 기뻐. 내 행동 뒤에는 네가 있었어. 너는 패러다임을 낳았고 패
러다임은 패턴을 낳았어. 패턴은 자동적이고 기계적인 반응이 반복되게
만들었지. 너의 행동 버튼은 버림받는 것에 대한 두려움과 이 세상에서
나의 위치에 대한 실존적인 고민이야. 누구든 이 버튼을 누르는 사람은
분노와 난폭함과 냉담함을 내뿜는 기계를 작동시키는 셈이지."

관점에서부터 패러다임과 패턴이 형성되는 과정이 한눈에 들어왔다.
나는 울기 시작했다. 그리고 눈물을 흘리며 '패러다임' 위의 '관점' 칸에
한 줄을 덧붙였다.

현재 내가 있는 층	요 약
관점	인생은 '너냐, 나냐'의 투쟁이다.
패러다임	사람들이 나를 인정해주지 않을 때, 나는 그들을 공격한다.
패턴	나는 상처를 받으면 화를 내고 난폭하게 행동한다.
사건	하비마 주차장에서 내가 주차하려고 하는 자리를 다른 운전자가 가로챘다.

왜 그랬는지는 모르겠지만 나는 츠비에게 질문지와 이 완성된 표를
이메일로 보내버렸다.

츠비와의 일곱 번째 만남이 막 시작되려는 참이었다. 우리의 우정에
나는 정말 기뻤다. 츠비는 내게 새로운 지평을 상징했다. 안정적이고 미
래에 대한 믿음으로 가득 찬 새로운 지평. 우리는 무화과나무 밑에 앉아

서 일상적인 대화를 나눴다.

"그럼 이제 시작할까요?" 츠비가 물었다. "저는 당신이 완전히 이곳에 도착하기를, 다시 말해서 몸과 마음이 도착하기를 기다리는 중입니다. 당신이 여기에 없으면 아무것도 할 수 없으니까요."

'이거 신나는데.' 내면의 목소리가 말했다. '내가 여기에 있어야 한다니 말이야.'

나는 완전히 도착했으니 시작해도 된다고 말해주었다. 츠비는 내가 이메일로 보낸 표의 '관점' 칸을 보고 몹시 흥분했던 이야기를 들려주었고, 나는 차이를 찾는 여행의 끝에서 접한 놀라움에 대해, 특히 관점을 만난 순간에 대해 얘기했다. 그리고 그때 이후로 홍수처럼 밀려든 기억의 물결에 대해서도.

내 말을 들은 뒤 츠비가 설명을 시작했다.

"변화하려고 할 때 묘한 기분이 들면서 마음속에 미래에 대한 질문이, 질문의 형식과 내용이 떠오릅니다. 미래를 향한 실제적인 움직임은 희미한 과거를 되살아나게 하고, 그렇게 되면 다가오는 미래와 새롭게 일깨워진 과거 사이의 관계를 분명히 하는 게 중요해집니다. 과거는 고통과 장애물로 나타납니까, 아니면 우리 안에 잠재해 있는 힘의 저장고로 나타납니까? 현재는 과거와 미래를 이어줍니다. 그리고 지금 여기에서의 우리 존재를 반영합니다. 과거와 미래는 우리 안에서 서로 만나려고 하며, 수세대에 걸쳐 축적된 우리 안의 풍요를 다음 세대에 전달하고자 합니다. 이 풍요는 우리 각자가 자아를 실현하는 과정에서 마주치는 자신의 고유한 사명을 찾기를 바랐던 우리 조상들의 모든 기도 속에 들어 있습니다. 랍비 쿡은 '과거는 새로워지고 미래는 성화된다'고 말했지요. 모든 게 아주 간단합니다." 츠비는 미소를 지었다.

"우리가 우리 자리에 있을 때 과거와 미래는 우리를 만날 수 있습니다. 그때 우리는 우리가 꼭 있어야 할 곳에 있는 것입니다. 우리가 우리 자리에 있지 않고 진자의 추처럼 흔들리면 우리가 꼭 있어야 할 곳을 지나치는 일이 반복됩니다. 그렇게 되면 우리는 끊임없이 내달리게 되고 과거에서 현재까지 이어지는 삶의 흐름을 놓치게 되지요.

사람이 '세상과 우주의 풍요로부터 영향을 받는 작은 세상'이라는 것을 기억하면, 우리가 위에서 내려오는 축복을 가로막을 수도 있다는 사실을 이해할 수 있습니다. 《네페시 하하임Nefesh Hachaim》의 저자인 랍비 하임 이츠코비츠가 뭐라고 말했습니까? '천상의 것들이 곧 내게서 비롯된다는 것을 알라'고 하지 않았습니까? 우리 안에는 천상의 일에 영향을 미치고, 천상의 부를 이 세상에 가져오게 하는 힘이 있습니다. 이것이 우리가 세상에 태어난 본래의 목적입니다. 이 힘이 익숙하게 느껴지나요? 과연 우리에게 그럴 힘이 있을까요? 당신은 변화하고 싶다고, 그래서 여기에 왔다고 말했습니다." 츠비는 우리가 하는 이 모든 일의 목적을 상기시켜주었다. "그리고 당신은 적절한 시기에 변화의 층, 즉 관점의 층에 도달했습니다. 패턴과 패러다임 그리고 이 두 가지를 이끄는 관점을 보면서 어떤 생각이 드나요?"

"내가 삶 속에서 일어나는 일들을 다루는 방식을 보면 나를 지배하고 있는 게 뭔지 알 것 같습니다. 나는 그 일들이 그런 식으로 일어난 게 내 선택에 의한 것이 아니라는 것을 알게 되었습니다. 그것들은 나로 인해 일어난 일이지만, 내 동의를 얻고 일어난 일은 아닙니다. 나는 그런 일들이 일어나도록 선택하지 않았습니다. 한편으로는 이 모든 게 기이하고 복잡하게 느껴지지만 다른 한편으로는 이것을 알게 되어 기쁩니다. 현실을 부인하거나 좋은 모습만 보이려고 애쓰지 않고 있는 그대로의 자신을 받아들일 때 변화가 가능하기 때문입니다."

"살아 있는 관점은 삶을 흐르게 합니다. 이런 상황에서의 관점은 가치가 있습니다. 그러나 관점이 얼어붙거나 고착되는 순간, 그것은 무감각해져서 어떤 삶도 허용하지 않습니다. 우리는 살아 있는 관점이 있는 것처럼 살지만, 실은 관점이 고착되어 관점이 만들어내는 패러다임과 패턴은 우리의 의지와 조화를 이루지 못합니다. 우리는 관점을 찾는 데 익숙하지 않기 때문에 그냥 이것이 우리의 성격이고 우리에게 어울리는 삶의 방식이라고 여깁니다. 이런 미묘한 상황에서 우리는 우리의 행동을 이끌어내는 행동 버튼이 무엇인지 모릅니다. 그래서 우리 삶을 스쳐 지나가는 그 누구라도 우리의 전체 반응 시스템을 작동시킬 수 있습니다."

"이건 열등한 관점에 대한 이야기로군." 나도 모르게 생각이 입 밖으로 튀어나왔다.

'츠비는 발전한 네 모습에 매우 기뻐하고 있어.' 내면의 목소리가 말했다. '너도 곧 알게 될 거야. 조금 있으면 츠비가 커피나 차를 권할 테니 두고 봐.'

"내겐 성능이 아주 좋은 영사기가 있습니다." 츠비가 주방에서 소리쳤다. "그 영사기에 당신의 관점을 비춰보시겠습니까?"

'츠비는 쉬는 법이 없군.' 내면의 목소리가 불평했다. '그런데도 코칭 과정은 아직 시작하지도 않았단 말이야. 모든 게 아직 '조율 단계'인 거지. 이렇게 되면 애틀릿으로 이사를 해야겠는걸. 그래, 이사를 하면 훨씬 편할 거야.' 내면의 목소리는 계속해서 나를 비웃었다.

"알아." 나는 내면의 목소리에게 조용히 대답했다. "너는 시간이 길어지면 인내심이 바닥나지. 하지만 여기서는 서두르면 안 돼. 이 길을 따라 천천히 걸어가야 해. 이 길은 내게 아주 딱 맞는 길이야. 내가 원하는, 생생하고 심오한 변화를 가능하게 해주는 길이지. 너는 좀 쉬어. 나는 계속할 테니."

츠비가 향기로운 차를 가지고 돌아왔다.

"영사기가 어떻다고요?" 내가 물었다.

"내 영사기를 사용하면 당신의 관점을 자세히 들여다보고, 그 안에서 움직이는 힘을 찾을 수 있을 겁니다. 그중에는 당신에게 도움이 되는 긍정적인 힘도 있지만, 도움이 되지 않고 방해만 되는 힘도 있습니다. 이 힘들을 찾아내면 필요한 것들을 모두 적절하게 관리하고 변화시킬 수 있습니다. 간단히 말해서, 책임감 있는 삶을 살아가는 데 도움이 되지요. 물론, 영사기는 도구일 뿐입니다. 어떻게 생각하세요?"

"그거 아주 좋은 생각이로군요!" 내가 말했다. "관점을 자세히 들여다볼 수 있으면 정말 좋을 거예요. 관점은 변화가 시작되는 곳이니까요."

"전적으로 옳은 말씀입니다. 관점의 변화는 전체 시스템을 변화시키고 기존의 결과와는 전혀 다른 결과를 가져오지요."

츠비는 컴퓨터 파일에서 한 페이지를 인쇄하여 내게 건넸다. 거기에는 '관점으로 인한 손해와 이익'이라는 제목이 붙어 있었다.

"이게 뭐죠? 사업상의 손익계산서 같은 건가요?" 내가 물었다. 그러나 츠비는 매우 진지했다.

"당신이 어떤 관점을 가지고 있다는 사실은, 당신이 그 관점으로 인해 잃는 것보다 얻는 게 더 많다고 여긴다는 뜻입니다."

"당연하죠!" 나는 츠비의 말을 가로막았다. "잃는 게 더 많은 관점을 취할 사람이 어디 있겠습니까?"

'리치먼이 말한 본능을 생각해.' 내면의 목소리가 말했다.

"좋은 질문입니다." 츠비가 말했다. "만약 당신이 산 주식의 가격이 내려가면 당신은 그 주식을 보유함으로써 생기는 손익을 따져보게 될 것입니다. 그리고 주식을 처분할지 결정하려면, 그 주식이 당신에게 어느 정도의 가치가 있는지를 확인할 필요가 있지요. 관점도 마찬가지입니다. 다만, 관점의 경우에는 우리가 평소에 그 가치의 등락을 눈여겨보지 않지요. 관점은 우리가 그 가치에 대한 판단을 내리지 못하는 가운데 자산이 되기도 하고 부채가 되기도 합니다. 영사기는 당신의 관점에 어떤 가치가 있는지를 알려줄 겁니다."

나는 내 관점으로 인해 이익이나 손해를 본다고 말하는 표의 제목을 바라보았다. 그리고 손익을 따져보기도 전에 영사기의 밝은 불빛이 내 관점의 가장 깊숙한 부분과 그것이 내 삶에 미치는 영향에 대해 많은 것을 알려줄 수 있으리라고 느꼈다.

'변태' 혹은 '탈바꿈'

The Secret of
Jewish Coaching

8장 '변태' 혹은 '탈바꿈'

●

영혼을 위한 손익보고서
요청

●

츠비는 내게 그 표를 집에 가져가서 다음 한 주 동안 빈칸을 완성해오라고 말했다.

"다음 단계로 넘어가도 될까요?" 그가 물었다.

"물론입니다." 내가 대답했다.

"잠깐 변화에 대해 이야기해보도록 하지요." 츠비가 탁자 위에 빈 페트병을 올려놓고 말했다. "자, 이 병을 변화시키려고 합니다. 당신이라면 어떻게 하시겠어요?"

"저라면 뚜껑을 빨갛게 칠하고 손잡이를 달겠습니다." 내가 대답했다.

'병에 꽃을 심는 거야.' 내면의 목소리가 열정적으로 외쳤다.

"아니면 병을 반으로 잘라서 그 윗부분에 스피어민트를 심는 겁니다." 내가 덧붙였다. "그리고 '병'이라는 이름을 '용기'로 바꾸는 거지요."

"당신이 말씀하신 것 같은 변화는, 병을 다른 것으로 보이게 할 정도의 변화입니다. 하지만 이 모든 변화에도 불구하고 병은 여전히 병일 뿐입니다. 당신이 제안한 그 모든 근사한 변화의 이면을 들여다보십시오. 무엇이 보이나요?"

나는 병을 보며 말했다. "병이 보입니다."

"그렇습니다." 츠비가 말했다. "당신이 말씀하신 변화는 본질적인 변화가 아닙니다. 그런 변화는 겉보기에만 다르게 보이는 외적인 변화입니다. 다시 말해서, 변화를 말할 때 우리는 변화하려는 목적과 동기에 신경 써야 합니다. 오직 이것만이 변화의 성격과 힘을 결정하기 때문입니다. 겉모습만 다르게 보이는 피상적인 변화에는 코칭이 필요하지 않습니다. 물론 당신이 지금까지 살아오면서 몇몇 프로젝트들을 성공시켰던 것처럼, 당신에게 바람직한 변화를 이끌어내는 데에도 성공할 수 있을 겁니다. 그러나 당신 혼자서 본질적이고 심오한 변화를 이뤄내기는 매우 어렵습니다. 당신에게 변화란 무엇입니까?" 츠비가 물었다.

"이전의 경험만으로는 될 수 없는 무언가가 되는 것입니다." 나는 고심 끝에 이렇게 대답했다.

"오, 당신은 천재로군요!" 츠비가 외쳤다. "전에 제가 아인슈타인이 비슷한 말을 한 적이 있다고 말씀드렸지요? 아인슈타인은 경험을 기초로 무언가 새로운 것을 발명하기란 불가능하다고 말했습니다. 당신이 생각하는 그런 종류의 변화를 이루려면 용기가 필요하지요. 사람들은 변화에 대해 이야기하는 것을 좋아하지만, 그건 어디까지나 다른 사람의 일일 때입니다. 막상 자기 일이 되면, 그래서 그 여파로 안전지대를 떠나야 한다면 결코 좋아하지 않을 겁니다. 변화하고자 하는 당신의 욕구에는 어떤 감정이 수반되나요?"

츠비의 질문이 내 안에서 메아리쳤다.

'뭐라고? 츠비는 삶에서 늘 일어나는 일이 변화라는 걸 모른단 말이야?' 내면의 목소리가 웃음을 터뜨렸다. '너는 변화의 대가야. 그런데 네게 용기가 필요하다니…… 아무런 변화도 없는 날에는 어디가 아픈 건 아닌지 확인해봐야 할 정도인데.'

츠비가 계속 물었다. "당신을 변화하게 하는 것은 무엇이고, 변화하지 못하게 방해하는 것은 무엇입니까?" 츠비의 질문은 나를 변화가 일어나는 아주 깊숙한 곳으로 데려다주었다. "다음 주에는 변화에 대해 생각해보기로 하지요. 변화에 대해 깊이 있는 대화를 나눈 뒤, 다음 단계로 넘어갈 수 있도록 자료를 준비해두겠습니다."

"다음 단계 어디로요?" 내가 물었다. "우리의 삶 속에 의미 있는 변화가 일어나는 과정은 그리 자명하지 않습니다. 변화를 원하고 또 실제로 변화하려면 많은 힘을 기울여야 합니다." 나는 과거의 경험을 떠올리며 쓸쓸하게 말했다.

"맞습니다!" 츠비가 동의했다. "그래서 그 힘을 어디서 얻을 수 있을까요?

"그 힘은 내면에 있습니다."

나는 서서히 이해가 되기 시작했다.

"그렇습니다. 모든 사람의 내면에는 두 가지 힘이 있습니다. 삶을 앞으로 나아가게 하는 힘과 변화를 가로막는 힘이 평행을 이루고 있지요."

"나란한 두 힘이로군요." 나는 속삭였다.

"그렇습니다." 츠비가 대답했다.

"그래서 다음 단계는 무엇인가요?" 내가 물었다.

"이 힘이 어디에 잠재해 있고, 이 힘에 접속하려면 어떻게 해야 하는지 그리고 그 힘을 어떻게 다뤄야 하는지 아는 것입니다."

그것은 사람을 흥분시키는 놀라운 약속이었다.

츠비는 흥미진진했던 오늘의 만남을 마무리했다. "자연에서 일어나는 변화에 대한 짤막한 프레젠테이션과 변화에 대한 질문들이 담긴 워크시트, 그리고 '손해와 이익' 표를 보내드리지요. 시간을 내어 그것들을 살펴보고 질문에 대답하면 많은 도움이 될 겁니다. 오늘의 만남을 통해서는 무엇을 얻었나요?"

"실제적이고 성공적인 변화를 기대할 수 있게 되었습니다. 내겐 무척 의미 있고 중요한 것이죠. 당신은 어떻습니까?"

내 입에서 불쑥 튀어나온 질문은 우리를 놀라게 했다. 츠비는 너무 놀란 나머지 웃음을 터뜨렸다. 그리고 이렇게 대답했다. "당신이 과제를 열심히 하고 변화하려고 노력하고 있으며 나와 내 코칭 방식을 신뢰한다는 것을 알게 되었습니다. 이 점, 진심으로 고맙게 생각합니다."

나는 집으로 돌아왔다. 츠비가 보낸 자료들이 궁금해서 곧장 컴퓨터를 켰다. '손해와 이익' 표와 변화를 주제로 한 워크시트 그리고 프레젠테이션이 나를 기다리고 있었다. 나는 지금이 레몬즙과 올리브유가 잔뜩 들어간 샐러드를 먹기에 적당한 때라는 것을 알았다. 그래서 도마와 원색의 커다란 샐러드 볼을 꺼내놓고 채소를 씻어서 도마 옆에 놓았다. 그다음에는 채소를 어떤 크기로 썰어야 할지—크게 썰어야 할지 중간 크기로 썰어야 할지 아니면 조그맣게 썰어야 할지—결정해야 했다. 그것은 내가 아내에게 얼마나 많은 칭찬을 듣고 싶어 하는지에 달렸다. 나는 적어도 "와! 샐러드가 아주 근사한데요! 갖가지 색깔의 다양한 채소가 들어갔군요. 수고 많았어요, 여보! 고마워요!"라는 말을 듣고 싶었다.

나는 채소를 썰면서 내 관점을 잃을 수 있는 가능성에 대해 생각해보았다. 그리고 내 삶에 일어난 변화를 떠올렸다. 마치 코칭이라고 하는 샐러드를 만들려고 채소를 준비하는 기분이었다. 아내의 칭찬이 이어진 뒤, 함께 샐러드를 먹었다. 커피를 마실 때 나는 아내에게 인생은 '나냐, 너냐'의 투쟁이라고 하는 '나의 관점'에 대해 아느냐고 물었다.

"물론이죠." 사랄레가 말했다.

나는 츠비에게 나의 관점으로 인한 이익과 손해를 적게 되어 있는 표를 받았다는 이야기를 했다.

"그래서요?" 사랄레가 물었다.

"당신은 어떻게 생각해? 사람이 자신의 관점으로 인해 손해를 보는 게 과연 가능할까?"

"당신은 어떻게 생각해요?" 사랄레가 되물었다.

"나는 불가능하다고 봐. 만약 손해를 보게 된다면 그는 관점을 바꿀 테니까. 하지만 만약 손해를 보는 게 가능하다면 여기서 츠비가 묻고자 하는 게 뭔지 생각해봐야겠지. 표에 의하면 나는 나의 관점 때문에 손해를 볼 수도 있어. 사람이 자신의 이익에 반하는 행동을 한다는 것은 부조리한 일처럼 보이지만 말이야."

나는 리치먼 소대장을 떠올렸다. "나는 내가 삶을 통해 뭔가를 배웠다고 생각했어. 그런데 이제 츠비와 함께 작업하다 보니 뭔가를 배우려면 아직 먼 것 같아."

"그래서 기분이 어때요? 사랄레는 경험이 풍부한 코치처럼 물었다.

"변화할 준비를 한다고 생각하니 몹시 흥분돼. 변화에 대한 말이 나왔으니 말인데, 츠비는 변화에 대한 질문지도 줬어."

"또 준 것이 있나요?"

"나비의 변태 과정에 대한 프레젠테이션도 있지. 아직 열어보지는 않았지만, 첫 번째 슬라이드에 커다란 애벌레가 있었어."

"애벌레가 샐러드에 떨어지지만 않으면 상관없어요." 사랄레가 웃음을 터뜨렸다. 그러고는 늘 그렇듯 커피를 마시겠느냐고 물었다.

"오늘 밤에는 숙제를 하느라 바쁘겠군요." 그녀가 말했다.

"아직 갈 길이 머니까." 내가 대답했다.

"알아요." 사랄레는 부드럽게 말하고 화단에 물을 주러 나갔다.

나는 '손해와 이익'이라는 제목의 첫 번째 표를 열었다. 그리고 아무 생각도 하지 않고 손가락이 가는 대로 둬야겠다고 생각했다. 사실 자신의 관점으로 인해 무언가를 잃을 수도 있다는 것에 마음을 열지 않는다면 손해와 이익에 대한 질문에 대답하는 건 불가능하다. 하지만 나는 이 문제로 고민하지 않겠다고 마음먹고 이렇게 자문해보았다. "나의 관점으로 인해 정말로 무언가를 잃는다고 가정한다면 정말로 내가 잃는 것은 무엇일까?"

'네가 진심을 말하지 않는 한, 네가 얻는 답에는 아무런 가치도 없어.' 내면의 목소리가 말했다. '어쩌면 너는 진짜로 무언가를 잃고 있는지도 몰라. 네가 관점을 지배하는 게 아니라 관점이 너를 지배하는 것인지도 모르니까.'

나는 표를 완성하고 나서 내 눈을 의심했다. 나는 재무제표와 손익계산서를 읽을 줄 알았다. 그러나 이런 손익계산서는 처음 보았다.

당신의 관점으로 인해 얻은 것은 무엇인가?	당신의 관점으로 인해 잃은 것은 무엇인가?
나는 아버지가 (너무 무른 성격 탓에) 포기한 분야에서 성공했다.	나는 매일 전쟁을 치른다.
나는 내 자리를 지키고 있다.	나는 마음을 주고받는 친구가 없다.
나는 주변 사람들에게 존경을 받는다.	나는 자주 화를 낸다.
나는 성공적인 인생을 살고 있다.	나는 늘 긴장해서 피곤하다.
내가 세게 나갈수록 사람들이 나를 함부로 대하지 않는다.	공격적인 성격으로 변했다.
일이 뜻대로 이루어진다.	바라는 결과는 얻지만, 거기에 이르기까지의 과정을 즐기지는 못한다.
나는 상황을 많이 통제한다.	나는 받기만 하고 베풀지는 않는다.
규칙이 명확할 때 인생도 명확하다.	아이들이 나의 이런 점을 보고 배운다.

'이건 흡사 물을 한 잔 떠놓고 그 안에서 박테리아를 찾는 격이군.' 내
면의 목소리가 말했다. '너는 평생 이런 손해를 볼 수가 있어. 네가 네
삶에 대해 또 모르는 게 무엇인지 생각해봐. 츠비가 네게 어떤 일이 일
어나고 있는지 알려줘서 다행이야. 하지만 이제 어떡한담?'

"지금은 아무것도 하지 않을 거야." 나는 조용히 대답했다. "우리는 차
이 안에 머무는 법을 배웠잖아. 관점의 층이 변화의 층인 이유를 이제
야 알겠군."

이 표는 내게 관점을 변화시킬지 말지를 선택할 수 있다고 말하는 듯
했다. 내가 현재의 관점을 좋게 여기고 거기서 어떤 가치를 이끌어낼 수
있을 것이라고 생각하면 지금부터 그것은 내가 선택한 관점이 된다. 그

러나 현재의 관점이 기능을 다했다고 생각한다면 나는 새로운 관점을 선택할 수 있다.

두려움이 밀려왔다. 내가 어떤 관점을 원하는지 어떻게 알 수 있을까? 실제로 자신의 관점을 선택하는 사람이 누가 있는가? 새로운 관점을 선택하는 것과는 별개로 내 오랜 습관은 내 생각과 행동을 다른 곳으로 향하게 하고 새로운 관점이 드러나지 못하게 한다. 새로운 관점으로 행동할 힘은 어디서 얻을 수 있는가? 오랜 습관으로 돌아가지 않고 새로운 관점을 고수할 힘은 어디서 얻을 수 있는가?

나는 변화를 주제로 한 워크시트를 조심스럽게 열어보았다. 거기에는 '다음 질문에 대답하시오'라는 문구와 함께 아래의 내용이 제시되어 있었다.

---

1. **당신에게 변화란 무엇과 같은가?**
   새집으로 이사하는 것이다.

2. **당신의 삶에 일어난 변화에 대해 쓰라.**
   나는 베이트 엘 지역을 떠났다.

3. **이 변화에 대한 당신의 느낌은 어떠했는가?**
   속상하고 화가 났다.

4. **이 변화의 기간에 당신 안에서 어떤 힘이 나타났는가?**
   결단력과 헌신이 나타났다.

5. **이 변화를 위해 당신이 포기한 것은 무엇인가?**
   친구와 함께 자라는 것. 공동체 생활. 성지로 이주하고자 하는 이상의 실현. 국가 안보 유지에 참여하는 것. 아이들에게 좋은 본보기가 되어주는 것.

---

6. 이 변화가 가져다준 좋은 점은 무엇인가?
   도시라는 새로운 환경에서 자랄 기회, 인격의 도야, 이 변화를 계기로 내 삶의 모든 영역을 개선하고자 하는 마음.

7. 당신에게 이 변화를 받아들이게 한 것은 무엇인가?
   새로운 삶의 질서를 찾고 가족 간의 유대를 강화할 수 있다는 점, 토라의 가르침과 예루살렘의 문화를 접하며 자랄 수 있다는 점, 통학 거리가 짧아져서 시간을 절약할 수 있다는 점.

8. 변화가 필요하다고 생각하는 분야가 있는가?
   그렇다.

9. 그것은 어떤 분야이며, 당신은 어떤 종류의 변화를 원하는가?
   나는 직업을 통해 비전을 실현해왔지만 내 마음은 새로운 비전을 추구한다. 나는 변화가 필요한 분야 10가지와 변화하고 싶은 분야 10가지를 생각해두었다. 그중 내게 가장 중요한 변화가 무엇인지 선택해야 한다.

10. 당신이 선택한 변화를 촉진시키는 것은 무엇인가?
    보람 있고 새롭고 단순하고 기쁨이 넘치는 삶. 보다 성실한 신앙생활. 내가 할 수 있는 게 아니라 하고 싶은 것에 초점을 맞추는 행위.

11. 당신이 변화하지 못하게 가로막는 것은 무엇인가?
    두려움. 내가 무엇을 원하는지 모른다는 사실.

나는 등을 기댔다. 한밤중이었다. 내가 쓴 답을 세 번이나 읽어보았지만, 아무런 느낌이 없었다. 네 번째로 읽었을 때 두려움이 엄습했다. 나는 혼자 있고 싶었다. 그래서 커다란 소나무가 있는 마당으로 나갔다. 멀리 보이는 언덕 위 바위가 천천히 이동하는 예루살렘의 잿빛 안개를 굽어보고 있었다. 교차로의 오렌지색 불빛이 어둠을 밝혀주었다. 내가 원하는 게 뭔지 모르다니, 어떻게 그럴 수가 있을까? 나는 지난 30년 동안 고객의 꿈을 실현시켜주었다. 하지만 내 꿈은? 내가 두려움과 공포를 구분한 것은 아마 이때가 처음이었을 것이다.

문득 50곳의 라디오 방송국에서 동시다발적으로 뉴스와 사회 비평, 다큐멘터리, 쇼 등을 내보내는 것처럼 느껴졌다. 무수히 많은 내면의 목소리가 목청을 높였다. 마치 수많은 조언자가 한꺼번에 말을 하는 것 같았다. 나를 바른 길로 인도하려고, 내가 무엇을 하고, 무엇을 바라고, 무엇을 선택하고, 어떤 결과를 얻어야 하는지 알려주려고 말이다. 그들은 내가 동시에 여러 명의 말을 듣지 못한다는 것을 알자, 누가 가장 효과적인 방법을 제시했는지에 대해 논쟁을 벌였다. 나는 그들이 하는 말이 무척 궁금했지만, 어쨌든 그들이 나에 대한 깊은 사랑과 관심으로 내게 조언을 하려 한다고 느꼈다. 그러나 내면의 목소리는 하나면 충분하다. 이제 어떻게 해야 할까?

'내 이야기를 하는 중이야?' 내면의 목소리가 물었다.

"그래, 내 모든 조언자들에 대해 이야기하는 중이야. 지금까지는 자연스럽게 그들의 존재를 받아들였지만, 과연 이게 잘하는 일인지 확신이 안 섰거든. 내 머릿속에서 이사회가 열리는 것에는 익숙해져 있지만, 지금처럼 소란스러웠던 적은 없었어. 츠비와 이야기해봐야겠어."

'이게 츠비와 무슨 상관이 있다고?' 내면의 목소리가 짜증을 냈다. '왜 집안일에 외부인을 끌어들이는 거야? 다른 사람 앞에서 지저분한 빨랫감을 내보이는 짓은 하지 말았으면 해. 충성심까지는 아니라도 최소한의 분별력은 있어야지.' 내면의 목소리가 열을 올리는 바람에 나는 죄인이 된 기분이었다. 하지만 이런 주제에 대해서라면 츠비와 이야기해봐도 괜찮을 것 같았다.

다음 날 나는 프레젠테이션을 보았다. 컴퓨터 파일을 불러오자 금세 커다란 애벌레가 화면을 가득 채웠다. 애벌레를 보니 동물학 수업에서 동물의 일생을 설명할 때 사용하던 카드가 생각났다. 프레젠테이션은 애벌레가 번데기가 되고 번데기가 놀라울 만큼 아름다운 나비로 변하는 과정을 보여주었다.

이런 강력한 변화는 '변태' 혹은 '탈바꿈'이라고 불린다. 모든 과정에 이렇게 강력한 변화가 요구되는 것은 아니지만, 다양한 층에서 변화가 이루어질 수 있음을 기억하는 것은 중요하다. 가볍고 피상적인 변화가 있는가 하면 그 반대편 극단에는 새로운 생명이 태어날 정도의 중대한 변화도 있다.

나는 고치에서 나온 나비를 보며 그토록 다양한 변화의 가능성이 내가 어떤 변화를 원하는지 알게 해줄 것이라고 생각했다. '지금 너는 어떤 상태지?' 내면의 목소리가 물었다. '내가 알기로 너는 애벌레에서 곧장 나비로 변했어. 번데기 단계는 건너뛰고 말이야.'

나는 관점에서부터 패러다임과 패턴이 형성되는 과정을 정리해보았다. 그러자 나의 관점이 내가 원치 않는 결과를 불러왔음을 알 것 같았다. 이 관점은 과거의 상처로 인해 상한 뿌리를 드러냈으며, 내게 그 상한 뿌리들은 코칭이 아니라 치유의 대상처럼 보였다. 관점에서 패러다임과 패턴이 형성되기까지의 과정에서 그 상한 뿌리들이 차지하는 위치는 무엇일까?

어쨌거나 이런 관점에는 변화가 필요하다. 근본적인 변화를 위해서는 내가 무엇을 원하고 무엇을 꿈꾸는지 알아야 한다. 내가 원하는 것들에 대한 생각에는 두려움이, 거의 공포에 가까운 두려움이 수반된다. 내가 이렇게나 변화를 두려워했던가? 머릿속 조언자들이 사방으로 나를 잡아 끄는 바람에 무척 혼란스러웠다. 그런 의미 있는 변화를 이끌어낼 힘을 어디서 얻을 수 있을까? 나는 츠비의 슬로건인 '단순성, 기쁨, 결과'가 내 안에서 어떻게 실현되었는지 알지 못했다. 모든 게 뒤죽박죽이었다.

나는 이런 내 생각을 요약해서 츠비에게 보내기로 했다. 그래서 그 요약한 글과 '관점으로 인한 손해와 이익'표, 변화를 주제로 한 워크시트를 이메일에 첨부한 뒤 '보내기' 버튼을 눌렀다. 파일은 벤슈먼 숲과 벤구리온 공항을 통과하여 해안도로를 따라 올라가 오르아키바 시와 마간마이클 키부츠, 애틀릿 역을 지나 츠비의 집에 도달했다. 나는 그때까지 컴퓨터 앞에 앉아 있다가 밤이 이슥해서야 잠자리에 들었다.

"훌륭해요, 훌륭해." 멀리서 나를 알아본 츠비가 소리쳤다. 오늘따라 유난히 행복해 보이는 그가 나를 따뜻하게 맞아주었다. "당신이 보낸 글은 아주 훌륭했어요. 그 글을 읽으면서 정말 행복했답니다. 우리를 둘러싼 신뢰의 원이 점점 커지고 있어요. 덕분에 효과적으로 작업할 수 있을 것 같군요. 진심으로 고맙습니다." 그가 말했다.

츠비는 나를 따뜻하게 안아주었고 우리는 함께 마당으로 들어갔다. "안으로 들어갈까요, 아니면 바깥이 더 좋으신가요?" 츠비가 물었다. 나는 안으로 들어가자고 했다. 내겐 파도처럼 밀려드는 감정과 생각들을 맞닥뜨리고 그것들을 놓아줄 공간이 필요했기 때문이다.

"자, 이제 시작할까요?" 츠비가 물었다. "농담으로 시작할까요? 아니면 차나 커피로……?"

나는 커피가 좋겠다고 말했다. 하지만 커피만 마시자니 좀 허전해서 카르다몸(중동 지역에서 음식이나 커피에 넣어 먹는 향신료의 일종)을 타서 마시기로 했다.

"그동안 어떻게 지내셨어요? 어떻게 시작하면 좋을까요? 당신에게 가장 필요한 게 뭘까요? 무엇이 당신을 가장 행복하게 해줄까요?"

나는 '가장 행복하게'라는 표현이 마음에 들었다. 나는 츠비를 바라보며 생각에 잠겼다. 츠비가 나를 행복하게 해줄 수 있을까? 그럴 수 있을 것이다. 하지만 어떻게? 내가 고른 음정을 낼 수 있게 도와줌으로써. 나는 정확한 음을 내고 싶고 진실한 멜로디를 연주하고 싶었다. 그리고 내가 정확한 음을 연주하는 것을 들으면 무척 행복할 것 같았다. 츠비의 푸른 눈이 나를 바라보고 있었다.

"내 인생의 멜로디를 작곡할 수 있도록 당신이 내게 영감을 불어넣어 준다면, 그리고 내게 그 곡을 연주할 악기가 있다면 정말 행복할 것 같군요." 내가 대답했다. "무슨 의미인지 아시겠지요?" 나는 재빨리 그의 동의를 구했다.

"네, 말씀하시는 뜻이 분명하네요. 이것을 요청하는 형식으로 다시 한 번 말씀해주시겠어요?"

"내 안에 숨어 있는 영감이 드러날 수 있게, 그래서 내가 내 인생의 멜로디를 작곡하고 이 곡을 연주할 악기를 디자인할 수 있도록 도와주실 것을 요청합니다."

우습게도 나는 영감과 악기를 요청하는 내 목소리에 살짝 당혹감을 느꼈다. 하지만 나는 영적인 표현들—영감, 악기, 멜로디, 내 인생의 멜로디—을 사용하는 데 개의치 않았다. 이것들이 매우 중요하고 특히 내게 꼭 필요한 것들이라고 느꼈기 때문이다.

"아주 좋습니다." 츠비가 행복한 표정으로 말했다. "이제 다음으로 넘어갈까요? 오늘은 무엇을 가지고 오셨나요?"

나는 워크시트를 꺼냈다. "나는 내 관점으로 인해 이익이 아니라 손해를 보았습니다. 나는 근본적으로 변화하고 싶어요. 하지만 그러자니 과거 속에 묻혀 있던 상한 뿌리가 드러나려 하는군요. 고통스럽고 두려운 그 상한 뿌리는 미래에 대한 전망을 위협합니다. 나는 이 두려움이 코칭의 영역이 아니라 치유의 영역에 속한다고 느끼는데, 이런 느낌이 나를 당혹스럽게 합니다. 변화하기 위해서는 앞으로 어떤 일이 일어나면 좋을지를 분명히 알아야 하는데, 나는 이것을 알지 못하기 때문에 두려움이 더 커집니다. 내 머릿속에 있는 수많은 목소리들이 나를 각기 다른 방향으로 잡아끕니다. 이메일로도 말씀드렸듯이 나는 단순성과 기쁨을 느끼지 못하고 그저 모든 게 뒤죽박죽이라고 생각할 뿐입니다. 변화할 수 있는 힘은 대체 어디서 얻을 수 있을까요?"

"당신은 혼란스러워하시는군요." 츠비가 말했다.

"아주 많이 혼란스럽습니다." 내가 동의했다.

"하지만 혼란이 절정에 이르면 새 생명이 탄생한답니다." 츠비는 이렇게 말한 뒤, 미소를 지으며 대화 주제를 선택하라고 했다.

놀랍게도 나는 가장 익숙하지 않은 주제인 '두려움'을 선택했다. 내가 무엇을 두려워하고 왜 두려움에 사로잡혔으며 어떻게 그 두려움을 극복할 수 있는지 알고 싶었다. 두려움은 과거의 상처와 관련이 있을까? 어쩌면 내겐 코칭이 아니라 치유가 필요한 것인지도 모르겠다.

내가 솔직하게 말하자 츠비는 미소를 지으며 말했다.

"그럴지도 모르겠군요. 치유는 그것을 필요로 하는 사람에게 매우 효과적입니다. 당신에게 치유가 필요한지 아닌지 그 여부를 결정해야겠군요. 나는 상처를 치유하는 사람이 아닙니다. 나는 내가 하는 코칭 과정에 사용되는 도구를 알려드릴 수 있고, 당신은 당신에게 가장 효과적인 방법을 고를 수 있습니다. 당신은 '변화의 교차로'라고 하는 중대한 갈림길에 이르렀습니다. 옛길과 새 길이 갈라지는 교차로에 이르렀지요. 조만간 당신은 어디로 가야 할지, 당신이 선택한 목표를 이루기 위해 어떤 길을 선택해야 할지 결정해야 합니다. 이것은 중대한 변화라 할 수 있지요. 맞습니까?"

"맞습니다." 나는 이렇게 말하고 츠비의 말에 계속 귀를 기울였다.

"무엇보다도 당신은 현재의 관점—'낡은 관점'이라고 해두죠—으로는 아무 데도 갈 수 없다고 느낍니다. 그래서 당신을 새로운 목표로 인도해줄 새로운 관점을 찾고 있지요. 맞습니까?"

"맞습니다."

"이런 중대한 목표를 정하려면 그런 일을 할 수 있는 권위가 있어야 합니다. 당신에겐 그런 권위가 있나요? 또한 당신이 원하고 결정하고 실행할 수 있는 내적인 자유도 있어야 하는데, 당신에겐 이 자유가 있습니까?"

'한 번만 더 이런 질문을 들으면 아마 기절할지도 몰라.' 나는 속으로 생각했다.

'오늘은 조금 힘들겠는걸.' 내면의 목소리가 속삭였다. '너의 충실한 조언자인 우리가 없다면 너는 아무 데도 갈 수 없다는 것을 꼭 기억해.' 나는 고개를 들어 화이트보드 옆에 서 있는 츠비를 보았다. 그는 나를 보며 미소를 지었다.

"이제까지의 이야기를 요약해놓은 부분을 소리 내어 읽어보세요."

"낡은 관점, 변화의 교차로, 권위, 자유, 선택, 미래의 전망, 카오스! 내 머릿속을 헤집고 다니는 20명은 족히 되는 조언자들!"

"당신이 계속해서 앞으로 나아가지 못하는 이유가 무엇입니까?" 츠비가 물었다.

"내가 무엇을 원하는지 명확하게 알지 못하기 때문입니다." 내가 대답했다.

"명확하게 알려면 무엇을 해야 할까요?"

"자기 자신에게 귀 기울일 수 있어야 합니다."

"자기 자신에게 귀 기울이려면 무엇이 필요하지요?"

"용기가 필요합니다."

"용기를 얻으려면 무엇이 필요합니까?"

"힘이 필요합니다."

"당신의 힘은 어디에 있습니까?"

"모르겠습니다."

"힘이 있기는 있습니까?"

나는 오랜 침묵 끝에 대답했다.

"네, 있습니다."

"힘을 사용하려면 어떻게 해야 합니까?

"힘을 놓아주어야 합니다."

"무엇에서부터 놓아주어야 하지요?"

"싸움에서부터 놓아주어야 합니다."

"당신은 무엇과 싸우고 있나요?"

"나의 연약함과 습관들과 싸우고 있습니다."

"힘을 싸움에서부터 놓아주려면 무엇이 필요합니까?"

"자유가 필요합니다."

"내적인 자유를 얻으려면 무엇이 필요합니까?"

"권위가 필요합니다."

"누구의 권위가 필요합니까?"

갑자기 머릿속에서 요란한 웃음소리가 들려왔다. 어찌나 요란한지 귀청이 터질 것 같았다. 와플은 짖어댔다. 그 짖는 소리는 곧 내 머릿속의 웃음소리와 뒤섞였다. 츠비는 보이지 않았다. 침묵이 얼마나 오래 계속되었는지는 모르겠다. 온 애틀릿이 벤에즈라 식당에서 파는 생선튀김처럼 조용했다. 기차가 칙칙폭폭 소리를 내면서 우중충한 애틀릿 역을 빠르게 지나갔다. 수박 향이 코를 자극했다. 츠비가 빨갛고 즙이 많은 신선한 수박과 아주 하얀 치즈가 놓인 커다란 구리 쟁반을 받쳐든 채 내 옆에 서 있었다.

"염소 젖으로 만든 치즈랍니다." 츠비가 말했다.

사실 나는 랍비 닛산 모르겐스턴에게서 사과를 제외한 다른 과일을 먹으면 안 된다는 말을 들은 터였다. 그때 나는 그에게 여름에 수박을 먹는 것은 어떠냐고 물어보았지만, 그는 수박에는 당분이 너무 많아 절대 안 된다고 말했다.

'랍비 닛산은 지금 없잖아.' 착한 내면의 목소리가 속삭였다. 나는 그 말에 동의하고 마치 내일이라는 게 존재하지 않는 것처럼, 그리고 수박에 당분이 없는 것처럼 수박과 치즈를 먹기 시작했다. 근심을 없애주고 행복감을 되찾게 해주는 데에는 시원한 수박만 한 것도 없었다. 마지막에는 늘 그렇듯 작은 수박 한 조각이 남아서 갈등을 일으켰다. 나는 예의를 차리기로 마음먹고는 검을 내려놓고 경기장 밖으로 나가는 검투사의 심정으로 포크를 내려놓았다. 츠비가 미소를 지었다. 그리고 수박은 그의 미소 뒤로 사라졌다.

"자, 이제 이야기를 하나 들려드리죠." 츠비가 여느 때와는 다른 특이한 목소리로 말했다.

그것은 전래 동화나 전설을 이야기하는 사람의 목소리이자 마치 듣는 이를 유쾌하고 안전한 곳으로 데려가 줄 것만 같은 목소리였다. 츠비는 선반에서 파일을 하나 꺼내서 천천히 겉표지를 넘겼다. 그러고는 내가 이야기에 몰입할 준비가 될 때까지 기다렸다가 이렇게 말했다.

"이 이야기의 주인공은 '거주자The Dweller'라고 불리는 아이입니다. 사실 그의 본명은 '요시'이지만 다른 아이들이 그를 '거주자'라고 부르는 바람에 모두 그 이름으로 부르게 되었지요. 이 이야기는 당신도 알 만한 노래로 시작합니다."

츠비는 〈내가 평생에 여호와의 집에 거주하며〉라는 노래를 흥얼거리기 시작했다.

"요시는 늘 이 노래를 불렀습니다. 그가 어디를 가든 '주님의 집에 거주하리, 거주하리, 거주하리'라는 노래가 들려왔지요."

나는 그 노래를 흥얼거리기 시작했다. 츠비도 미소를 지으며 따라 불렀다. 우리는 와플이 귀를 쫑긋 세우고 이상하다는 듯이 우리를 쳐다볼 때까지 노래를 불렀다.

"'거주자'에 대한 이야기는 여러 가지가 있지만, 지금 들려드리고자 하는 이야기는 거주자가 코치를 찾아가서 대화를 나누는 이야기입니다. '거주자와 그의 친구들과 조언자들'이라는 제목의 이 이야기는 12개의 짧막한 장으로 구성되어 있지요. 거주자는 다음과 같이 이야기를 시작합니다."

코치는 눈을 감고 내게 조용히 하라는 시늉을 했어요. 그러고는 잠시 후 다시 눈을 뜨고 나를 바라보며 미소 지었지요.

"뭘 하신 거예요?" 내가 물었어요.

"듣고 있었지." 코치가 대답했어요.

"누구의 말을요?"

코치는 웃으며 "조언자들의 말을" 하고 대답했어요. 나는 주위를 둘러보았지만, 그곳에는 우리 둘밖에 없었어요.

"조언자들이요? 그들이 어디에 있는데요?"

"이 안에." 코치는 자신의 가슴을 가리키며 말했어요.

"여기에 나의 첫 번째 조언자인 현재가 있지. 현재는 과거와 미래가 만나는 지점이란다. 나는 정말로 그들의 존재를 느껴. 내 맞은편에는 두 번째 조언자인 미래가 있고, 내 등 뒤에는 세 번째 조언자인 과거가 있어. 셋 다 내 것이지만 내겐 과거가 다른 두 가지보다 더 익숙하지.

좋아, 내 이야기를 들려주마. 내가 내 자리에 있을 때에는 모든 게 순조로워. 과거와도 평화롭게 지낼 수 있어서 절로 힘이 나지. 미래는 자기실현에의 초대로 보이고 말이야. 이때 나는 자유롭다고 느끼고 뭐든 자유롭게 결정하고 싶어진단다. 어떤 사람들은 이런 상태를 '자기 수용'이라는 말로 표현해.

하지만 내가 내 자리에 있지 않을 때에는 모든 게 엉망이 돼. 나는 진자의 추처럼 내 자리를 지나서 한쪽 끝으로 날아갔다가 다시 내 자리를 지나서 다른 쪽 끝으로 밀려나지. 내 과거와 미래는 나를 찾지 못해서 혼란스러워 하고. 한쪽 끝에서 다른 쪽 끝을 왔다 갔다 하는 움직임 때문에 나는 이곳에도 저곳에도 속하지 않은 느낌, 마치 내가 내가 아닌 듯한 느낌을 받아.

소박한 꿈을 이루는 것 같은 작은 일을 할 때에는 특별한 어려움에 부딪힐 일이 없단다. 주위 사람들도 '근사한데! 잘해내길 바랄게!' 하고 격려해주지. 하지만 작고 실현 가능한 목표에는 특별한 노력이 필요하지 않아. 그냥 하던 대로 하면 되는 거지. 필요한 경우 기존의 방식을 조금씩 개선하면서 말이야.

하지만 내가 누구인지를 나 자신과 세상에 선포하는 것 같은 큰 꿈을 이루려고 할 때에는 갑자기 내 안에서 익숙한 목소리들이 깨어나 노래를 해댄단다. 이렇게 말이야.

'뭐라고? 제정신이야? 너는 이 일을 어떻게 해야 하는지 알긴 하니? 그런 엉뚱한 생각은 도대체 어디서 나온 거야? 꿈이라고 해서 뭐든 다 이뤄야 하는 것은 아니야. 게다가 그 일은 네 분야도 아니잖아. 왜 부모님과 언쟁을 벌이는 거야? 네 뜻대로 해봐야 원치 않는 교훈만 얻게 될 텐데. 이런 일은 시간이 오래 걸리는데 네가 참을성이 많은 것도 아니잖아. 그리고 필요한 자금은 어떻게 충당할 건데? 무엇보다도 하고 싶다고 해서 갑자기 일을 벌이는 사람이 어디 있어? 그래, 사람은 누구나 특별히 하고 싶은 일이 있는 법이지. 하지만 그래서 뭐? 어느 날 갑자기 이런

일을 벌이겠다는 게 말이 돼?'

그때 다른 목소리가 들려오지. 아까와 같은 내 마음속에서 말이야. '하지만 그건 네게 영감을 주는 일이야. 네가 늘 하고 싶어 하던 일이지. 정말로 하고 싶은 일을 하기 위해 자신이 가진 모든 것을 포기하는 것은 가치 있는 일이 아닐까?'

그런데 그때 내 안의 보다 깊숙한 곳에서 마치 속삭임 같은 희미한 목소리가 들려오는 거야.

'하지만 너는 수학을 싫어하잖아. 너는 공부하는 것을 좋아하지 않아. 형제들은 다 공부를 잘했는데 너는 난독증 때문에 성적이 신통치 않았지. 영어를 몰라서 장교 훈련 과정에 들어가지도 못했고. 너는 뚱뚱하고 동작이 굼떠. 일을 시작해도 제대로 마무리를 짓지 못해. 네겐 특별한 데가 없어. 현실감각도 부족하고. 그래서 오늘날까지 실패의 고통을 못 잊고 있는 건지도 몰라.'

그리고 이걸로는 부족하다는 듯이 또 다른 요란한 목소리들이 들린단다. 그 목소리들 역시 내 안에서 들려오긴 하지만 내 목소리는 아니고 나와 가까운 다른 사람들의 목소리야.

'지금 상황이 뭐가 그렇게 불만이야? 지금이 어때서? 아버지가 살아 계셨다면 감히 그런 엄두를 낼 수 있었겠니? 대체 뭐가 불만이야? 언제부터 매사를 맘대로 하게 된 거지? 이번에 실패하면 돌아갈 곳도 없다고. 전에도 시도했다가 엄청난 실패만 맛봤잖아! 잊었어? 너는 이미 네 길을 찾았어. 인생에서 뭔가를 시작했다고. 하지만 네가 말하는 그 일을 하겠다고 나서면 실패할 게 뻔해! 다른 사람들도 해봤지만 모두 실패했어. 이건 다 너를 위해서 하는 소리야! 너 제정신이야? 네가 어떻게

우리한테 이럴 수가 있어?'

나는 문득 내게 말하고 있는 그 화난 목소리들이 낯설지 않다는 것을 깨달았단다. 그들은 가족이나 친구, 이웃 같은 아주 가까운 사람들이었어. 이미 고인이 된 분도 나를 훈계하고 판단하며 심지어 위협하는 일을 멈추지 않지. 사실, 그들은 내 곁에 없지만, 여전히 내 머릿속에 있단다.

큰 꿈을 이루고자 하는 내 야심찬 계획이 그들을 자극한 거야. 그래서 그들은 서로 힘을 합쳐 내 계획을 방해하려고 한 거지. 그건 나의 용감한 선택이 내 주변의 안정적인 세계를 뒤흔들어 놓았기 때문이야. 그들은 나한테 실망해서 나를 판단하고 비난하지. 또 나에게 화를 내고 쓴소리까지 쏟아내지. 내가 하고자 하는 일은 지극히 개인적인 것이지만, 그들은 마치 내가 그들의 뜻을 어기고 그들의 생활양식에 대해 부정적인 말을 하기라도 한 것처럼 분개한단다. 내가 내 길을 가면 나를 마음대로 휘두르지 못하는 데다 그들의 평온하고 안정적인 세상도 마음대로 휘두르지 못할까 봐 두려운 거야.

하루는 내가 큰 꿈을 이루겠다고 고집하는 것에 대해 화를 내는 목소리가 들려 주위를 둘러보았어. 그런데 놀랍게도 주변에는 아무도 없었단다. 모두 내 머릿속에 있었던 거야. 그것을 깨닫게 되자 더 이상 목소리들이 들리지 않았어."

"그들이 어떻게 그 안에 있게 된 거예요?" 내가 물었어요.

"나는 불현듯 그들을 불러들인 사람이 나이고, 그들을 내 조언자로 임명한 사람도 나라는 것을 깨달았단다. 그리고 그게 사실이라면 그들에게 조언자의 의무를 면제해줄 수도 있겠다 싶었지. 그런데 갑자기 또 다른 생각이 들었어. 내게 격려와 칭찬을 아끼지 않고 내가 잘해나가고 있으며, 재능이 있고 반드시 성공할 것이라고 말하는 새로운 조언자들을 임명할 수도 있겠다는 생각이 든 거야.

나는 인생의 또 다른 일들이 펼쳐지고 내 꿈이 실현될 미래에 대해 생각해보았어. 내적인 자유와 선택할 수 있는 자유, 내 마음이 바라는 것들 그리고 기쁨이야말로 나를 되찾게 해주지. 나에게 귀를 기울여야 해. 내 안에 모든 게 있어. 질문과 대답, 기쁨과 두려움, 과거와 미래를 포함한 모든 것이. 나는 이렇게 작은데 내 안에는 너무나 많은 것이 있어. 앞으로 어떻게 되려는 걸까?

'미래'에는 두려운 것들이 여기저기 마구 널려 있는 것처럼 느껴져. 미지의 것들과 불확실성, 불안, 실패의 위험과 실패에 수반되는 엄청난 고통이……. 그중에서도 가장 두려운 것은 헌신이야!

그러나 다른 한편으로 미래는 믿음과 깨달음, 사명, 비전, 기쁨, 흥미진진함, 권위, 자유, 욕구, 성장, 자기표현 같은 것들도 함께 품고 있어. 그리고 바로 이런 것들이 나를 진정으로 강하게 해주지.

잠깐만, 전화가 왔나 보네. 쉿! 누군가 나를 찾고 있어. 오, 내 마음이로군. 네, 말씀하세요……."

츠비는 마치 나를 꿈에서 깨어나게 하려는 것처럼 포크로 유리잔을 두드렸다. 나는 "내가 여호와께 바라는 한 가지 일 그것을 구하리니 곧 내가 내 평생에 여호와의 집에서 거주하며……" 하고 노래를 불렀다. 그러자 츠비도 열정적으로 따라 불렀다. 결국 우리는 자리에서 일어나 춤을 추기 시작했다.

"그래, 오늘은 무엇을 얻었습니까?" 츠비가 오늘의 만남을 마무리하려고 했다.

나는 잠시 편안한 마음으로 오늘 있었던 일을 떠올렸다. 그런 다음, 생각을 모으고 이렇게 말했다. "권위와 자유는 변화를 위한 필수조건인 것 같습니다. 그 변화하는 과정에서 나를 혼란스럽게 하는 모든 것은 내가 새롭게 태어나기 위한 진통이고요. 마음과의 대화나 마음이 바라는 것들에 대해 궁금한 점도 많이 생겼습니다. 그 밖에도 다리가 아픈 아이에 대해 달리 설명할 길이 없을 때 의사들이 부모에게 흔히 말하는 증상, 즉 성장통도 생긴 것 같습니다."

"우리가 잘해나가고 있는 것 같아 무척 기쁩니다. 감사합니다." 츠비가 환한 미소를 지으며 말했다. "다음 주에는 당신의 힘이 어디에 있는지 알아보고 그 힘을 찾죠. 그리고 이메일로 랍비 이츠하크 긴즈버그의 저서《영혼의 해부Anatomy of the Soul》에 나오는 에세이를 한 편 보내드릴 테니 읽어보세요. 읽다가 궁금한 점이 있으면 전화하시고요."

나는 기차 안에서 거주자와 그의 코치에 대해 생각해보았다. 거주자의 코치는 기존의 모든 조언자를 내보내고 새로운 조언자를 임명할 정도로 용감했다.

'그는 모두를 내보낸 게 아니야.' 내면의 목소리가 끼어들었다. '그는 조언자들이 그의 삶과 잘 어울리는지를 살펴보고 몇 명은 그대로 두었어. 그건 집단 해고가 아니었다고. 그에게는 배려심이라는 게 있었던 거지!'

"걱정하지 마. 어쨌든 너를 내보내지는 않을 테니." 나는 내면의 목소리를 달랬다.

그러고는 조언자들을 한 명씩 불러 면담했다. 개중에는 나이 지긋하고 존경받는 이들도 있었는데, 이런 조언자들은 상처를 주지 않고 내보내야 했다. 또 어떤 조언자들은 친구 행세를 했는데, 이런 조언자들은 바로 집으로 돌려보냈다. 나는 내 머릿속에서 말을 걸어오는 모든 목소리들과 면담을 하면서 씁쓸한 마음을 드러내지 않으려고, 상대방을 화나게 하거나 모욕하지 않으려고 애썼다. 짧고 솔직한 대화를 통해 그동안 그들이 공헌한 것들에 깊은 감사를 표하고 그들의 안녕을 빌어주었다.

나는 사무실 직원들을 해고할 때도 이런 식으로 작별을 고했는데, 오늘날까지도 많은 사람과 좋은 관계를 유지하고 있다. 아마 내 머릿속의 조언자들과도 좋은 관계를 유지할 수 있을 것이다. 나는 내 작은 머릿속에 그들의 사무실을 마련해주었으며, 그런 뒤에 거주자를 놓아주었다.

그날 밤, 예상했던 대로 랍비 긴즈버그의 에세이 〈영혼〉이 첨부된 이메일이 나를 기다리고 있었다.

근원과 본성

The Secret of
Jewish Coaching

9장 근원과 본성

●

아홉 번째 만남
공명의 법칙
영화에서처럼

●

"오늘은 배워야 할 게 많은데, 괜찮겠습니까?" 츠비의 말과 함께 아홉 번째 만남이 시작되었다. 나는 괜찮다고 대답했다.

"좋습니다. 오늘은 우리 안에 있는 두 가지의 생명력을 만나보도록 하지요. 이 두 가지 힘은 랍비 긴즈버그가 그의 에세이에서 논한 것들이지요. 그런 다음에는 세 번째 힘도 만나보게 될 겁니다. 우리는 변화의 층인 관점의 층에 도달했습니다. 변화하기란 결코 쉽지 않습니다. 변화에 따르는 정서적, 기능적 복잡성 때문이죠. 사소한 변화는 쉽지만 인생의 중대한 변화를 이루려면 우리 안에 있는 보다 심오한 영적 능력이 필요합니다. 큰 변화에는 큰 힘이 요구되지요. 내적인 자유라든가 권위, 행동할 용기, 인내력, 믿음, 자신감 같은 것들이죠. 유대식 코칭의 다섯 가지 원리 중 첫 번째 원리는 인간은 '작은 세상'이며, 그 안에는 삶을 기쁘게 살아가는 데 필요한 믿음과 힘, 온갖 풍요와 지식, 축복이 숨어 있다는 것입니다. 그렇다면 이런 힘은 우리 안 어디에 있을까요? 우리 안의 측량할 수 없는 힘이 필요할 때, 우리는 이것을 어디서 찾을 수 있을까요? 오늘은 이 힘의 문을 두드리고 만나달라고 청해봅시다.

첫 번째 힘은 '근원source'입니다. 나의 근원은 내 안에 있는 신성하고 본질적이며 고유한 영혼입니다. 근원은 각자의 내면에 존재하는 독특하고 개인적이며 신성한 빛을 퍼뜨립니다. 그리고 우리 안의 빛은 가치와 속성, 믿음, 개인적인 특성, 관점, 행동을 통해 드러납니다. 그것은 우리 고유의 독창적이고 영적이며 배타적인 뿌리에서 양분을 공급받습니다.

두 번째 힘은 '본성nature'입니다. 본성은 우주의 다른 모든 생명체와 마찬가지로 우리 안에 존재하는 필요와 습관, 취향을 포함한 육체적인 성향을 드러내는 동물적인 영혼입니다. 나의 본성은 나의 에고와, 나를 앞으로 나아가게 하거나 아무것도 하지 못하게 붙들고 있는 내 안의 물리적인 힘으로 나타납니다.

이 두 힘은 육체와 영혼, 물질과 정신, 물성과 영성 같은 이름으로 불리기도 하지요. 우리의 목표는 우리의 '근원'과 '본성'을 찾아서 이 두 힘 안에 있는 개인적인 특성들을 정의하는 것입니다. 당신은 자신의 개인적인 특성 중 어떤 것이 근원에 속하고 어떤 것이 본성에 속하는지 나눌 필요가 있습니다. 그러면 늘 당신을 따라다니며 도움을 줄 도구를 디자인할 수 있을 겁니다."

"잠시만요! 질문이 있습니다." 내가 츠비의 말을 가로막았다. "누구나 자기만의 고유한 특성이 있다는 뜻입니까?"

"물론입니다." 츠비가 대답했다.

《탈무드》는 사람마다 얼굴이 서로 다른 것처럼 마음도 서로 다르다고 가르칩니다. 그리고 랍비 슐로모 로링크츠는 그의 저서인 《그림자 안에서In Their Shadow》 서문에서 〈잠언〉에 대한 빌나 가온Vilna Gaon의 주석을 인용하고 있습니다. '모든 사람에게는 각자 가야 할 길이 있다. 내 마음은 다른 사람의 마음과 다르고 내 얼굴은 다른 사람의 얼굴과 다르기 때문이다. 예언자의 시대에는 사람들이 예언자들 사이에서 신을 추구했다. 그러면 예언자들이 자기가 받은 계시에 따라 예언을 하곤 했는데, 그 예언은 그의 영혼의 뿌리와 육체의 본성에 부합하는 것이었다.' 사람마다 손가락 지문이 다르듯 '영혼의 지문' 또한 다른 것입니다."

나는 근원과 본성이 마구 뒤섞여 있는데 무엇이 근원이고 무엇이 본성인지 어떻게 아느냐고, 무언가를 관리하려면 먼저 그것을 구별하고 정의할 수 있어야 하지 않겠느냐고 말했다.

"맞는 말씀입니다." 츠비가 동의했다. "그러니까 근원과 본성을 구분하는 법을 배워야 합니다."

'잠깐만!' 내면의 목소리가 나를 불렀다. '내가 얌전히 있는 것 알지?'

"그래." 내가 대답했다. "너를 내보내는 일은 없을 거라고 이미 약속했잖아."

'그게 중요한 게 아니야.' 내면의 목소리가 설명했다. '중요한 건 여기서 무슨 일이 일어나고 있는지를 내가 잘 모르겠다는 거지. 츠비는 대체 무슨 말을 하는 거야? 츠비가 무슨 말을 하는지 나에게 설명해줄 수 있어? 아니면 너도 잘 모르는 거야?'

그때 츠비가 어떤 차를 마시겠느냐고 물었다. "레몬 버베나로 할게요." 나는 츠비에게 대답한 뒤 내면의 목소리에게 설명하기 시작했다.

"처음부터 시작해보자. 인간은 흙에서 나왔어. 하나님이 흙으로 인간을 빚으셨지. 오케이?"

'오케이.'

"또, 하나님은 영혼들의 근원에서 한 영혼을 택하셔서 생기를 불어넣으셨어."

'오케이.' 내면의 목소리가 말했다.

"그리고 아담을 에덴동산에 보내시기 전에 하나님은 천지창조의 6일 동안 세상에 불어넣으신 모든 힘을 아담에게 불어넣으셨어. 그래서 세상과 인간에게 이 힘이 나타나게 된 거지."

'세상도 인간처럼 영혼을 가지고 있다고 말하려는 거야?'

"맞아. 세상의 영혼은 늘 세상을 떠받치는 거룩한 분, 곧 하나님이야. 인간을 떠받치는 것은 인간의 신적인 영혼이고."

'근사한데.' 내면의 목소리가 기뻐했다. '그래서 뭐가 문젠데?'

"문제는 누가 주도권을 쥐느냐는 거야. 영혼은 육체 안에 갇혀 있어. 하지만 신적인 근원으로 돌아갈 수 있게 육체에서 해방되길 원하지. 육체는 세상 즐거움을 누리며 하고 싶은 일들을 맘껏 해보고 싶어 하고."

'내 생각이 맞다면 영혼과 육체는 각자가 좋아하는 일을 하고 싶어 하고, 그러려면 상대방을 제거해야 해. 맞지?' 내면의 목소리가 물었다.

"잘 알고 있구나. 하지만 세상을 지으신 창조주는 영혼과 육체가 여기서 함께 일할 수 있도록 똑같은 수명을 주셨어."

'어떤 일?'

"창조주의 이름을 거룩히 하는 일."

'그 일을 함께 해야 한다고?'

"맞아."

'일이 다 끝나면?'

"일이 다 끝나면 각자의 자리로 돌아가는 거지. 영혼은 하늘의 드높은 근원으로 돌아가고 육체는 흙으로 돌아가고."

"여기 레몬 버베나를 가져왔습니다." 츠비가 두꺼운 유리에 조각이 새겨진 유리잔을 건넸다.

"딸이 디자인한 컵이지요." 츠비는 자랑스러운 마음을 감추지 못했다. "그 아이는 유리공예를 배우고 있답니다. 그건 그렇고, 기분이 어떻습니까? 조금 쉬었다 할까요, 아니면 근원과 본성을 찾는 연습을 할까요?"

나는 후자를 택했다.

츠비는 최근에 내가 주도한 일 중 특별히 즐거운 일이 있었느냐고 물었다. 나는 그가 무슨 생각으로 이런 질문을 하는지 짐작이 되지 않았다.

"당신이 계획한 아주 즐거운 행사에 참석한 적이 있느냐고요. 파티나 회의, 모임, 축하연 같은 거요."

"있습니다." 나는 기억을 되살렸다. "낙하산부대 전우들과 모임이 있었죠."

"어땠나요?"

"대단히 성공적이었습니다."

"그게 성공적이었다는 것을 어떻게 알죠?"

"친구들이 말해주었습니다."

"무슨 말을 해주었는데요?"

"잘했다느니 대단했다느니 이런 모임을 자주 가져야 한다느니 정말 감동적이었다느니 하는 말이었죠."

"훌륭해요!" 츠비가 매우 만족스러운 표정으로 말했다. "자, 이제 내가 물어보죠. 당신은 이 모임의 성공에 어떤 기여를 하셨죠? 당신 안에 있는 무엇이 이 모임을 성공적으로 이끌었나요? 다과나 음악 같은 것을 말하는 게 아니라는 건 아시죠? 나는 모임을 성공적으로 이끈, 당신 안에 있는 심오하고 특별한 무언가를 말하고 있는 겁니다. 모임에 참석하여 즐거운 시간을 보내고 당신에게 고마움을 표시한 사람들에게 당신이 실제로 무엇을 제공했느냐는 겁니다. 그들이 좋아하고 또 이런 모임에 더 자주 참석하고 싶게 만든 그 무엇이 당신 안에 있는 걸까요?"

나는 츠비가 원하는 게 뭔지 알 수가 없었다. 내겐 모든 게 아주 간단했다. 사람들은 모이기를 원했고, 같은 부대에서 싸우던 젊은 시절의 추억을 나누고 싶어 했다. 그들에게는 세월이 지나도 변치 않는 자기만의 이야기가 있었고, 이런 이야기들을 들어줄 동료가 있다는 게 즐거움과 소속감을 안겨주었다.

"나를 포함한 모든 사람이 각자 무언가를 지니고 있었고, 그래서 모임이 성공적이었지요." 내가 말했다. 그러나 츠비는 만족하지 않았다.

"세월이 지나도 사람들에게 변치 않는 자신만의 이야기가 있다고 하셨지요? 그렇다면 당신의 이야기는 무엇인가요? 당신의 내적 본질의 일부가 되어버린, 그래서 세월이 지나도 변치 않는 당신의 이야기요?"

침묵이 흘렀다.

'대체 뭐라는 거야?' 내면의 목소리가 말했다.

"그것은 내 뿌리에 대한 이야기입니다. 그곳에 가본 적은 없지만, 거기서 내 존재를 길어 올린 수원水源에 대한 이야기지요."

"당신이 건축 자재를 파는 가게에 가서 녹색 페인트를 주문했다고 합시다. 가게 주인이 녹색 페인트가 다 떨어졌다고 한다면 당신은 어떻게 하겠습니까?" 츠비의 뜬금없는 질문에 순간 깜짝 놀랐다.

"노란색 페인트와 파란색 페인트를 섞어 쓰겠습니다." 내가 대답했다. 츠비는 녹색은 혼합색이고 노란색과 파란색은 원색이라고 말하며 내 말에 동의했다.

"나는 당신의 어떤 원색이, 다시 말해 당신의 어떤 기본적인 특성이 모임을 성공적으로 이끌었는지 알고 싶은 겁니다." 츠비가 말을 계속했다.

서서히 츠비의 말이 이해되기 시작했다. 하지만 그의 생각이 더 잘 이해될수록 점점 더 당혹스러웠다. 츠비 앞에서 내 자랑을 늘어놓을 수는 없었기 때문이다. 어쨌든 모임을 성공적으로 이끈 것 이외에 내가 무슨 일을 했는가 말이다. 그리고 그게 뭐 그리 대단한 일이라고⋯⋯.

'꼭 대단한 일이어서가 아니야.' 내면의 목소리가 말했다. '츠비는 네가 하는 모든 일에 나타나는 너의 특별한 빛과 가치, 네가 가는 곳마다 따라다니는 너의 특별한 자질을 찾고 있는 거야. 그걸 말하면 돼. 일생에 단 한 번, 너의 장점을 진실하고 정확하게 말하는 게 그렇게 어려워?'

"무슨 말이 하고 싶으신 건지⋯⋯?" 내가 조심스럽게 물었다.

"제가 준비한 질문지를 보시지요. 당신은 자기 자신에 대해 뭔가 좋은 말을 해야 하는 어색한 상황에 대해 잘 알고 계실 겁니다. 평소에 자기의 좋은 점을 말하고 다니는 사람이 누가 있겠습니까? 다른 누군가가 자기를 칭찬하거나 자기에 대해 좋은 말을 해주는 것은 좋아하지만, 스스로 자기를 칭찬해야 할 때에는 부끄러워 쭈뼛거리게 되죠. 이것은 잘 알려진 현상이지요. 하지만 다음의 질문지가 도움이 될 겁니다."

근원과 본성 찾기

나의 근원을 찾기 위한 질문
• 당신이 어디를 가든 늘 따라다니는 당신의 특별한 자질은 무엇인가?
• 당신이 세상에 주는 선물 혹은 빛은 무엇인가?
• 당신의 친구들이 당신과 친구로 지내는 이유는 무엇인가? 당신은 그들 안에 있는 무엇을 보았는가?
• 당신에게 친구들을 선택하게 한 것은 무엇인가?
• 당신이 거둔 가장 큰 성공을 기술하라. 성공을 거둘 때, 당신이 한 역할은 무엇인가.
• 당신의 어떤 자질이 이 같은 성공을 불러왔는가?
• 현실적인 제약이 없다면 당신을 최대한 잘 표현해주는 것은 무엇인가?
• 당신의 아내에게(또는 남편에게) 당신의 장점이 무엇인지 물어보면 그녀(그)는 뭐라고 대답할까?
• 당신의 120번째 생일에 가족과 친지가 모여 당신을 위한 특별한 모임을 한다면, 그 모임에서 사람들은 당신에 대해 주로 어떤 이야기를 할까?
• 당신이 즐기면서 일했던 직장에 대해 말해보라. 그곳에서 당신의 어떤 강점을 발휘했는가? 상사는 당신에 대해 뭐라 말하고 동료들은 당신을 어떻게 생각했는가?
• 당신의 자녀들이 당신에게서 물려받은 개인적인 특성은 무엇인가?
• 당신의 특별한 영적 경험에 대해 기술하라. 당신의 어떤 내적인 힘이 그 경험과 연관되어 있는가?

나의 본성을 찾기 위한 질문
• 당신이 무언가를 이루고 싶지만 잘 되지 않을 때, 그 이유는 무엇인가?
• 당신이 크게 실패한 일 중 하나를 예로 들어보라. 당신 안의 무엇이 이 같은 실패를 불러왔는가?
• 당신의 약점은 무엇인가?
• 당신에게 매우 중요한 무언가를 제대로 해내지 못한 기억이 있는가?
• 당신이 거지에게 5세켈을 주었는데, 그가 30세켈을 달라고 한다면 당신은 어떻게 반응할 것인가?

- 당신은 지금까지 살면서 어떤 장벽이나 장애물을 만났는가?
- 당신은 다른 사람들에게 인정받기 위해 무엇을 하는가?
- 당신은 다른 사람들의 마음을 풀어주기 위해 무엇을 하는가?
- 당신은 갈등을 피하기 위해 다른 사람들에게 져주는가? 만약 그렇다면 어떤 문제가 있을 때 그렇게 하는가? (예: 돈, 경력, 인간관계, 소통, 여가와 오락, 건강 등.)
- 다른 사람들이 당신에 대해 하는 말이나 생각 때문에 마음이 괴로웠던 상황의 예를 들라.
- 당신이 가장 존경받기 원하는데 실제로는 그렇지 못한 분야는 무엇인가?
- 당신은 언제 화가 나고 왜 화가 나는가? 당신의 분노를 정당화시켜주는 것은 무엇인가?
- 당신은 무엇을 두려워하며, 그 이유는 무엇인가? 당신이 두려움을 극복하지 못하는 것은 무엇 때문인가?
- 당신이 무척 좋아하는 것이지만, 정작 당신 자신에게는 도움이 되지 않는 것은 무엇인가?

나는 이 질문들을 보면서 열이 뻗쳤다. 머릿속에 온갖 생각이 오갔다. 이런 질문들에 대답할 수 있는 사람이 과연 누가 있겠는가? 정보기관에 들어가기 위한 시험도 이것보다는 간단할 것이다. 이 질문에 모두 대답하려면 2주는 족히 걸릴 것이다. 이런 가학적인 질문을 만들어낸 사람은 대체 누구란 말인가? 츠비는 조용히 나를 바라보며 콧노래를 흥얼거렸다. 그는 내 표정을 알아차리고는 미소를 지었다.

"블루 앙상블이 연주하는 〈다윗의 시편〉이랍니다. 이 곡을 작곡한 이는 진정한 마법사였죠. 그의 이름은 이스라엘 에델슨이랍니다. 한번 들어보실래요?" 츠비가 물었다. 플루트와 현악기의 마법 같은 선율이 방안을 가득 채웠다.

문득, 도비의 집에서 들은 강연이 떠올랐다. 도비는 어떤 영적인 지점을 설명하고 싶어했는데, 마침 공명의 법칙에 대해 이야기하다가 무언가에 이끌렸는지 벌떡 일어나서 피아노 앞으로 다가갔다. 그러고는 피아노의 공명판에 대고 "도!!!!" 하고 외쳤다. 피아노의 '도' 현이 진동하면서 "도!!!!" 하는 반향이 울리자 도비는 이렇게 설명했다.

"높은 산에 올라가 소리를 지르면 어떤 소리가 돌아옵니까? 맞습니다. 내 목소리가 돌아옵니다. 하지만 내가 피아노에 대고 '도' 하고 외치면 어떤 소리가 돌아오지요? 도의 메아리가 돌아옵니다. 이렇게 하나의 에너지가 다른 에너지를 만나면 그 에너지를 활성화합니다. 그래서 우리는 목소리가 아닌 '도' 음을 듣게 되지요. 우리가 '모쉬!' 하고 아이의 이름을 부를 때, 우리는 그의 안에 있는 모쉬를 부르는 것이고 그 모쉬가 우리에게 대답하는 겁니다. 그는 우리 목소리의 메아리로 대답하지 않습니다. 이는 우리가 목소리에 실어 보내는 '모쉬'가 절벽이 아니라 모쉬를 만났기 때문입니다. 절벽을 만났더라면 우리 목소리가 돌아왔을 텐데 모쉬를 만났기 때문에 모쉬의 목소리가 돌아오는 것이죠. 아이의 이름을 짓는 게 중요한 이유가 바로 여기에 있습니다. 아이의 이름은 그의 내적 본질과 정체성을 드러내거든요."

'이봐!' 내면의 목소리가 외쳤다. '집에 돌아가야 할 시간이야! 오늘은 이만하면 됐어.'

"오늘은 무엇을 얻었습니까?" 츠비가 여느 때처럼 물었다. "기분은 어떤가요?"

"좋습니다. 마치 내 이름으로 불린 듯한 기분이 듭니다. 공허한 메아리 대신 내면의 강력한 감정이 반응하는 그런 기분이에요. 근원과 본성을 찾기 위한 이 질문들을 다시 만나게 될 것 같군요."

"그 말을 들으니 당신에게 내줄 재미있는 과제가 생각나는군요." 츠비가 말했다. "첫 번째 과제는 '가치와 필요' 표입니다. 내가 옆에 없어도 혼자 완성할 수 있겠지만, 질문이 생기거든 전화하세요. 두 번째 과제는 비디오 두 편 중 한 편을 시청하는 겁니다. 이스라엘 상벌위원회 위원장인 예후다 그로스먼 교수가 감정을 폭발시키는 데 초점을 맞춘 〈풋노트Footnote〉와 모쉬 발랑가라는 인물이, 샐러드에 넣은 레몬이 그가 종교의식에 사용하려고 사두었던 대단히 귀하고 값비싼 시트론citron임을 깨닫는 내용의 영화 〈우쉬피진Ushpizin〉 중 한 편을 골라 보세요.

비디오 속 주인공의 '근원'과 '본성'을 기록하게 되어 있는 표도 함께 보내드리겠습니다. 세 번째 과제는 조금 전에 드린 '근원과 본성' 질문지에 답을 써오는 겁니다. 그리고 《상자에서 나오기》 책도 다 읽으셨으면 좋겠군요. 앞으로 우리는 당신에게 익숙하지 않은 새로운 측면을 살펴보게 될 것입니다. 랍비 긴즈버그가 쓴 《어둠을 빛으로Transforming Darkness Into Light》는 이 새로운 측면에 대해 논하고 있지요."

우리는 작별 인사로 포옹을 했다.

"지금까지 잘 따라와 주셔서 정말 고맙습니다. 코칭 파일에 모아둔 당신의 글과 그동안 배운 것들을 훑어보세요. 그동안 우리가 해온 작업이 보다 잘 이해될 겁니다. 와주셔서 감사하고, 집까지 즐거운 여행이 되길 바랍니다." 츠비가 말했다.

기차에 올랐을 때 나는 휴식을 취하기로 했다. 나는 전혀 공간을 차지하지 않을 정도로 작아지고 싶었고 쉬고 싶었다. 그래서 눈을 감고 마음속으로 몸을 수축하기 시작했다. 내가 하나의 점이 될 때까지. 선도 아니고 면도 아니고 점이 될 때까지. 코티나의 눈 덮인 산봉우리를 향해 올라가던 케이블카가 생각났다. 케이블카는 점점 작아지다가 마침내 구름 속으로 사라지고 말았다. 기차역에서 집으로 돌아와 보니 집 앞 주차장에 트럭이 한 대 서 있었다. 그래서 나는 조금 떨어진 곳에 차를 주차하고 걸어서 집에 돌아왔다. 조금 걸으니 기분이 상쾌해졌다. 본능은 내게 이제까지의 페이스를 잃지 말고 어서 츠비가 내준 과제를 하라고 말했다. 그 과제는 숨이 막힐 정도로 어렵게 느껴졌다. 그러나 내가 근원과 본성에 대한 질문들을 두려워하면 단순성으로 돌아가기가 힘들어질 것 같았다.

첫 번째 질문, '당신이 어디를 가든 늘 따라다니는 당신의 특별한 자질은 무엇인가?'를 보면서, 나는 이 질문이 간단치 않다는 것을 알았다. 나는 코칭 파일을 꺼내 모든 기록과 자료들을 다시 읽어보았다. 《영혼의 해부》에 나오는 에세이는 참으로 흥미로웠다. 나는 추가 자료를 통해 영혼의 외피와 힘, 구조에 대해 더 잘 알게 되었다. 이제 내 안에 있는 실재를 찾는 일의 중요성을 알 것 같았다. 나는 부모님과 창조주에게 받은 내 안의 영적인 특성들을 찾고 있다. 이 특성들은 본질적이고 기본적인 것이어서 나조차도 훼손시킬 수가 없다. 다시 말해서, 그것들에게는 그 본연의 자리가 있고 나는 그것들에게 다가갈 수 없다.

'내가 접근할 수 없어서 다행이야!' 하고 나는 생각했다. '만약 이 예금 통장에 접근할 수 있다면 진작 통장을 헐어서 어리석은 일에 투자했을 텐데!'

하지만 내가 어디를 가든 항상 따라다니는 나의 특별한 자질은 무엇인가? 만약 나에게 나도 모르는 내적인 특성들이 있다면, 그것들은 내 행동이나 행동 방식을 통해 드러날 것이다. 아마 나와 가까운 사람들이라면 그것들을 알아볼 수 있을 것이다. 나의 내적인 삶을 비춰줄 스크린이 되어줄 사람이 누가 있을까? 그들의 도움을 받으면 내적인 특성들을 만날 수 있지 않을까?

이렇게 생각하자 내 마음은 기쁨으로 가득 찼다. 갑자기 행동으로 향하는 문이 열리는 것 같았고, '잘 모르겠다'는 당혹스러운 상태에서 적극적인 행동을 불러올 적극적인 사고의 단계로 옮겨가는 듯했다. 나는 서둘러 나를 무조건적으로 사랑해주는 가족과 친구들의 이름을 적어보았다. 그리고 잠시 후, 나를 너무도 사랑해서 나조차도 그 사랑을 끊을 수 없는 사람들의 이름도 적었다.

이번 주에는 할 일이 산더미여서 곧바로 계획을 세우고 시간표를 짜기 시작했다. 사람들을 만나고, 연구하고, 찾고, 정리하고, 잠시 혼자서 어려운 문제들과 씨름하는 시간을 갖고, 비디오를 시청하는 등의 여러 일을 다 하려니 마치 직업이 두 가지인 것처럼 느껴졌다.

'슬슬 시동이 걸리네.' 내면의 목소리가 기뻐했다.

"다가가기 힘든 어떤 곳에 다가가기 시작했지." 내가 대답했다.

'다가가기 힘든 곳? 거기가 어딘데?' 내면의 목소리가 알 수 없다는 듯 미간을 모으며 말했다. "마음." 내가 대답했다. '너에게 마음이라는 게 있었어?' 무례한 질문일 수 있겠지만 그래도 직선적이고 좋은 질문이었다.

이번 주는 몹시 바쁘고 피곤했지만, 나는 츠비와의 만남을 준비하며 과제를 완수하기로 마음먹었다. 비디오는 두 편 다 보았다. 나는 모쉬

가치-필요

인간관계는 가치와 필요에 기초한다.

아래 표에 당신의 인간관계의 특성을 써넣으라.

가 치	필 요

비디오 속 주인공의 근원과 본성 찾기

주인공의 '근원'과 '본성'을 찾아보고, 그 내용을 아래 표에 기록하라.

근 원	본 성

발랑가와 그로스먼 교수의 내면에 존재하는, 고상하면서도 정서적인 힘을 발견하게 되었다. 그리고 이 힘과 감정을 폭발시키고 강한 인상을 남기려 하고 또한 필요를 충족시키려 하는 본성의 힘도 발견했다. 이제는 명단에 있는 사람들과 만날 때 내 안의 근원과 본성을 만날 마음의 준비를 해야 하며, 이 일이 그리 유쾌하지만은 않으리라는 것을 알 수 있었다. 명단에는 가족과 친구들 그리고 여러 해 동안 알고 지내온 고객들과 협력업체 사람들이 포함되어 있었는데, 그들은 기꺼이 내 인터뷰 요청에 응해주었다. 나는 그들에게 나에 대한 민감하고 개인적인 질문들을 던졌다. 그들은 솔직하게 대답해 나를 당황스럽고 혼란스럽게 만들었다. 그러나 사람들과의 만남이 계속되면서 내 인생을 뒤덮고 있던 모래더미가 점차 흩어져갔다. 그와 동시에 내 성격의 크고 두드러진 부분과 고통스럽고 특이하고 겉도는 부분이 드러났다. 나는 '나'라고 하는 혼란스러운 땅을 여행하는 중이었다. 부인하거나 가식을 떨거나 적당히 얼버무리는 일 없이 내 안에 있는 실재를 드러내고자 내 장점들을 꼽아보았다. 그리고 내 인생의 가치와 필요는 무엇인지에 대한 질문에 초점을 맞췄다. 나는 그 가치와 필요에 이름을 붙인 후 하나씩 표에 적어 넣었다. 츠비를 만나기 전날 밤, 나는 혼자 앉아서 그 표를 다시 들여다보았다. 그러자 두 가지 사실이 분명해졌는데, 그것은 다음과 같다.

---

1. 내 안에는 서로 반대되는 강력한 힘이 작용한다.
2. 이 힘들을 구분하고, 이것들을 '가치'와 '필요'로 정의할 수 있다.

나는 내가 이삿짐을 운반하는 트럭 같다는 생각을 하며 잠자리에 들

었다. 트럭 안에는 모든 세간이 들어 있지만, 거기에서 사는 게 불가능하다. 그 안에서 살려면 공간과 질서가 필요하다. "내일은 청소를 해야지." 나는 이렇게 다짐하며 깊은 잠에 빠졌다.

정체성 카드

The Secret of
Jewish Coaching

10장 정체성 카드

●

동전에는 몇 개의 면이 있는가?
혼합 연습
새로운 관점의 선택

●

"어서 오세요!" 츠비의 얼굴이 환했다. 그는 내게 마당에 있는 무화과 나무 그늘에 앉으라고 권했다.

"우리는 아주 잘하고 있습니다." 그가 말했다. "그동안 해온 일들에 대해 나누고 싶은 게 있으면 말씀하시겠습니까? 이 과정을 통해 새롭게 발견한 게 있습니까? 당신이 느끼고 경험한 것들에 대해 말씀해주시면 거기서부터 다시 나아갈 수 있을 겁니다."

나는 지난 주에 비디오 속 주인공들의 근원과 본성을 찾느라 몰두했던 일에 대해 자세히 이야기했다. 그래서 근원과 본성에 관한 질문에 어떻게 답했으며, 친척들과 친구들이 나를 대신해 어떻게 나를 관찰했는지에 대해서도 이야기했다. 그리고 빈칸을 채운 '가치와 필요' 표를 보여주고, 내 안에서 나란히 작용하고 있는 힘에 대해 느낀 점들을 나눴다. 츠비는 깊은 인상을 받은 듯 줄곧 나를 바라보며 조용히 앉아 있었다.

"훌륭해요." 츠비가 기뻐하며 말했다. "우리 대화가 점점 더 깊고 풍부해지는 것 같군요. 우리는 이미 폭넓고 심오한, 보다 고차원적인 대화를 나눌 수 있게 되었어요. 아주 좋습니다."

츠비는 내 앞에 새로운 표를 한 장 꺼내놓았다.

"다음 단계로 넘어가기 전에 몇 가지 할 일이 있습니다." 그가 말했다. "먼저, 근원과 본성에 대해 쓴 답변에 나타난 성격 특성과 장점들을 정리해보기로 하지요. 겹치는 부분이 있으면 가장 정확한 표현을 사용해서 하나로 만드세요. 이 일은 과학적인 정확성이 요구되는 게 아니라는 점을 기억하시고요. 당신이 쓴 답에 당신의 장점과 성격 특성이 들어 있습니다. 그것들을 찾아서 명료한 표현으로 표에 적어 넣으세요.

근원과 본성에 관한 질문지에 적은 답의 요약	
근 원	본 성

내가 표를 완성하자 츠비는 기쁜 얼굴로 "훌륭해요"라고 말한 뒤, 다른 표를 꺼냈다.

"이제 당신의 장점과 성격 특성을 6개로 줄여볼까요? 겹치는 부분은 합치고, '근원'과 '본성' 밑에 6개의 성격 특성만 남겨두세요. 주된 특성이 있으면 그것을 리스트 제일 위에 써주시고요.

'성격 특성' 표의 요약

근 원	본 성
일차적인 특성: 친절	일차적인 특성: 나의 영예 = 나
순수	매사에 일인자가 되고자 함
신뢰	어디에도 속해 있지 않음
사랑	'괜찮은'사람들을 두려워함
정직	힘으로 취함!
용기	칭찬을 구함

츠비는 일어나서 집을 향해 걸었다.

"천천히 생각해서 작성하시고 끝나면 나를 부르세요. 그동안 나는 차를 끓이고 있을 테니."

잠시 후, 나는 츠비를 불렀다. 츠비는 쟁반에 향기로운 차와 아무런 그림이나 글자도 없이 색칠만 한 카드를 받쳐 들고 나타났다.

그는 내게 카드를 건네며 말했다. "이건 우리의 정체성을 나타내주는 카드로, 우리 안에서 작용하는 힘들의 본질을 요약해서 적어 넣게 되어 있지요. 우리는 어딜 가든 이 카드를 지갑에 넣고 다닐 겁니다. 이 아이디어에 대해서는 나중에 말씀드리기로 하고, 우선은 이 카드의 의의에 대해 설명해드리겠습니다."

'나 자리 가도 돼? 혹시 내가 필요하진 않겠어?' 내면의 목소리가 하품을 하며 말했다.

"잘 자." 내가 말했다. "이건 어린애들과 나눌 이야기가 아니야."

"동전에는 몇 개의 면이 있지요?" 츠비의 질문이 나를 놀라게 했다.

"두 개요." 나는 재빨리 대답했다.

츠비는 호주머니에서 10셰켈짜리 동전을 꺼내 만지작거리다 갑자기 그 동전을 내게 던졌다.

"몇 개의 면이 있습니까?"

"두 개의 면이 있습니다." 나는 확신을 가지고 대답했다.

"틀렸습니다." 츠비가 미소를 지었다. "당신이 손에 들고 있는 동전에는 세 개의 면이 있습니다. 당신은 동전의 테두리를 생각하지 않았어요. 하지만 그것도 면이 아닌가요? 동전의 면이 두 개뿐이라고 생각하는 사람은 '이것이냐 저것이냐'의 사고방식을 지닌 사람입니다. 반면 동전에 세 개의 면이 있다는 것을 아는 사람은 '양쪽 다'의 사고방식을 지닌 사람이죠."

츠비는 동전을 달라고 하더니 눈높이까지 들어 올려 세 번째 면을 바라보았다. "세 번째 면에서 봐야 다른 두 면이 동시에 보인답니다. 이쪽도 조금 보이고 저쪽도 조금 보이지요. 한번 해보세요."

그는 다시 내게 동전을 건네주었다. 나는 그것을 눈높이로 들어 올려 뚫어지게 응시했다. 그의 말이 옳았다. 나는 동전의 양면을 동시에 볼 수 있었다.

"그래서 요점이 뭔가요?" 내가 물었다.

"이게 바로 요점이고, 이것이 오늘의 대화 주제입니다." 츠비는 우리가 처음 만났을 때 내게 보여주었던 프레젠테이션의 슬라이드 몇 장을 보여주겠다며 안으로 들어가자고 말했다.

"오늘은 이야기를 좀 해야 할 것 같습니다. 다음 단계로 넘어가기 전에 배워야 할 게 있으니 인내심을 가지고 들어주셨으면 합니다. 시작해도 될까요?" 츠비가 물었다. 나는 기대하는 마음으로 어서 이야기해보라고 말했다.

"아리잘의 가르침에 의하면 영혼은 신적인 영혼과 동물적인 영혼 그리고 지적인 영혼 이렇게 세 부분으로 구성되어 있습니다. 우리는 영혼의 구조를 코칭에 필요한 만큼만 연구하려고 합니다. 코칭의 틀 안에서 우리에게 요구되는 것 이상을 알거나 연구하는 체하지는 않을 것입니다. 그럼, 이제부터 우리가 수집한 분석 자료들을 요약해서 읽어드리도록 하지요. 하지만 우리의 연구는 아리잘에서부터 시작해 바알 셈 토브와 바알 하타냐를 거쳐 랍비 쿡과 랍비 긴즈버그로 이어지는 영혼에 대한 철학을 토대로 하고 있다는 사실은 꼭 강조해두고 싶네요. 우리가 영혼에 대한 철학을 공부하면서 발전시킨 사고의 틀은 코칭의 세계와 조화를 이루는 것들로 토라나 연구, 치유와는 다릅니다. 이제 프레젠테이션에 파랗게 칠한 부분을 소리 내어 읽겠습니다. 이 부분은 신적인 영혼에 대한 본질적인 분석이라고 할 만합니다."

"그건 정체성 카드의 푸른 면에 해당하나요?" 나는 카드를 들어 보이며 물었다.

"그렇습니다." 츠비가 대답했다. "푸른색은 천국과 하나님의 보좌의 푸른색을 나타내지요." 그는 프레젠테이션을 보며 파랗게 칠한 부분을 읽기 시작했다.

"신적인 영혼: '위에 계신 하나님의 일부.' 신적인 영혼의 의식은 하나님과 연결되어 있으며, 본질적으로 창조주에게 돌아가 그분 안에서 기뻐하기를 열망한다. 인간이 창조된 목적은 인간으로서의 그의 의식을 무효화하는 데 있지 않으며, 그보다는 신적인 의식이 인간의 자연적인 영혼을 비춤으로써, 인간의 의식이라는 그릇 안에 신적인 의식이 자연적으로 구현되도록 하는 데 있다."

나는 전에 《영혼의 해부》에 나오는 에세이에서 비슷한 구절을 본 적이 있는데, 방금 전에 츠비가 읽어준 부분과 함께 생각해보니 더 잘 이해가 되었다.

츠비는 계속 읽었다. "자연적인 영혼, 즉 동물적인 영혼은 인간의 타고난 본성을 반영하는 것으로, 그 사람의 육체적인 필요와 생존 욕구에 영향을 받는다. 자연적인 영혼은 모든 것의 목적을 물리적인 세상으로 보고, 에고의 존재를 일차적인 목표로 여긴다."

츠비는 나를 바라보며 신적인 영혼과 동물적인 영혼 중 어느 쪽이 더 강한지 물었다.

"당연히 신적인 영혼이지요." 나는 그런 질문을 받았다는 사실에 살짝 모욕감을 느끼며 대답했다.

"아닙니다." 츠비의 말은 나를 맥빠지게 했다. "받아들이기에 그리 유쾌한 사실은 아니지만, 동물적인 영혼이 더 강합니다. 동물적인 영혼은 이 세상의 것들로 만들어졌어요. 그것은 신적인 영혼보다 더 먼저 창조되었고, 그 자연적인 성향 때문에 온갖 자연적인 힘을 갖게 되었습니다. 〈창세기〉에도 하나님이 '사람을 지으시고' 다음에 '생기를 그 코에 불어 넣으셨다'고 되어 있지 않습니까? 랍비 메나헴 멘델은 '하나님은 어디에 사시는가?'라고 물은 뒤, '그분이 들어가실 수 있는 곳 어디에나 사신다'고 대답했습니다. 하나님은 강제로 들어가시지 않으며, 하나님의 힘은 동물적인 영혼의 힘과는 다릅니다. 하나님에 대한 두려움과는 별개로 모든 것은 하나님의 손안에 있습니다. 하지만 하나님이 우리 안에 들어오시느냐 들어오시지 않느냐는 우리의 개인적인 선택에 달렸지요."

'이건 정체성 카드의 붉은 면과 연결되는 것 같은데.' 내면의 목소리가 말했다.

츠비가 계속 말했다. "이제 우리 안에서 작용하는 강력한 힘들의 지도가 눈앞에 그려지고 있습니다. 이 힘들은 우리 안에서 끊임없이 움직이는 두 개의 엔진—동물적인 영혼의 엔진과 신적인 영혼의 엔진—을 가리킵니다."

문득 하데라에 있는 전력회사의 통제실이 떠올라 "엔진을 작동하는 사람이 누군데요?" 하는 질문이 튀어나왔다.

잠시 침묵이 흘렀다.

이윽고 츠비가 대답했다. "좋은 질문입니다."

'누구긴, 바로 너지!' 내면의 목소리가 말했다.

"그건 상황에 따라 다릅니다." 츠비가 미소를 지었다. "지금은 완성한 표에 나오는 근원과 본성의 힘들을 정체성 카드로 옮겨 적는 게 좋겠군요. 여기 연필이 있습니다."

"왜 연필로 적지요?"

"시간이 지나면 내용이 달라질 수 있기 때문입니다."

'이해하려고 듣지 말라잖아.' 내면의 목소리가 말했다. '이해하려고 하지 말고 그냥 옮겨 적어. 똑똑한 체하지 말고.'

나는 츠비가 시키는 대로 했다.

츠비는 지갑에서 색칠한 카드를 꺼내더니 미소를 지으며 이렇게 말했다. "내 정체성 카드입니다. 나는 이것을 늘 몸에 지니고 다니지요."

'츠비의 정체성 카드를 들여다봐.' 내면의 목소리가 속삭였다.

"호기심은 좋지 않은 성격 중 하나야. 사람은 다른 사람의 영혼을 들여다봐선 안 되거든. 그러니까 내 영혼을 들여다볼 생각 따위는 꿈에서도 하지 마!"

'그럴 필요 없어. 이미 봤으니까!' 내면의 목소리가 도발적으로 말했다.

나는 내 손에 들린 정체성 카드를 조용히 들여다보았다.

"나를 믿으세요." 츠비가 중얼거렸다. "그리고 당신 안에 어떤 힘이 있는지를 말해준 사람들을 믿으세요. 그들은 당신을 사랑하는 사람들이고, 거짓말을 하지 않습니다. 당신의 본능과 마음이 말하는 것들을 믿으세요. 당신의 마음은 당신을 사랑하며 거짓말을 하지 않습니다. 당신에게 모든 게 괜찮다고 말하는 내적인 자유를 받아들이세요. 정체성 카드의 파란색 면을 보세요. 거기에 적힌 것들은 당신이 부모님과 창조주에게 거저 받은 근원의 놀라운 힘입니다. 그리고 반대쪽의 붉은색 면을 보세요. 이것은 당신이 모태에서 거저 받은 자연의 굉장한 힘입니다. 그런데 당신은 태어나는 순간부터 이 힘을 혼란스럽게 하고 뒤틀고 파괴하고 왜곡했지요."

나는 또 리치먼이 생각났다. 그래서 반대되는 이 두 힘의 엔진을 관리하는 사람이 누구냐고 물었다. 근원은 높이 날아올라 선을 행하려 하고, 본성은 잘 먹고 잘 자고 잘 차려입으려 한다. 그러니 두 힘이 상충하는 것이다.

"관리자가 누구냐고요?" 츠비가 말했다. "내가 준 동전을 다시 보세요. 눈높이까지 들어 올려 동전의 양면을 보세요. 무엇이 보이나요? 왼쪽과 오른쪽이 모두 보이나요? 가운데에는 뭐가 보이지요?"

"동전의 세 번째 면이 보입니다." 내가 대답했다.

"그게 바로 관리자입니다." 츠비가 조용히 말했다. "관리자가 되려면 양쪽을 다 볼 수 있어야 합니다. 우리는 양쪽을 다 볼 수 있을 때에야 비로소 관리자의 자리에 오를 수 있습니다. 양쪽을 다 볼 수 있어야 누구를 제지하고 누구를 격려할지, 누구에게 발언권을 주고 누구를 조용히 시킬지 결정할 수 있습니다. 이 사람과 저 사람에게 무슨 일을 나누어 줄지, 어떤 일을 하게 할지 결정할 수 있습니다. 관리자는 정체성 카드 양면의 한쪽 구석에 자주색으로 칠해진 부분으로 나타납니다. 이 부분은 영혼의 일부인 '지적인 영혼'을 상징합니다.

맬빔은 인간을 도시에 비유했습니다. 도시의 지도자들이 영혼의 힘들을 구성하는 그런 도시에 비유했지요. 관리자는 신적인 영혼과 동물적인 영혼의 한가운데에 있는 지적인 영혼입니다. 지적인 영혼은 육체와 육체 욕구의 노예가 되지 않으며, 그것들을 어떻게 이해하느냐에 따라 스스로의 성향을 바꿀 수 있다는 점에서 신적인 영혼에 가깝습니다. 그러나 지적인 영혼이 지닌 개념들은 신적인 이해에 기초하지 않은 이 세상의 개념들이고, 바로 이 점 때문에 지적인 영혼은 동물적인 영혼에 가깝기도 합니다. 지적인 영혼의 의식은 그 사람이 육체적이고 감정적인 충동이 아니라 지성의 인도를 받아 객관적으로 행동할 때 활성화합니다. 두 개의 일차적인 영혼, 즉 신적인 영혼과 자연적인 영혼은 반대되는 방향으로 가려 하지만, 그 두 영혼 사이에는 동전의 세 번째 면에 해당하는 개인적 선택의 자유가 있습니다."

이 모든 것의 전체 구조가 명확하게 이해할 수 있는 방식으로 컴퓨터 화면에 나타났다.

"우리의 삶을 관리하는 데 정체성 카드가 필요한 도구라면 그것을 어떻게 사용해야 할까요?" 내가 물었다.

"정체성 카드는 근원으로의 회귀를 가능하게 하는 혁신적인 도구입니다. 그것은 사건-패턴-패러다임-관점으로 이어지는 각 층에서 작용하며, 그 각각의 층에 변화를 줄 수 있습니다.

정체성 카드는 내게 삶에 대한 책임감과 의무감을 불어넣어줍니다. 그리고 내가 어떤 행동을 할 때마다 스스로를 돌아볼 수 있게 하고 그 행동에 나의 어떤 힘이나 특성이 어느 정도로 나타났는지 알 수 있게 해줍니다. 정체성 카드를 참고하면 '근원'에서는 나의 어떤 힘과 특성이 나왔고, '본성'에서는 또 어떤 게 나왔는지 알 수 있지요. 그래서 정체성 카드를 잘 활용하면 욕구와 선택에 대한 질문들을 우리의 삶을 인도하는 질문들로 삼을 수 있습니다. 우리는 언제든 '내가 원하는 게 뭐지? 내가 진정으로 원하는 게 뭘까? 어떻게 해야 이런 결정을 내릴 수 있을까? 힘이나 특성이 어떤 비율로 합쳐져야 이 일을 해낼 수 있을까? 내가 어떻게 행동해야 목표를 이룰 수 있을까? 지금은 어떤 힘을 활성화하고 어떤 힘을 진정시켜야 할까?' 같은 질문을 할 수 있기 때문입니다.

정체성 카드는 매우 유용한 도구입니다. 우리는 정체성 카드를 지갑에 넣어 다니며 언제든 꺼내볼 수 있지요. 정체성 카드는 나의 빛과 그림자와도 같습니다. 그것은 내가 내 본연의 자리에 있게 하고 또한 나 자신을 존경할 수 있게 해줍니다. 언행일치의 삶을 살게 해주는 가장 간단하면서도 분명한 방법은 정체성 카드를 많이 활용하는 것입니다. 정체성 카드가 일상생활에서 얼마나 큰 효과를 발휘하는지를 생각하면 할수록 당신은 정체성 카드를 더 많이 활용하게 될 것입니다."

나는 정체성 카드를 활용하는 방법을 예를 들어 설명해주면 이해가 잘 될 것 같다고 말했다.

츠비는 잠시 생각한 뒤, 간단하면서도 분명한 예를 들어주었다.

"런던에 사는 내 제자의 이야기를 들려드리죠." 츠비가 말했다. "그는 유명한 기업전문 변호사인데, 함께 코칭을 공부하면서 국내외에서 개최하는 비즈니스 세미나에 몇 번 참석했었죠.

어느 날 그가 내게 전화를 걸어 흥분한 목소리로 말했어요. '방금 법정에서 나오는 길입니다. 2년이 넘게 끈 어떤 사건에 대해 꼭 말씀드리고 싶은 게 있어서 전화 드렸어요. 나는 명석하고 창의적인 판사와 이 사건을 놓고 오랫동안 논쟁을 벌였습니다. 판사가 어떤 답변이나 질문을 제시하면 내가 받아치는 식이었죠. 우리는 그런 식으로 설전을 벌이며 토론을 즐겼어요. 이 사건이 이토록 오랜 시간이 지나도록 종결되지 않은 이유를 아세요? 아주 간단합니다. 우리가 고객—런던 금융가의 거대 보험회사—의 돈으로 논쟁을 벌이는 것을 즐겼기 때문이지요. 그런데 오늘 그 사건에 대한 공판이 있었습니다. 나를 본 판사는 늘 그랬듯 도발적인 질문을 던졌고, 나는 나도 모르는 사이에 예리하고 영리한 답변을 하고 있었습니다. 그러자 판사가 또다시 화를 돋우는 발언을 했고, 어느

새 우리는 논쟁을 즐기고 있었어요. 그런데 무슨 이유에서인지는 모르겠지만, 이번에는 빨간불이 들어오더군요. 그것을 보고 나는 스스로에게 말했습니다. '멘디, 그만해!' 나는 임시 휴정을 신청했지요. 판사는 조금 놀라면서 5분간의 휴정을 선언했습니다.

나는 재판정에서 나와 조용한 곳으로 가서 지갑 속의 정체성 카드를 꺼내 보았습니다. 그것은 이렇게 말하는 것 같았어요. '멘디, 잠시 앉아서 생각해봐. 다른 말을 할 수는 없었어? 꼭 토론이 개인적인 말싸움으로 변질될 게 뻔한 방식으로 판사에게 대답해야 했니? 이런 식이면 이 사건은 끝나지 않아. 네가 지위를 남용하고 있다는 생각은 안 들어? 좀 솔직해져 봐. 네가 코칭을 공부한 것도 이런 일을 예방하기 위해서인 걸 모르겠니?'

이것이 내가 정체성 카드를 들여다보며 했던 생각입니다. 나는 정체성 카드에 쓰인 근원의 힘을 하나씩 살펴보며 내가 아무 말이나 생각나는 대로 마구 내뱉는 대신, 적절한 말을 할 수 있도록 나를 인도해주는 힘을 하나님께 부여받았다고 느꼈습니다. 그것은 갑작스러운 깨달음이었어요. 순간, 나는 이 사건에 임하는 새로운 방식을 발견했습니다. 그리고 재판정으로 돌아와 논쟁을 재개했습니다. 판사는 또 나를 도발했지만, 나는 전혀 다른 방식으로 응대했어요. 그는 매우 놀랐지요. 판사는 내 말을 주의해서 듣더니 망치를 두드리며 내 고객에게 무죄를 선언함으로써 사건을 종결지었어요. 그는 법정에서 '멘디에게 사건을 다루는 법을 배워야 할 것'이라는 말로 나를 칭찬했습니다. 방금 재판을 끝내고 나오는 길인데, 당신에게 전화를 해야겠다는 생각이 들더군요.'

나는 그를 축하해주었습니다. 그는 축하받을 일이지만, 한편으로는 안타깝다고 말했습니다. 사건이 종결된 것은 기쁘지만, 이런 결과를 이끌어낼 수 있는 말이 그동안 자기 안에 있었다고 생각하면 안타깝기 그지없다고요.

그는 이렇게 설명했어요. '그 말은 늘 내 안에 있었습니다. 하지만 나는 그것을 말로 표현하지 못했어요. 내가 판사와 논쟁을 벌이는 동안에도 내 안에 있었는데 말이죠. 완전히 다른 상황을 이끌어낼 수도 있었는데 그렇게 하지 않았다는 것이 분명해질 때마다 얼마나 속상한지 모르실 겁니다. 어쨌든 정체성 카드를 떠올릴 수 있어 다행이었어요. 정체성 카드 덕분에 내 안에 선하고 정직한 멘디도 있으며 언제든 그를 선택할 수 있다는 사실을 떠올릴 수 있어서 기뻤습니다.' 멘디의 이야기는 여기까지입니다. 당신도 예를 하나 들어볼래요?" 츠비가 말했다.

"당신이 말씀하신 예는 쉽게 이해할 수 있는 좋은 예지만, 저는 그런 예를 떠올릴 수가 없군요." 내가 대답했다.

"오늘은 제가 말이 좀 많았습니다." 츠비가 한숨을 쉬었다.

"아녜요. 당신이 말씀하실 때 저는 힘을 얻는답니다." 나는 츠비를 안심시켰다.

"오늘의 만남에서 무엇을 배웠습니까?" 츠비가 물었다.

나는 오늘 우리가 이야기한 것들을 돌이켜보았다. 너무나 많은 것을 배운 것 같았다. 그러나 츠비는 지금 이 순간 떠오르는 많은 것 중 한 가지만 꼽아보라고 말했다.

'시장을 생각해봐.' 내면의 목소리가 말했다. '도시에 시장이 없다면 어떻게 되겠어? 줄리아니 시장이 9·11 테러 때 뉴욕을 휩쓸었던 재앙을 어떻게 다뤘는지 기억해? 줄리아니가 없었다면 뉴욕이 어떻게 됐겠어?

네 삶이 정직한 지성에 의해 인도되지 않는다면 어떻게 되겠어, 응?'

"지적인 영혼에 대해 배웠고, 이것이 영혼의 힘을 관리하는 데 매우 중요하다는 것을 배웠습니다."

츠비는 매우 기뻐하며 내게 기분이 어떠냐고 물었다.

"조금 성장한 듯한 기분이 듭니다." 내가 대답했다.

"그게 어떤 느낌인데요?"

"마음이 즐겁습니다."

"근사한데요? 감사합니다. 괜찮으시다면 기차역까지 배웅해드리지요." 츠비가 제안했다.

나는 매우 기뻤다. 츠비는 휘파람으로 와플을 불렀고, 우리는 커다란 무화과나무와 딸기덤불이 있는 큰길로 나갔다.

"요즘 《상자에서 나오기》를 다 읽고 《어둠에서 빛으로》를 읽고 있습니다." 내가 말했다.

츠비는 우리의 대화가 깊어져서 말을 적게 하고도 더 많이 이해할 수 있게 되었다고 했다.

"과제를 조금 더 보내드리지요." 츠비가 말했다. "과제를 할 때 유대식 코칭의 원리─단순성, 기쁨, 결과─를 기억하세요. 그럼 안녕히 가십시오. 곧 다시 뵙지요."

나는 츠비와 포옹을 한 뒤, 와플을 쓰다듬어주고 기차에 올랐다. 마침 기차의 출입구가 내 앞에 있었다.

집에 돌아와 컴퓨터를 켜니 츠비가 보낸 과제가 나를 기다리고 있었다. 과제를 읽다 보니 마치 츠비가 내게 말을 하는 것 같았다.

"안녕하세요, 베니? 내겐 당신이 처음엔 어떤 상태였고 지금은 어떤지를 우리 둘 모두에게 상기시키는 게 중요합니다. 당신은 주차장에서 있었던 사건을 시작으로, 영혼의 외피라고 할 만한 세 가지 스크린을 통해 그 사건에 대한 당신의 반응을 알게 되었습니다. 그리고 실제로 일어난 상황과 당신이 원하는 상황 사이의 차이를 알게 되었고, 그 다음엔 패턴의 층에서 패러다임의 층으로 옮겨갔습니다. 그리고 다시 관점의 층으로 이동했지요. 우리는 관점의 층이 변화의 층이라는 이야기를 했습니다. 관점을 바꾸면 새로운 패러다임이 생기고, 이것은 다시 새로운 패턴을 불러와서 새로운 결과를 낳지요. 우리는 관점을 바꾸는 게 간단치 않으며, 이는 우리 안에 뿌리 박힌 오랜 습관과 안전지대에 대한 애착 그리고 아무것도 하지 않고 가만히 있기를 좋아하는 동물적인 영혼 때문이라고 말했습니다.

변화에는 큰 힘과 동기가 필요합니다. 우리는 그 힘이 우리 안의 어디에 있는지를 알아보고자 했습니다. 그리고 우리 안에서 작용하는 힘들의 엔진을 발견했지요. 우리를 가치의 세계로 인도하는 '근원'과 우리를 방해하거나 충동이나 에고 쪽으로 이끄는 '본성'이 바로 그 엔진들입니다.

이제 당신이 정체성 카드로 무장했으니 (나는 이 대목에서 지갑 속의 정체성 카드를 꺼내 들여다보았다) 우리는 변화의 층에 다다른 것입니다. 당신은 이제 당신이 원하는 것을 선택할 수 있어요. 당신은 환자가 아니며 연약하지 않습니다. 하나님이 당신과 함께 하시기 때문입니다. 자신을 믿으세요. 당신은 엄청난 힘을 갖고 있으며, 그 힘을 컨트롤할 수도 있습니다. 인간은 온전한 하나의 세상이며, 그에겐 충만한 인생을 사는 데 필요한 모든 게 주어졌다는 사실을 잊지 마세요. 당신이 마음속 깊은 곳에서부터 자신의 길을 선택하는 순간, 당신 안에 정서적 감응을 일으키고 당신의 욕구를 매우 개인적이고 내밀하며 간절한 소망으로 만드는 힘이 배가될 것입니다. 이런 느낌은 당신이 목표를 이룰 수 있게 도와주는 근원의 힘과 연결되어 있습니다. 여기서 당신이 택한 의지가 당신에게 매우 적절한 것이고, 당신이 원한다고 생각하는 게 진정 당신이 원하는 것이며, 당신이 다른 누군가의 의지가 아닌 자기 자신의 의지로 무언가를 선택한다는 것을 분명히 해두는 게 매우 중요합니다. 사람들에게 깊은 인상을 심어주거나 다른 누군가의 비위를 맞추기 위해서가 아니라 당신이 진심으로 원해서 선택할 수 있어야 합니다. 당신 안에서 당신이 진심으로 원하는 것을 발견할 수 있다면, 당신은 '정체성 카드'라고 하는 하나의 카드 안에 있는 두 개의 선물을 받게 될 것입니다. 당신은 스스로를 행복하게 할 본질적인 욕구와 연결될 것이고, 그 욕구를 실현할 힘이 더 강화될 겁니다.

다음은 당신이 이제부터 해야 할 일들입니다.

• 당신이 원하는 변화를 선택하라.
• 당신이 선택한 변화에 대한 간절한 바람을 드러내라.
• 당신의 새로운 욕구를 충족시켜줄 새로운 행동 방식을 디자인하라.

이때 '그(the)……'에 집착하지 않도록 조심하시기 바랍니다. 당신은 이런 일에 익숙하지 않으니 아주 정확하게 하기는 어려울 겁니다. 그러니까 단순하게 생각하고 천천히, 즐기면서 하십시오. 나중에 보다 정교하게 다듬으면 될 테니까요. 지금 중요한 것은 이 과정의 구조를 이론적인

의미에서가 아니라 일상의 간단한 경험들을 통해 살펴보는 겁니다. 무슨 뜻인지 아시겠지요?"

"기가 막히군." 나는 혼잣말을 했다. "뭐가 뭔지 도무지 이해할 수 없으니, 원."

"이해하려고 하지 마세요." 내 상상 속에서 츠비가 다시 말을 이었다. "그냥 과정을 따라가세요. 정체성 카드는 가지고 계시죠?"

"네."

"잠시 '근원' 쪽을 보세요."

"보고 있습니다."

"거기서 지금 당신이 원하는 것을 하나 골라보세요."

나는 잠시 카드를 들여다본 뒤 말했다. "'순수'로 하지요."

"아주 좋습니다!" 상상 속에서 츠비가 외쳤다. "이제 순수에 접속해서 당장 당신 안에 순수가 흘러들어오게 하세요. 만약 잘 안 되거든 정체성 카드를 뒤집어서 '본성' 쪽을 보고 무엇 때문에 잘 안 되는지 찾아보세요. 지성을 작동해서 방해가 되는 것들을 조용히 시키세요."

그런데 정말로 그렇게 되었다. 나는 놀란 나머지 읽기를 중단하고 등을 기댔다.

'지금 무슨 일이 일어나고 있는 거지?' 내면의 목소리가 깜짝 놀라서 물었다.

"믿어지지 않을 거야." 내가 말했다. "나는 순수를 찾고 있었어. 그런데 놀랍게도 교양과 냉소주의가 튀어나오지 뭐야. 셋 다 내 안에 있는 내 것이지만 순수는 저절로 행동으로 옮겨지는 게 아니었어. 정말 믿을 수 없을 만큼 간단하군."

나는 다시 이메일을 쳐다보았다. 츠비의 목소리가 들리는 듯했다. "그렇습니다. 정말 간단하죠. 하지만 우리는 우리가 이런 힘을 다룰 수 있다는 사실, 그 힘들이 우리 안에 있다는 사실을 받아들일 준비가 안 돼 있답니다.

이번엔 화면에 보이는 당신의 예전 관점 '인생은 '나냐, 너냐'의 투쟁이다'를 소리 내어 읽어보세요. 당신이 어떤 변화를 원하고 어떤 새로운 관점을 원하는지 선택하기 전에, 당신의 삶에 어떤 변화가 다가오고 있는지에 대해 짧게 말씀드리지요. 당신은 새로운 관점을 선택함으로써 무언가를 얻고자 합니다. 하지만 무언가를 얻으려면 다른 무언가를 포기해야 하지요. 지금 당신 앞에는 새로운 관점을 취함으로써 예전 관점에 어떤 변화가 생길지를 명확하게 해줄 몇 가지 질문이 있습니다.

신뢰와 정확성에 관한 질문
- 당신은 무엇을 어떤 방식으로 얻고 싶은가?
- 당신은 그것을 얻기 위해 무엇을 포기할 준비가 되어 있는가?
- 당신은 무엇을 그만두고 무엇을 시작할 준비가 되어 있는가?
- 당신 안에는 어떤 힘들이 작용하고 있는가?
- 그 힘들은 어떤 식으로 당신에게 동기를 부여하고 혹은 당신을 방해하는가?
- 그래서 당신은 어떻게 할 것인가?

나는 그 질문들을 들여다보면서 내가 새로운 무언가를 원하면서도 기존의 것들에 얽매여 나아가지 못하고 있음을 이해했다. 나는 그 차이, 현재 상황과 내가 원하는 상황 사이의 차이에 빠져 옴짝달싹할 수가 없

었다. 여기가 바로 무언가를 간절히 원하면서도 그것을 가질 수 없는 선택의 지점이다. 변화가 필요하지만, 기존의 것들을 포기할 수 없는, 그래서 자유로워질 수 없는……

문득 예전에 내 코치였던 탈 로넨의 지혜로운 말이 생각났다. 그는 "무엇이든 자네가 지배하고 있다고 생각하는 게 실은 자네를 지배하고 있다네"라고 했었다. 이 선택의 지점에서 나는 나 자신과 신의 섭리를 믿어야 한다. 내가 진정으로 원하는 것이 무엇이고 또 어떤 관점을 선택해야 할지 분명히 알 수 있게 되리라는 것을 믿어야 한다.

"단순하게 생각하세요." 나는 츠비의 말을 떠올렸다. "한꺼번에 모든 것을 다 하려 하지 마세요! 당신은 조직적인 변화를 추구하는 게 아닙니다. 그냥 '기능을 다한 예전 관점 대신 어떤 새로운 관점을 선택할 것인가?'라는 질문에만 대답하세요. 그러면 됩니다. 당신 인생의 모든 분야를 고려하려 하지 말고, 주차장 사건에만 초점을 맞추세요."

나는 다시 관점에 대해 생각했다. 그리고 얼마 안 있어 예전 관점에게 조용히 말하고 있는 나를 발견했다. "내 오랜 친구이자 헌신적인 파트너인 관점아! 너는 참으로 헌신적이고 충성스럽게 나를 수행해왔어. 늘 사랑으로 네 역할을 완수했지. 하지만 너도 알다시피 나는 변해가고 있어. 더 이상은 현재 상황에 만족할 수 없게 되었다고. 나는 의미 있는 변화를 원해. 그런데 너하고는 그 변화를 이룰 수가 없어. 이제 우리가 헤어질 때가 된 거지. 네게 문제가 있어서가 아니야. 내게 문제가 생겨서 그래. 너는 네 역할에 충실했지만, 나는 이제 그것으로 만족할 수가 없게 됐어. 나는 근본적인 변화를 원해. 내가 살면서 경험한 이런저런 일들의 실제적인 결과와 패턴, 패러다임이 모두 네게서 비롯되었어. 너는 이 모든 것의 근원이고, 나는 너를 존경하고 네게 고마워하고 있어. 하지만 나는 너의 관리자야. 나는 이제 곧 너 대신 새로운 관점을 선택하려고 해. 그때까지 낮은 자세로 임하고 패러다임에게 그 어떤 지시도 하지 말아줘."

'우와! 아주 간단한데! 너는 단순하게 행동할 때가 가장 근사하다니까!' 내면의 목소리가 기뻐했다.

얼핏 정체성 카드를 보니 '근원' 칸에 쓰여 있는 '용기'라는 글자가 보였다. "어디 있다 지금 나타난 거야?" 내가 속삭였다.

'나는 늘 너와 함께 있었어.' 내면의 목소리가 조용히 대답했다. '나뿐만 아니라 너의 다른 모든 능력이 여기 이 근원 속에 들어 있지. 우리는 네가 우리와 함께 춤추기를 기다려왔어. '순수'는 이미 만나봤지?'

나는 단순성과 기쁨을 느끼기 시작했다.

츠비의 메일은 다음과 같이 이어졌다.

"신뢰와 정확성에 관한 질문에 답을 다 쓰면 당신이 새로운 관점을 선택하는 데 도움이 될만한 다른 도구를 드리겠습니다. 저는 이 도구를 '혼합 연습'이라고 부르는데, 그 이유는 곧 아시게 될 겁니다.

당신의 삶을 지배하는 자동적인 과정들—패턴, 패러다임, 관점—을 찾았을 때나 당신 안에서 작용하는 힘들에 익숙해졌을 때, 당신은 자신의 인생을 다시 설계하고 그것을 당신이 원하는 대로 이끌어갈 수 있습니다. 혼합 연습을 하다 보면 당신의 삶 가운데 이런저런 일들이 일어났을 때 어떻게 행동해야 하고 당신 안에 있는 어떤 힘을 활용해야 할지 적극적으로 선택할 수 있게 됩니다."

혼합 연습

1. 곤란하거나 난처한 상황과 그 결과에 대해 쓰라.
2. 정체성 카드를 보라.
3. 당신의 반응을 통해 드러난 힘들을 정체성 카드에서 찾아 아래의 '실제 상황' 표에 기록하라. 그리고 그런 힘(근원과 본성에 속하는)의 강도를 알 수 있게 그 힘이 나타난 비율을 표시하라.
4. 실제로 있었던 일 대신 이러했더라면 좋았을 거라고 생각되는 상황(당신이 원하는 상황)과 그 결과를 쓰라.
5. 정체성 카드를 보라.
6. 당신이 원하는 상황에서 어떤 힘이 작용하면 좋겠는지 생각해보고 정체성 카드에서 그 힘들을 찾아 '당신이 원하는 상황' 표에 적어 넣어라. 그리고 그런 힘들이 어떤 비율로 나타나면 좋을지 표시하라.

실제 상황

근원	10 퍼센트	10 퍼센트	10 퍼센트	10 퍼센트	10 퍼센트	10 퍼센트	10 퍼센트	10 퍼센트	10 퍼센트	10 퍼센트	본성

내가 원하는 상황

근원	10 퍼센트	10 퍼센트	10 퍼센트	10 퍼센트	10 퍼센트	10 퍼센트	10 퍼센트	10 퍼센트	10 퍼센트	10 퍼센트	본성

나는 이 혼합 연습을 통해 내가 원하는 변화의 강도가 어느 정도인지 정확히 알게 되었고, 근원과 본성의 관점에서 그 변화의 의의를 깨닫게 되었다. 그러자 갑자기 내 인생을 계획할 수 있겠다는 생각이 들었다.

근원과 본성의 힘들이 마치 케이크를 만드는 데 필요한 재료처럼 내 앞에 펼쳐져 있으며, 나는 어떤 케이크를 만들 건지만 선택하면 되는 것처럼 느껴졌다. 여기서 결정적인 요소로 작용하는 것은, '결과에 대한 의지'와 '간절함'이다. 츠비는 이것을 '자유에서 의무로'라는 말로 표현했다. 내 인생을 선택하고 설계할 자유에서 책임감을 갖고 이 삶을 살아낼 의무로 옮겨간다는 뜻이다.

나는 새로운 연습 과제로 넘어갔다.

새로운 관점을 선택하는 연습

• **다음의 새로운 관점 중 가장 마음에 드는 것은 무엇인가?**
  1. 인생은 무한히 풍요롭다.
  2. 인생은 모두와 함께 추는 춤이다.
  3. 인생은 내가 결정하는 대로 된다.

• **이 중에 당신은 어떤 관점을 선택했는가?**
  2번. 인생은 모두와 함께 추는 춤이다.

• **당신이 새로 선택한 관점에는 정체성 카드에 쓰여 있는 근원과 본성의 힘이 어떤 비율로 섞여 있는가?**
  근원: 70퍼센트
  본성: 30퍼센트

나는 연습 과제를 하고 나서 그 결과에 놀랐다. 새로운 관점이 기존의 관점과는 달랐기 때문이다. 이것으로 무엇을 어떻게 해야 할지는 알 수 없었지만, 어쨌든 이것은 내가 선택한 관점이고 여기서부터 새로운 삶의

흐름이 시작될 것이다. 나는 내가 선택한 변화의 힘을 느끼면서도 앞으로 어떻게 해야 할지 알 수 없었다. 그래서 그냥 새로운 관점을 갖게 된 것을 자축하고 나머지는 다음에 츠비를 만나서 함께 하기로 했다.

현재 내가 있는 층	실제 상황	내가 원하는 상황
관점	인생은 '나냐, 너냐'의 투쟁이다.	인생은 모두와 함께 추는 춤이다.
패러다임	다른 사람들이 내 존재를 인정해주지 않을 때, 나는 그들을 공격한다.	
패턴	나는 상처받았을 때 화를 내고 난폭하게 반응한다.	
사건	하비마 주차장에서 누군가가 내가 주차하려는 자리를 가로챘다.	

인생은 춤이다

The Secret of
Jewish Coaching

11장 인생은 춤이다

●

새로운 관점
새로운 패러다임
새로운 패턴

●

애틀릿으로 가는 기차 안에서 나는 이제까지 있었던 일을 정리해야겠다고 생각했다. 그래서 주차장 사건에서부터 시작하기로 했다. 나는 그 사건을 통해 내 행동 패턴을 알게 되었고, 어떤 식으로 상황이 전개되었더라면 좋았을까 생각해보았다. 또 내 행동을 이끌어낸 패러다임과 관점을 알게 되었고, 근원과 본성의 힘도 발견했다. 그리고 이 근원과 본성의 힘들이 적힌 정체성 카드를 만들었다. 정체성 카드는 참으로 놀라운 발명품이었다. 이 조그마한 카드가 실은 '나'라고 하는 세계를 구동시키는 휴대용 컴퓨터인 셈이다. 그리고 여기 내가 선택한 새로운 관점—'인생은 모두와 함께 추는 춤이다'—이 있다. 이 얼마나 놀라운 성취인가? 나는 츠비와 함께 하는 이 코칭 과정이 앞으로 어떻게 전개될지 궁금했다. 마치 '나는 어디에 있는가?'의 상황에서 '여기에 있다'의 상황으로 옮겨가는 느낌이었다. 주차장에서 일어난 사건을 통해 얻은 성찰을 어떻게 일상생활의 깊숙한 부분에까지 전달할 수 있을까? 언제 조율 단계가 끝나고 코칭이 시작될까? 내가 원하는 것은 대체 무엇일까? 나는 또다시 어려운 질문에 맞닥뜨렸다.

'진정해! 인생은 모두와 함께 추는 춤이야!' 충성스러운 내면의 목소리가 말했다. '나는 네가 어떻게 예전 관점을 버리고 더 젊고 새로운 관점을 얻었는지 알아.' 내면의 목소리는 화난 어조로 중얼거렸다. '하지만 나는 계속해서 여기 있고 싶어……'

"어서 오세요!" 츠비가 나를 반갑게 맞아주었다. 우리는 녹음이 우거진 마당에 앉았고, 나는 그곳의 고요한 분위기에 빨려들었다. 잔잔한 바람이 일었다. 나는 정말로 그곳에 도착했다는 느낌이 들 때까지 기다렸다. 츠비도 참을성 있게 기다리고 있었다.

"먼저 기차와 관련한 얼터 드뤼아노프(Alter Druyanov, 1870~1938. 유명한 유머집의 저자_원주)의 유머 두 가지를 들려드리죠." 츠비가 마치 선물이라도 주려는 것처럼 흥분한 어조로 말했다. "책을 읽다 문득 이 이야기를 당신에게 들려드려야겠다는 생각이 들었어요. 당신은 요즘 기차에 관심이 많으니까요. 어쨌거나 이런 내용이랍니다. 코브노와 빌나 사이의 어떤 역에서 한 유대인이 방향 표지판을 제대로 보지 못한 채 기차에 올랐습니다. 그는 어떤 유대인의 맞은편에 앉았고 곧 맞은편 사람과의 대화가 시작되었지요.

'어디서 오는 길이세요?' 그가 물었습니다.

'코브노에서 오는 길입니다.'

'어디까지 가시는데요?'

'빌나까지 갑니다.'

그러자 맞은편 사람이 미소를 지으며 말했지요. '이런 근사한 발명품이 있다니 정말 놀랍지 않습니까? 당신은 코브노에서 빌나로 가고 나는 빌나에서 코브노로 가는데, 우리가 같은 기차에 앉아 있다니 말입니다. 그뿐만이 아니에요. 당신은 동쪽을, 나는 서쪽을 향하고 있죠!'"

"재미있군요." 내가 말했다.

"다른 것도 들려드릴까요?" 츠비가 물었다.

"그러시죠." 나는 츠비를 존중하는 마음에서 이렇게 대답했다.

"트로츠키가 기차를 타고 가는데" 츠비가 미소를 머금고 말했다. "한 젊은이가 옆자리에 앉아 담배를 피우기 시작했습니다. 트로츠키는 '여기는 금연 구역이라네' 하고 말했지만, 젊은이는 들은 체도 안 하고 담배를 피웠지요. 그래서 트로츠키는 명함을 꺼내 젊은이에게 건넸습니다. 그 젊은이가 누구를 상대하고 있는지 알 수 있도록 말이지요. 하지만 젊은이는 명함을 주머니에 넣고 계속 담배를 피웠답니다. 트로츠키는 화가 나서 차장을 불렀지요.

차장이 젊은이에게 말했습니다. '계속 담배를 피운다면 벌금을 물어야 할 거요.' 그러자 젊은이가 대답했습니다. '내게 벌금을 물릴 수는 없을 걸요. 당신뿐만 아니라 그 누구라도 말입니다.' 그러면서 그는 트로츠키의 명함을 꺼내 차장에게 건넸습니다.

명함을 본 차장은 얼굴이 하얘졌어요. 그는 트로츠키에게 다가가 속삭였습니다. '저 돼지 같은 녀석은 상대하지 마세요. 저자는 트로츠키랍니다.'"

나는 모든 게 즐거웠다. 유머도 재미있었고, 츠비가 나를 위해 유머를 준비했다는 사실도 즐거웠고, 그가 유쾌한 어조로 거침없이 이야기하는 방식도 즐거웠다. 하지만 이번에는 나도 유머를 들려줄 수 있었다.

"츠비, 저도 기차와 관련한 우스갯소리를 하나 들려드리지요. 지난 세 기부터 전해져 내려오는 이야긴데, 《탈무드》 학자들의 사고 과정을 묘사한 이야기예요. 한번 들어보시겠어요?"

"어서 얘기해보세요." 그는 삐걱거리는 고리버들 의자에 등을 기댔다.

"오데사 출신의 한 젊은 학자가 특별 허가를 받아 모스크바를 방문하게 되었습니다. 그는 기차에 올라 빈 좌석을 발견하고 거기에 앉았지요. 다음 역에서 한 젊은 남자가 옆자리에 앉았습니다. 학자는 젊은 남자를 보고 생각했어요. '이 사람은 농부처럼 보이지는 않는걸. 농부가 아니라면 아마 이 지역 출신일 거야. 그리고 이 지역 출신이라면 유대인이 틀림없어. 이 지역은 유대인 마을이니까. 유대인이라면 어디에 가는 걸까? 이 일대에서 모스크바 여행을 허락받은 사람은 나뿐인데. 잠깐! 모스크바 다음 역은 스마베트라는 작은 마을인데, 그곳에 가려면 특별 허가가 필요 없지. 이 사람은 그곳에 있는 유대인 가정을 방문하려는 걸 거야. 스마베트에 유대인 가정이 몇이나 되지? 두 가정뿐이야. 번스타인 집안과 스타인버그 집안. 번스타인 집안은 끔찍한 집안이니까 아마 이 사람은 스타인버그 집안을 방문하러 가는 길이겠지. 하지만 왜? 스타인버그 집안에는 딸만 둘이 있어. 그러니까 이 사람은 그 집안의 사위일지도 모르겠네. 그럼 몇째 사위일까? 사라는 부다페스트 출신의 변호사와 결혼했고, 에스더는 지토미르 출신의 사업가와 결혼했어. 그럼 이 사람은 사라의 남편이겠군. 이름이 알렉산더 코헨이었지, 아마? 하지만 잠깐! 부다페스트에는 반유대주의 정서가 강하단 말이야. 그런 곳에 산다면 이름을 바꿨을 거야. 코헨의 헝가리식 이름이 뭐였더라? 맞아, 코바치야! 그런데 이름을 바꿀 정도라면 어느 정도 사회적 지위가 있는 사람일 거야. 뭐라고 불러야 할까? 맞아, 대학에서 박사 학위를 받았을 수 있겠군.'

곧 학자는 젊은 남자에게 말했습니다. '안녕하세요, 닥터 코바치?' '안녕하세요?' 젊은 남자가 대답했습니다. '그런데 제 이름을 어떻게 아시죠?'

'그야 당연하죠!' 학자가 대답했……."

츠비가 웃음을 터뜨렸다. 그는 이야기에 담긴 위트와 창조적 사고 과정이 마음에 들었다.

그는 "훌륭합니다. 훌륭해!" 하고 외쳤고, 우리는 함께 웃었다. "자, 이제 오늘의 할 일을 시작할까요?" 츠비가 물었다. 나는 코칭 과정에 완전히 몰입할 수 있을 것 같았고 기쁜 마음으로 대답했다. "그러시죠."

나는 지난 한 주간 있었던 일과 과제에 대해 자세히 설명했다.

츠비는 나를 칭찬하며 명랑한 목소리로 말했다. "축하합니다! 당신은 새로운 관점을 갖게 되었군요! 이건 전혀 당연한 일이 아닙니다. 그야말로 놀라운 일이죠! 정말이지 기쁘기 그지없고, 당신이 한 놀라운 일들에 대해 고맙게 생각합니다. 하나님이 당신의 기도를 들어주셨어요."

그는 일어나서 내 손을 잡고 춤추며 노래하기 시작했다. "인생은 모두와 함께 추는 춤이라네! 인생은 모두와 함께 추는 춤이라네! 들리나요? 인생은 모두와 함께 추는 춤이라네! 와플, 이리 와! 인생은 모두와 함께 추는 춤이라네! 와플, 내 말 들려?"

우리는 천천히 들뜬 기분을 진정시켰다.

"우리는 출산을 앞두고 있어요. 아기의 머리가 보이기 시작하는군요." 츠비가 말을 이었다. "새 생명이 태어나는 걸 돕자고요. 이제 새로운 패러다임을 선택할 시간이에요."

하지만 나는 이 순간이 두려웠고 그에게 도움이 필요하다고 말했다.

"나는 산파고 당신은 지금 아기를 낳는 중이에요. 계속해서 힘을 주세요. 정신을 집중하세요." 츠비는 이렇게 말한 뒤 칠판 쪽으로 갔다. 그는 내가 선택한 새로운 관점을 적더니 내게 그것을 보라고 말했다.

"당신은 지금 이 순간 당신이 무엇을 찾고 있는지 알고 있습니다. 패러다임이 뭔지 이해하고 있고, 새로운 관점에서 비롯된 패러다임을 찾고 있습니다. 조금 전에 춤추길 잘했네요. 생각이 온몸으로 퍼져나갔을 테니까요. 그럼 하나 묻겠습니다. 당신은 새로운 관점을 선택했는데, 이 관점에서 어떤 패러다임들이 나올 수 있을까요? 당신은 어떤 행동들로 이루어진 길을 걷고 싶으세요? 당신의 새로운 패러다임이 어떻게 보이길 바라나요? 당신에게 적합한 새로운 행동의 길이 있을까요? 혹시 몇 가지 패러다임을 더 생각해볼 수 있도록 브레인스토밍을 하고 싶으세요? 생각나는 게 있으면 말씀하세요. 제가 받아 적을 테니. 그런 다음, 칠판에 적힌 여러 패러다임 중 하나를 선택하는 겁니다. 마음을 편히 갖고 천천히 생각하세요. 긴장을 푸세요. 춤을 추세요. 새로운 패러다임이 빨리 떠오르지 않더라도 걱정할 것 없습니다. 신이 당신을 새로운 패러다임으로 인도할 테니까요. 가장 깊숙한 곳에 있는 자아에게 물어보고, 그것이 하는 말에 귀 기울이세요. 정체성 카드에 적힌 내용을 찬찬히 살펴보면, 자유로운 곳으로 날아갈 수 있을 겁니다. 아마 변화를 선택할 수 있을 거예요. 그리고 당신이 선택한 삶을 살게 될 겁니다."

츠비는 다시 노래했다. "인생은 모두와 함께 추는 춤이라네!" 그는 다시 말을 이었다. "예전의 패러다임이 뭐였죠? 칠판에 적게 불러주세요."

"다른 사람들이 내 존재를 인정하지 않을 때 나는 그들을 공격한다." 내가 대답했다.

"감사합니다. 그럼 어떤 패러다임이 인생은 모두와 함께 추는 춤이라는 관점을 표현할 수 있을까요? 말씀하시면 받아 적을게요." 그리고 츠비는 이어서 말했다. "당신은 이미 새로운 관점을 선택했습니다. 그럼 이제 새로운 패러다임을 선택하는 데 도움이 되는 연습 과제를 해볼까요?"

새로운 패러다임을 선택하기 위한 연습

당신의 새로운 관점 '인생은 모두와 함께 추는 춤이다'를 실제로 표현할 만한 다양한 패러다임을 적어라.
("좋아요. 그럼 받아 적으세요." 나는 츠비에게 속삭였다.)

1. 나는 모든 위기 상황에서 뭔가를 얻고 그것을 통해 성장한다.
2. 내게 모든 위기 상황은 개인적인 선물이다.
3. 주는 게 있으면 받는 것도 있다.
4. 나는 모두를 춤추게 한다.

칠판에는 이상하고 낯선 문장들로 가득했다. 나는 몹시 흥분되어 끊임없이 정체성 카드를 들여다보았다.

"어떤 패러다임이 당신이 원하는 행동들을 가장 잘 나타내주고 있나요?" 츠비가 물었다. "당신이 선택한 새 패러다임은 뭡니까?"

'좀 쉬었다 해!' 내면의 목소리가 속삭였다.

"'나는 모든 위기 상황에서 뭔가를 얻고 그것을 통해 성장한다'입니다." 내가 대답했다.

"근사하군요." 츠비가 기뻐했다. "거기서 한 발짝만 더 나아가 볼까요?"

"마취를 하지도 않고요?" 내가 물었다.

"마취 따위는 필요 없습니다." 츠비가 대답했다. "당신은 아주 잘해나가고 있으니까요."

"좋아요." 내가 말했다. "하지만 나중에 차 한 잔 하는 건 어떨까요?"

"좋은 생각입니다. 이웃에 사는 야코프가 포도 농사를 하는데, 건포도를 좀 보내주었답니다. 차 마실 때 같이 먹으면 좋을 것 같네요." 츠비가 말했다.

"정체성 카드를 보세요. 새로운 패러다임에서 근원과 본성의 구성 비율은 어느 정도로 할 생각인가요?"

나는 이런 식의 생각에는 익숙하지 않았지만 내게 비율을 결정할 수 있는 자유가 주어졌다는 사실에 고무되었다. 모든 것을 내 마음대로 할 수 있다니, 이 얼마나 대단한 일인가!

"근원 60퍼센트에 본성 40퍼센트로 하지요."

"정체성 카드에 적힌 어떤 힘으로 이 구성 비율을 채울지, 다시 말하자면 새로운 패러다임을 어떤 힘으로 구성하면 좋을지 쓰세요."

"차부터 마시면 안 될까요?" 내가 말했다. 츠비는 나를 껴안은 뒤, 축하의 춤을 추며 주방으로 들어갔다.

"당신은 당신이 원하는 변화를 향해 나아가는 중이고, 이제 코칭에 도달했습니다." 츠비가 말했다. "당신은 예전의 관점으로 당신을 보고 있지만 이제 새로운 관점을 선택했어요. 말 그대로 스스로를 재창조한 겁니다. 당신은 더 이상 상황에 끌려다니지 않고 오히려 상황을 만들어갑니다. 그리고 당신이 설계하고 선택한 상황이 어떤 것인지 사람들에게 말합니다. 하나님은 우리에게 선택할 권위와 힘을 주셨습니다. 당신은 세상의 주된 요소이며 실재입니다. 당신은 장기판의 말이 아니라 당신이 곧 장기판인 동시에 그 위의 모든 말입니다. 이제 패턴을 선택해볼까요?

당신도 아시겠지만 저는 너무 많은 글의 인용은 가급적 자제하고 있습니다. 전에 설명했듯이 유대식 코칭에서는 고객과 그의 세계가 중심이 되어야 하니까요. 그러므로 굳이 누군가의 글을 인용해야 한다면, 고객의 글이나 그가 경험한 것들을 인용하는 편이 좋겠지요. 현자들은 그들의 위대함이나 그들이 가진 지혜의 깊이에 대해 우리의 동의를 필요로 하지 않습니다. 그렇지만 지금 우리는 변화의 한가운데에 있기 나는 당신에게 랍비 츠비 예후다 쿡이 쓴 에세이의 한 대목을 읽어드리려고 합니다. '나는 변화할 준비가 되어 있다'라는 제목의 글인데, 이 글은 변화와 변화의 힘에 대해 논하고 있답니다. 그럼 랍비 슐로모 어비너가 편찬한 《랍비 츠비 예후다 에세이 모음집The Essays of Rabbi Tzvi Yehuda》에 나오는 이 글의 일부를 읽어드리겠습니다.

마이모니데스는 편지에서 "나는 실언을 했을 때 그 말을 철회할 준비가 되어 있습니다"라고 쓰고 있습니다. 하지만 그것은 그리 간단한 문제가 아닙니다. 사람들에게는 습관이라는 게 있습니다. 아침에 우리는 "토라에 익숙해지기를" 원한다고 말하지만, 우리 중에는 토라 이외의 다른 많은 것에 익숙해진 사람도 있습니다. 다양한 분야의 중요한 사람들이, 심지어 토라 학자들까지도 깊이 뿌리박힌 습관을 어쩌지 못하는 경우가 있습니다. 때때로 현자 중에 "제가 한 말은 실수였습니다" 하고 사실을 시인하는 사람이 있는데, 이는 참으로 그 사람의 특별하고 위대한 면모라 할 수 있습니다. 마이모니데스는 "나는 그 말을 철회하고 말을 바꿀 준비가 돼 있습니다"라고 말했습니다. 뿐만 아니라 "심지어 나의 행동과 습관까지도" 바꿀 수 있다고, 그리고 마지막에는 "나의 본성까지도" 바꿀 수 있다고 말했습니다. 참으로 대단한 일이 아닐 수 없습니다. 모든 사람이 다 자신의 본성을 바꿀 수 있는 것은 아닙니다.

그런 다음 츠비는 이런 말로 나를 현실 세계로 돌아오게 했다. "제가 칠판에 적을 수 있도록 당신의 예전 패턴을 다시 한 번 말씀해주시겠습니까? 눈으로 확인하는 것은 좋은 일이니까요."

나는 소리 내어 읽었다. "상처받았을 때 나는 화를 내고 난폭하게 반응한다."

"당신이 선택한 새 패러다임에서 어떤 패턴들이 나올 수 있을까요? 혹시 다른 패턴들을 찾기 위해 브레인스토밍을 하고 싶습니까?" 츠비는 이렇게 묻고는 익숙한 연습 과제로 돌아갈 것을 제안했다. 여기 그 연습 과제가 있다.

새로운 패턴을 선택하기 위한 연습
당신이 선택한 새 패러다임 '나는 모든 위기에서 무언가를 얻고 그것을 통해 성장한다'를 잘 나타내주는 새로운 패턴들에는 어떤 것들이 있는가?

(나는 다음과 같이 썼다.)
1. 그림자를 가려내고 빛을 선택한다.
2. 늘 기쁜 마음으로 베푼다.
3. 고통의 틈 사이로 빛이 비치게 한다.
4. 늘 불평만 늘어놓던 것을 그만두고 현재 상황을 받아들인다.

"이 중 가장 적절하다고 생각되는 패턴은 무엇입니까?" 츠비가 물었다.

"'늘 기쁜 마음으로 베푼다'입니다."

"당신은 어떤 패턴을 선택하고 싶습니까?"

"이미 선택했습니다. 칠판에 '늘 기쁜 마음으로 베푼다'라고 써주세요."

"이 패턴이 마음에 드십니까?"

"네, 그렇습니다." 내가 대답했다.

"정체성 카드를 보세요. 당신의 새로운 패턴에는 근원과 본성이 어떤 비율로 섞여 있나요?"

"근원 80퍼센트에 본성 20퍼센트입니다."

"정체성 카드에 쓰인 어떤 특성들이 새로운 패턴을 구성하게 될까요?"

"거기에 대해서는 집에 가서 정체성 카드를 들여다보며 잘 생각해보겠습니다."

"행운을 빕니다!" 츠비는 기분 좋은 얼굴로 나를 축복했다. "우리는 지금 분만실에 있습니다. 축하합니다! 곧 아기가 태어날 것 같군요. 기분이 어떻습니까?"

"아주 좋습니다." 내가 말했다. "엄청난 빛에 에워싸여 있는 것 같습니다. 그 빛이 느껴져요. 정말 흥분되는 순간입니다. 고맙습니다, 츠비. 앞으로 어떻게 될지는 모르겠지만, 지금은 내 안에서 퍼져 나오는 빛으로 인해 당신에게 감사드리고 싶습니다." 내 눈에 눈물이 고였다.

"내게도 그 빛이 보이는 듯합니다." 츠비가 깊은 감정을 담아 말했다. "하나님을 찬양하고 그분께 감사하세요! 정말 기쁘기 한량없군요. 당신은 지금까지 아주 잘해왔습니다. 이제 관점이 행동으로 변화하기까지의 전 과정을 훑어보기로 할까요? 하지만 먼저 이 작업을 처음 시작할 때

이야기했던 사건을 다시 말씀해주셨으면 합니다."

"하비마 주차장에서 내가 주차하려고 하는 자리를 누군가가 가로채자 화를 내며 난폭하게 반응했습니다." 내가 말했다.

"그때 어떻게 했었더라면 좋았을까요?" 츠비가 물었다.

"그 운전자가 급한 일이 있나보다라고 생각하고 다른 주차 공간을 찾아보았더라면 좋았을 겁니다. 그리고 나중에 카페에서 그를 다시 만났을 때 미소를 지어 보이는 거지요."

"그렇다면 이렇게 정리할 수 있겠군요." 츠비는 그 일을 다음과 같이 요약했다.

현재 내가 있는 층	실제 상황	내가 원하는 상황
관점	인생은 '나냐, 너냐'의 투쟁이다.	인생은 모두와 함께 추는 춤이다.
패러다임	다른 사람들이 내 존재를 인정하지 않을 때, 나는 그들을 공격한다.	나는 모든 위기에서 무언가를 얻고 그것을 통해 성장한다.
패턴	나는 상처받았을 때 화를 내고 난폭하게 반응한다.	나는 늘 기쁜 마음으로 베푼다.
사건	하비마 주차장에서 누군가가 내가 주차하려는 자리를 가로챘다.	나는 다른 주차 공간을 찾아본다. 그리고 상대 운전자에게 미소로 인사를 건넨다.

"아주 근사한데요!" 츠비가 조용히 말했다. "정말 대단합니다! 이토록 놀라운 변화를 선택한 뒤 당신은 다시 한 번 더 '내가 원하는 상황'의 '사건' 칸에 묘사된 것을 선택하시는 건가요?"

나는 대답하기가 두려웠다. 그런 상황이 되풀이되면 나는 내가 어떻게 행동할지 잘 알기 때문이다. 아마 바로 습관들이 튀어나오리라. 그러니 아무리 현자들이 스스로를 향상시킨들 무엇하겠는가? 나의 선택은 너무나 생경하게 느껴졌다. 인생은 모두와 함께 추는 춤이고, 나는 모든 위기에서 무언가를 얻고 그것을 통해 성장한다고? 늘 기쁜 마음으로 베풀고, 내 주차 공간을 가로챈 얌체 운전자에게 미소로 인사를 건넨다고? 이 모든 게 나 같지가 않았다. 나는 이런 사람과는 거리가 멀다. 진실은 무엇일까? '정체성 카드를 봐.' 내면의 목소리가 속삭였다.

나는 다시 정체성 카드를 들여다보았다. 근원 안에 엄청난 힘이 있는 게 보였다. 하지만 본성을 보니 내가 화가 났을 때 나를 추동하던 힘이 곧바로 눈에 들어왔다. 그렇다. 나는 갈림길에 도달한 것이다. 여기서부터 내가 가야 할 길을 선택해야 한다. 나는 어떤 베니가 되고자 하는가? 나는 내가 원하는 베니에 대한 믿음을 가지고 있는가? 만약 그런 베니가 되는 데 실패하면 어찌할 것인가?

"괜찮으시다면 당신이 지금 코칭 과정의 어디쯤에 있는지 설명해드리죠." 츠비가 부드러운 어조로 제안했다. "당신은 조율 단계를 마치고 당신 안에 있는 강력한 힘과 그 힘을 관리하는 데 필요한 도구에 접근했습니다. 당신은 앞으로 무언가를 이루고자 할 때 이 힘과 도구를 활용하려고 할 겁니다. 그 뒤엔 어떻게 될까요?"

사방이 고요했다. 나는 잠시 생각한 뒤 이렇게 대답했다. "글쎄요, 나는 그 힘과 도구로 무장한 채 교차로에 이르렀습니다. 그리고 스스로에 대해 중요한 무언가를 배웠지요. 그러니 앞으로 어떻게 될까요? 성공하고 뜻을 이뤄 놀라운 결과를 얻게 될 겁니다. 그게 바로 앞으로 일어날 일이지요."

츠비는 미소를 지으며 말했다. "꼭 그렇지만은 않습니다…… 당신은 넘어져서 땅에 코를 박을 겁니다. 왜 그럴까요? 왜 실패하게 될까요?" 츠비가 물었다.

"내 안에 있는 힘을 믿는 데 익숙하지 않아서가 아닐까요? 게다가 새로운 도구들을 사용하는 방법도 아직 모르고요."

"정확합니다!" 츠비가 재빨리 말을 받았다. "우리는 위기와 실패에서 가장 많이 배운다는 것을 기억하세요! 그렇다면 지금 당신에게 도움이 될 만한 것은 무엇이겠습니까?"

"잘 모르겠습니다."

"코칭입니다." 츠비가 간단히 말했다. "당신은 약해진 근육을 훈련해야 합니다. 평소에 사용하지 않던 근육을 갑자기 사용하면 다치기 쉽습니다. 그러니 인내심을 가지고 꾸준히 근육을 단련하세요. 그러면 근육이 점차 강해져서 믿고 사용할 수 있게 될 겁니다. 그것은 당신의 새로운 존재 양식이 될 거예요. 하지만 그것은 당신이 마음먹기에 달렸습니다. 무슨 말인지 아시겠습니까? 우리의 목표는 이 일을 해내는 것입니다. 하지만 우리는 혼자가 아닙니다. 우리는 이제 코칭의 단계에 도달했어요. 그러나 코칭을 시작하기에 앞서 해야 할 중요한 일이 하나 있습니다. 바로 당신의 인생 중에 지금 향상시키고 싶은 분야를 선택하는 것입니다. 그래야 그 분야에 초점을 맞춰서 코칭을 할 수 있을 테니까요. 내가 쓴 워크시트의 일부를 읽어드리겠습니다."

코칭의 요청—당신은 변화의 층인 관점의 층에 있다. 당신은 대단히 중요하고 흥미로운 새 관점을 선택했다. 관점이 바뀌면 패러다임과 패턴 및 당신이 일상을 영위하는 방식이 달라진다.

여기서 질문 하나. 당신은 새로운 관점을 설계하고 그 관점에 따라 살아갈 힘을 어디서 얻는가? 이 질문에 대한 답은 '당신의 근원에서 얻는다'는 것이다. 근원은 한 인간 안에 있는 신적인 힘들이 모여 있는 곳으로, 당신은 근원을 통해 빛을 발하고 당신 안에 있는 신적인 영혼의 능력을 발휘할 수 있다.

물론, 장애물을 만나면 약한 근육은 상처를 입는다. 당신은 새로운 관점을 선택했으니 이제 힘차게 전진할 수 있다고 생각하겠지만, 이때야말로 견고한 장벽에 부딪히기 쉽다. 당신이 너무나 잘 아는 과거와 더불어 당신의 예전 패러다임과 패턴들이 고개를 들기 때문이다. 이때 당신은 낙심하여 '이 새로운 관점을 선택한 게 과연 잘한 일일까?' '왜 새로운 관점이 필요한 거지?' 하는 생각을 하게 된다. 심지어 이 모든 게 당신이 감당하기에는 너무 버겁다거나 외부에 도움을 요청해야 하겠다는 생각마저 하게 될 것이다. 이것이 바로 친구나 부모님, 배우자, 카운슬러, 이웃, 영웅, 현자들이 존재하는 이유니까. 하지만 거기까지다. 당신은 그런 생각을 할 뿐, 거기서 더 이상 앞으로 나아가지 못한다.

그래서 나는 새로운 무언가를 제안하고자 한다. 그것은 바로 '코칭의 요청'이다. 코칭을 요청한다는 것은 당신이 행동하기로 마음먹었다는 것을 의미한다. 불평하기보다는 상황에 대처하고, 한숨을 내쉬기보다는 스스로를 믿으며, 포기하기보다는 당신 안에 있는 강한 힘들을 활용하고, 외부의 힘에 기대기보다는 과정과 결과에 집중하고, 구실을 찾기보다는 스스로 사태를 해결하겠다고 결심하는 것을 의미한다. 스스로 사태를 해결한다고 해서 꼭 혼자 힘으로 해야 하는 것은 아니다. 당신은 문제를 해결할 수 있도록 도움을 요청할 수 있는데, 이렇게 도움을 요청하는 게 곧 코칭의 요청이다. 당신은 익숙한 어려움에 부딪혔지만, 그 어려움을 어떻게 다뤄야 하는지 모른다. 그러면 무엇을 요청할 것인가? 당신 안에 잠재해 있는 놀라운 힘들을 활용하는 법을 알려달라고 요청하라. 그런 힘들을 어디서 찾을 수 있는가? 정체성 카드에서 찾을 수 있다. 그럼 어떻게 코칭을 요청할 것인가?'

츠비는 읽기를 멈추고 나를 바라보았다.

"코칭을 요청하는 법을 알려드리기 전에 당신 삶에서 향상하고 싶은 게 뭔지 그리고 무엇이 당신을 행복하게 하는지를 생각해보라고 말씀드려야 할 것 같군요." 츠비는 참을성 있게 말을 이어나갔다. "당신이 교차로에 있다는 사실을 기억하십시오. 당신 앞에는 네 갈래 길이 있습니다. 이제 어떤 길을 택할지 결정하셔야 합니다. 내가 그 네 갈래 길에 대해 말씀드릴 테니 당신에게 가장 적합하다고 생각되는 것을 골라보세요. 먼저 당신 앞에 도로표지판이 네 개 있다고 한번 상상해보십시오. 첫 번째 표지판에는 '주차장 사건과 관련한 당신의 바람을 실현하라'라고 쓰여 있고, 두 번째 표지판에는 '주차장 사건과 관련한 당신의 바람을 새롭게 선택하라'고 쓰여 있습니다. 세 번째 표지판에는 '주차장에서의 사건과 상관이 없는 완전히 새로운 무언가를 실현하라'고 쓰여 있고, 네 번째 표지판에는 '스스로 비전을 창조하라'고 쓰여 있습니다."

"그리고 다섯 번째 표지판에는 '차를 마시라'고 쓰여 있지요." 내가 조용히 말했다.

츠비는 웃음을 터뜨렸다. "그거 좋은 생각인데요."

우리는 편히 앉아 차를 마셨다. 츠비는 오늘은 이것으로 끝내고 다음 주에 내가 이 네 갈래 길 중 하나를 선택해 오면 그 길에 대해 생각해보자고 말했다. 나도 그러는 게 좋겠다는 생각이 들었다. 하지만 내가 코칭 분야에 경험이 있고 '코칭의 요청' 개념에도 익숙하다는 것을 밝혀둬야 할 것 같아 미리 말했다. 그러자 츠비가 미소를 지으며 말했다.

"유대식 코칭에서는 코칭을 요청하는 방식이 조금 다르답니다. 비슷하지만 조금 달라요. 곧 당신도 알게 될 겁니다. 우리의 요청 방식이 마음에 드셨으면 좋겠군요."

"오늘은 무엇을 배웠습니까?" 츠비가 물었다. "아기를 낳는 기쁨과 두려움으로 가득 찬 교차로에 대해 배웠습니다." 내가 대답했다.

"기분이 어떻습니까?"

"아기가 태어나서 무척 흥분됩니다. 기뻐서 온몸에 전율이 이는군요. 하지만 두렵기도 합니다."

"당신은 잘하고 계십니다. 크게 칭찬해드리고 싶을 정도로요. 당신의 스스로에 대한 투자와 이제까지 해온 일에 경의를 표하고 싶군요. 당신은 투자할 만한 가치가 있는 우량주이니, 그런 우량주에 투자하신 것은 아주 잘하신 일입니다. 나는 당신이 자신에게 가장 적합한 도로표지판을 선택해서 그 방향으로 가속 페달을 밟을 것이라고 믿어 의심치 않습니다. 그럼 이제 작별 인사를 할까요?"

츠비는 나를 껴안은 뒤 큰길까지 배웅해주며 노래를 흥얼거렸다. "인생은 모두와 함께 추는 춤이라네. 트랄랄라."

나는 무엇을 원하는가?

The Secret of
Jewish Coaching

12장 나는 무엇을 원하는가?

비밀스런 소망
흐르는 물소리를 듣다
비전

집에 돌아오자 사랄레가 츠비와의 작업이 어떻게 되어가고 있느냐고 물었다. 나는 교차로와 그 교차로에서 뻗어 나온 네 갈래 길에 대해 이야기해주었다. 교차로의 중요성을 설명하다 보니 기분이 좋아져서 좀 더 자세히 말해주고 싶었다. 우리 집 주방은 그런 대화를 나누기에 매우 유쾌한 장소였다.

"이 첫 번째 도로표지판은" 내가 말했다. "주차장 사건과 관련하여 내가 원하는 상황을 가리키고 있어. 이 표지판을 따라가면 사건에 초점을 맞춰 전과는 다른 결과를 얻을 수 있게 코칭을 요청할 수 있지. 그래서 화를 내고 공격적으로 반응하는 대신, 실제 상황과 내가 원하는 상황의 차이를 다른 방식으로 다룰 수 있게 돼. 다른 주차 공간을 찾아보고 나중에 그 얌체 운전자를 다시 만났을 때, 그에게 미소를 지어 보일 여유를 갖게 되는 거지."

"당신은 성격상 그렇게 하지 못할 거예요." 사랄레가 말했다.

"맞아." 내가 대답했다. "두 번째 도로표지판은 주차장 사건과 관련하여 내가 원하는 상황을 새롭게 선택하는 길을 가리키고 있어." 나는 그 사건과 관련한 최초의 선택을 포기할 수 있으며, 새로운 도구로 무장한 만큼 이제까지 생각하지 못했던 결과를 선택할 수 있다고 말해주었다.

"세 번째 표지판은 사건과는 상관없이 완전히 새로운 무언가를 창조하는 길을 가리키고 있어. 그 사건에서 완전히 자유로워지는 가능성을 보여준다고나 할까? 이 길은 내 안에 잠재하는 힘과 도구의 도움을 받아 완전히 새로운 욕구를 찾아낼 수 있게 해주지."

집중해서 듣고 있던 사랄레는 네 번째 표지판에 이르자 기대에 찬 얼굴로 조용히 나를 바라보았다. 나는 네 번째 표지판은 스스로 비전을 창조해내는 길을 가리키고 있으며, 이는 주차장 사건은 잠시 뒤로 하고 미래를 내다보는 것을 의미한다고 말해주었다. 그리고 이 길을 택한다는 것은 내적인 본질을 나타내주는 욕구를 찾아내고 그 욕구를 실현할 수 있도록 코칭을 요청하는 것을 의미한다고 설명해주었다.

사랄레는 손으로 턱을 괸 채 듣고 있다가 이렇게 물었다.

"그래서 당신은 어떤 길을 택하고 싶은데요?"

나는 지금이 이렇게 심각하고 무거운 주제에 대해 대화하기에 적절한 시간인지 확신이 안 섰다.

그때 단순하게 생각하라는 츠비의 말이 떠올랐다. 나는 아내의 손을 잡고 내가 낼 수 있는 가장 안정적이고 평온한 목소리로 말했다. "사랄레, 나의 광고장이 인생은 끝났어."

그 순간 식탁 위로 벼락이 내려친 것 같았다. 나는 의구심이 깃든 사랄레의 눈을 들여다보았다. 마치 그녀에게 비수를 꽂은 느낌이었다. 나도 내가 한 말에 놀랐지만 이미 입 밖에 낸 터라 그냥 말을 계속했다.

"20년 전에 꿈꾸던 내 비전이 완벽하게 이루어져서 만족스러워. 그때의 내겐 목표가 있었고, 나는 그 목표를 이뤘어. 나는 신앙인들 사이에서 시장을 개척하려 했고, 그 꿈을 이룬 거야. 여기에는 당신의 도움도 컸지. 그래서 이제 솔직하게 말하려고 해. 이젠 천 달러를 벌겠다고 경쟁 회사들과 싸우는 일을 계속하고 싶지 않아. 광고 분야에서 내가 할 말은 다했어. 이제는 새로운 지평을 찾고 미지의 세계를 탐험하고 새로운 비전을 갖고 살고 싶어."

나는 이런 종류의 대화에는 익숙하지 않았다. 이것은 우리가 일상적으로 하는 대화와는 완전히 달랐다. 사실 우리 두 사람 다 이런 종류의 대화에 익숙하지 않았다. 방 안 공기가 무거워졌다.

"그럼 사업은 어떻게 되는 거예요? 생활비는 어떻게 하고요? 지난 30년간 당신 손으로 일궈온 모든 것들은 어떻게 되는 거예요?" 사랄레가 눈물을 흘리며 말했다.

"우리가 함께 일궈온 것들이지." 내가 말했다.

"맞아요. 하지만 회사를 이끌어온 사람은 당신이었지요. 당신이 대표이고 리더였어요. 나는 모든 것을 당신과 함께 해왔고요. 그런데 이제 당신은 일을 그만두겠다고 말하는군요. 기차에서 내리겠다고요. 내가 제대로 들은 거 맞아요? 그게 당신이 말하려는 거예요?"

더욱 분위기가 무거워졌다. 나는 대화가 이런 식으로 전개되기를 원했던 게 아니었다. 사랄레는 대체로 나의 기벽과 기행을 이해와 믿음으로 감싸주는 편이다. 그런데 지금은 뭔가 낯선 것이 그녀를 건드려서 놀라움과 두려움이 이해와 믿음의 자리를 대신했다. 나는 뭔가 잘못되었다고 느꼈다. 갑자기 두려워졌다.

"당신, 왜 그래?" 나는 진심으로 걱정이 되었다. '내가 왜 이럴까?' 내면의 목소리가 현명한 답을 제시해주면 좋으련만 내면의 목소리는 아무말이 없었다.

"내일은 내일의 해가 뜨겠죠." 사랄레가 말했다. "앞으로 며칠간 천천히 생각해보기로 해요. 일을 그만두면 뭘 하고 싶은데요?"

"잘 모르겠어." 내가 말했다.

이 대답은 최악이었다. 사랄레는 알 수 없다는 표정으로 나를 바라보았다. 그녀의 눈에 두려움의 빛이 담겨 있었다. 상황은 점점 꼬여 마음이 불편해지면서 죄책감마저 들었다. 나는 내가 하기 싫어하는 것이 무엇인지는 알고 있었지만, 무엇을 하고 싶은지는 알지 못했다. 이런 종류의 불확실성은 매사를 지나칠 정도로 꼼꼼하게 따지는 나 같은 사람에게는 어울리지 않았다. 내게는 국가國歌에 '노No!'라는 단어가 반복되고 모든 신호등에 빨간불이 들어온 그런 나라를 창건할 권리가 없었다.

일상이 반복되던 며칠 뒤, 회사의 최고재무책임자CFO인 아디가 늘 그렇듯 블랙커피를 들고 내 사무실에 들어와 문을 닫고는 빨려 들어갈 듯한 녹색 눈으로 나를 빤히 바라보았다.

"무슨 일 있으세요?" 그녀가 말했다.

나는 대답하지 않았다. 아디가 내 얼굴에서 무언가를 눈치챌까봐 걱정스러웠다. 역시 짐작했던 대로였다.

"요즘 통 일에 관심을 보이지 않으시더군요." 아디가 말했다. "대체 어떻게 된 거예요?"

나는 아무 내색도 하지 않았다. "걱정거리가 좀 있어서 그렇다네." 내가 대답했다.

"새로운 고객이 몰려들고 금년 매출도 사장님이 야심차게 설정한 목표에 가까워지고 있어요. 올해 초만 해도 사장님이 제시한 목표 때문에 머리가 아팠는데 이제 그 목표치를 넘어서려 하고 있다고요. 그런데 왜 그렇게 표정이 안 좋으신 거죠?"

"그럴 리가?" 내가 대답했다. "하룻밤 자고 나면 좋아질 걸세."

며칠 뒤의 어느 날 밤, 사랄레가 말했다. "직원 두 명이 커피머신 옆에서 이야기하는 것을 들었는데, 한 사람이 걱정스러운 어조로 그러더군요. 당신이 회의 시간에 집중하지 못하고 딴생각을 하고 있다고요. 당신이 사업에서 마음이 떠난 것을 직원들이 눈치 채고 있어요. 대체 어쩌려고 그래요?"

나는 츠비에게 전화해서 내게 일어난 일을 이야기했다. 그리고 우리가 생각해낸 네 갈래 길로는 코칭을 시작할 수 없을 것 같다고 말했다.

"도로표지판 세 개는 사라져버렸어요. 교통부에서 철거해 갔지요. 커다란 표지판 하나만 남아 있는데 그게 무엇을 의미하는지 모르겠어요. 어쩌면 비전일지도 모르죠."

츠비는 웃음을 터뜨렸다.

"제가 두 주 후에 예루살렘에서 비전 세미나를 개최하는데 거기에 참석하실래요? 참석하신다면 관련 자료들을 보내드릴게요. 이미 알고 계시는 것도 있겠지만, 그 시간을 최대한 유익하게 보내시려면 예습을 해두는 것도 나쁘지 않으니까요. 어때요, 휴가를 내서 세미나에 참석하실 수 있겠어요? 한 열 시간쯤 걸릴 거예요."

이번엔 내가 웃을 차례였다. "벌써부터 직원들 사이에 내가 회사 일에 무관심한 것 같다는 얘기가 돌고 있답니다. 세미나에 참석하지요. 명단에 제 이름을 올려주세요." 내가 말했다.

"참석하신다니 기쁘군요." 츠비가 대답했다. "비전이 생기면 모든 게 훨씬 더 분명해질 거예요. 준비하실 수 있도록 연습 과제를 보내드리죠. 당신이 읽은 《상자에서 나오기》를 토대로 한 것이랍니다."

그래서 나는 새로운 비전을 얻게 되리라는 희망을 안고 2주일을 기다리게 되었다.

나는 그 두 주 동안 명료하게 사고하는 법을 익히는 데 최선을 다하기로 마음먹었다. 그래야 내가 원하고 꿈꾸는 것이 무엇인지를 명확하게 알 수 있을 테니까.

나는 내가 무엇을 원하는지를 분명히 알고 세미나에 참석하고 싶었다. 자수성가한 사업가인 나는, 내가 원하는 것을 해본 적이 거의 없었다. 내 삶은 고객의 소망을 이루는 데 헌신된 것이었고, 당연히 다른 사람들이 내게 무엇을 원하느냐고 물어온 적도 거의 없었다. 게다가 비즈니스 세계에서 이런 질문은 개인보다는 사업의 성장과 더 관련이 있기 마련이다. 그러나 이제 내가 이 무한한 우주에 대고 "나는 무엇을 원하는가?" 하고 물었을 때 그것은 새로운 의미로 돌아왔다. 하지만 내가 무엇을 원하는지는 여전히 알 수 없었다.

사랄레와 나는 다음 두 주 동안 내가 일주일에 한 번만 사무실에 나가는 것으로 합의를 보았다. 나는 이 기간을 잘 활용하고 싶어서 고객에게 하듯 나 자신에게 프레젠테이션을 하기로 했다. 내가 진정으로 원하는 것에 대한 프레젠테이션을 준비하면 좋을 것 같았다.

나는 파워포인트를 열어 '내가 원하는 것들'이라는 제목의 인상적인 첫 페이지를 만들어놓고는 마치 정신 나간 사람처럼 하루 종일 그 화면을 들여다보았다. 그러나 그다음에 뭐라고 써야 할지 좀처럼 생각이 나지 않았다. 아마 엑스선 촬영을 한다고 해도 '내가 원하는 것들'의 근육을 발견할 수는 없으리라. 이미 오래전에 죽어버렸으니까.

나는 프레젠테이션을 준비하기 전에 과연 내가 진정으로 원하는 게 있는지, 만약 그런 게 있다면 그게 무엇인지 알아보기로 했다. 조금이라도 마음이 가는 것들을 떠올려보니 하나둘씩 생각나기 시작했다.

나는 로스앤젤레스로 여행을 가고 싶고, 웃음 치료사가 되고 싶고, 토라를 공부하고 싶고, 랍비가 되고 싶고, TV 광고 문안을 작성하고 싶고, 파일럿 면허증을 따서 경비행기를 몰고 싶고, 책을 쓰고 싶고, 자본가들을 모아 베이트오렌 키부츠를 사들여 그것을 토라 공부와 예술 활동을 위한 문화 공간으로 개조하고 싶고, 정당을 설립하고 싶고, 노래를 작곡하고 싶고, 만화를 그리고 싶고, 세계 일주를 하고 싶고, 몇 달간 아르헨티나 남부에서 가우초(gaucho, 남미 초원지대에 사는 카우보이)들과 생활하고 싶고, 카발라를 공부하고 싶고, 가족에게 헌신하고 싶고, 유년 시절과 군대 시절의 친구들을 만나고 싶고, 자유낙하를 해보고 싶고, 캐나다에 사는 친구 파드를 보러가고 싶고, 정보기관에서 일해보고 싶고, 피아노를 배우고 싶고, 패러글라이더를 사고 싶고, 영화 연출을 공부하고 싶고, 심리학을 공부하고 싶고, 어머니와의 관계를 개선하고 싶었다.

나는 의사결정 나무(decision tree, 거꾸로 된 나무 모양의 도표로, 각 선택지를 고를 때 나타나는 결과를 보여준다)를 그린 뒤, 내가 하고 싶은 일들을 적었다. 제목은 '선물'로 정하고 부제는 '내가 원하는 것들'이라고 붙였다. 그 후 내가 적어 넣은 것들 위에 '일급비밀'이라고 쓰고 의사결정 나무 파일에 엉뚱한 파일 제목을 붙여두었다. 아이들의 호기심 어린 시선을 피하고 싶었기 때문이다. 아이들이 아버지가 제정신이 아니라거나 누군가가 아버지의 잘 정돈된 컴퓨터에 '트로이의 목마'를 심어두었다고 생각하게 할 수는 없지 않은가. 나는 프레젠테이션을 다시 한 번 살펴보고는 그 위에 적힌 것들을 전부 포함하기로 마음먹었다.

'스스로를 존중하도록 해.' 내면의 목소리가 나를 격려했다. '하고 싶다고 생각되는 게 있으면 하나도 빠뜨리지 말고 점검해봐. 놀랍게 여겨지는 것들에 대해서도 함부로 판단하지 말고. 하고 싶은 일을 잘 보이는 곳에 적어놓고 편한 마음으로 생각해. 그동안 시간이 없었거나 여건이 허락되지 않아서 할 수 없었던 일들에 대한 네 안의 새로운 욕구들을 알아가도록 노력해봐.'

나는 두려웠다. 프레젠테이션을 들여다볼 때면 나는 다른 사람이 불쑥 문을 열고 들어와 나를 놀라게 하는 일이 없게 하려고 방문을 걸어 잠갔다. 문을 잠그고 혼자 있을 때면, 마치 동굴 속에서 금괴를 세는 해적이 된 기분이었다. 아니, 사실 나는 해적이었다. 스스로에게서 자신만의 욕구와 기회를 박탈한 채 오직 필요를 충족시키고 생계수단을 얻는 데 전 생애를 바친 해적. 나는 허클베리 핀처럼 거기 앉아서 반짝이는 보물들을 감상할 뿐이었다.

《상자에서 나오기》와 연관된 연습 과제를 받았을 때, 나는 이것이 내가 원하는 대로의 삶을 선택하고 설계할 수 있는 좋은 기회임을 알았다.

상자에서 나오기 ― 상자에서 나와 어디로 갈 것인가?

(《상자에서 나오기》를 읽은 사람들에게 바친다.)

'상자에서 나오기'는 상자 바깥에서 어떤 일들이 가능한지에 대해 많은 것을 가르쳐준다. 우리가 상자 안에 있다는 사실을 알기만 해도 자신을 있는 그대로 받아들이게 되어 문을 열고 새로운 곳을 찾아 나서게 된다. 상자 안에 있을 때는 시야가 좁고, 상자 속에서 편안함을 즐기고 있다는 사실을 인정하기가 쉽지 않다. 반대로 익숙하고 편안한 상자를 떠나기가 두렵다는 것을 인정하는 것도 쉬운 일은 아니다. 상자 바깥에 무엇이 기다리고 있을지 누가 알겠는가?

우리는 대개 상자에서 나오는 것을 바람직한 행위이자 이상이며 완전한 자유에 대한 갈망의 성취로 여긴다. 마치 상자에서 나오는 순간 모든 상황이 좋아지기라도 하는 것처럼. 어둠에서 빛으로, 감옥에서 바깥 자유로운 세상으로 나오기라도 하는 것처럼. 그래서 우리는 직장을 그만두고 배우자와 이혼하고 온전한 자유를 찾고자 한다.

그러나 그 후에는 어떻게 되는가?

우리가 인생의 커다란 변화를 겪고 상자에서 나왔다 치자. 그다음엔 어쩌할 것인가? '바깥'에 머물러 있을 것인가? 어디로 가야 하는가? 우리는 상자에서 나오는 것을 사전에 계획한, 극적이고 일회적인 사건이라 여긴다. 그리고 상자에서 나오면 갇혀 있을 때 경험하지 못했던 진짜 삶이 펼쳐지리라 생각한다. 하지만 상자에서 나온 지금 우리는 어디로 가야 하는가?

유대식 코칭에서는 이 문제를 다음과 같이 접근한다. '상자에서 나오기'라는 표현에는 누군가가 우리를 강제로 상자 안에 밀어 넣었으며 이제 상자 밖으로 나와서 다행이라는 의미가 내포되어 있다. 상자에서 나온다는 것은 우리가 독립과 자기표현에 성공했다는 증거이다. 그러나 사실, 상자 바깥에서 살기란 불가능하다. 우리가 원하는 삶을 살고 소중히 여기는 가치에 따라 살려면 상자가 필요하다. 상자를 떠나면 살 공간이 없고, 책임감이나 의무감도 없으며, 욕구를 실현할 기회도 없다. 따라서 상자 밖으로 나오는 행위를 새로운 상자를 마련하는 계획의 일환으로 삼을 때에만 우리가 원하는 행복한 삶을 살 수 있다.

그런데 이 모든 것은 개인적인 삶뿐만 아니라 결혼생활이나 가정생활, 사회생활에도 그대로 적용된다. 상자를 떠나는 것은 해야 할 일의 절반일 뿐이다. 그럼에도 사람들은 '상자 떠나기' 자체만으로도 멋진 계획이라고 여긴다. 그러나 나머

지 절반, 즉 새로운 상자를 만들고 그 안에 들어가 행복하게 사는 것을 실행할
준비가 되어 있을 때 비로소 우리는 모든 존재의 참된 구조가 가능하다는 것을
알게 된다.

잠시 토라의 일부를 들여다보기로 하자. 카발라에 의하면 영혼에는 '영원한 기
도처'라고 알려진 근본적인 구조가 있다고 한다.

다음과 같은 여섯 개의 영원한 계명으로 만든 방을 한번 상상해보라.

- **믿음** "나는 너를 애굽 땅, 종 되었던 집에서 인도해낸 네 하나님 여호와니라."
  《출애굽기》 20장 2절)―천장
- **하나님 이외의 다른 신을 섬기지 말 것** "너는 나 외에는 다른 신들을 네게 두지
  말라."《출애굽기》 20장 3절)―바닥
- **하나님의 유일하심** "이스라엘아 들으라, 우리 하나님 여호와는 오직 유일한 여
  호와이시니."《신명기》 6장 4절)―정면 벽
- **사랑** "너는 마음을 다하고 뜻을 다하고 힘을 다하여 네 하나님 여호와를 사랑
  하라."《신명기》 6장 5절)―오른쪽 벽
- **경외** "네 하나님 여호와를 경외하라."《신명기》 10장 20절)―왼쪽 벽
- **신실함** "너희를 방종하게 하는 자신의 마음과 눈의 욕심을 따라 음행하지 말
  라."《민수기》 15장 39절)―뒤쪽 벽

이제 우리 앞에 놓인 과제로 돌아가자. 상자에서 나오는 것은 새로운 상자를 선
택할 때에만 가치가 있다는 것을 기억하라. 상자에서 나오는 일에 익숙해지도록
우리가 원하는 삶을 살 수 있는 새로운 상자를 만들어보자. 이것은 우리가 소중
히 여기는 모든 가치와 특성들을 나타내주는 '우리가 선택한 미래'를 설계하는
연습이다. 이 연습 과제의 주된 목표는 노예 상태에서 자유로, 다시 자유에서 의
무로 옮겨가는 데 있다.

'상자에서 나오기' 연습
1부
1. 상자(실제 상황을 나타내는)를 그리고 상자의 여섯 개 면(네 개의 면과 천장, 바
   닥)이 당신에게 의미하는 바를 쓰라.
2. 여섯 개의 면이 당신의 삶에서 어떤 의미가 있는지 기술하라.

2부

1. 당신의 삶에서 중요한 가치가 무엇인지 살펴보고, 주된 가치 여섯 개를 선택하라.
2. 당신이 그 안에서 살고 싶은 또 하나의 상자(당신이 원하는 상황을 나타내는)를 그려보라.
3. 상자의 여섯 개 면에 주된 가치 여섯 개의 이름을 하나씩 써라.
4. 당신이 그 안에서 살고 싶은 상자(혹은 삶)에 이름을 붙여라.
5. 당신이 선택한 새로운 상자 안에서의 삶이란 무엇인지 자세히 묘사하라.

3부

상자의 활용 범위를 넓혀 다른 상자를 만들어보라. 여기 몇 가지 아이디어가 있다.

a. 결혼생활을 위한 상자
b. 가정생활을 위한 상자
c. 영성을 위한 상자
d. 직장생활을 위한 상자

* 이 연습 과제는 랍비 이츠하크 긴즈버그의 저서 《신적인 공간에 살기: 카발라와 명상(Living on the Divine Space: Kabbalah and Meditation)》을 토대로 작성하였다.

나는 사랄레와의 대화를 통해 그녀가 회사 운영에 점점 더 깊이 관여하게 되었고, 늘 직원들에게 둘러싸여 전문적이고 행정적인 일들을 처리하고 있다는 것을 알게 되었다. 직원들로서는 회사의 전반적인 일을 지휘할 사람이 늘 곁에 있다는 것이 반가웠을 것이다.

어느 날 아침, 나는 프레젠테이션을 들여다보다가 높은 곳에 올라가 가만히 바람 소리에 귀 기울이며 주변을 둘러보고 싶은 강렬한 충동에 사로잡혔다. 돌아올 수 없는 영원한 혼돈의 세계로 들어가고 있는 게 아닌가 싶어 걱정스러웠지만, 내면의 목소리가 나를 격려해주었다. '포기하지 마! 걱정하는 건 네 오랜 습관 탓이야. 리치먼을 떠올려봐. 네겐 네가 원하는 것을 추구할 자유가 있어. 설명하거나 이해하려 하지 말고 그냥 단순하게 기쁨을 누리도록 해.'

나는 아들 메이르에게 전화했다.

"잘 지내지, 메이르? 하루쯤 휴가를 낼 수 있겠니?"

"무슨 급한 일이라도 있으세요?"

"아니, 하지만 중요한 일이지. 내일 등산을 할 생각인데 같이 가지 않겠니?"

"어디로요?"

"높은 산으로."

"높은 산 어디로요?"

"아직 결정하지 않았다. 산 정상이나 절벽 같은 곳에 서서 아래를 내려다보고 싶구나. 같이 갈 거지?"

"네, 안 그래도 아버지와 의논하고 싶은 게 몇 가지 있었어요." 메이르가 말했다.

다음 날, 나는 가는 길에 메이르를 차에 태워 길보아 산으로 갔다. 그리고 높은 산 정상에 서서 에인헤롯과 텔요세프 지역을 내려다보았다.

"타보르 산에 가보자." 내가 말했다.

"가고 싶으세요?" 메이르가 물었다.

"그래." 내가 대답했다.

우리는 타보르 산 정상에 올라 한동안 말없이 서 있었다.

"이제 무카라카 산으로 가자." 내가 말했다.

"그러고 싶으세요?" 메이르가 물었다.

"그래." 내가 대답했다.

무카라카 산에서는 태양의 아름다운 붉은 빛이 스불론 계곡을 비스듬히 내리비치고 있었다. 계곡은 아주 고요했다.

"이걸 보고 싶으셨어요?"

"그래, 이제 서둘러 베이트오렌으로 가서 저녁노을을 감상하자."

돌아오는 길에 우리는 메이르가 고민하던 것에 대해 대화를 나눴다. 헤어지면서 내가 다음 여행은 '흐르는 물소리'를 듣는 여행이 될 것이라고 말하자 메이르는 눈썹을 추켜올렸다.

"흐르는 물가에 앉아 가만히 귀를 기울이고 싶구나. 나는 에너지를 축적하는 중이란다. 내가 하고 싶은 일을 이해하려고 애쓰기보다는 그냥 하기로 했어. 같이 가면 좋겠지만 꼭 같이 가지 않아도 괜찮단다. 혼자 가도 되니까."

"같이 갈게요." 메이르가 말했다. 우리는 포옹을 하고 헤어졌다.

그날 밤, 나는 방문을 걸어 잠근 뒤 프레젠테이션을 보며 '고지대 여행'이라고 쓴 네모 칸의 색을 녹색(희망 사항)에서 파란색(실행)으로 바꿨다.

잠시 후 츠비에게서 전화가 걸려왔다. 그는 올리브 산에 있는 세븐 아치 호텔에서 열릴 세미나에 대비해 읽어두어야 할 워크시트를 보냈다고 말했다. "화요일 오전 8시 반에 커피와 케이크로 간단한 아침식사를 하고 9시부터 시작할 겁니다." 츠비는 세미나에 대해 그 어느 때보다도 열정적으로 이야기했다. 나는 컴퓨터를 켜서 도착한 파일을 확인하고는 내가 사랑하는 세계인 미래의 세계로 빠져들었다. 첫 페이지에는 세미나 프로그램이 있었다.

비전 세미나
- **진행자** 츠비 예후다이와 보조 코치들
- **일시** 화요일 8:30~19:00
- **장소** 예루살렘 올리브 산 세븐 아치 호텔

비전은 GPS일 뿐만 아니라 땅에서 하늘로 뻗은 사다리이기도 합니다. 그것은 극단을 이어주는 가교로, 우리는 사다리를 잡고 올라감으로써 현재 있는 곳에서 미래에 있고 싶은 곳으로 옮겨갑니다.
선택할 자유와 그것을 실현할 의무는 하늘과 땅이 만나는 지점에 있습니다.

목표
이 세미나의 목표는 참가자가 개인적인 비전을 세우고 그것을 실제적인 방식으로 실현하는 데 필요한 도구를 얻는 것입니다.

연구 내용
- 나의 미래는 어떤 모습일까?
- 비전 안에 숨겨진 힘과 사고 과정
- 꿈을 비전으로 바꾸는 법
- 상자에서 나와 어디로 갈 것인가?
- 비전의 정의·구조·내용
- 내가 선택한 미래, 그리고 기본적인 가치에 기초한 미래의 모습
- 비전을 글로 표현하는 법
- 일상생활에서 비전을 실현하는 법
- 목표를 실현하기 위한 '돌파 프로젝트'와 그 결과에 대한 평가

연구 방법
- 이론적인 프로그램과 실제적인 프로그램
- 영화와 프레젠테이션
- 연습 과제(개인별·파트너별·팀별)
- 비전을 글로 쓰고 발표하기

세미나 참가자들에게는 사전에 관련 자료와 참고 서적 리스트를 보내드리겠습니다. 그리고 부가적인 자료들은 세미나장에서 나눠드리겠습니다.

행운을 빕니다! 모두 잘 해내시기를……,
츠비 드림.

며칠 뒤, 참고 자료 리스트가 든 두 번째 파일이 도착했다. 자료의 다양함이나 분량으로 볼 때 다른 모든 일을 중단하고 전적으로 비전 세미나 준비에 매달려야 할 지경이었다.

자료들을 재빨리 눈으로 훑어보니 가정이나 기관, 사업체, 국가뿐만 아니라 사람들의 삶에도 비전이 중요함을 알 수 있었다. 자료의 제일 앞에는 츠비의 두 번째 편지가 있었다.

세미나 참가자 여러분께!

여러분을 모시고 비전 세미나를 개최하게 되어 기쁘고 감사한 마음입니다.
우리는 주변에서 리더십이나 명확한 이상에 기초한 파트너십을 원하거나 우리가 실제로 이루고자 하는 모든 것을 나타내줄 위대한 일들을 실현하고자 하는 사람들의 이야기를 종종 듣습니다.
우리는 하나님이 우리 안에 세상을 더 좋게 변화시킬 힘을 감추어두셨음을 압니다. 그리고 모든 것이 우리에게서 비롯된다는 것도 압니다. 따라서 비전 세미나에 등록하신 것은 이런 여정을 향한 중요한 첫걸음입니다. 그것은 여러분의 인생에 전환점이 될 획기적인 사건이며, 여러분 자신에 대한 분명한 선언입니다. 이 선언은 여러분의 남은 인생을 가장 내밀한 소망을 실현하는 데 헌신하겠다는 다짐입니다.
우리가 함께 올라갈 사다리에는 몇 개의 단이 있습니다. 모두가 뚜렷한 목표의식과 열린 마음으로 세미나에 참석하실 수 있게 다른 시각에서 비전을 제시하는 다양한 자료를 보내드립니다.

여러분 앞에 놓인 이 자료들에는 비전의 정의와 비전이 형성되는 과정, 비전을 실현하는 방법과 우리 안에 뿌리 박힌 내적인 욕구들 그리고 높은 이상을 가지고 비전을 추구하는 법에 대한 내용이 담겨 있습니다.

이것을 읽고 다음의 연습 과제를 하면, 비전 세미나에 참가하기에 적절한 마음가짐을 갖는 데 도움이 될 것입니다.

연습 과제

개인적으로 마음에 와 닿는 문구에 밑줄을 쳐라

• 밑줄 친 부분이 당신의 삶과 어떤 연관이 있는지 설명하라.

• 비전의 개념과 관련하여 마음속에 떠오르는 의문 세 가지를 말하라.

• 당신은 어떤 비전이 특히 중요하고 가치 있다고 느끼는가?

• 다음 질문에 대답하라: '나와 내 꿈의 접점은 어디인가?'

행운을 빌며,
츠비 드림

———————— 13장 ————————
비전 세미나

The Secret of
Jewish Coaching

13장 비전 세미나

•

당신은 경기장 안의 선수인가, 경기장 밖의 관객인가?
거주자와 사다리
돌파 프로젝트가 만든 경이로운 결과

•

밤이다.

드디어 내일이면 비전 세미나가 열린다.

츠비에게서 세미나 참석 여부를 확인하는, 어쩌면 예고된 전화가 걸려왔다. 나는 그가 보내준 자료들을 다 읽었고, '비전'이라는 주제가 내가 생각한 것보다 훨씬 더 중요한 것 같다고 말할 수 있어서 기뻤다. 츠비는 내가 세미나에서 많은 것을 얻어갈 수 있기를 바라며 자신도 내일이 몹시 기대된다고 말했다. 그는 세미나가 열리는 호텔이 템플 산 맞은편에 있고, 다양한 사람들이 세미나에 참석하며, 동기부여에 크게 도움이 되는 '비전'을 주제로 세미나를 열게 되었다는 사실에 고무되어 있었다. 우리는 다정하게 밤 인사를 나눈 뒤 전화를 끊었다.

나는 다시 워크시트의 연습 과제로 돌아왔다.

개인적으로 마음에 와 닿는 문구에 밑줄을 쳐라

나는 다음의 문구에 밑줄을 쳤다.

진리가 영원히 잊힐 위기에 처하는 경우는, 그 진리를 믿는 사람들에게 진리를 옹호할 용기가 없을 때뿐이다. 진리는 반대 세력에 의해 무너지지 않으며, 오직 그 진리를 좇는 사람들이 진리를 변호할 수 없을 만큼 약할 때에만 무너진다.

— 랍비 심숀 라파엘 히르시

진정으로 위대한 기업, 비전을 가진 탁월한 기업은 그 중심에 특정한 이념이 단단히 자리 잡고 있고 목표와 라이프스타일에 대한 포괄적인 전망이 있는 기업이다.

— 세베르 플로츠커,
〈예디오스 아로노스(Yedioth Ahronoth)〉지의 인기 있는 경제 평론가

유리얼 페레츠 중위(1998년 레바논 전쟁에서 사망)의 본질적인 비전. 이스라엘 땅, 조국애, 단결, 군인 정신, 연대 안의 훌륭한 소대.

과거로부터 배우고 미래를 계획하고 현재를 살라. 다시 말해서 지금 비전을 실현하라.

— 켄 블랜차드·제시 스토너,
《비전으로 가슴을 뛰게 하라(Full Steam Ahead)》 저자

우리는 살아서 공부하는 세대가 사용하는 모든 방법을 사용할 것이고, 학생들의 말하고 설교하는 역동적인 능력을 최대한 계발하고자 노력할 것입니다. 그래서 학생들이 경건하고 굳건하며 살아 있는 믿음 안에서 성스럽고 세속적인 모든 것에 대한 자신들의 생각을 분명하고 유창하게 표현할 수 있게 할 것입니다.

— 랍비 쿡,
〈메르카즈 하라브 예시바(유대 학자들을 위한 고등 교육기관) 설립의 비전〉

그리고 여기에 따르면 우리는 의지를 조종할 수는 있지만 바람을 조종할 수는 없다. 사람들에게 어떤 특정한 것을 바라도록 명령할 수는 없다는 뜻이다. 바람은 사람이 컨트롤할 수 없는 영혼과 관련된 것이기 때문이다. 그러나 사람에게 어떤 특정한 것을 원하도록 명령할 수는 있는데, 이는 그가 그 명령에 따름으로써 얻는 유익과 긍정적인 효과를 상상할 수 있고 따라서 그의 생각이 그런 방향으로 흘러갈 것이기 때문이다. 사람의

생각은 의지적으로 선택하는 게 가능하다.

── 〈레위기〉 1장 3~4절에 대한 맬빔의 주석

헤르츨은 현실에서 유리되어 있는 듯합니다. 아닌 게 아니라 그는 우울한 현실에서 벗어나 꿈을 좇는 현실을 창조했습니다. 나는 교훈을 얻고자 하는 마음으로 지난날을 돌아보다. 시온주의자들이 지닌 꿈의 가장 큰 문제점은 그 꿈이 제한적일 수도 있다는 사실임을 깨달았습니다. 왜냐하면, 현실은 그 중요성과 힘에 있어서 시온주의의 꿈을 훨씬 능가하기 때문입니다. 물론 시온주의의 비전이 없었다면 아무 일도 일어나지 않았겠지만, 우리는 그보다 훨씬 더 큰 비전을 가질 수도 있었습니다.

── 시온주의 운동의 창시자 테어도어 헤르츨을 기리는
시몬 페레스 대통령의 2009년 연설문

• 밑줄 친 부분이 당신의 개인적인 삶과 어떤 연관이 있는가?

내적인 자유는 내면의 의지를 드러내는 데 필요한 전제조건이다. 사실 사업하는 사람들의 가장 큰 자산은 비전이며, 이것은 돈을 벌고자 하는 욕구보다 더 중요하다. 비전을 갖는 것은 나이나 직위에 상관없이 누구에게나 필수적이다. 비전은 과거와 미래를 현재의 삶에서 만나게 해주는 힘이 있다. 나는 내 생각과 감정을 분명하고 유창하게 표현할 수 있어야 한다. 내가 선택하기에 따라 생각이 달라질 수 있으며, 때때로 현실은 꿈을 훨씬 능가한다.

• 나와 내 꿈의 접점은 어디인가?

비전을 실현하며 30년을 보낸 지금, 나와 내 꿈은 더 이상 함께하지 않는다. 감사하게도 내가 예전에 품었던 비전은 실현되었고, 나는 막연한 동경을 간직한 채 홀로 남겨졌다.

• 당신은 어떤 비전이 특히 중요하고 가치 있다고 느끼는가?

메르카즈 하라브 예시바 설립의 비전이 특히 중요하다고 느낀다. 오늘날 메르카즈 하라브 예시바 졸업생들은 랍비 쿡이 생각한 그런 사람들이 되어 있으며, 이는 특히 감동적이다.

• 비전의 개념과 관련하여 마음속에 떠오르는 의문점 세 가지는 무엇인가?

나는 무엇을 원하는가? 어떻게 하면 내 안의 여러 욕구 중 최선의 것을 선택할 수 있을까? 내가 무언가를 진정으로 원하고 있기는 한 것일까?

갑자기 '비전'이라는 단어를 다루기가 버거워졌다. 나는 중압감을 느끼기 시작했다. 마치 이 모든 게 나와 내 삶과 관련 있고, 여기에는 명료함이 요구된다는 것을 이해하기라도 한 것처럼.

나는 세미나를 기다리는 2주간의 혼란스러운 시기에 '나'를 찾으려고 그렇게 노력했으면서도 결국 스스로에 대한 명료한 이해에는 도달하지 못했다. 내가 이런 세미나에 참가하는 것은 시기상조가 아닐까? 스스로에게 집중할 수 있을 만큼 안정된 사람들은 세미나에 참가해도 되겠지만 나 같은 사람은 내 안의 무수한 욕구를 떠올리며 의심의 바다 위를 떠다니게 되는 것은 아닐까? 도로표지판은 어디에 있는가? 길은 어디에 있는가? 명료함은 어디에 있는가?

'이봐!' 내면의 목소리가 나를 불렀다. '바로 거기에 세미나의 목적이 있는 거야. 내일 네 비전을 찾을 수 있다면 더할 나위 없이 좋겠지. 하지만 찾지 못한다고 해도 비전이 무엇으로 구성되어 있고, 어떻게 형성되는지에 대해서 알게 되지 않을까? 세미나 프로그램에 그렇게 쓰여 있었잖아.'

잠시 침묵이 흘렀다.

'어쩌면 너는 많은 것을 원하고 있지만 그 어느 것도 진정으로 바라지는 않는지도 몰라.'

"우와, 질문이 점점 예리해지는데. 내일은 힘든 하루가 되겠는걸."

나는 전에 만든 프레젠테이션을 처음에는 '원함'의 관점에서, 그다음에는 '바람'의 관점에서 살펴보기로 했다.

문득 "내적인 자유는 내면의 의지를 드러내는 데 필요한 전제조건이다"라는 구절이 떠올랐다.

나는 숨이 가빠졌다. 인공호흡이 필요할 것 같았다. 나는 때때로 아침 일찍 일어나면 금방이라도 죽을 것 같은 상태가 된다. 심장이 마구 뛰면서 이유 없이 슬프고 우울한 기분에 사로잡히는 것이다. 그렇지만 지난 몇 년 사이에 그런 우울의 심연 속에 빠져들지 않고 스스로를 돌보는 법을 터득하게 되었다. 슬픈 기분이 들면 반송장 같은 몸을 이끌고 서재로 가서 '비타민'을 먹는다. 그러면 슬픔 대신 기쁨과 감사를 느낄 수 있다. 심지어 몸의 감각까지 달라져서 마치 내 몸의 모든 기운이 회복된 듯하다. '비타민'은 그때그때 다르지만 몇 가지 예를 들면 〈시편〉의 시들과 랍비 나흐만의 저서 《영혼의 분출The Outpouring of the Soul》, 랍비 쿡의 《성스러운 빛》 등이 있다.

지금은 사물에 대한 관조를 이야기하는 랍비 쿡의 글이 읽었다. 나는 《성스러운 빛》을 천천히 읽기 시작했다.

원한다면

세키나(shechinah, 신의 현현을 뜻함)의 빛이 온 우주를 비추는 것을 보라. 천국과 같고 유토피아와도 같은 그 빛이 어떻게 그대의 눈앞에서 삶의 구석구석을, 정신적이고 물질적인 온갖 측면을 비추는지 보라.

창조의 경이를

곰곰이 생각해보라. 멀리서 제시되는 어슴푸레한 계획으로서가 아니라 그대가 그 안에서 살아가는 현실로서의 경이를, 그 존재의 신성함을 생각해보라.

그대 자신을 알라

그리고 그대의 세계를 알라. 그대의 마음과 생각 하나하나가 어떻게 흘러가는지를 알라. 그대의 안에 있고 위에 있으며 그대를 둘러싸고 있는 삶의 근원을 찾으라. 그대가 그 안에 잠겨 있는, 영광스러운 빛으로 가득한 삶의 장엄을 찾으라.

그대 안에 있는 사랑을

그 사랑이 지닌 힘의 근원과 드높은 영광에까지 끌어올리라. 그리고 그 사랑의 모든 내적인 작용에까지, 오직 표현에 있어서의 어려움만이 그 빛을 작아지게 하는 불멸의 영혼의 모든 흐름에까지 그 폭을 넓히라.

빛을 보라

빛의 가장 본질적인 면을 들여다보라. 이름이나 어구, 자구들은 그대의 영혼을 집어삼키지 못한다. 그것들은 그대의 손 안에 있지만, 그대는 그것의 손 안에 있지 않기에.

더 높이 오르라

그대에겐 엄청난 힘이 있다. 그리고 독수리의 날개처럼 힘차게 날아오를 수 있는 영적인 날개가 있다. 날개가 있다는 것을 부인하지 말고 날개가 그대의 존재를 부인할까 두려워하라. 날개를 구하라. 그리하면 그 즉시 날개가 그대를 찾을지니.

귀하고 거룩한 이들은

우리에게 좋은 본보기가 된다. 그들은 우리에게, 특히 제한적인 영적 비전을 지닌 모든 이에게 꼭 필요한 존재이다. 그러나 우리는 과학적인 삶에 다가갈 때마다 손에 잡히지 않는 빛만이 손에 잡히는 사물 안에 퍼져 있는 천상의 영역에서 한 발짝도 움직일 수 없게 된다.

그리고 우리는

모든 생명이 거기에서부터 비롯되는 이 위대한 합일 속에서 의식의 한 가닥 한 가닥까지 영적인 기쁨을 누리도록 부름받았다.

이 글을 두 번 읽고 나자 호흡이 편안해지면서 고통 없이 공기를 가득 들이마실 수 있게 되었다.

갑자기 정체성 카드가 생각났다. 하지만 곧바로 정체성 카드를 꺼내지 않은 것을 보면, 나는 아직 정체성 카드에 익숙해지지 않은 것 같다.

사실 나는 정체성 카드를 활용하기보다는 예전의 습관에 따라 행동하곤 한다. 내가 정체성 카드의 도움을 받는 것을 보게 된다면 그것은 참으로 흥미로운 일일 것이다. 나는 정체성 카드를 꺼내기로 마음먹었다. 비록 그것이 사랄레가 잠들어 있는 침실 안 내 바지 호주머니 속 지갑 안에 있을지라도.

"무슨 일이에요?" 잠에서 깬 사랄레가 어두운 방에서 바지 호주머니를 뒤적이는 내게 물었다.

"아무것도 아니야. 그냥 정체성 카드를 찾고 있었어."

"뭐라고요??? 지금 몇 시예요?"

"새벽 두 시. 이제 나도 잘 거야."

나는 방에서 나와 계단에 걸터앉아 정체성 카드를 들여다보았다.

'본성'이라는 제목 밑의 '버림받을 것에 대한 두려움'과 '근원'이라는 제목 밑의 '행복, 순수'가 눈에 들어왔다. 그렇게 정체성 카드의 양면을 들여다보는 동안, 깊은 감동이 밀려왔다. 나는 계단에 앉아 내 안의 복잡한 것들과 내 안에서 작용하는 동기들을 들여다보았다. 나의 동물적 영혼은 내면 깊숙한 곳에 잠든 두려움을 깨우고, 나의 신적인 영혼은 내 안에 내가 그 사용법을 모르는 위대한 힘이 있음을 말해주었다.

나는 이 정체성 카드를 활용하여 나를 가로막는 힘을 찾아낼 수 있고, 내게 기운을 불어넣어 주는 본질적인 힘을 활성화할 수도 있음을 깨달았다. 이렇게 해서 새로운 삶을 '선택'할 수 있는 것이다. '할 수 있다'와 '선택한다' 사이에는 차이가 있다. 정체성 카드는 내가 할 수 있음을 보여주지만, 그에 앞서 선택할 것인지 아닌지를 결정하도록 촉구한다. 물론 선택하지 않는 것도 하나의 선택이다. 그러니 어떻게 해야 할 것인가? 이 질문은 나를 다시 초저녁 때의 상태로 돌려놓았다. 나는 여전히 내 안에 있는 힘을 어떻게 해야 할지 알지 못하지만 내적 위기에 봉착한 지금 그 힘들의 존재를 느낄 수는 있다. 이 사실이 내 안에 믿음과 기쁨을 불러일으켰다. 나는 자유라고 하는 유쾌한 감각에 에워싸인 채 잠자리에 들었다.

나는 세븐 아치 호텔 주차장에 차를 세웠다. 차에서 내리자 '바위의 돔The Dome of the Rock' 사원(예루살렘 성전 터에 세워진 이슬람 사원)이 보였다. 나는 놀람과 흥분, 겸손, 분노, 영적인 고양감을 비롯한 온갖 감정의 소용돌이에 휩쓸렸다. 내 앞에 '세상의 주춧돌'('바위의 돔' 사원 안에 있는 바위로, 이슬람교도와 유대인에게 신성시되는 곳. 이슬람 전설에 따르면 이슬람교 창시자인 마호메트가 이곳에서 하늘로 올라갔다고 하고, 유대인들은 이곳에서부터 세상이 창조되었다고 믿는다)과 한때 거룩한 성전이 있던 자리, 우리 신경 중추였던 곳에 세워진 거대한 모스크, 일본과 네덜란드 관광객으로 가득찬 버스, 손님을 기다리는 낙타 등이 있었다. 모두 사진을 찍느라 여념이 없었다.

나는 세미나장 안으로 들어갔다. 세미나장은 하객이 도착하기 직전의 결혼식장 같았다. 들뜨고 긴장된 분위기 속에 모든 게 잘 정돈되어 있었다. 테이블에는 흰 테이블보가 씌워져 있었고, 그 위에는 다양한 색깔의 폴더가 놓여 있었으며, 헬륨 풍선이 의자에 묶인 채 둥둥 떠다니고 있었다. 또 스크린과 화이트보드, 목재로 된 높다란 진행자석이 있었고, 한쪽 구석에는 커피와 케이크가 준비되어 있었다. 서로 모르는 사람들끼리 나지막한 목소리로 대화를 나누는 홀 안은 뭔가 특별한 것에 대한 기대감으로 충만했다.

"오셨군요." 가까이에서 츠비의 목소리가 들려왔다.

나는 신의 섭리에 의해 마련된 듯한 시간과 장소에서 그를 만난 게 몹시 기뻤다. 우리는 진한 포옹을 나누었다.

이름표를 단 많은 사람이 세미나장으로 들어왔다. 나는 츠비의 비전 세미나에 온 사람들이 무척 다양해서 놀랐다. 키파(작고 둥근 모양의 니트 모자로 유대교를 믿는 유대인의 상징이다)를 쓴 사람, 유대교 신자가 아닌 사람, 엄격한 정통파 유대교인도 있었다. 연령층도 다양했으며, 한 사람은 머리를 묶고 있었고 세 사람은 수염을 기르고 있었다. 와이셔츠를 입은 비즈니스맨이 있는가 하면 티셔츠를 입은 사람도 있었다.

"안녕하세요?" 츠비가 만면에 미소를 띤 채 연설을 시작했다. "세미나에 오신 것을 환영합니다. 여러분이 자기에게 온전히 하루를 투자하신 것을 보니 기쁘기 한량없군요. 오늘 여러분은 오직 한 가지, 바로 여러분 자신에게만 집중하게 될 것입니다. 이것은 여러분이 스스로에게 주는 놀라운 선물입니다. 저는 여러분 모두 몸과 마음이 이곳에 있기를 바랍니다. 여러분 앞에는 여러분의 이름이 쓰여 있는 좌석표가 놓여 있습니다. 지금은 이름이 여러분을 향하고 있지만 자신이 완전히 이곳에 와 있다는 느낌이 들면 제가 이름을 볼 수 있도록 좌석표를 돌려놓아 주시기 바랍니다."

아름다운 음악이 홀을 가득 채웠다. 츠비가 말을 이었다.

"사람들은 여기에 앉아 있다는 것이 바로 그들이 여기에 있다는 증거라고 믿습니다. 하지만 우리는 그렇지 않다는 것을 압니다. 여러분이 여기에 와 있는 것은 매우 중요하므로 저는 여러분에게 마음을 괴롭히는 생각에서 벗어나라고 말씀드리고 싶습니다. 아픈 아이나 부도난 수표, 미팅 약속이 잡혀 있는 고객, 깜빡 잊고 하지 못한 전화, 머릿속에서 떠나지 않는 일상의 자질구레한 일들에 대한 소소한 걱정들을 떨쳐버리고 온전히 여기에 몰입하십시오. 여러분 모두가 이곳에 와 있는 게 중요합니다. 여러분이 여기에 와 있지 않으면 아무 일도 일어나지 않을 테니까요. 그러니 여기 와 있기로 선택하십시오. 이곳은 오늘 여러분을 위한 최선의 장소입니다. 유쾌한 음악이 여러분을 여기에 있을 수 있도록, 그리고 집중할 수 있도록 도와줄 겁니다. 이 곡은 〈다윗의 시〉입니다. 이스라엘 아델슨이 작곡했지요."

츠비의 목소리가 그쳤다. 아름다운 음악이 흐르는 가운데 거대한 아치를 굽어보는 금빛 돔을 마주한 사람들은 '나는 완전히 여기에 와 있어요' 하는 의미의 미소를 지으며 좌석표를 돌려놓기 시작했다. 음악이 참으로 듣기 좋았다. 츠비는 사람들에게 각자의 방식으로 자기소개를 하라고 했다.

세미나장 안에는 변호사, 농부, 방송인, 편집자, 예시바 교장, 치과 의사, 조각가, 수입업자, 보험설계사, 회계사, 그래픽 디자이너, 코셔 음식(유대교의 율법에 따른 정결한 음식. 돼지고기나 조개류 등이 금지되며 육류와 유제품을 함께 먹거나 같은 그릇에 담지 못하게 되어 있다) 관리인, 예시바 교사, 제대를 앞둔 공군 소령, 초등학교 교사, 트라이애슬론 챔피언 등 다양한 사람이 있었다.

'참으로 다양하군!' 나는 이런 생각을 하며 자기소개를 했다. "저는 은퇴한 광고 회사 사장입니다."

자기소개가 끝나자 츠비가 말했다.

"오늘 일정에 대해 말씀드리겠습니다. 오늘은 여러분 자신에게 집중하십시오. 여기에 있는 모든 것은 여러분이 배우고 익히고 즐기기 위한 것입니다. 세미나 프로그램은 여러분 앞에 놓인 파일 속에 들어 있습니다. 그리고 여러분 뒤쪽에는 코칭스태프가 앉아 있습니다. 스태프 여러분, 잠깐 자리에서 일어나 주시겠습니까?"

뒤를 돌아보니 '코치'라고 적힌 명찰을 단 사람들이 미소 짓고 있었다. 그들은 자기소개를 하며 세미나가 진행되는 동안 도움이 필요하면 손을 들라고 말했다.

"코치들은" 츠비가 말했다. "친절하고 긍정적이며 훈련이 아주 잘 된

팀입니다. 오늘 특별히 여러분을 위해 이 자리에 모였지요. 코치들을 많이 활용할수록 여러분이 얻는 유익도 클 것입니다."

'여기서는 모든 게 매우 전문적이고 능률적으로 이루어지고 있어.' 내면의 목소리가 기뻐했다.

츠비가 말을 이었다. "오늘은 '단순성, 기쁨, 결과'라고 하는 세 가지 원리에 따르도록 하겠습니다. 비전과 관련하여 여러분 앞에 펼쳐진 풍경보다 더 감동적이고 잘 어울리는 광경도 없을 것입니다.

지금 우리가 놀라운 비전을 간직한 곳을 내려다보고 있다는 것에 대해서는 굳이 설명할 필요가 없겠지요. 우리 조상들은 바로 이 비전을 갖고 있었습니다. 이집트를 탈출한 우리 조상들은 이 비전을 공유했습니다. 이 비전은 1, 2차 성전 건립 때 부분적으로 구현되었으며, 그때 이후로 이 비전은 유대인 한 사람 한 사람의 가슴 속에 살아 있습니다.

모든 유대인의 내면에는 유대 민족의 꿈이라고 하는 불씨가 감추어져 있습니다. 이 불씨는 우리 각자의 내면에 삶의 불꽃을 피워 올릴 힘이 있으며, 그 불꽃이 우리 삶의 전 영역을 비출 수 있도록 그 빛을 밝게 할 힘이 있습니다. 저는 여러분에게 긍정적인 제안을 하나 하고자 합니다. 오늘 여러분은 비전을 창조하고 그것을 글로 표현하는 법을 배우고 여러분의 사명을 드러내 줄 내적인 여행을 하게 될 겁니다. 시간이 부족해서 자신의 비전을 명확하게 정의할 수 없는 분은 일단 비전을 글로 표현하는 법을 배우는 데 집중하시고 나머지는 집에 가서 하시기 바랍니다. 그것이 비전을 글로 표현하는 법이나 비전이 무엇인지도 모르는 채이곳을 떠나는 것보다 나을 겁니다. 여기에 대해서는 나중에 다시 말씀드리도록 하지요.

옆방에 영화를 감상할 수 있는 시설을 갖추어 놓았습니다. 그곳에서 여러분은 비전과 관련 있는 영화를 보고 비전을 글로 표현하는 법을 배우게 될 겁니다. 아, 깜빡 잊을 뻔했군요. 다른 근사한 영화관처럼 여기도 방 한 편에 각종 음료수가 들어 있는 냉장고가 비치되어 있답니다."

'오길 잘했군.' 내면의 목소리가 명랑한 목소리로 말했다.

"마지막으로 의자에 매어 놓은 풍선에 대해 말씀드리겠습니다."

나는 고개를 들어 풍선을 쳐다보았다. 축제 분위기를 물씬 풍기는 빨간 풍선이 내 머리 위를 떠다니고 있었다.

"이 풍선은 여러분의 꿈입니다." 츠비가 설명했다. "풍선이 여러분을 떠나 천장으로 날아가는 일이 없도록 하십시오. 자기의 풍선을 잘 지키시기 바랍니다.

우리는 살면서 너무나 많은 꿈을 날려보냅니다. 그러고는 '이제 어떡하지?' 하고 자문합니다. 그래서 이런 말씀을 드리고자 합니다. '오늘은 여러분의 꿈이 사라지지 않게 하십시오'라고요. 풍선을 잘 돌보십시오. 오늘 우리는 꿈을 실현하는 법을 배울 것입니다. 그러나 꿈이 눈앞에서 사라지지 않도록 하는 게 먼저입니다."

"제가 말씀드리는 동안 다른 코치들이 도화지와 크레용을 나눠드릴 겁니다."

또다시 기분 좋은 음악이 방안을 가득 채웠다. 츠비가 말을 이었다.

"이제 여러분의 꿈을 그림으로 표현해보려고 합니다. 10년 후의 여러분이 어떤 모습일지 한번 그려보세요. 단, 그림을 그릴 때는 평소에 글씨를 쓰거나 그림을 그리지 않는 손으로 그리시기 바랍니다. 지금은 그림을 배우는 시간이 아니라 다양한 감정과 뇌의 창조적인 부분을 활용하는 시간이니까요. 시간을 갖고 천천히 그리세요. 여러분에게 막대사탕을 나눠드리지요. 여러분이 꿈꾸는 미래에 여러분을 기다리고 있는 것들을 즐기세요."

나는 살짝 충격을 받았다. 하얀 도화지를 들여다보고는 있었지만 혼란스러운 나머지 미래의 내 모습을 떠올릴 수가 없었다.

'이게 뭐람?' 내면의 목소리가 한탄했다. '여기가 유치원인가? 어른들을 템플 산 앞에 모아놓고 그림을 그리라고 하다니, 이건 말도 안 돼!'

"여러분의 손은 대단히 지혜롭습니다." 츠비가 큰 목소리로 말했다. "손을 믿고 손이 움직이는 대로 따라가세요. 손을 이끌려고 하지 마세요. 손이 느낄 수 있게 해주세요. 여러분 안의 자유와 행복 세포를 가볍게 마사지해주세요. 지금 하는 활동이 유치원을 연상시키겠지만 곧 여러분도 인정하실 겁니다, 유치원 시절이 그리 나쁘지 않았다는 것을요. 여러분 중 많은 사람이 벌써 미래의 유치원으로 달려가는 게 보이는군요. 오호, 대단하네요! 그림을 그리면서 즐기는 것을 잊지 마세요."

세미나장이 조용해졌다. 주위를 둘러보니 모두 상체를 살짝 굽힌 채 열심히 색칠을 하고 있었다. 눈을 감고 생각에 잠기기도 하고 웃으며 즐거워하기도 하면서 마음속에 있는 것들을 그려나갔다. 이미 인생에서 무언가를 이룬 진지한 성인들이 대낮에 템플 산 맞은편에 앉아 크레용으로 그림을 그리고 있는 것이다. 나는 오렌지색 크레용을 꺼내 커다랗고 둥근 해를 그리기 시작했다. 해를 오렌지색으로 강렬하게 칠하면서 내 손이 하는 말에 귀를 기울였고, 손은 그 순간 오직 하고 싶은 일에 몰두해 있는 마음의 소리에 귀를 기울였다.

"1분 남았습니다." 츠비가 말했다.

나는 내가 그린 그림을 바라보았다. 푸른 하늘과 오렌지색 태양, 푸른 바다가 보였다. 오렌지를 가득 실은 커다란 하얀 배가 해안가에 닻을 내리고 있었다. 갑판에는 수천 명의 사람이 줄을 서 있었고 나는 사람들에게 커다란 오렌지를 하나씩 나눠주고 있었다.

"이제 한 사람씩 자기가 그린 그림을 들고 어떤 꿈을 표현한 것인지 설명해보기로 할까요?"

사람들이 자기가 그린 꿈에 대해 설명을 하고 나면 코치들이 그 그림을 벽에 걸었다.

"꿈에 둘러싸여 있는 것은 대단히 중요합니다." 츠비가 설명했다. "저녁이 되면 여러분은 아침에 꾸었던 꿈과 저녁에 꾼 꿈 사이에 어떤 차이가 있는지 알게 될 겁니다."

'근사하네!' 내면의 목소리가 감격해서 말했다. '덕분에 많은 생각을 하게 됐어.'

다음 시간은 이론 시간이었다. 우리는 비전이 무엇이고 어떤 힘을 가졌는지 의지와 '마음의 바람'이 무엇인지에 대해서도 배웠다. 또 비전을 지닌 사람들을 만나고, 비전의 구조와 비전을 글로 표현하는 방법을 익혔다.

이 시간에 내가 생각한 주된 아이디어는 비전이 사다리 같다는 것이었다. 비전을 사다리에 비유하니 모든 게 분명해졌다. 나는 슬라이드를 통해 그 끝이 하늘에 닿은 사다리를 보면서 이것이 내가 찾고 있던 것이라고 느꼈다. 뭔가 고상하고 지극히 이상적이면서도 내 삶의 깊은 곳에까지 스며드는 그 무엇, 그리고 일상의 간단하고 소소한 행동들을 통해 나타나는 그 무엇…….

'하루 종일 이런저런 아이디어들에 대해 이야기하고 설명하다 보면' 내면의 목소리가 말했다. '갑자기 모든 게 분명해지고 단순해지는 순간이 오지. 가서 비전이 뭔지 설명하도록 해. 비전은 사다리와 같다고 말하라고. 그래, 바로 그거야! 이 얼마나 멋진 생각이야!'

츠비는 시종일관 미소 띤 얼굴로 세미나를 인도했다. 사람들은 질문하고 배우며 기쁜 마음으로 전진했다가 혼란에 싸여 뒷걸음질을 치기도 하면서 점차 '비전'에 대한 생각을 정리해나갔다.

그때 츠비가 제안했다. "잠시 이야기 듣는 시간을 갖도록 할까요? 어때요, 이야기를 듣고 싶으세요?"

"네." 우리는 일제히 대답했다. "이야기를 듣고 싶어요."

"좋아요." 츠비가 대답했다. "거주자에 대한 이야기를 들려드리죠. 사람들은 그의 진짜 이름을 기억하지 못하고 모두 그를 '거주자'라고 불렀답니다. 그가 늘 '주님의 집에 거주하리, 거주하리, 거주하리' 하고 노래했기 때문이지요.

나는 속으로 웃었다. 낯선 환경 속에서 익숙한 인물을 만나는 것은 매우 유쾌한 일이었다. 츠비의 음성은 이야기꾼만이 가진 비밀스러운 분위기를 풍겼다. 그가 이야기를 시작하는 순간, 우리는 모두 유치원 시절로 돌아간 듯한 느낌을 받았다.

거주자가 들려주는 사다리 이야기

나는 눈을 의심하지 않을 수 없었어요. 저 멀리에 하늘에 닿을 만큼 높다란 사다리가 있었는데, 그 사다리는 어디에도 걸치지 않고 비스듬히 세워져 있었기 때문이지요.

"이럴 수가!" 나는 이렇게 중얼거리며 이 기적을 더 가까이에서 보려고 사다리가 있는 곳으로 다가갔어요.

사다리 옆에 한 사내가 있기에 그에게 물었죠. "안녕하세요? 당신이 이 사다리의 주인인가요?

"네." 그가 대답했어요.

"사다리가 왜 쓰러지지 않는 거죠?"

"왜 쓰러져야 하죠? 이 사다리는 대단히 안정적으로 서 있는 걸요."

나는 사다리 주변을 살펴보았어요. 사다리는 여전히 어디에도 걸쳐져 있지 않은 채 그 자리에 서 있었어요.

"쓰러질 이유가 없다니 그게 무슨 말인가요?!" 내가 외쳤어요. "사다리가 공중에 걸려 있잖아요!"

"누가 이 사다리를 여기에 가져다 놓았나요?" 내가 물었어요.

"제가요." 사내가 대답했어요.

"왜요?"

"올라가려고요."

"어디로요?" 나는 새된 소리로 물었어요.

"내가 원하는 곳으로요." 그가 쾌활하게 대답했어요. "사다리가 없으면 그곳에 갈 수가 없답니다."

"그렇군요." 내가 말했어요. "하지만 사다리가 어디에도 걸쳐 있지 않으면 당신은 사다리를 오를 수도 없고, 그러면 당연히 그 어디에도 갈 수 없을 텐데요."

나는 그 상황이 이해가 되지 않았어요.

"설명해드리죠." 사내가 쾌활한 음성으로 말했어요. "사람이 자신보다 훨

썬 높은 곳에 있는 무언가를 원한다고 해봐요. 그것을 얻을 수만 있다면 어떤 노력도 마다하지 않을 만큼 진정으로 원하는 그 무엇을요. 그렇다면 그에게는 무엇보다 사다리가 필요할 거예요. 우리는 천사가 아니라 인간이기 때문에 날개가 없으니까요. 우리에겐 한 단 한 단 오를 수 있는 사다리가 필요하지요."

"사다리는 어디서 얻지요?" 내가 물었어요.

"우리가 만듭니다." 사내가 대답했어요. "사다리를 다 만든 뒤에 오르고 싶은 곳에 가져다 놓지요."

"오르고 싶은 곳이 어딘지 어떻게 알지요?"

"그건 정말 어려운 문제입니다." 사내가 솔직하게 대답했어요. "때로는 그 정확한 위치를 아는 데 여러 해가 걸리기도 하지요. 우리는 그곳을 마음으로 느낄 필요가 있습니다. 마음속에서 그 위치가 느껴지면 그곳이 바로 우리가 진정으로 가고 싶어 하는 곳이죠."

나는 여전히 이해할 수 없었어요. 그래서 이렇게 물었지요. "만약 내가 진정으로 가고 싶어 하는 곳이 없다면요?"

"그렇다면 사다리가 필요 없겠지요." 사내가 미소 지으며 말했어요.

'대단한 논리네!' 나는 속으로 생각했어요. 그러나 여하튼 내게도 올라갈 사다리가 있었으면 하는 마음이 간절했답니다.

"언제 오르기 시작하실 건가요?" 내가 물었어요.

"글쎄요." 사내가 주저하며 대답했어요. "올라갈 용기가 생기면요."

"용기라고요?" 나는 깜짝 놀랐어요. "용기가 없단 말인가요? 당신은 여기에 사다리를 가져다 놓았잖아요. 높이 올라가고 싶어서 사다리를 만들었으면서 이제 와서 올라갈 용기가 없다니요? 정말이지 이해할 수가 없군요. 혹시 추락할까 봐 두려운 건가요?" 나는 몹시 혼란스러웠어요.

"맞아요." 사내가 조용히 대답했어요. "나는 내가 선택한 곳을 향해 올라가고 싶은 마음이 간절하지만 그러면서도 한편으론 두려워요."

"뭐가요?"

"모르겠어요." 사내가 대답했어요. "실패가 두려운 건지 아니면 중도에 포기할까 봐 두려운 건지……. 어쩌면 중간에 한 발짝도 못 움직이게 될 수도 있고요."

"오, 그건 정말 무서운데요." 내가 말했어요. "어쩌면 당신은 자신이 선택한 목표에 대해 확신이 없는지도 몰라요. 그래서 용기가 안 나는 것은 아닐까요?" 내가 물었어요.

"아뇨, 절대 그렇지 않아요." 사내가 분명한 목소리로 대답했어요. "내겐 오르고자 하는 곳에 대한 확신이 있습니다. 하지만 두려워요. 그게 답니다."

"이런 질문을 드려도 될지 모르겠지만, 당신은 얼마나 오랫동안 오르고 싶어 하면서도 그것을 두려워해왔나요?"

"10년간이요." 그가 조용히 대답했어요.

나는 속으로 생각했어요. '나도 한때는 몹시 두려워했었지. 하지만 그건 내가 하고 싶었던 무언가에 대한 두려움이 아니라 내가 정말로 하고 싶지 않았던 무언가에 대한 두려움이었어. 진심으로 하고 싶은 일에 대한 두려움은 대체 어떤 종류의 두려움일까?'

사내는 사다리가 있는 쪽으로 다가가 두 손으로 사다리를 잡았어요. 그는 매우 조용했어요. 나는 그가 올라가는 순간, 바로 떨어질 거라고 확신했지요. 그는 두 손으로 사다리를 꼭 붙잡은 채 오른발로 사다리를 딛고 다시 왼발을 올렸어요. 그리고 아주 조용히 서 있었어요. 나는 사내와 사다리를 바라보다가 문득 사다리에 더 올라갈 단이 없다는 것을 깨달았어요. 그 사다리에는 단이 하나밖에 없었던 거예요.

"조심해요." 나는 두려움에 휩싸여 소리를 질렀어요.

"있잖아요." 그가 조용히 대답했어요. "사다리의 단을 더 만들어야 해요. 저를 좀 도와주시겠어요?"

"물론이죠!"

"좋아요." 그가 말했어요. "그럼 지금 당장 시작하지요."

"잠시 휴식시간을 갖도록 하겠습니다." 츠비가 말했다. "2시에 여기서 다시 모이기로 하죠. 하지만 흩어지기 전에 여러분이 세미나를 통해 무엇을 얻었는지 들어보고 싶군요."

모두 말없이 생각에 잠겼다. 어디에 있는지 모를 스피커에서 유쾌한 멜로디가 흘러나왔다. 참가자들은 서서히 스스로를 드러내기 시작했다. 그들은 그들의 손에 무엇이 쥐어져 있으며 그들의 이미지 뒤에 무엇이 감추어져 있는지를 이야기했다. 우리는 감동적일 정도로 솔직하게 생각을 나눴다. 마치 오랜 친구와 이야기하는 것처럼. 내 차례가 되자 나는 비전을 사다리로, 현재 상황에서 원하는 상황으로 옮겨갈 수 있는 사다리로 상상할 수 있게 되었다고 말했다.

"그거 아주 근사한데요!" 츠비가 칭찬해주었다. "그러나 사다리의 꼭대기를 당신이 원하는 곳에 놓고 싶다면, 당신이 원하는 게 무엇인지 알아야 할 겁니다."

우리는 또다시 '나는 무엇을 원하는가?'라는 가장 중요한 질문으로 돌아왔다.

"휴식시간 이후에는 '나는 무엇을 원하는가?'라는 문제에 대해 생각하겠습니다." 츠비가 말을 이었다. "2시에 여기서 다시 모이기로 한 것, 잊지 마세요. 즐기는 것도 잊지 마시고요."

꿈꾸는

2시에 우리는 다시 자리에 앉아 있었다. 츠비는 연단 위를 왔다 갔다 하면서 우리를 바라보았다. 그가 말했다. "잠시 후면 바깥에서 아주 개인적인 만남이 여러분을 기다리고 있을 겁니다. 그러나 개인적인 만남에 앞서……."

갑자기 날카로운 호각 소리가 홀을 가로질렀다.

가장 먼저 내 머리를 스친 생각은 '농구 경기라도 하려고 운동 코치를 데려온 걸까?' 하는 것이었다. 호루라기 소리에 놀란 사람은 나뿐만이 아니어서 모두 소리가 난 곳을 바라보았다. 홀 한가운데에 츠비가 목에 호루라기를 걸고 손에 공을 든 채 서 있었다.

"잠깐 운동 경기를 하나 해보는 것도 나쁘지 않을 것 같군요." 그는 미소 지으며 말했다. "사실 이것은 운동 경기가 아니라 아주 중요한 문제랍니다. 많은 사람들이 자기 삶의 주인공으로 살아가고 있습니다. 그러나 다른 많은 사람들은 자신의 삶에 대해 마치 구경꾼 같은 태도를 취하고 있지요."

'이것 참 흥미로운걸.' 나는 생각했다. 츠비가 말을 이었다.

"우리는 몸과 마음이 서로 다른 곳에 가 있을 때가 있습니다. 나는 학부모 모임 같은 곳에서 종종 그런 사람을 봅니다. 가정이나 일터에서 의

견 차이가 발생하거나 논쟁이 벌어질 때에도 그 상황이 자신과는 아무 상관이 없다는 듯이 구는 사람들이 있지요. 어떤 사람들은 자기 결혼식에서조차 딴생각을 합니다. 마치 대리인이 그 자리에 와서 서 있는 것처럼 말이에요. 십대 자녀들에게 거리를 두고 내적인 접촉을 하지 않으려는 사람들도 있습니다. 하지만 이런 일은 결코 있어서는 안 됩니다. 이제부터 지금 여기에 몰입한다는 게 어떤 것인지를 알려줄 간단한 운동 경기를 해보도록 하겠습니다."

츠비는 길게 호루라기를 불더니 이렇게 물었다. "모두 모이셨나요? 좋습니다. 여러분을 두 팀으로 나누겠습니다. 첫 번째 팀은 경기를 할 테니 이쪽 원 안으로 들어오세요. 네, 좋습니다. 그럼 이제부터 손에서 손으로 재빨리 공을 패스하는 겁니다. 제한 시간은 3분입니다. 3분이 지나면 자리를 바꿔서 두 번째 팀이 경기를 하겠습니다. 3분 동안 패스를 가장 많이 하는 팀이 이기는 겁니다."

"경기하지 않을 때는 무엇을 하지요?" 두 번째 팀의 누군가가 물었다.

"아!" 츠비가 말했다. "여러분은 관객입니다. 여러분은 다른 팀이 경기하는 것을 보면서 그 경기 내용에 대한 의견을 큰 소리로 말해야 합니다. 모두 이해하셨죠? 참, 깜빡 잊고 말씀을 못 드릴 뻔했군요. 양 팀 모두 경기가 진행되는 내내 말을 계속해야 합니다. 관객은 선수들의 플레이에 대해 말해야 하고, 선수들은 어떻게 하면 경기에서 이길 것인지에 대해 말해야 합니다. 자, 그럼 준비되셨나요?"

경기의 시작을 알리는 호루라기 소리가 들리자 홀 안은 순식간에 고함이 난무하는 운동장으로 변했다. 선수들은 "패스해! 더 빨리! 가디에게 줘! 어떻게 된 거야? 내치먼의 말은 무시해버려! 더 빨리!" 같은 말을 외쳤다. 관객들은 우디의 불룩 튀어나온 배와 멘디의 무관심, 가디의 머뭇거리는 태도, 내치먼의 지배적인 성향 따위를 이야기하며 웃어댔다. 그들은 거의 모든 사람을 놀림거리로 삼았다. 이윽고 종료 호루라기가 울렸다.

"230!" 츠비가 외쳤다. "이제 자리를 바꿀 시간입니다."

상황이 반복되었다. 경기장 안에서 오가는 이런저런 지시와 관객들의 웃음소리가 들렸다. 다시 종료 호루라기가 울렸다.

"238!" 츠비가 말했다. "여러분이 이겼습니다!"

이긴 팀은 계속해서 열띤 어조로 경기를 분석하며 패스 동작을 해보이는 반면, 진 팀은 이긴 팀을 비난하면서 동시에 모모가 너무 굼떠서 졌다고 분해했다.

"이게 다 모모 탓이야." 그들은 자리로 돌아오며 말했다.

"모두 아주 잘하셨습니다." 츠비가 말했다. "이제 여러분의 경험을 나눠볼까요?"

"제가 말하지요." 시몬이 말했다. "제가 선수로 뛸 때는 경기에 대한 이야기를 한다는 게 분명해졌습니다. 저는 목표에 초점을 맞춘 실제적인 이야기를 했고 사람들에게 동기를 부여하며 그들을 격려하는 말을 했습니다. 그러나 관객으로 있을 때는 비판적이 되어 잘 못하는 선수들을 비웃었습니다. 심판이 두 번째 팀에게 더 호의적인 것 같았고, 우리 팀은 모모 때문에 졌다고 확신했습니다. 저는 경기에서 벗어나 있었습니다."

"그렇습니다." 츠비가 말했다. "관객일 때의 우리는 그 무엇에 대해서도 책임감을 느끼지 못합니다. 그저 가만히 앉아서 남을 판단하고 비난할 뿐이죠. 하지만 선수로 뛰면서 목표하는 결과를 얻으려 애쓸 때는 내가 동료들에게 의존하고 있다는 것을 압니다. 그리고 내가 넘어지거나 다칠 수도 있고 경기에서 질 수도 있다는 것을 압니다. 그러나 경기에서 이기려면 가서 싸우고 책임을 다하고 다른 사람들에게 의지가 되도록 내 자리를 지켜야 한다는 것도 압니다."

나는 이제껏 살아오면서 내가 책임을 다하는 대신, 구경꾼처럼 굴었던 상황들을 떠올려보았다.

"세미나가 끝날 때 여러분이 이런 새로운 깨달음을 안고 집으로 돌아가시기를 바랍니다. 이제부터는 '지금 여기'에 대한 여러분의 몰입도를 끌어올리는 시간을 갖도록 하겠습니다. 여러분의 비전이 여러분을 찾고 있습니다. 여러분이 이곳에서 그 비전을 만날 수 있길 바랍니다.

이제 여러분은 자신과의 아주 개인적인 만남을 갖게 될 것입니다.

여기에서 나가 호텔 안팎의 조용한 장소로 흩어지세요. 아름다운 정원이나 숲, 또는 호텔 안의 그 어디라도 좋습니다. 여러분 자신을 만날 수 있는 곳으로 가세요. 그리고 혼자 있게 되면 제가 지금 여러분에게 나눠드리는 개인적인 편지를 꺼내 읽어보세요. 그게 답니다. 다른 모든 것은 편지에 적혀 있습니다. 개인적인 만남이 끝나면 이곳으로 돌아와 차를 마시면서 '나의 개인적인 비전'을 낮에 배운 규칙에 따라 써보세요. 도움이 필요하신 분은 말씀하시고요. 그럼 행운을 빕니다!"

'내가 같이 가줄게.' 내면의 목소리가 말했다.

츠비가 내 이름이 적힌 봉투를 건네면서 말했다. "즐기는 것을 잊지 마세요."

나는 호텔 바깥으로 나와 주변에 넓은 그늘을 드리운 올리브나무 밑에 앉았다. 나 자신과의 이런 만남은 처음이었다. 낯선 흥분감이 엄습했다. 편지를 개봉하는 순간, 이슬람 사원의 기도 시각을 알리는 소리가 들려오기 시작했다.

'저 스피커 소리 좀 안 들렸으면 좋겠네.' 내면의 목소리가 외쳤다.

"우리는 지금 애틀랫이 아니라 예루살렘에 있다고." 나는 내면의 목소리에게 한마디 해준 뒤 편지에 집중했다.

베니에게,

안녕?

나는 네 마음이란다. 잘 지내지?

비전 세미나에 참가한다며?

아름다운 예루살렘에서 너와 함께 시간을 보낼 수 있게 되어 기뻐.

드디어 우리 둘이 대화를 나눌 수 있게 됐네.

자기 마음과 조용히 대화할 시간이 필요하지 않은 사람이 어디 있겠어, 안그래?

나는 너를 만나고 싶었어. 나는 너를 만나서 너와 함께 나의 내밀한 바람이 숨어 있는 곳을 여행하고 내 안의 방들을 산책하고 싶었어.

내 장점을 몇 가지 알려줄게. 나는 마음이 매우 넓고 크며 따스하고 착하단다. 그리고 다른 사람들의 필요와 꿈을 위한 넓은 공간도 갖고 있지.

오늘은 매우 특별한 날이야. 전적으로 네게, 너의 바람과 야망, 꿈에 몰입할 수 있는 날이지. 너는 그걸 '내 마음의 바람'이라 부르지만 말이야. 맞아, 그건 내 안 깊은 곳에 있어. 하지만 네 의지의 힘은 그것을 내 안에서 끌어내 현실로 구현할 수 있어.

지금 여기에는 우리 둘뿐이니까 네가 다른 사람의 말에 귀 기울일 필요

없이 오직 내 말에만 귀 기울일 수 있겠다.

다른 누구에게도 신경 쓸 필요 없어. 여긴 우리뿐이니까.

나는 늘 네 곁에 있을 거야. 기쁘고 행복한 마음으로. 때로는 고통스러울 때도 있긴 하지만……. 그러나 행복할 때도 많아서 너에게 고마워하고 있어. 네 인생에 집중하기로 한 사람은 너야.

너는 우리 관계를 관리하는 사람이야. 오늘의 만남도 네 덕분에 가능했지. 네가 원하는 것을 말하면 내가 답해줄게. 우리, 네게 좋은 것이 무엇인지 결정될 때까지 계속해서 대화했으면 좋겠다. 네게 좋은 것이 무엇인지 결정하고 그것을 실행에 옮기는 거야. 힘내, 베니!

베니에게,

바로 그거야. 다음 순간은 매우 특별해. 침묵을 지켜야 하는 순간이거든. 나는 경청하는 자세로 네가 하는 말에 집중할게. 정말 근사하구나. 드디어…….

자, 듣고 있으니까 어서 말해봐. 내 안의 방들에서 어떤 사명을 발견했지? 어떤 꿈을 실현하고 싶어? 시간을 갖고 천천히 생각해봐. 시간도 네편에 서서 일하고 있으니까.

이봐, 내 심장 소리 들려?

사랑을 담아서,

너의 마음이

나는 '마음의 소리'의 마음이 들릴 때까지 편지를 읽고 또 읽었다. 시원한 바람이 불었다. 눈을 들어 위를 보니 템플 산이 보이고 아래를 내려다보니 올리브 한 알이 보였다. 템플 산과 올리브, 비전과 내 마음, 꿈의 실현……. 이 모든 게 나를 흥분시켰다. 마치 네온 불빛이 '하나님은 낮은 세상에 임하신다'는 경구를 비추는 것 같았다.

츠비를 처음 만났을 때 그가 했던 말이 생각났다.

그는 하나님이 거처—그 안에서 영혼이 살 수 있는 집—를 구하실 때, 같은 이유로 비슷한 집 세 채를 창조하셨는데, 그 셋은 다름 아닌 세상과 인간과 성전이라고 했다. 하나님은 인간에게 설계도와 건축 자재(세상)를 주시고 "나를 위해 성소를 지으라. 오직 인간만이 세상을 성전으로 만들 수 있나니, 그 이유는 인간만이 그 둘과 같은 틀에서 나왔기 때문이다"라고 하셨다고 한다.

문득 지금 이 순간, 이곳 예루살렘의 이 올리브나무 밑에서 우리 셋이, 즉 나와 내가 사는 세상, 그리고 눈앞의 성전 터가 만나고 있다는 생각이 들었다. 그러자 생각이 줄달음질쳤다. 성전이 재건되어야 하는 것처럼 나도, 세상도 재건되어야 한다. 우리 셋은 단순하고 실제적인 세상 안에 성령의 빛을 간직하고 표현하는 그릇이 되어야 한다.

이런 깨달음은 비전에 대해 생각하게 만들었다. 내가 하나의 완전한 세상이라면, 내가 신적인 영혼에 헌신했다면 나의 개인적인 사명은 무엇인가? 내가 세상에 태어난 이유는 무엇인가? 내가 있어야 할 곳이 이곳으로 결정되었을 때 내게 어떤 권위가 주어졌는가? 나는 이것에 대해 내 마음과 이야기해보기로 했다. 츠비가 뭐라고 했더라? "당신의 마음에게 전화하세요. 보통은 통화 중이지만 만약 그렇지 않다면 마음과 대화를 나누세요. 마음은 정확히 알고 있으니까요"라고 말했던가?

나는 편지를 세 번 읽은 뒤 콧노래를 흥얼거렸다. 얼마 전에 만든 프레젠테이션에 나오는 모든 소망을 떠올려보니 내가 그것들 모두를 원한다는 생각이 들었다. 나는 내 마음에게 말했다.

"나는 내 모든 소망 중에서 네가 바라는 것들을 찾고 있어. 그게 뭔지 알 수 있도록 신호를 보내줘. 필요하면 여기에 조용히 앉아서 기다릴게. 지금 이 순간, 내게 이보다 더 중요한 것은 없어. 이곳은 매우 조용하니까 네가 무슨 소리를 내면 금방 알아들을 수 있을 거야. 나는 너를 만나려고 먼 길을 왔어. 지금은 우리가 함께 있을 시간이야."

나는 용기를 내어 내 마음과의 소통을 확실히 하기로 했다. 그래서 이렇게 덧붙였다. "네가 뛰면 그것을 신호로 알아들을게. 내가 원하는 것들을 하나씩 떠올려볼 테니까 네가 바라는 게 있으면 펄쩍 뛰어. 내가 알아차리지 못하고 넘어가는 일이 없도록 확실하게 뛰어야 해."

이렇게 '계약'을 맺자 마음속에서 랍비 긴즈버그의 익숙한 목소리가 들려왔다.

"우리 세대에게 확실한 것은 아무것도 없다. 우리 세대는 불확실한 상황에서 살며 매사에 의심의 눈초리를 던진다. 할례 의식은 기본적인 사실 중 네 가지를 확인시켜준다. 그 네 가지란 나의 개인적인 사명을 찾을 수 있다는 사실과 내가 보람 있는 삶을 사는 데 필요한 모든 것을 어머니로부터 받았다는 사실, 내가 남자라는 사실 그리고 내 이름과 그 이름이 지닌 의미가 내게 어울린다는 사실이다."

눈앞에 비석으로 뒤덮인 올리브 산이 보였다. 비석에는 고인의 이름이 새겨져 있었다. 문득 비석에 내 이름 '벤 시온 요세프'가 새겨진 게 상상이 되었다. 나와 이름이 같은 할아버지 역시 '베니'라고 불렸다. 사실 내 이름을 성까지 넣어 제대로 부르는 사람은 아무도 없다. 마음속에서 다시 랍비 긴즈버그의 목소리가 이어졌다.

"바알 셈 토브는 이것이 바로 그의 영혼이 이 세상에 내려온 이유라고 말했다. 이 시기에 온 유대 민족은 맥이 잡히지 않는 가사 상태에 빠져 있었다. 아직 희미하게나마 심장이 뛰는 누군가가 와서 의식을 회복시키고 온몸에 활력을 불어넣어야 했다. 고대의 신비주의 문헌에는 기절한 사람의 의식을 회복시키려면 귓가에 그의 진짜 이름을 속삭여야 한다고 쓰여 있다. 그의 이름이 그의 심장까지 들리면 그 사람은 소생한다."

나는 온몸이 활시위처럼 팽팽하게 긴장되었다. 나의 전 존재는 말소리와 시간과 공간에 귀 기울이고 있었다. 이곳에는 우리 둘—나와 내 마음—뿐이었다. 우리와 이제 막 서쪽으로 지기 시작한 태양, 그게 다였다. 예루살렘이 자줏빛과 분홍빛으로 물들었다. 성벽을 따라 곳곳에 불이 켜지고 주변이 한산해지기 시작했다. 관광객들이나 사진을 찍던 신랑 신부들은 자취를 감추었다. 낙타조차도 보이지 않았다. 오직 불빛만이 남아 있었다. 나는 그 침묵의 공간에 대고 작은 소리로 "벤 시온 요세프" 하고 내 이름을 불러보았다. 잠시 후 다시 "벤 시온 요세프" 하고 속삭이자 가슴속으로 찌릿찌릿 전기가 흐르는 듯했다.

"내 마음이 뛰었어!" 나는 이렇게 중얼거리고는 서둘러 세미나장으로 돌아왔다. 그리고 비전을 글로 표현하기 전에 코치 한 사람에게 내 비전의 구조가 어떤지 봐달라고 부탁했다.

사다리를 구성하는 다섯 개의 단

사다리의 첫 번째 단은 '사명'이다.

이것은 삶의 궁극적인 목적과 관련이 있다. 당신이 이 세상에 태어난 목적은 무엇인가? 이 세상이 어떻게 되었으면 좋겠는가? 당신은 무엇을 이루기 위해 애쓰는가?

사다리의 두 번째 단은 '임무'이다.
임무를 수행하려면 '어떻게?'가 중요하다. 당신은 사명을 완수하기 위해 어떻게 할 것인가? 사명을 실현하기 위해 어떻게 하고자 하는가?

사다리의 세 번째 단은 '가치'이다. 당신에게 있어서 삶의 주된 가치, 억만금을 준다고 해도 바꾸지 않을 가치는 무엇인가?

사다리의 네 번째 단은 '미래의 모습'이다.
이것은 비전을 실현했을 때 당신의 삶이 어떻게 변할지를 보여준다. 당신이 미래의 모습을 떠올릴 때 마음속에 분명한 떨림을 느낀다면, 그것으로 당신의 미래가 그렇게 되리라는 것을 알 수 있다.

사다리의 다섯 번째 단은 땅에서 가장 가까운 곳에 있는 단으로, '과제'다.
당신의 비전을 실현하기 위한 실제적인 행동이다. 당신의 사명을 이루고자 선택한 임무를 수행하기 위해 당신이 실제로 행하는 일들이다.

"구조가 명확한가요?" 코치가 물었다.

"명확합니다." 내가 대답했다. "내가 삶을 통해 이 비전을 실현할 방법을 알 수 있게 하나님이 도와주시면 좋겠습니다."

"하나님이 도와주실 겁니다." 코치가 말했다.

한 시간이 지났다. 마치 영원처럼 느껴지는 한 시간이었다. 비행기나 배, 기차, 위성 등이 지구촌 곳곳을 누비고 있을 터였다. 무수히 많은 대화가 동시에 내 영혼에 전달되었다. 그중에는 레이철이나 유리 츠비

그린버그, 모이셸 타벤킨 같은 이스라엘 시인들의 시와 레위인들의 노래, 제단 위에 놓인 이삭의 기도도 있었다.

마침내 나는 글쓰기를 멈추고 고개를 들었다. 바깥은 이미 해가 진 뒤라 템플 산을 감싸고 있던 황금빛 저녁노을은 사라지고 없었다. 마치 내가 앉아 있는 곳을 제외한 온 예루살렘이 두꺼운 담요에 덮여 있는 것 같았다.

나의 비전

- **사명**
  나는 선을 널리 퍼뜨리는 데 이바지하기 위해 이 세상에 태어났다. '선'이란 하나님에게서 비롯된 것으로, 우리는 믿음을 통해 이 선을 알 수 있다. 나는 성장하고 번영하고 발전하는 세상, 그리고 모든 이를 위한 선이 날로 많아지는 세상에 살기를 원한다.

- **임무**
  나는 나의 사명을 내 마음에 와 닿는 세 가지 방식으로 실현하고자 한다. 그 세 가지 방식이란 결혼생활과 가정생활에 충실하고, 《탈무드》와 하시디즘 철학을 공부하고, 비디오 제작법과 영화에 대해 공부하는 것이다.

- **가치**
  겸손, 믿음, 자선, 배려, 친절, 자유, 가족애

- **과제**
  1. 결혼생활에 투자하기, 어머니와의 관계를 개선하기, 자녀들 및 손주들과의 관계를 돈독히 하기, 가족들과 함께 작고하신 장인어른 랍비 메이르 아비체데크를 추모하기
  2. 반나절 동안 《탈무드》와 하시디즘 철학을 공부할 수 있는 예시바를 알아보기
  3. 영화 학교에 등록하기
  4. 적절한 운동과 영양 섭취로 체중을 감량하고 삶의 질을 높이기

5. 혈압과 콜레스테롤 수치를 낮추기
6. 토라를 낭독하는 법을 배워 시나고그(회당)에서 낭독하기
7. 은혼식을 치르기
8. 《탈무드》 전권을 공부하기
9. 베이트오렌 키부츠에 대한 책을 쓰기
10. 신앙인들을 대상으로 광고 시장을 개척한 이야기를 책으로 쓰기
11. 웃음 치료사가 되기 위한 강좌 듣기

• **10년 뒤의 내 모습**
나는 사랑하는 가족들과 행복하게 살아가고 있을 것이다. 《탈무드》 전권을 공부하고 좋은 영화를 만들어 권위 있는 영화제에서 상도 탈 것이다. 매주 광고계 사람들과 저널리스트, 영화인, 작가, 시인들을 대상으로 하시디즘 철학을 이용한 인생관리 강좌를 열 것이고, 내가 인도하는 부부세미나 '백만장자'는 매우 유명해질 것이다.

다시 사람들로 세미나장이 가득 찼다. 츠비는 진행자석에 앉아 있었고, 아침에 우리를 감쌌던 아름다운 음악이 다시 나왔다. 나는 감격스러워서 눈물이 날 것 같았다. 모든 게 좋았다. 이보다 더 좋을 순 없었다. 나 자신과의 만남에서 수많은 아름다운 선율과 다채로운 불꽃이 뿜어져 나왔다. 참으로 유쾌하기 이를 데 없었다. 그 순간, 나는 츠비의 코칭철학인 '단순성, 기쁨, 결과'를 이해했다. 그중에서도 '단순성'이 제일 마음에 들었다. 나 자신과의 만남이 그렇게 편안할 수가 없었다. 그때 내가 실현하고자 하는 비전의 무게감이 느껴지면서 살짝 몸이 떨렸다. 비전을 실현할 방법이 좀처럼 떠오르지 않았다. 사실 그것은 조금 말이 안 되는 비전이었다.

'조금이 아니지.' 내면의 목소리가 말했다. '전혀 말이 안 돼.'

"여러분, 드디어 마지막 순서입니다." 츠비의 쾌활한 목소리가 들려왔다. "정면을 봐주세요. 그리고 이 방의 한가운데가 광장이라고 상상하세요. 여러분은 이곳에서 온 우주를 향해 여러분의 비전을 선포하는 겁니다. 물론 아직 적확한 어휘로 표현되지 않은 것도 있겠지요. 하지만 신경 쓸 것 없습니다. 중요한 것은 여러분에게 비전이 생겼고 그 비전은 여러분이 자신의 마음과 협력한 결과라는 겁니다. 그럼 이제부터 한 사람씩 앞으로 나와서 자신의 비전을 발표해주시기 바랍니다.

발표가 끝나면 아침에 그린 그림을 돌려드릴 테니 그 그림과 여러분의 비전에 차이가 나는 부분이 있는지 살펴보세요. 이를 통해 여러분은 비전의 또 다른 중요 요소를 배우게 될 것입니다. 집으로 돌아가 실제로 비전을 실현하기 전에 마지막으로 춤추고 노래하는 시간을 갖도록 하겠습니다."

우리는 그의 말대로 했다.

시몬이라는 사람의 말은 매우 감동적이었다. 아침에 그는 숲과 집이 있고 말들이 풀을 뜯는 갈릴리 전원 마을을 그렸다. 그러고는 교육청 장학사의 자리에서 물러나면 가정이나 시설에서 버림받은 아이들을 위한 마을을 건설하고 싶다고 열정적으로 말했다. 비전을 발표할 차례가 되자, 그는 주저하다 천천히 걸어 나왔다.

그리고 잠시 숨을 가다듬은 뒤 이렇게 말했다. "여러분, 솔직히 말씀 드리겠습니다. 제가 아침에 그린 그림은 터무니없는 것이었습니다. 꿈을 꾸고 예쁜 그림을 그리기란 얼마나 쉬운지요! 저는 제 마음이 보낸 편지를 읽으며 저 자신에게 솔직해지기로 마음먹었습니다. 제가 어떻게 보일지는 염려하지 않고 그 어떤 환상이나 가식도 없이 진실해지기로 했습니다. 제가 스스로를 마주할 용기를 낼 수 있게 도와주신 모두에게 진심으로 감사드립니다. 제겐 고통스럽지만, 용기를 내어 맞닥뜨려야 할 일이 있습니다. 그 일을 하지 않고는 어린이들을 위한 마을도 없고 삶의 기쁨도 없으며 아무것도 없습니다. 지난 3년간 저는 그 일 때문에 일종의 마비 상태에 빠져 아무것도 할 수 없었습니다. 말씀드리기가 몹시 힘들지만 그래도 용기를 내어 설명해보겠습니다.

30년 전 아버지가 돌아가신 이후로 저와 형은 서로 말을 하지 않게 되었습니다. 어떤 상황이었는지는 중요하지 않습니다. 중요한 것은 우리가 언쟁을 벌였고 모든 연락을 끊었으며 관계 회복에 힘쓰지 않았다는 것입니다. 그러다 보니 가족들 사이도 서먹해져서 두 가족 간에 골이 깊이 파이고 말았습니다. 저는 오랜 세월 교육계에 있으면서 수많은 어린이의 삶에 관여했습니다. 그러나 정작 저의 삶에 관여할 용기는 없었습니다. 오늘 아침에 보신 것처럼 저는 스스로를 영웅으로, 거창한 꿈을 꾸고 예쁜 그림을 그리는 성공적인 인물로 여겨왔습니다.

그러나 바깥의 정원에 앉아 있는 동안, 제가 큰 선물을 받았음을 깨달았습니다. 그 선물이란 마음의 소리에 귀 기울이고 스스로에게 솔직해질 수 있는 자질입니다. 제 마음이 단순하게 말했습니다. '세미나가 끝나면 곧바로 와인 한 병 사서 형에게 가는 거야. 문을 두드리고 형과 한잔하러 왔다고 말하는 거지'라고요. 사실 그 말은 저를 공황 상태에 빠뜨렸습니다. 그 단순한 진리에 저는 어찌할 바를 몰랐습니다. 그것은 평범한 삶에서는 드러나지 않는 진리입니다. 여러분 중 정체성 카드에 대해 아는 사람이 몇 분이나 될지 모르겠지만……."

나는 심장이 내려앉는 듯했다. 내가 시몬의 말을 제대로 알아듣긴 한 걸까?

'뭐라고?' 내면의 목소리가 새된 소리를 질렀다. '저 사람이 네 정체성 카드를 훔친 게 아닐까?!'

"잘 모르는 분들을 위해 말씀드리자면 이 정체성 카드는 제가 개인적으로 츠비와 코칭 작업을 할 때 그에게 받은 것입니다. 저는 이 카드를 지갑 속에 넣어 다니는데, 카드의 앞면에는 제 안에 잠재된 심오하고 아름다운 자질들이 적혀 있고 뒷면에는 저를 주저하게 하거나 충동질하는 강력한 힘들이 적혀 있습니다. 저는 이 카드를 들여다보며 저를 옴짝달싹 못하게 하는 두려움을 이겨낼 내적인 특성을 찾아보았습니다. 그리고 우리가 함께하는 이 특별한 시간과 공간 속에서 제 마음을 혼란스럽게 하는 두 가지 힘을 찾아낼 수 있었습니다. 형에게 가서 뭔가 좋은 것을 하게 만드는 특별한 힘과 저를 두려움에 빠뜨려 제 삶을 변화시킬 행동을 하지 못하게 막는 힘을 발견한 것입니다. 바로 이 두 번째 힘이 저를 상자 안에 가둬서 형과의 관계에 대해 올바른 생각을 할 수 없게 만들었던 것이죠. 저는 좋은 힘을 취하고 나쁜 힘을 이겨내기로 했습니다. 세미나가 끝나면 형이 사는 베이트시메시 마을에서 제 인생의 새로운 장을 열 생각입니다."

사방에서 박수갈채가 일고 머리 위로 풍선들이 떠다녔다. 사람들이 일어나 그를 껴안고 등을 두드려주었다. 나는 평화로운 미소를 머금은 채 시몬과 그를 에워싼 사람들을 바라보고 있는 츠비에게서 눈을 뗄 수가 없었다.

"우리에게도 정체성 카드를 주세요!" 누군가가 외쳤다. 나는 정체성 카드를 꺼내 가만히 들여다보았다. 중요한 순간에 유용하게 사용하지 못한 것을 사과하기라도 하려는 것처럼. 나는 카드에 쓰인 비전을 소리 내어 읽었다. 그리고 비전을 읽으면서 내 인생의 대부분을 차지하는 시간 동안, 이 비전이 작은 쪽지처럼 접혀서 내 마음 한편에 있었음을 깨달았다. 이 세상에서의 내 사명을 간결한 말로 표현하는 데 얼마나 오랜 세월이 흘러야 했던가! 얼마나 많은 산과 골짜기를 지나고 얼마나 많은 강과 바다를 건너야 했던가! 세상의 중심을 마주한 채 서서 내 마음속 가장 깊은 곳에 있는 간절한 바람들을 입 밖에 내어 표현한다는 게 내겐 무척이나 상징적으로 다가왔다.

내가 발표를 마치자 츠비가 따스한 미소와 함께 아침에 내가 그린 그림을 건넸다. 그림을 보니 내가 마지막으로 그 그림을 본 이후로 오랜 세월이 지난 듯한 느낌이 들었다. 그림 속에는 푸른 하늘과 오렌지색 태양과 푸른 바다가 있었다. 오렌지를 가득 실은 커다란 흰 배가 바닷가에 있었고, 나는 줄 서 있는 수천 명의 사람들에게 커다란 오렌지를 하나씩 나눠주고 있었다. 아침에 그린 그림과 저녁에 발표한 비전 사이에는 차이가 없었다.

"이제 현실에 발을 디딜 순간이 왔습니다." 츠비가 말했다. "전에도 말씀드렸듯이 유대식 코칭의 핵심은 행동에 있습니다. 비전은 땅에 뿌리를 내린 채 하늘을 향하고 있으며, 땅에는 꿈을 실현하고 이를 우리 일상생활 속으로 가져다줄 행동과 행위가 있습니다. 비전을 실현하려면 보다 높은 차원의 인식과 집중이 필요합니다. 인식과 집중을 위한 한 가지 방법은 도약의 기회를 만들어내는 것입니다.

이 기회를 만들어내기 위해 돌파 프로젝트에 대해 배워보기로 하겠습니다. 돌파 프로젝트는 비전을 하나의 문장에서 행동으로 바꿔놓는 데 도움이 되는 도구입니다. 여러분은 자신의 비전에 대해 쓴 글에서 '과제'를 하나 고르십시오. 여러분이 그 과제를 성취하면 전체 비전이 한 발 앞으로 나아가게 되어 돌파구가 마련됩니다. 돌파 프로젝트는 이런 결과를 목표로 설계했습니다. 이때 목표로 한 결과는 현재 수준의 생각이나 능력으로는 달성할 수 없는 것이라야 합니다. 그리고 그 결과가 공헌하는 바는 이제까지 우리가 경험한 것들을 훨씬 능가해야 합니다. 목표로 한 결과가 클수록 비전의 실현을 앞당길 새로운 가능성이 열립니다. 그리고 이 같은 대단한 결과를 얻으려면 여러분이 열어갈 미래를 발전시키는 데 필요한 새로운 분야에 능해야 합니다. 이렇게 해야 여러분은 목표한 결과를 달성할 능력을 계발할 수 있고, 예전에는 미처 꿈도 꾸지 못했던 놀라운 결과를 얻을 수 있습니다. 여러분이 선택한 목표가 여러분을 끌어올릴 수 있을 만큼 높을 때가 제일 좋습니다. 그것은 익숙한 방법과 도구를 사용하고 싶은 유혹을 떨쳐버릴 수 있게 하고, 때로는 방향 전환을 가능하게 해주니까요. 그렇다고 목표를 지나치게 높게 잡아서 중간에 포기하는 일이 생겨선 안 됩니다. 이 점 꼭 주의하시기 바랍니다.

이제 '돌파 프로젝트'라는 제목의 표를 보십시오. 이것은 내 친구이자 코칭 분야의 개척자인 탈 로넨이 여러분이 쓰기 편하도록 만들어놓은 것으로, 오늘 우리가 배운 기본적인 필요에 대한 답이자 우리가 목표를 향해 얼마나 다가갔는지를 알려주는 지표입니다. 하지만 그것은 단순히 결과를 측정하게 해주는 역할만이 아니라 일을 시작하게 해주기도 합니다. 특별히 분명하고 야심찬 목표를 세웠을 때 그 목표의 실현 가능성을 생각하면 기운이 나기 마련입니다. 목표를 달성하는 데 필요한 설렘과 의욕이 온몸을 훑고 지나가지요. 표를 완성하는 데 도움이 필요한 분은 손을 들어주세요. 도와드리겠습니다. 그럼 행운을 빕니다."

'돌파 프로젝트' 표를 살펴보니 단순하면서도 지혜롭게 구성되어 있었다. 표 제목을 '돌파 프로젝트' 대신, '말하고 행하는 이에게 주어지는 축복'이라고 붙여도 괜찮을 것 같았다. 하지만 '말'과 '행동'이 서로 너무 가까운 것 같아 두려운 마음이 들었다. 괜히 펜을 잘못 놀렸다간 내가 어떻게 해야 하는지도 모르는 일들을 해야 할 게 분명했다.

"지금이 바로 타이어가 도로를 만나는 순간입니다." 츠비가 말했다. "말이 행동으로 바뀌고 행동이 이제껏 여러분 삶의 일부가 아니었던 새로운 무언가를 만들어내며 시간의 궤도를 달리는 순간이지요. 여러분이 이 세미나에 참석하신 이유도 바로 이 순간을 위해서라는 점을 상기시켜드리고 싶습니다. 여러분이 선택한 미래를 향해 걸어가세요. 좋은 결과를 얻으시고 결과를 얻기 위해 벌어지는 과정을 즐기는 것도 잊지 마십시오!"

나는 비전에 대해 쓴 글에서 과제 목록을 훑어보며 그것을 완수함으로써 비전의 실현에 한 발 더 다가갈 수 있는, 그리고 앞으로 나아가고자 하는 의욕과 과제를 수행하는 데 따르는 어려움을 견뎌낼 힘을 느낄 수 있는 그런 과제를 찾아보았다.

모든 과제가 매우 중요해 보였고 죄다 내가 해야 할 일처럼 보였다. 나는 시몬을 떠올리며 가장 어렵고 힘든 과제를 택하기로 마음먹었다.

'너는 모든 걸 망칠 거야.' 내면의 목소리가 경고했다.

"그렇지 않아." 내가 대답했다. "나는 많은 것을 얻게 될 거야."

나는 《탈무드》를 공부하는 것과 토라와 하프타라(예언서 선집)를 낭독하는 법을 배우는 것 중 무엇을 고를까 고민하다가 후자를 택하기로 했다. 이제 와서 두려울 게 뭐 있겠는가?

　나는 시나고그에서 '니차빔'(1년을 주기로 안식일 아침마다 시나고그에서 낭독하는 토라 본문 중 51번째 주간에 낭독하는 본문으로, 〈신명기〉 29장 9절~30장 20절을 가리킨다)이 낭독되는 주간에 두 번 태어났다. 첫 번째는 67년 전 이 세상에 태어났을 때이고, 두 번째는 36년 전 내가 성실한 신자로 거듭났을 때다. 나는 키부츠에서 내 나이 또래의 아이들과 함께 바르 미츠바('율법의 아들'이라는 뜻으로, 유대인 사내아이가 13세가 되면 갖는 성년식) 의식을 치렀다. 그때 우리는 기념으로 티셔츠와 손목시계를 받았다. 반면에 내 손자인 오메르와 아비브는 생일이 있는 주간에 시나고그에서 토라 본문을 낭독하는 것으로 자신들의 바르 미츠바를 기념했다. 그 아이들은 토라를 소리 내어 읽기만 한 게 아니라 전통적인 가락에 맞춰 낭독했는데, 그 모습은 참으로 감동적이었다.

　그걸 보면서 나는 그렇게 하지 못한 게 못내 아쉬웠다. 나는 유대교 신자로서 토라를 낭독하고 싶은 마음과 난독증 때문에 전통적인 가락에 맞춰 낭독하는 법을 마스터하지 못할 거라는 두려움 사이에서 늘 결핍감과 고통을 느껴왔다.

　전에도 토라 낭독법을 배우려고 시도한 적이 두어 번 있었다. 두 명의 전문적인 낭독자와 한 명의 선창자가 나를 도와주었는데, 표정과 몸짓 하나까지 정해놓고 연습했다. 그 당시 어느 정도로 열심이었냐 하면 연습을 위해 틀어놓은 카세트 소리에 아이들이 못 견디고 집 밖으로 뛰쳐나가기까지 했다. 그러나 결국 내게 돌아온 건 내가 낭독을 제대로 하지 못한다는 것과 이 특별한 경험을 해보지 못하고 평생을 살아가야 한다는 가슴 아픈 현실뿐이었다. 나는 이것이 실존의 문제는 아니라고 스스로를 위로했다. 그리고 다행스럽게도 다른 많은 것을 경험할 수 있었다.

하지만 늘 허전함이 남아 있었다. 해마다 시나고그에서 니차빔을 낭독하는 시기가 되면 가슴이 뛰었다. 오메르와 아비브의 바르 미츠바에 참석한 이후로 나는 토라를 낭독하고 싶은 꿈을 포기할 수 없다는 것을 알았다. 비록 그 꿈을 실현하는 방법은 알 수 없었지만 말이다. 지금 과제 목록을 들여다보면서도 어려움을 극복하기 위해 어떻게 해야 할지 전혀 알 수가 없었다. 그러나 내가 느끼는 두려움과 갈등의 힘이 바로 여기, 이 괴롭고 우울한 상황의 밑바닥에 놀라운 선물이 있음을 알려주었다. 나는 정체성 카드를 꺼내 '본성'의 힘의 방해를 받으면서도 결국에는 내가 목표를 이룰 수 있도록 도와줄 '근원'의 힘을 찾아보았다.

츠비는 나를 바라보다가 내가 정체성 카드를 들고 있는 것을 보고 미소를 지어 보였다. 마치 내게 도움이 필요한지 묻기라도 하는 것처럼. 나는 정체성 카드를 흔들어 보이며 감사의 뜻으로 목례를 했다. 돌파 프로젝트를 위해 내가 선택할 과제는 '토라 낭독법 배우기'가 될 게 분명했다.

돌파 프로젝트

• 프로젝트 내용

이름	
날짜	
프로젝트 명	토라 낭독법 배우기 ─ 낭독법을 배워서 올해 시나고그에서 토라(니차빔)와 하프타라(《이사야서》)를 낭독한다.
프로젝트 종료일	티슈리월(태양력으로 9~10월에 해당) 마지막 날

• 프로젝트 결과

돌파 프로젝트를 실행에 옮긴 결과	3개월 안에 정확한 가락에 맞춰 토라와 하프타라를 낭독한다.
(돌파 프로젝트를 수행하지 않은) 현재 상황에서 기대할 수 있는 결과	나 자신에게 실망한 채 또 한 번의 생일을 보낸다.
목표한 결과를 얻고 난 이후에 비전 실현에 돌파구가 되어줄 만한 것은 무엇인가?	• '불가능'을 '가능'으로 만드는 것 • 민감하고 고통스러운 상황에 개입하여 바람직한 결과를 이끌어내는 것 • 거부하고 밀쳐내고 엇나가는 움직임을 곧장 나아가는 움직임으로 변화시켜 그동안 거부해왔던 상황이나 사람들과 가까워지는 계기로 삼는 것 • 이 같은 움직임을 삶의 다른 영역에서도 습관화하는 것
프로젝트를 수행하는 데 방해가 되는 것은 무엇인가?	주변 사람들의 시선, 자신감 부족, 특정한 신앙 공동체에 소속되어 있지 않다는 느낌, 게으름, 일상생활에서 유리된 느낌, 회의적인 태도('대체 여기서 무엇을 얻을 수 있겠는가?', '이 모든 게 무슨 가치가 있단 말인가?')
오늘이라도 프로젝트를 수행할 수 있게 도움이 되는 것은 무엇인가?	결단력, 제한된 시간이 가져다주는 긴장감, 정체성 카드, 전통적인 가락에 맞춰 토라를 낭독할 줄 아는 친구들
오늘 당장 프로젝트를 수행한다고 할 때 부족한 것은 무엇인가?	적당한 선생님과 구체적이고 실현 가능한 계획

이 프로젝트에 들인 모든 시간과 비용과 에너지에 합당한 결과는 무엇인가?

1	최소한의 결과	하프타라를 낭독할 수 있다.
2	양호한 결과	토라와 하프타라를 낭독할 수 있다.
3	최상의 결과	토라와 하프타라를 정확한 가락에 맞춰 낭독할 수 있다.

프로젝트 결과를 평가하라

1	당장 좋은 점	1. 결핍된 부분을 채우는 내적인 경험을 함 2. 손자들에게 들려줄 이야깃거리가 생김 3. 내가 낭독한 토라 구절이 특별한 의미로 다가옴

2	앞으로 좋은 점	1. 실행하기에 너무 늦은 일은 없다는 것을 알게 됨 2. 불가능해 보이던 일이 실은 가능한 일이었음을 알게 됨 3. 하나님을 섬기는 데 보다 정확성을 기할 수 있고 내면의 목소리에 휘둘리지 않게 됨

이 프로젝트를 성공하기 위해 내가 도움을 청해야 할 사람은 누구인가?

이름	부탁할 일(기한)	이 프로젝트에 참여하고 있는가?	만약 참여하고 있지 않다면 어떻게 해야 하는가?
이논 케다리	낭독법을 가르쳐 달라고 부탁할 것 (1주 이내)	참여하고 있지 않다.	참여하게 해야 한다.
다비드 스타니슬랍스키	토라와 하프타라에서 내가 낭독할 본문을 녹음해달라고 부탁할 것 (1주 이내)	참여하고 있지 않다.	참여하게 해야 한다.
도비 골드플람	시나고그 관리인인 도비에게 시나고그에서 토라를 낭독할 수 있게 해달라고 부탁할 것 (다음 주 예배 때)	참여하고 있지 않다.	참여하게 해야 한다.

프로젝트의 진행 방향과 속도를 점검하라

날짜(유대력으로 표기)	점검 사항
담무스월(태양력으로 6~7월에 해당) 1일	낭독법 공부 시작
엘룰월(태양력으로 8~9월에 해당) 7일	준비 완료
엘룰월 27일	시나고그에서 토라와 하프타라 낭독

주의 사항
1. 부담감을 느끼지 않도록 가족들의 기대를 최소화할 것
2. 낭독법 훈련을 위해 휴가를 얼마나 낼 수 있는지 확인할 것
3. 이논이 이 프로젝트에 참여할 수 없는 경우를 대비해 그를 대신해서 낭독법을 가르쳐 줄 수 있는 사람을 찾아볼 것

드디어 돌파 프로젝트가 형체를 갖추기 시작했다. 이제 여기에 숨을 불어넣고 그대로 행하기만 하면 된다. 떨리는 순간이다!

'정말로 아무 탈 없이 토라와 하프타라를 낭독할 수 있다고 생각하는 거야?' 내면의 목소리가 속삭였다.

"그래." 무슨 근거에서인지는 모르겠지만 나는 이렇게 대답했다.

츠비가 말했다. "이 프로젝트에 관심이 있는 분은 완성된 돌파 프로젝트 표를 이메일로 보내주시고, 연계 코칭을 요청할지에 대해 결정해주세요. 돌파 프로젝트를 한다고 해서 누구에게나 다 코칭이 필요한 것은 아닙니다. 그것은 현재 상황과 그 사람이 바라는 상황이 얼마나 다르냐에 달렸습니다. 바라는 상황이 야심찬 것일수록 코칭이 도움이 될 것입니다.

여러분, 이제 헤어져야 할 시간입니다. 모든 좋은 일에는 끝이 있기 마련이지요. 오늘 여러분이 보여주신 열정과 노력에 진심으로 감사드립니다. 바쁜 성인들이 또 어디에서 모여 미래의 계획을 세우겠습니까? 미래의 계획은 저절로 만들어지는 게 아닙니다. 세미나에 참석하신 여러분, 다시 한 번 깊이 감사드립니다. 여러분은 자기 자신과 창조주에게 가까워져야 하는 사명을 많은 사람에게 알리고자 하는 우리의 비전이 실현되도록 도와주었습니다. 다음 세미나는 잠재력 세미나가 될 것입니다. 잠재력 세미나에서는 우리 안에 잠재되어 있는 강력한 힘을 찾아내는 법과 그 힘을 잘 관리하는 법을 배우는 시간을 갖도록 하겠습니다.

정체성 카드는 잠재력 세미나에서 얻게 될 도구 중 하나입니다. 이 세미나의 관련 자료를 받아보기 원하시는 분은 오늘 중으로 코치진에게 말씀해주세요. 이제 이 기회를 빌려 아침부터 지금까지 애써주신 재능 있는 코치들에게 감사를 표하고 싶습니다. 여러분, 코치들에게 박수 한 번 보내드릴까요?"

우레와 같은 박수가 터져 나왔다.

"그럼 지금부터는 여러분 각자가 오늘의 세미나에서 무엇을 얻었는지 들어보기로 하겠습니다."

시몬의 차례가 되자 그는 딱 세 마디를 했다.

"저는 형을 얻었습니다."

내 차례가 되었을 때 나는 이렇게 말했다. "저는 두 가지를 얻었습니다. 하나는 돌파 프로젝트를 수행하는 데 따르는 두려움이고, 다른 하나는 정체성 카드를 꾸준히 활용하는 것의 중요성입니다."

누군가가 노래를 부르기 시작했고, 우리는 홀 한가운데에 커다란 원을 그리고 섰다. 25명의 각기 다른 개성을 지닌 사람들이 한 손은 옆 사람 어깨에 얹고 다른 손으로는 풍선을 든 채 눈을 지그시 감고 있었다. 참으로 비현실적인 광경이었다. 나는 츠비와 함께 우리만의 춤을 추려고 눈으로 그를 찾았다.

"세미나에 초대해주셔서 감사합니다." 나는 노래 소리에 내 말이 묻히지 않도록 큰 소리로 외쳤다.

"와주셔서 저도 기쁩니다." 츠비가 큰 소리로 답했다. "다음 주에 뵙겠습니다."

그런 다음 우리는 모여 앉아서 단체 사진을 찍었다.

집으로 돌아오는 길에 내가 선택한 첫 번째 과제들—가족, 《탈무드》, 영화—를 떠올려보았다. 사랄레에게 해줄 말이 많았다.

더 많이 베푸는
법을 배우다

The Secret of
Jewish Coaching

14장 더 많이 베푸는 법을 배우다

집에 돌아오자 사랄레는 내가 들고 온 풍선을 쳐다보았다.

"선물이야." 나는 풍선을 내밀며 미소를 지어 보였다.

"뭐라고요? 당신, 비전 세미나에 간다고 하지 않았어요?"

"맞아, 이게 내 비전이야." 내가 대답했다. "화사하고 생기 넘치고 높이 떠다니며 나와 단단히 연결돼 있는……. 종일 들고 다니다 집으로 가져왔지."

"세미나는 어땠어요?" 사랄레가 물었다.

"굉장했어. 세미나 주제가 주제인 것인 만큼 모두 진지했지. 나는 이 세미나에서 비전과 돌파 프로젝트를 얻었어. 앞으로 할 일이 많아."

사랄레는 내가 말하는 개념을 다 알아들었다.

"그래, 당신의 비전이 뭔데요?" 그녀는 궁금해했다.

"한 문장으로 말할까, 길게 말할까?" 내가 물었다.

"시간이 늦었으니 한 문장으로 말해보세요." 사랄레가 말했다.

"한 문장으로 말하자면, 내 비전은 가족과 《탈무드》와 영화야."

"가족에 대해 어떤 비전을 갖고 있는데요?"

"가족에 투자하는 거지."

"《탈무드》는요?"

"날마다 반나절 동안 예시바에서 《탈무드》를 배울 생각이야."

"영화는요?"

"영화 학교에 등록하려고."

"베니, 이야기는 내일 다시 하기로 하고 이제 좀 쉬세요. 마지막으로 한 가지만 더 물을게요. 조금 전에 돌파에 대해 말했는데, 그게 무슨 뜻이에요?"

"맞아, 토라를 낭독하는 법을 배워서 시나고그에서 토라와 하프타라를 정확한 가락에 맞춰 낭독하기로 했지."

사랄레는 냉장고 문에 붙어 있는 달력을 보더니 "말도 안 돼요!" 하고 외쳤다.

다음 날 아침, 츠비에게서 '잠재력'이라는 제목의 메일이 도착했다. 나는 그것을 프린트해서 정원으로 가지고 나가 읽었다.

잠재력

친구 여러분!

여러분은 '기운이 없어'라거나 '도대체 어디서 그런 힘이 나는 거야?' '내게 그럴 힘이 있다면' 같은 말을 많이 들어봤을 겁니다. 사람은 누구나 지금보다 힘이 좀 더 있었으면 하고 바랍니다. 어떤 사람들은 이 힘을 '에너지'라고 일컫지요. 오늘날의 관리 이론은 조직의 간부들이 시간이나 직원, 돈을 관리한다고 가르치지 않습니다. 에너지 자원을 관리한다고 가르칩니다.

삶의 주된 자원은 에너지입니다. 우리에게 이 에너지를 측정할 방법은 없지만, 에너지를 보존하고 강화할 의무와 능력은 있습니다. 에너지가 없다면 돈과 시간이 다 무슨 소용이겠습니까? 삶이 없다면 돈이나 시간을 어떻게 즐길 수 있겠습니까?

몇몇 연구에 의하면 인간은 뇌의 5~10퍼센트만 사용한다고 합니다. 이렇게 적은 양만 쓰고도 인류는 눈부신 업적을 이룩해왔습니다. 힘의 비결은 어디에 있는 것일까요? 우리 안에는 얼마큼의 힘이 잠재해 있는 걸까요? 그 힘을 가장 잘 활용할 수 있는 방법은 무엇일까요?

부모들과 관리자들, 교육자들, 어른들과 젊은이들, 부유한 사람들과 가난한 사람들, 직장인들과 자영업자들, 정치가들, 의사들, 농부들의 입에서 새어 나오는 신음과 한숨 소리로 미뤄볼 때 세상에는 에너지가 없는 것 같습니다. 세상의 에너지는 모두 고갈되고 말았습니다. 힘을 기르거나 힘과 관련한 도구를 개발하는 분야—스포츠와 전투—만이 예외적일 뿐입니다.

우리는 에너지가 제한되어 있다는 것을 경험적으로 압니다. 그러나 자신이 어느 정도의 에너지를 갖고 있으며 얼마만큼의 에너지를 사용하고 있는지 아는 사람은 아무도 없습니다. 예를 들어서 우리는 피곤할 때 '에너지가 바닥난' 것처럼 느끼고 다시 '에너지가 생기도록' 휴식을 취합니다. 그리고 이렇게 해서 생긴 에너지는 다음 번에 또다시 피로가 몰려올 때까지만 지속됩니다. 이것이 반복되면 우리는 에너지 '예산'이 얼마나 되는지를 알고 그 한도 안에서 에너지를 소비하며 살아갑니다. 그러나 우리가 스스로에 대해 알지 못하는 두 가지 기본적인 사실이 있습니다.

첫째, 우리는 우리가 어느 정도의 에너지를 가졌는지 알지 못하고

둘째, 우리가 지닌 힘의 근원이 외부가 아니라 우리 안에 있다는 것을 알지 못합니다. 그래서 우리는 에너지가 '바닥나서' 새로 '보충되기'를 기다릴 때 그 새로운 에너지가 우리 안에서 나오리라고는 상상도 하지 못합니다. 그래서 에너지를 외부에서 찾기 시작하는 것이죠. 외부에는 패션이나 오락, 음식, 여행, 스포츠, 여가 활동 그리고 다양한 종류의 미디어—라디오, 텔레비전, 인터넷, 휴대폰—등과 같이 에너지를 제공하는 것처럼 보이는 놀랍게 잘 굴러가는 시스템이 있을 뿐입니다. 이 세련된 시스템은 우리에게 자신이 '위대하고 강력한 무언가'에 참여하고 있는 것처럼 느끼게 해줍니다.

그러나 유대식 코칭에서는 이렇게 말합니다.

"잠깐! 방향을 돌려 외부가 아니라 내면에서 에너지를 구하세요. 당신 안에는 많은 힘이 있습니다. 그리고 그 힘은 당신이 원하면 언제든 사용할 수 있습니다."

하나님은 인간에게 놀라운 힘을 주셨습니다. 우리가 할 일은 그 힘들을 접근 가능하고 사용할 수 있게 만드는 것입니다. 이 힘들은 끊임없이 새로워지고 바닥난 에너지를 보충해줍니다. 우리는 내면에 충전된 배터리를 갖고 있는데, 이 배터리는 힘의 근원이신 하나님께 연결되어 있을 때 끊임없이 충전되기 때문에 결코 방전되지 않습니다. 여러분은 여러분의 배터리를 적절한 충전기에 연결하기만 하면 됩니다. 맬빔은 "피곤한 자

에게는 힘을 주시며 무능한 자에게는 힘을 더하시나니"(《이사야서》 40장 29절)라는 성경 구절에 대해 "여기서 '힘'이란 내적이고 근원적인 힘을 가리킨다"고 설명합니다. 유대인은 자신이 가진 에너지의 근원이 무엇인지를 기억하지 못하는 발전소입니다. 유대식 코칭은 이 힘의 비밀을 단계적으로 철저하게 규명합니다.

"내적이고 근원적인 힘"은 전쟁과 같은 위기 시에 곧잘 드러납니다. 이스라엘이 전쟁에 돌입했을 때 수만 명의 이스라엘 사람은 군복으로 갈아입고 고향을 떠나 낯선 형제들과 잘 알지도 못하는 유산을 지키기 위해 목숨을 걸고 싸웠습니다. 이 이타적인 개인들은 어떻게 두려움을 극복하고 총알이 빗발치는 곳에 뛰어들어 예전에 만난 적도 없는 동료 병사들을 구해올 수 있었을까요? 이 겸손하고 수줍음이 많은 젊은이가 무공 훈장을 받을 때 사람들은 눈물을 글썽이며 이렇게 자문합니다. "이 어린 소년이 정말로 사회자가 말한 그 모든 일을 했단 말인가? 영웅이나 할 만한 일을 이렇게 평범해 보이는 젊은이가 해내다니!" 기자들이 "그런 용기가 어디서 났습니까?" 하고 물으면 젊은 병사 중 많은 사람이 당황해서 "저도 모릅니다" 하고 대답합니다. 그들은 정말로 몰라서 그렇게 말하는 것입니다. 우리 역시 하나님이 우리 안에 얼마나 많은 힘을 심어놓으셨는지 알지 못합니다.

그렇다면 일상생활에서 이 힘은 어디에 숨어 있는 걸까요? 우리가 그 힘을 가장 필요로 할 때 그 힘은 어디에 있는 걸까요? 맬빔은 이렇게 설명합니다. "때때로 이 힘은 쇠퇴하고 희미해진다. 그리하여 하나님은 '피곤한 자에게 힘을 주시는' 것이다. 하나님이 오래 참으실 때 그분의 힘은 더 커진다(《나훔》 2장 2절, 〈잠언〉 24장 5절 참조). '위대한 능력'은 외부로 퍼지는 힘을 가리키고 '위대한 힘'은 내부로 퍼지는 힘을 가리키며 '기운이 세다'는 말은 오랜 시간에 걸쳐 힘을 유지한다는 것을 뜻하기 때문이다."

맬빔은 이렇게 유대식 코칭의 본질을 설명했는데, 우리의 잠재력 세미나는 바로 이 같은 유대식 코칭에서 영감을 받았다고 할 수 있습니다.

유대식 코칭은 우리 안에서 작용하는 세 가지 힘, 즉 윤리적이고 신적인 힘과 자연적이고 동물적인 힘 그리고 그 둘 사이의 중간쯤에 자리한 지적인 힘―에너지의 근원을 관리하고 우리로 하여금 이 자원들을 활용하게 함으로써 스스로를 향상시키고 창의성을 발휘하며 기쁜 마음으로 살아가는 사명을 실현하게 해주는 힘―을 보여줍니다.

인간의 힘을 드러내는 것은 우리의 성격 특성을 바로잡고 우리의 몸과 마음을 정화할 때 꼭 필요한 일입니다. 우리의 힘을 명확하게 정의하지 않는다면 그 힘들은 저속하고 심지어 부정적인 방향으로 흘러갈 수 있으며, 그렇게 되면 우리는 개인으로서나 공동체로서 비극적인 결말을 맞이하게 될 것입니다.

이런 까닭에 토라에서는 이렇게 말하고 있습니다. "네 하나님 여호와를 기억하라. 그가 네게 재물 얻을 능력을 주셨음이라. 이렇게 하심은 네 조상에게 맹세하신 언약을 오늘과 같이 이루려 하심이니라"(《신명기》 8장 18절). 란은 《란의 설교Sermons of the Ran》에서 이렇게 설명합니다. "여러분이 대단히 성공적이라는 것은 사실입니다. 여러분은 일할 의무를 면제받지는 않았지만, 일할 힘은 창조주에게 부여받았습니다." 인간의 힘에 대한 모든 것을 알고 토라에서 제시하는 길을 충실히 따를 때 여러분은 유대식 코칭이 (여러분에게 그 힘을 사용하게 함으로써) 어떻게 힘의 시스템을 보완해주는지 알게 될 것입니다.

내적이고 근원적인 힘은 사람을 그의 마음과 내적인 소망에, 그의 진정한 자아에 연결시켜줍니다. 그리고 사람이 자신의 근원에 연결되었을 때 그는 자신과 합일하며 스스로를 끊임없이 삶을 새롭게 하는 원자력 발전소로 여기게 됩니다.

마음으로부터의 축복을 보내며,
츠비 드림

해는 이미 중천에 걸려 있었다. 나는 편지를 읽고 또 읽었다. 그리고 츠비를 만나서 내 삶을 전반적으로 점검하고 지금까지의 코칭 상황을 돌아보기 전까지는 프로젝트의 실행을 잠시 보류하기로 했다.

애틀릿은 전과 많이 달라 보였다. 츠비를 만나러 처음 이곳에 온 이후로 내 삶의 많은 것들이 새로워진 느낌이다. 기차에서 내리자 예전에 품었던 많은 의문이 떠오르면서 이제는 새로운 의문이 더 많이 생겼음을 깨닫게 되었다. 나는 과거보다 미래에 더 관심이 많았다. 내 안에서 안개와 불빛이 마구 섞여 돌아가는 듯했다. 츠비의 코칭 철학인 '단순성, 기쁨, 결과'가 내겐 마치 산소처럼 느껴졌다. 모든 의문점이 명쾌해졌으면 하는 마음이 간절했다.

츠비의 정원은 마치 전에 와본 적이 없는 것처럼 매우 새로워보였다. 츠비는 늘 그렇듯 유쾌한 미소로 맞아주었다. 그는 나를 가볍게 껴안고 나서 내 눈을 들여다보며 물었다. "오늘은 기분이 어떻습니까?"

"조금 혼란스럽긴 하지만 행복합니다." 내가 대답했다.

"제가 근사한 선물을 준비해두었답니다." 츠비가 말했다. 아닌 게 아니라 정원에는 고소한 냄새를 풍기는 할바(으깬 깨와 아몬드 따위를 시럽으로 굳힌 과자)가 담긴 푸른 접시와 찻잔이 준비되어 있었다.

"이게 바로 제가 원하던 겁니다." 나는 반색을 하며 외쳤다.

"당신의 비전을 접하고 정말 기뻤습니다." 츠비가 말했다. "당신의 내면에서 심오한 작업이 이루어지고 있는 게 느껴지더군요. 당신의 돌파 프로젝트 또한 놀라웠습니다. 프로젝트의 과제가 매우 중요한 일인데다 깊은 헌신을 요하는 것이니까요. 특히 제한된 시간 안에 해내야 하는 만큼 아주 강력하고 흥미진진한 도전이 될 것입니다."

"이제 어떻게 해야 할까요?" 내가 물었다.

"어떻게 하는 게 좋을 것 같습니까?" 츠비가 내 질문에 다른 질문으로 대답했다.

"전반적인 상황을 점검해보는 게 좋을 것 같습니다. 이제까지 당신과 해온 작업들을 되돌아보면, 앞으로 어떤 방향으로 어떻게 나아가야 할지 결정할 수 있을 것 같아요."

"훌륭해요!" 츠비가 유쾌한 어조로 말했다. "아주 좋은 생각입니다. 하지만 당신은 조금 너무 진지한 것 같군요. 괜찮으시다면 기차에 대한 유머로 시작하고 싶은데요."

"좋지요." 나는 정말 즐거웠다. "우리가 수집한 유머들을 이스라엘 철도청장에게 보내면 좋을 것 같군요."

츠비가 말했다. "승객 한 명이 정방향 좌석으로 기차표를 예매했는데 역방향 좌석을 배정받았다고 철도 당국에 불만을 제기했습니다. 철도청

직원이 왜 맞은편 사람과 자리를 바꾸지 않았느냐고 묻자, 그 승객은 이렇게 대답했답니다. '맞은편엔 아무도 없었기 때문에 자리를 바꿀 수 없었어요.'"

나는 코칭 파일을 뒤적이면서 우리의 여정을 정리해나가기 시작했다. "나는 주차장 사건에 대해 이야기했어요. 영혼의 외피인 세 가지 스크린—생각, 말, 행동—의 관점에서 그 사건을 그려 보였죠. 당신은 내게 이 사건이 어떤 식으로 전개되면 좋았겠느냐고 물었어요. 우리는 내가 바라는 상황에 대해 세 가지 스크린의 관점에서 이야기했죠. 나는 실제 상황과 내가 바라는 상황 사이의 간극을 발견했고, 우리는 그 간극이 곧 인생이라는 것을 깨달았어요. 나는 나의 대처 방식에서 반복적으로 나타나는 패턴('나는 상처받았을 때 화를 내고 난폭하게 반응한다')을 발견했고, 그 패턴을 낳은 생각, 즉 패러다임('다른 사람들이 내 존재를 인정해주지 않을 때 나는 그들을 공격한다')을 발견했어요. 그리고 거기에서부터 다시 패러다임의 어머니 격인 관점('인생은 "나냐, 너냐"의 투쟁이다')을 발견했지요. 우리는 관점의 층이 곧 변화의 층이며, 중요한 변화를 일으키려면 내면에 잠재된 강력한 힘을 만나야 한다고 이야기했죠. 나는 '근원'에 속하는 힘과 '본성'에 속하는 힘을 발견했고, 그것들을 요약해서 내 정체성 카드에 적어 넣었어요."

나는 지갑에서 정체성 카드를 꺼내 츠비를 향해 흔들었다. 츠비는 나를 향해 자신의 정체성 카드를 흔들었다. 우리는 웃음을 터뜨렸다. 잠시 후 내가 다시 말을 이었다.

"나는 분만실에 들어가 새로운 관점을 낳았습니다. 이 새로운……."

그러나 내가 새로운 관점에 대해 무슨 말을 하기도 전에 츠비가 벌떡 일어나 춤을 추면서 큰 소리로 노래하기 시작했다. "인생은 모두와 함께 추는 춤이라네."

"바로 그겁니다." 내가 말했다. "그리고 '나는 모든 위기에서 무언가를 얻고 그것을 통해 성장한다'는 새로운 패러다임과 '나는 늘 기쁜 마음으로 베푼다'는 새로운 패턴을 선택했습니다."

츠비는 이번에는 눈을 감고 이스라엘 대중음악 작곡가인 보아즈 샤라비의 노래를 부르기 시작해서 나를 놀라게 했다.

> 영혼과 마음을 주세요.
> 주고 싶을 때는 언제라도.
> 그리고 주는 것과 받는 것의
> 차이를 알려면
> 주고 또 주는 법을 배워야 해요.

우리는 말없이 앉아 있었다. 와플이 무슨 일인가 하고 달려오며 짖어 댔다. 나는 츠비가 부른 노래를 속으로 따라 부르다가 멀리서 들려오는 기차 소리에 문득 내가 이곳에 어떻게 왔으며 지금 무엇을 하고 있는지 떠올렸다.

'코칭 시간에 무엇을 하느냐고 묻는 사람들에게 말해줘야겠군.' 나는 속으로 생각했다.

"나는 교차로에 도착해 새로운 비전을 선택하게 되었습니다. 여기 내가 비전에 대해 쓴 글이 있군요. 이제 내겐 비전이 생겼고, 비전을 실현하는 데 돌파구를 마련해 줄 '돌파 프로젝트'도 생겼습니다."

츠비는 내 손을 잡고 흔들며 이제까지의 상황을 요약해준 데 대한 고마움을 표했다. 그리고 이렇게 말했다. "이제 남은 일은 당신에게 코칭을 요청하는 특별한 방식을 알려드리는 것뿐이군요."

츠비는 내 코칭 파일을 들여다보던 것을 그만두고 나를 뚫어지게 응시했다.

"여기엔 뭔가 새로운 것이 있어요. 당신은 코칭에 익숙하니까 코칭을 요청한다는 게 뭔지 아실 거예요. 하지만 코칭을 요청하는 우리만의 특별한 방식은 모르실 겁니다. 나는 당신이 우리의 방식을 마음에 들어 하실 거라고 확신해요. 하지만 유념하셔야 할 게 하나 있습니다. 바로 내가 당신에게 코칭을 제안하거나 코칭을 요청하도록 넌지시 암시하려는 것은 아니라는 점입니다. 나는 단지 코칭 과정 일부를 알려드리려는 것뿐이에요. 아시겠죠?"

"물론입니다." 내가 대답했다. "어떤 방식인지 무척 궁금하군요."

"코칭의 요청은 돌파 프로젝트를 수행하는 동안 이루어지게 됩니다. 당신이 선택한 새로운 관점과 패러다임, 패턴에 따라 작업하는 데 익숙지 않아서 문제가 발생하게 되면 코칭을 요청하게 되는 것이죠. 문제가 발생하면 예전의 온갖 좋지 않은 습관이 되살아나는데, 여기에 대해서는 나중에 다시 말씀드리도록 하겠습니다. 어쨌든 나는 우리가 코칭 작업을 하면서 줄곧 예로 들어온 주차장 사건을 통해 코칭을 요청하는 새로운 방식을 알려드리고자 합니다. 그러면 전체 그림을 보실 수 있을 거예요.

당신은 변화의 층인 관점의 층에 있었습니다. 그리고 매우 중요하고 흥미로운 새 관점을 선택했지요. 관점의 변화는 패러다임과 패턴 그리고 당신이 삶에 대처하는 방식에 변화를 가져옵니다. 그러나 이 모든 과정은 그리 간단하지도 않고 명확하지도 않습니다.

따라서 문제는 새로운 관점에 따라 살아갈 힘과 오랜 습관에서 벗어날 힘을 어디서 얻느냐는 겁니다. 여기에 대한 답은 정체성 카드에서 찾을 수 있습니다.

당신은 비전을 실현하기 위한 과제들을 선택했고, 그중 하나를 돌파 프로젝트의 과제로 삼았지요."

츠비는 미소를 지은 뒤, 말을 이었다.

"물론 과제를 수행하다 보면 무수한 장애물을 만나기 마련입니다. 이 장애물들은 최선을 다해 자신의 기능을 수행하지요. 당신은 코칭을 요청하기 전에 주차장 사건을 재구성하여 어디에 초점을 맞추고 싶은지, 그리고 어떤 층에서 당신의 대처 방식에 변화를 주고 싶은지 결정해야 합니다.

시간을 갖고 당신 자신과 이제까지의 과정을 돌아본 뒤, 어떤 층에서 작업하고 싶고 어떤 층에서 코치를 받고 싶은지 결정하세요.

제가 코칭 요청서를 써볼 테니 주차장 사건에서 변화시키고 싶은 부분을 말씀해주세요. 먼저, 복잡한 요청서를 제시한 후 간단한 요청서를 제시하겠습니다. 아시겠죠?

여기 복잡한 요청서가 있습니다.

> 나는 무례하고 나를 무시하는 사람과의 관계를 해결하는 데 필요한 코치를 받고 싶습니다.
> '나는 상처받았을 때 화를 내고 난폭하게 반응한다'고 하는 예전 패턴이 나타나면,

근원의 힘인 '사랑'과
본성의 힘인 '매사에 일인자가 되고자 하는 마음'과
'늘 기쁜 마음으로 베푼다'고 하는 새로운 패턴에 따라 행동할 것입니다.

그러면 기쁜 마음으로 미소 짓게 될 것입니다.

나는 츠비가 제시한 코칭 요청서를 보면서 그 안에 깃든 논리를 이해하게 되었다.

"현명한 질문에는 이미 답이 절반가량 들어 있지요." 나는 츠비에게 말했다. "당신은 변화 과정의 모든 요소를 이 코칭 요청서에 집어넣었어요. 원하는 결과도 집어넣었고요. 게다가" 나는 발견의 기쁨에 들떠 덧붙여 말했다. "여기에는 '본성'의 힘도 있어요. '본성'의 힘도 잘만 다루면 좋은 쪽으로 활용될 수 있는 거로군요. 모든 것은 지적인 영혼과 시장mayor이 어떻게 행동하고 관리하느냐에 달렸어요."

"그리고 당신이 그 시장이지요." 츠비가 웃음을 터뜨렸다.

"이제 조금은 할바를 먹을 자격이 생긴 것 같은데요?" 나는 갑자기 에너지가 빠져나가는 느낌이 들어 이렇게 말했다.

"물론이죠. 차도 좀 드세요." 츠비가 대답했다. 그는 자리에서 일어나 주방으로 갔다.

'그러고 보니 츠비의 아내를 만나본 적이 없군.' 나는 생각했다.

'조용히 해.' 내면의 목소리가 말했다. '때가 되면 소개해주겠지. 너는 늘 사람들에게 아내를 소개하지 못해 안달이지만 사람들이 다 너 같은 건 아냐. 자녀를 여덟이나 두었는데 설마 금슬이 나쁘겠어? 조용히 하고

예의 바르게 굴어.'

"그런데" 츠비가 주방에서 먹을 것을 가져오면서 웃음을 터뜨렸다. "제가 아내를 소개해드렸나요? 차나, 베니와 인사해."

"만나 뵙게 되어 반갑습니다." 차나가 말했다.

'이제 뭘 선물해야 할지 알겠지?' 내면의 목소리가 비웃듯이 말했다.

"차나는 소아청소년과 의사랍니다." 츠비가 자랑스럽게 말했다. "니르 엣시온과 에인호드, 마얀츠 비, 지크론 야코브, 마간카르멜 등의 마을 에서 일하지만, 대개는 집에 있지요."

"츠비가 아니었다면 그렇게 자주 집을 비울 수는 없었을 거예요." 차나가 말했다.

"피아노를 치고 싶은데" 츠비가 불쑥 끼어들었다. "괜찮으시겠습니까?"

"물론이죠." 나는 쾌활하게 대답했다.

피아노 소리가 울려 퍼지자 집안 분위기가 달라졌다. 나는 츠비가 연주하는 곡이 뭔지 알았다. 츠비가 슬며시 미소 짓는 내 얼굴을 보고 물었다.

"이 곡의 제목이 뭔지 아십니까?"

"'봄'입니다." 내가 대답했다. 그러자 츠비는 놀랍다는 듯이 눈썹을 추켜올렸다.

츠비는 비발디의 〈사계〉 중 '봄'을 연주하고 있었다. 원래 이 곡은 바이올린 협주곡으로, 나는 이 곡을 피아노 연주로 들어본 적이 없었다. 츠비의 연주는 아주 훌륭했다. 나는 아버지가 키부츠의 요양원에서 이 곡의 구조와 비발디의 생애에 대해 이야기해주던 것을 떠올렸다. 설명을 마친 뒤 아버지는 축음기의 바늘을 레코드판 위에 올려놓고 내게 조용히 하라는 손짓을 하며 우아한 동작으로 자리에 앉아 음악을 감상했다. 아버지는 바쁠 때면 나를 그 께느른한 분위기의 요양원으로 보내 〈사계〉에 대해 설명하고 음악을 틀어주도록 했다. 나는 아버지에게서 들은 이야기와 아버지가 사다 준 〈음악 세계〉라는 잡지 덕분에 꽤 많은 것을 알고 있었다. 마지막 소절이 들리더니 어느새 츠비가 내 옆에 서 있었다.

"어떻게 들으셨습니까?" 그가 물었다.

나는 축음기를 틀고 레코드판의 먼지를 털어내던 그때 이야기를 츠비에게 들려주었다.

우리는 오늘의 만남을 정리하기 위해 자리에 앉았다.

"사실 우리는" 츠비가 말을 시작했다. "코칭을 위한 준비 단계라 할 근원으로의 회귀 과정을 모두 마쳤습니다.

코칭의 요청에 대해 말씀드리는데, 당신이 택한 주제—주차장 사건이나 돌파 프로젝트—에 대해 코칭이 필요하면 언제든 말씀하세요. 제가 보기에 오늘 당신은 완전히 다른 사람 같이 보입니다. 놀랍게 발전한 당신의 모습을 보니 기쁘기 이를 데 없군요. 그동안 제게 보여주신 신뢰에 감사드립니다. 당신과 함께 작업할 수 있었던 것은 크나큰 특권이었습니다. 그럼 이제 당신이 해온 일들과 거기서 얻은 것들을 요약해서 말씀해주실 수 있을까요?"

코칭 과정에서 내 머릿속을 밝혀주었던 무수한 삶의 불꽃들이 다시 한 번 머리를 스쳤다. 내가 해온 일들을 요약하기란, 특히 거기서 얻은 것들을 정리해서 말하기란 쉽지 않았다. 하지만 "모든 것은 상대적이며, 지금 이 순간과 당신이 처한 상황 그리고 삶의 흐름에서 변해가는 관계에 따라 달라집니다"라고 했던 츠비의 충고를 떠올렸다.

"나는 내 삶의 모든 국면에서 사용할 수 있는 도구 상자를 얻었습니다. 나는 늙고 지친 몸으로 당신을 만나러 왔지만, 이제 내 삶의 구석구석을 새롭게 하고 훨씬 더 젊어져서 이곳을 떠날 수 있게 되었습니다. '옛것은 새로워지고 새것은 성화된다'는 랍비 쿡의 말 그대로입니다. 나는 자유로워짐으로써 충실한 삶을 살 수 있게 되었습니다. 간단히 말하자면, 나는 내 인생의 한 장을 품위 있게 마무리하고 흥미진진하고 감동적이기까지 한 새 장을 열 수 있게 되었지요. 그리고 한 가지 더! 우리가 처음 만났을 때 당신의 모토가 '만약 천국이 있다면 우리는 날개를 가져야 한다'라고 말씀하셨던 것 기억하시나요? 나의 천국이 새로워지고 나의 날개가 자랄 수 있게 도와주셔서 감사합니다."

샤리프

The Secret of
Jewish Coaching

15장 샤리프

●

삶을 지휘하는 지휘자에게
나는 '괜찮은' 사람들이 두렵다
하프타라 낭독하기

●

"여보세요?" 이논이 전화를 받았다.

이논은 내 아들 메이르의 친한 친구로, 우리 집에도 자주 드나들어서 마치 가족 같았다. 이논의 친구들은 그를 가리켜 천재라고들 했다. 그는 군대 시절에 특수부대에서 복무했는데, 적극적이고 쾌활한 성격과 다방면에 걸친 출중한 능력 덕분에 높은 지위에까지 올랐다. 하여간 특출난 아이다.

"이논, 부탁이 있어 전화했다. 3개월 후면 내 생일이 돌아오는데 예전에 바르 미츠바 때 낭독하지 못했던 토라를 올해는 꼭 낭독하고 싶구나 (바르 미츠바에서는 원래 자신의 생일이 있는 주간에 시나고그에서 낭독되는 토라를 낭독하게 되어 있다). 함께 낭독법을 배우면서 나를 좀 도와주지 않을래?"

잠시 침묵이 흘렀다.

"진심이세요?"

"그렇다마다."

"그렇다면 내일 아침 8시까지 댁으로 갈게요."

나는 이논이 오기 전에 미리 준비를 해두어야 할 것 같아서 《모세 오경》을 폈다. 그러나 낭독할 때의 곡조가 전혀 떠오르지 않았다.

정확히 8시에 이논이 현관에 도착했다. 그는 전염성이 강한 웃음으로 주변 분위기를 밝게 만들었다.

"결심이 서셨나요?" 이논이 물었다.

"물론이지." 내가 대답했다.

"좋아요. 그럼 달력을 보며 계획을 세워볼까요?"

우리는 달력을 들여다보았다.

"안식일을 포함해서" 이논이 말했다. "도합 90일이 남았네요. 하지만 안식일에도 연습하는 데에는 별 문제가 없을 거예요. 제가 계획표를 짤 테니 그동안 커피를 준비해주시겠어요? 그러면 커피를 마시면서 의논할 수 있을 거예요."

내가 전에 이논에게 호의를 베푼 적이 있다 해도 지금 이논이 내게 베푸는 호의에는 미치지 못한다. 나는 그에게 수고비를 주어야겠다고 생각했다.

"다 됐어요." 내가 커피를 가지고 돌아오자 이논이 말했다. "제가 세운 계획표를 한번 보세요. 우리는 앞으로 일주일에 5일, 오전 5시부터 6시 45분까지 연습할 거예요. 아저씨가 낭독하는 모습을 보고 싶으니까 화상 통화를 하기로 해요. 집에 웹캠 있죠?"

"있어."

"잘됐군요. 매주 금요일에는 제가 오전 7시에 와서 오후 5시까지 아저씨가 낭독하시는 것을 봐드릴게요. 매주 토요일에는 안식일이 끝나고 나서 한 시간 뒤부터 세 시간씩 연습하셨으면 좋겠어요(안식일은 금요일 해질녘부터 토요일 해질녘까지이다). 그리고 디데이 1주 전부터는 회사에 휴가를 내고 연습에 전념하셨으면 해요. 실제로 시나고그에 가서 예행연습도 해보시고요. 스타니슬랍스키에게 그가 낭송하는 니차빔과 하프타라를 녹음해달라고 하세요. 스타니슬랍스키는 목소리도 좋고 발음도 정확하니까요. 그리고 녹음된 디스크를 차, 사무실, 집에서 듣는 거예요. 뉴스나 음악, 그 밖의 다른 무엇도 듣지 말고 오직 니차빔과 하프타라 본문만 들으셔야 해요. 한 달 뒤에 메나헴 차바리 앞에서 '드레스 리허설'을 할 거예요. 그분은 분명 유익한 조언을 들려주실 테니까요. 질문 있으세요? 아, 잠깐만요. 조깅을 할 때도 워크맨이나 MP를 가지고 다니면서 들으세요." 이논은 이렇게 말하면서 문 쪽으로 향했다.

"이논, 할 말이 있는데……." 나는 수고비에 대해 이야기하려 했지만 이논은 내가 무슨 말을 하려는지 알아채고 단칼에 잘랐다.

"무슨 말씀을 하시려는지 알아요. 하지만 돈을 드려야 할 사람은 저예요. 아저씨 덕에 가장 감동적인 토라와 하프타라를 공부하는 특권을 누리게 되었으니까요. 더 물어보실 건 없으시죠?"

질문 사항은 없었다. 하지만 죽을 만큼 두려웠다.

"내일 아침 5시에 봬요. 아침에 레몬티를 한 잔 마시고 나서 시작하면 좋을 거예요. 니차빔과 하프타라를 소리 내어 읽어야 하니까요." 이논은 이렇게 말하고 밖으로 나갔다.

나는 이렇게 힘든 과제를 선택한 게 벌써부터 후회가 되었지만 서둘러 스타니슬랍스키를 만나러 갔다.

　새벽 4시 반이었다. 바깥은 아직 춥고 어두컴컴했다. 이런 시간에 화상 통화를 하는 데 익숙지 않아서 잠옷을 입고 있어야 할지 옷을 제대로 갖춰 입고 있어야 할지 알 수가 없었다. 나는 안전하게 옷을 갈아입기로 했다. 옷을 갈아입고 컴퓨터 쪽으로 가서 웹캠을 켠 뒤 CD를 틀었다. 니차빔을 낭독하는 스타니슬랍스키의 낭랑한 목소리가 방안을 가득 채웠다. 그때 이논이 온라인상에 연결되어 있음을 알리는 신호음이 들렸다. 컴퓨터 화면에 아직 잠이 덜 깬 이논의 미소 짓는 얼굴이 떠올랐다.

　"좋은 아침입니다." 그가 말했다. "그럼 가락에 맞춰 낭독하는 법을 배워보기로 할까요?"

　나는 한 주 내내 듣고 읊조리고 꿈꾸며 나치빔과 함께했다. 매일 아침이면 화면 위에 떠오른 이논의 얼굴이 어둠 속에서 빛났고 스피커에서 들려오는 그의 목소리가 하늘을 뚫을 듯했다. 음표들이 둥글게 원을 그리고 침대 주위를 돌며 춤추고 노래하는 꿈도 여러 번 꾸었다. 음표들은 하나씩 원 바깥으로 나와 노래하듯 자기소개를 하고는 다시 원 안으로 들어가 동료들과 춤을 추었다. 그들은 차례로 나타나 춤을 추다가 토라 구절이 하나씩 끝날 때마다 공연을 멈췄다. 음표들의 춤은 하루 동안 내가 음을 기억하는 데 도움이 되었고, 결국 나는 토라의 가락을 제대로 기억할 수 있게 되었다. 그럼에도 첫 번째 금요일 아침에 이논은 내가 배우는 속도로 볼 때 니차빔과 하프타라 둘 다를 낭독하는 것은 무리라는 결론을 내렸다. 따라서 나는 둘 중 하나를 선택해야 했다.

　니차빔이냐, 하프타라냐! 나는 어떻게 해야 좋을지 알 수가 없었다.

"유념하셔야 할 게 하나 있어요." 이논이 설명했다. "토라를 낭독할 때에는 가락을 외워서 낭독해야 합니다. 토라 두루마리 안에는 음이 표시되어 있지 않으니까요. 하지만 하프타라의 경우에는 음이 표시되어 있지요. 어느 쪽이 되었든 저는 아저씨가 가락을 다 외워서 낭독하셨으면 좋겠어요."

"왜?" 내가 물었다. "내가 난독증이라서?"

"맞아요." 이논이 대답했다.

"그러니까 음을 완전히 외우란 말이지? 저절로 입에서 나올 때까지?"

"네, MP4처럼요. 구간별로 빨리감기를 하거나 되감기를 해서 아무 데서나 재생시켜도 나오게 하는 거죠. 그러면 자신감이 생겨서 얼굴 표정이나 어조에도 신경을 쓰실 수 있을 거예요."

"니차빔을 선택하고 하프타라를 포기해야 할까?"

"그건 마음에게 물어보세요. 마음이 알아서 정해줄 거예요." 이논이 미소 지으며 말했다.

"그게 그렇게 간단치가 않아. 내일까지 결정하도록 하마." 내가 말했다.

'너는 너에게 너무 어려운 과제를 내서 스스로를 망치고 있어.' 내면의 목소리가 시끄럽게 굴었다. '그동안 해온 일들만으로도 충분하다고! 이딴 일은 잊어버리고 이제 좀 쉬어! 니차빔을 낭독할 기회는 내년에도 있어. 내년에 조금 일찍 시작하면 되지, 뭐. 이런 일은 여유를 갖고 편안한 마음으로 해야 해. 그런데 지금 네 꼴을 좀 봐. 한밤중에 반송장 같은 몰골로 일어나 돌아다니고 있잖아. 다른 사람들은 꿈속을 헤맬 때 너는 컴퓨터 앞에 앉아서 이논이 시키는 대로 엄청난 양의 연습을 하고 있어. 이논은 이런 기술을 KGB에서 배운 게 틀림없어. 너는 할 만큼 했어. 그

러니까 이제 그만해. 너는 주변 사람들 모두를 돌게 만든다고!'

'여기에 뭔가가 있다는 걸 부인할 순 없어.' 나는 속으로 생각했다.

나는 돌파 프로젝트 표를 들여다보다가 '앞으로의 좋은 점' 칸에 "하나님을 섬기는 데 있어서 보다 정확성을 기할 수 있고 내면의 목소리에 휘둘리지 않게 됨"이라고 쓰여 있는 것을 발견했다. 그리고 '최소한의 결과' 칸에 "하프타라를 낭독할 수 있다"고 쓰여 있는 것도 보았다. 표를 보고 있으려니 내가 아직 시나고그 관리인인 도비를 만나지 않았으며, 내 계획이 실현 가능한지에 대한 확신이 없다는 데 생각이 미쳤다. 나는 토라를 낭독하다가 실수할까 봐 걱정이 되었다. 그러나 하프타라는 다르다. 하프타라는 토라만큼 중요시되지 않는 데다 낭독자가 실수를 해도 지적하는 사람이 거의 없다. 그래서 나는 좀 더 쉬워 보이는 하프타라를 낭독하기로 했다. 이렇게 결정하자 마음이 편안해졌다. 지금은 이렇게 하는 게 좋을 것이다. 나는 하프타라를 배우는 데 초점을 맞추고 이를 위해 최선을 다할 것이다.

나는 이 같은 결정을 이논에게 알리고 도비를 찾아갔다. 도비는 몹시 흥분해서 뭐든 도움이 필요한 일이 있으면 기꺼이 도와주겠노라고 했다. 나는 해당 하프타라를 몇 장 복사하여 침실과 서재, 주방, 차 안에 붙여놓고 두 장은 가지고 다니며 외우기로 했다. 이논의 엄격한 감독 하에 연습에 돌입한 나는, 곧 최고의 기량을 발휘하기 시작했다. 밤에는 복사본을 들고 나가 조깅을 하면서 가로등 불빛에 비춰보며 하프타라 구절을 외웠다.

사랄레가 빨래를 널며 하프타라 구절을 읊조리는 것을 들었을 때는 얼마나 기뻤는지 모른다. 하지만 온 가족이 내 프로젝트에 크게 영향받고 있다는 것도 알고 있었다. 이젠 그들이 영향을 덜 받게 할 방법을 찾아야 했다.

 디데이까지 한 달 반쯤 남은 어느 날, 나는 땀에 흠뻑 젖은 채 잠에서 깼다. 이번에는 어떤 '비타민'도 듣지 않았다. 랍비 쿡이나 랍비 나흐만도 별 도움이 되지 않았다. 나는 랍비 샤피로나 랍비 긴즈버그 및 그 밖의 위대한 토라 학자들이 쓴 보다 어려운 책들을 읽어보려고 했다. 하지만 아무 소용없었다. 이번에는 두려움이 다른 모든 것을 압도했다. 내면의 목소리가 뭐라고 속삭였지만 내가 반응을 보이지 않자 잠잠해졌다. 나는 안락의자에 앉아 심장의 두근거림이 가라앉기를 기다렸다.

 나는 프로젝트를 취소하고 쉬운 일을 찾아보기로 했다. 짐의 무게와 트럭의 힘이 서로 균형을 이뤄야 한다는 어떤 농부의 말이 생각났다. 토라와 하프타라를 낭독하는 일은 오래 전부터 생각해온 일이니까 한 해쯤 더 기다리지 못할 것도 없었다. 나는 캐첨 츠비가 토라 궤(시나고그 안에 있는, 토라 두루마리를 넣어두는 궤_원주) 옆에 앉아서 나를 노려보는 모습을 떠올릴 수 있었다. 그가 누런 이를 드러내며 "지금 뭐하는 거요? 요즘은 아무 늙은이나 설교단에 올라가 예배를 망쳐놓는다니까. 당장 나가요!" 하고 소리치는 모습이 상상이 되었다. 도비가 "어쩌겠어요. 저렇게 토라를 낭독하고 싶어하는데……" 하고 말하기라도 하는 것처럼 어깨를 으쓱하는 것도 상상이 되었고, 핀처스가 큰아들에게 "잊어버려. 남들이 바르 미츠바 때 하는 일을 저 늙은이는 지금 하려고 하는 것뿐이니까. 늦게 믿기 시작한 사람들은 다들 저런단다. 저런 사람들은 모두 네게브(이스라엘 남부의 사막 지대)로 보내버려야 하는 건데……"라고 말하는 것도 상상이 되었다.

그때 책상 위에 있는 코칭 파일이 눈에 들어왔다. 나는 그것을 집어 무릎 위에 펼쳐 놓았다. 그 안의 글자들이 마치 나비가 꽃을 향해 날아가는 것처럼 곧바로 내게 날아왔다.

이런 때를 조심해야 한다. 약해진 근육이 상처를 입었을 때, 당신이 상황에 대처하는 데 어려움을 겪을 때, 당신이 관점을 선택하고 힘차게 전진하는 것처럼 보일 때, 바로 그럴 때 견고한 벽돌 벽이 당신 앞을 가로막는다. 당신의 예전 패턴들이 당신에게 너무도 익숙한 과거의 그 모든 습관과 패러다임과 함께 당신을 기다리고 있다. 그래서 결국 당신은 땅에 코를 박고 넘어질 것이다.

이때 당신은 낙심해서 '과연 이게 내게 맞는 일인가?', '내가 왜 이래야 하지?' 하는 생각을 하게 된다. 당신은 그건 당신이 감당할 수 없는 일이라고 여기고 단념하거나 외부의 도움을 구하려 들 것이다. 그러나 우리는 새로운 무언가를 제안하려 한다. 그것은 바로 '코칭의 요청'이다. 그렇다. 바로 그것이 현 시점에서 필요한 일이다.

코칭을 요청한다는 것은 당신이 행동하기로 마음먹었다는 것을 의미한다. 불평하기보다는 상황에 대처하고, 한숨을 내쉬기보다는 스스로를 믿으며, 포기하기보다는 당신 안에 있는 강한 힘들을 활용하고, 외부의 힘에 기대기보다는 과정과 결과에 집중하고, 구실을 찾기보다는 스스로 사태를 해결하겠다고 결심하는 것을 의미한다.

스스로 사태를 해결한다지만 그렇다고 혼자 힘으로 해야 하는 것은 아니다. 당신은 스스로에 대한 확신을 갖고 사태를 해결할 수 있도록 도움을 요청할 수 있는데, 이렇게 도움을 요청하는 게 바로 코칭의 요청이다.
당신은 어려움에 봉착했는가? 당신은 이 어려움에 익숙하지만 그 어려움을 다룰 새로운 방법을 알지는 못한다.

그래서 당신은 무엇을 요청하려고 하는가?

당신 안에 잠재해 있는 놀라운 힘들을 활용하는 법을 알려달라고 요청하라. 그런 힘들을 어디서 찾을 수 있는가? 그것은 정체성 카드에서 찾을 수 있다.

"맞다, 정체성 카드! 내가 어떻게 그걸 잊을 수 있었지?"

나는 벌떡 일어나 바지 호주머니 속을 살펴보았다. 그때 마치 영화의 한 장면에서처럼 사랄레가 잠에서 깨어 내게 무슨 일이 있느냐고 물었다.

"별일 아냐." 나는 그녀를 안심시켰다. "그냥 뭘 좀 찾고 있을 뿐이야."

"새벽 3시예요?"

나는 내면의 힘들을 찾고 있다고 대답할 뻔했다. 하지만 그러는 대신, 그 순간 내가 생각할 수 있는 가장 어리석은 대답("내일 아침에 필요한 것을 찾는 중이야")을 하고 말았다.

나는 조용히 방에서 나와 정체성 카드를, 마치 처음 보는 것처럼 주의 깊게 살펴보기 시작했다.

근원	본성
주된 특성: 친절	주된 특성: 나의 영예 = 나
순수	매사에 일인자가 되고자 함
신뢰	소속감을 느끼지 못함
사랑	'괜찮은' 사람들을 두려워함
정직	힘으로 쟁취함
용기	칭찬을 구함

내가 왜 정체성 카드를 꺼내 볼 생각을 못했을까? 그런 생각을 하는

순간, 상황이 이해가 되었다. 생각을 못한 게 아니라 빨리 생각해내지 못한 것뿐이었다. 새로운 도구를 사용하려면 그 도구에 익숙해져야 하는데, 나는 아직 그렇지 못하다.

나는 날이 밝으면 츠비에게 전화를 걸어 코칭을 요청하기로 했다.

"찾았어요?" 사랄레가 조용히 물었다.

"찾았어. 잠을 깨워서 미안해. 고마워. 어서 자." 나는 그렇게 답하고는 바로 곯아떨어졌다.

츠비는 참을성 있게 내 말을 들어주었다. 그는 내가 전에 배운 대로 필요한 요소들을 포함시켜 코칭 요청서를 작성할 수 있을지 궁금해 했다. 나는 할 수 있다고 말했다. 코칭 요청서를 쓰는 법은 매우 명확해보였다. 츠비에게서 배운 도구들을 활용해야 한다는 것도 명확했고, 내가 얻고자 하는 결과도 명확했다.

"훌륭합니다." 츠비가 칭찬했다. "이제부터는 당신과 같은 지역에 사는 재능 있는 코치와 함께 작업하시는 게 어떻겠습니까? 돌파 프로젝트 때문에 애틀릿까지 오가는 게 부담스러우실 테니까요. 샤리프라는 코치를 추천해드리지요. 그는 내가 매우 신뢰하는, 경험이 풍부한 코치랍니다. 아주 유능한 사람이지요. 그와 함께 있으면 마음이 편안해질 겁니다. 한 번 생각해보고 말씀해주세요."

츠비는 내게 샤리프의 연락처를 건네주며 돌파 프로젝트의 성공을 빌어주었다. 그러고는 나를 가볍게 껴안으며 말했다. "그리고 즐기는 것을 잊지 마세요! 당신이 시나고그에서 하프타라를 낭독하는 것을 들으러 가도 될까요?"

'오, 이런!'

"그러지 않으시는 게 좋을 것 같습니다. 제가 낭독한 것을 녹음해서 보내드리지요. 당신이 옆에 계시면 긴장할 것 같아서요."

"알겠습니다. 하지만 긴장하는 게 나쁜 것만은 아니랍니다. 약간의 긴장감은 일을 더 잘할 수 있게 해주죠." 츠비는 웃음을 터뜨렸다. "샤리프에게 안부 전해주세요. 제가 필요하면 언제든 연락하시고요."

나는 달력을 보았다. 아직 6주가 남아 있었다. 하지만 코칭 작업과 낭독 연습을 병행하려면 시간이 빠듯하지 않을까? 나는 정체성 카드를 꺼내 테이블 앞에 놓았다.

"여기 꼼짝 말고 있어, 내가 볼 수 있게." 나는 정체성 카드를 향해 말한 다음 샤리프에게 전화를 걸었다. 우리는 예루살렘에 있는 라마다 호텔에서 만나기로 했다.

샤리프와의 첫 만남

호텔 로비에서 샤리프를 기다리는 동안 내 머릿속에는 온갖 생각이 오갔다. '츠비와 함께 작업한 이후라서 그의 제자와 작업하는 게 힘들지 않을까? 게다가 최소한 네 번은 만나야 서로를 이해할 수 있을 텐데……. 어떻게 해야 겉도는 이야기 없이 곧장 핵심으로 들어갈 수 있을까? 그가 나를 이해할 수 있어야 할 텐데……. 어쩌면 내겐 코치가 필요 없을지도 몰라. 코치보다는 심리학자가 더 필요할지도! 아니면 의사소통 전문가든가. 뇌과학이나 치유가 필요할지도 몰라. 1분이라도 늦기만 해봐. 바로 자리에서 일어날 테니. 여기는 너무 시끄러워! 이런 곳에서 어

떻게 집중을 할 수 있겠어?'

"안녕하세요?" 누군가 내게 말을 건넸다. 나는 자리에서 일어나 그와 악수를 나눴다.

"샤리프입니다. 만나서 반갑습니다. 이곳은 끔찍하게 시끄럽군요. 나가서 잔디밭에 앉아 이야기를 나누는 게 어떨까요?"

샤리프는 짧은 머리에 키가 크고 호리호리했다. 머리 위에는 선글라스가 얹혀 있었고, 어깨에 맨 가방에는 지도가 들어 있었다. 여기에다 샌들을 신은 그의 모습을 보니 두려움이 일시에 사그라졌다.

"그게 좋겠군요." 나는 쾌활하게 대답했다. 우리는 잔디밭의 그늘진 곳에 앉아 서로 자기소개를 했다. 그리고 채 10분도 지나지 않아서 코칭 계약을 맺었다.

계약한 코칭의 목적은 내가 6주 안에 시나고그에서 하프타라를 완벽하게 낭독하는 것이었다.

"원하는 결과를 얻기 위해 '성취의 과정'과 '회귀의 과정' 중 어떤 방법을 택하시겠습니까?" 샤리프가 물었다.

'훌륭한 질문인걸.' 나는 속으로 생각했다. 나는 회귀의 과정이 더 마음에 들었다. 내겐 츠비에게 배운 도구들이 있어 그 방법이 더 효과적일 것 같았다. 나는 샤리프에게 짧은 시일 내에 원하는 결과를 얻어야 하므로 회귀의 과정이 좋을 것 같다고 말했다. 샤리프는 나의 결정을 환영하면서 코칭 계약서에 이 내용을 추가했다.

"시나고그에서 하프타라를 낭독하기에 앞서 내가 느끼는 끔찍한 두려움을 다루는 법부터 알아야 할 것 같아요." 내가 말했다.

"제가 코치를 해도 되겠습니까?" 샤리프가 물었다.

"네, 그러시죠." 내가 대답했다.

"좋습니다. 당신이 이루고자 하는 것을 정확히 말씀해주세요."

"하프타라를 낭독하는 법을 배워서 다른 사람들처럼 근사하게 낭독해보고 싶습니다."

"그렇게 해서 좋은 점이 뭐죠?"

"내 인생에서 가장 중요한 무언가를 완성하게 됩니다."

"그게 뭔데요?"

"모르겠어요."

"이 중요한 일이 당신에게 정서적으로 영향을 끼치나요?"

"네, 아주 많이요."

"그 중요한 일이 당신에게 뭐라고 말하나요?"

"하프타라를 낭독하는 것은 나를 내 안에 있는 매우 심오하고 중요한 무언가와 연결시켜 줄 거라고요."

"이 일을 할 때 부족하거나 아쉬운 점이 있습니까?"

"낭독을 하려고 하면 몸이 굳어져서 옴짝달싹할 수 없다는 겁니다."

"왜 그럴까요? 방해가 되는 게 뭔지 아시나요? 몸이 굳어지는 것은 하프타라의 특정한 부분을 낭독할 때인가요? 혹시 당신이 소리를 내는 데 어려움을 느끼는 특정한 음과 관련 있는 것은 아닐까요?"

"아니에요." 나는 샤리프의 질문에 대답했다. "문제는 외부에 있지 않고 내 안에 있어요. 하프타라를 낭독할 때 나는 두려움에 사로잡혀 아무것도 할 수 없게 되어버린답니다. 오직 달아나고 싶은 생각뿐이죠."

"구체적인 예를 들어보시겠어요?"

나는 이런 일이 얼마나 자주 있었는지 생각해보았다. 그리고 이런 현상을 설명할 만한 사건을 떠올려보려고 애썼다.

"그래요, 지난주에 있었던 일이 떠오르는군요. 금요일에 집에서 이논과 하프타라의 앞부분을 연습하고 있었어요. 그런데 갑자기 머릿속이 하얘져서 연습을 계속할 수 없었지요."

"그때의 일을 자세히 설명해보세요. 머릿속이 하얘지기 직전에 정확히 무엇을 보았나요? 거기에 뭐가 있었죠?"

"시나고그 관리인이 내 이름을 부르는 소리가 들리더니 내 왼쪽과 오른쪽의 신도석에 앉은 사람들이 보이고 정면에는 토라 궤가 보였어요. 그러자 몸이 말을 안 들어서 자리에서 일어날 수가 없었지요."

"그때 마음속에서 어떤 느낌이 일어나던가요?"

"두려움이요." 나는 조용히 대답했다. "고립감과 슬픔이요."

"그때 스스로에게 뭐라 말했습니까? 당신 안에서 어떤 소리가 들려오던가요?"

"'이건 내게 맞는 일이 아니야. 당장 그만두고 여기서 나가야 해'라는 말이 들려왔어요."

"그리고 그 말에 수반된 행동은 무엇이었습니까? 당신은 어떻게 행동했지요?"

샤리프의 목소리에서 츠비의 목소리가 들리는 듯했다. 나를 위해서는 좋은 일이었다.

"나는 《모세 오경》을 '탁' 소리가 나게 덮고 이논을 혼자 남겨둔 채 바깥으로 나왔어요."

나는 내 대답이 마음에 들었다. 방금 전에 말한 행동이 가능하다고 생각하니 마음이 편안해졌다. 나는 잠시 생각에 잠겨 있다가 샤리프의 목소리에 퍼뜩 정신을 차렸다.

샤리프는 내가 말한 내용을 되풀이하며 자신이 제대로 이해했는지 물었다. 나는 그렇다고 말해주었다. 그는 미소를 지으며 계속해도 되겠느냐고 물었고, 나는 좋다고 대답했다.

"그 사건이 어떻게 전개되었더라면 좋았을까요?" 샤리프가 물었다. "당신이 카메라맨이면서 연출자라고 가정하고 말씀해보세요. 당신은 모든 세부 사항을 결정할 수 있고 무엇이든 당신이 원하는 방식으로 할 수 있습니다. 자, 이제 어떻게 될까요?"

나는 도전을 받아들였다. "나는 이논과 함께 연습을 합니다. 시나고그 관리인이 내 이름을 부릅니다. 나는 설교단에 올라가 축복 기도를 하고 또렷하고 자신감 있는 목소리로 토라와 하프타라를 낭독합니다. 그리고 축복 기도로 마무리합니다. 시나고그 관리인이 내게 사탕을 던집니다. 컷! 나는 그 후에도 계속해서 이논과 연습을 합니다. 컷!"

"이때 기분이 어떨까요?" 샤리프가 물었다.

"기쁨과 흥분, 자부심 같은 것들을 느낄 것 같습니다."

"무슨 말을 하게 될까요?"

"'훌륭해! 드디어 해냈어!'라고 말할 것 같습니다."

"여기에 수반되는 행동은 어떤 것일까요?"

"여신도석에 앉아 있는 사랄레에게 사탕을 던질 것 같습니다."

샤리프가 웃음을 터뜨렸다.

"뭐가 그렇게 우스운가요?" 나는 혼란스러웠다.

"하프타라의 일부를 낭독해보실래요?"

그러자 등에서 식은땀이 흐르기 시작했다.

"생각만 해도 진땀이 나는군요." 나는 솔직히 말했다. 샤리프는 낭독을 하지 않아도 좋다는 뜻으로 손을 내저었다.

"괜찮으시다면 제가 정리를 해보겠습니다." 그가 말했다.

"실제 상황에서 당신은 이논과 연습을 하며 당신을 옴짝달싹 못 하게 하는 가상의 시나리오를 떠올립니다. 하지만 당신이 원하는 상황에서는 이논과 연습을 하며 완전히 다른 시나리오, 즉 기쁨과 흥분과 자부심을 느끼고 '훌륭해! 드디어 해냈어!'라고 말하며 사랄레에게 사탕을 던지는 그런 시나리오를 떠올립니다."

"맞아요." 내가 대답했다. 샤리프는 사건의 전개를 한눈에 볼 수 있도록 표를 만들어 보여주었다.

"이 두 상황의 차이를 아시겠어요?"

	실제 상황	원하는 상황
	나는 이논과 연습을 한다. 시나고그 관리인이 내 이름을 부르는 소리가 들린다. 나는 시나고그에 모인 회중을 둘러본다. 내 왼쪽과 오른쪽의 신도석에 앉은 사람들이 보이고 정면의 토라 궤가 보인다. 그러자 몸이 굳어져서 자리에서 일어날 수가 없다.	나는 이논과 연습을 한다. 시나고그 관리인이 내 이름을 부르는 소리가 들린다. 나는 설교단으로 올라가 축복 기도를 하고 토라와 하프타라를 크고 또렷한 음성으로 낭독한다. 내가 마지막 축복 기도를 마치자, 시나고그 관리인이 내게 사탕을 던진다.
감정	두려움, 고립감, 슬픔	기쁨, 흥분, 자부심
말	이건 내게 맞지 않아. 여기서 나가야 해.	드디어 해냈어! 꿈을 이룬 거야!
행동	《모세 오경》을 '탁' 소리가 나게 덮고 이논의 곁을 떠난다.	이논과 꾸준히 연습한다.

"물론이지요. 아주 큰 차이가 있군요."

"얼마나 큰 차이가 있나요? 1에서 10까지의 숫자로 나타내 본다면요?"

"9만큼의 차이가 있습니다." 내가 대답했다. 나는 말을 계속하려 했지만, 샤리프가 가로막았다.

"당신은 아무 해결책 없이 그 차이 안에 머무를 수 있나요?"

"아니요."

"이 차이 안에 당신에게 유익한 무언가가 있다고 생각하시나요?"

"네."

"그 안에 감추어져 있는 유익한 것을 실현할 수 있다고 생각하세요?"

"네!"

"좋습니다. 그렇다면 우리는 어느 수준에 이른 겁니다." 샤리프는 조용히 말했다.

"당신은 당신이 묘사한 고통을 향해 용감하게 나아가고 있습니다. 이건 저절로 되는 게 아니지요. 오늘은 여기서 끝내기로 하겠습니다. 다음번에 만날 때까지 당신이 발견한 차이를 자세히 들여다보고 거기에 이름을 붙여오세요. 그 차이를 뭐라 부르시겠습니까? 그리고 한 가지 더! 당신은 9만큼의 차이가 고통의 근원이라는 것을 압니다. 당신이 그 안에 있는 차이로 인해 느끼는 고통을 말로 표현해보세요. 다시 한 번 요청하겠습니다. 차이에 이름을 붙이고 차이에 수반되는 고통을 묘사해보세요. 아시겠죠?"

나는 이해할 수 없었다. 샤리프가 요청한 일은 내겐 너무 힘든 일이었다. 차이에 이름을 붙이려면 다시 차이 안으로 들어가야 하는데 이것은 매우 힘들고 고통스러운 일이다. 그때 츠비의 목소리가 들리는 듯했다. "차이의 고통은 새로운 무언가를 낳는 산통입니다. 그 고통 밑에는 선물이 묻혀 있지요. 고통이 클수록 얻는 것도 큽니다. 하지만 낡은 도구로 이 선물을 파내기란 불가능합니다. 변화가 필요해요."

"한번 해보겠습니다." 나는 조용히 대답했다.

"잘 해내실 거예요. 단순하게 해야 한다는 것을 잊지 마세요. 시간이 다 됐군요." 샤리프가 말했다. "오늘의 만남에서 무엇을 얻었습니까?"

"달아나는 기쁨을 얻었습니다." 내가 대답했다.

"기분이 어떠세요?"

나는 솔직하게 대답했다. "두렵고 고통스럽습니다."

샤리프는 내 손을 잡고 흔들며 "아주 좋습니다!" 하고 말한 뒤 "츠비가 포옹하는 법을 가르쳐주던가요?" 하고 물었다.

나는 츠비에게 어려움을 토로했다. 츠비는 내가 프로젝트를 성공시키기 위해 애쓰는 것을 칭찬하고 지금 하는 일이 전체적인 계획과 연관되어 있지 않느냐고 말했다. 그와의 대화에서 별다른 소득을 얻진 못했지만, 어쨌거나 나는 내가 여러 역할—남편, 아버지, 할아버지, 아들, 형, 친구, 고용주, 학생, 코칭, 이웃—을 수행해야 하며 그 중 어느 하나에도 소홀해서는 안 되는 복잡한 시기에 들어섰음을 인정했다.

차이에 이름을 붙인다? 차이 안에는 무엇이 있는가? 실제 상황과 내가 원하는 상황 사이에는 무엇이 있는가? 차이 안에 있는 무언가에 도달하려면, 그래서 그것을 분명하게 정의내리려면 내 생각을 글로 옮겨볼 필요가 있었다. 나는 머릿속에서 두서없이 들려오는 목소리들을 종이에 옮겨 적기 시작했다.

"너는 어딘가에 소속되는 것을 두려워하고 있어. 너는 믿는 집안에서 태어나고 자라지 못한 것을 늘 아쉬워하지. 너는 종교적인 환경에서 자라지 못했기 때문에 이 일을 잘 해내지 못할 거야. 시나고그에 모인 사람들은 하프타라의 가락을 잘 아는 만큼 너의 실수를 참아주지 않을 거고, 네가 실수할 때마다 그것을 지적하겠지. 그런 사람들 앞에서 하프타라를 낭독해야 하다니, 정말이지 두려운 일이야. 너는 꿈을 꾸고 있어! 과거의 결핍을 메우려고 이제까지 노력해온 것으로는 부족한 거야? 만약 실패하면 어쩌려고 그래? 너는 너무 뻔뻔해. 너는 이사야 선지자와 예루살렘의 운명에 대한 그의 고뇌에 좀 더 존경심을 가질 필요가 있어. 네겐 〈이사야서〉를 낭독할 자격이 없어. 너는 하프타라로 시작했지만, 앞으로 배워야 할 토라의 엄청난 분량을 좀 봐. 자식들이나 손자들도 이게 너한테 얼마나 어려운 일인지 이해하지 못할 거야. 그러니 정신 차리고 포기해. 그리고 네게 어울리는 삶을 살아. 네가 모든 것을 바로잡을 수는 없어. 그리고 제대로 된 바르 미츠바를 치르지 못한 게 큰일은 아니잖아. 키부츠에서 받지 못한 모든 것을 보상받으려는 거야? 더 이상은 과거에 매여 살지 마!"

갑자기 예민모쉬에 있는 음악당에서 탈 로넨과 함께했던 코칭 세미나가 생각났다. 음악가인 양키 펄이 사회를 본 그 모임에는 성악가들과 연주자들, 그리고 뛰어난 실력의 아시라 합창단이 자리해 있었다.

모든 것은 내가 〈왕께 바치는 노래〉를 지휘할 때 일어났다. 합창단이 갑자기 노래를 멈추길래 내가 쳐다보았더니 그들도 나를 쳐다보았다. 홀 안이 쥐 죽은 듯이 조용했다. 합창단은 노래하지 않았고 나는 지휘하지 않았다. 내가 모르는 무슨 일이 일어난 게 틀림없었다. 나는 이상하다는 눈빛으로 주위를 둘러보다 합창단원들이 내가 들고 있는 지휘봉을 쳐다보고 있다는 것을 알아차렸다. 나도 지휘봉을 보았다. 지휘봉을 들고 있는 사람은 나였지만 지휘봉은 움직이지 않았다. 내 손은 굳어 있었고 지휘봉도 마찬가지였다. 합창단원들은 눈짓으로 내가 지휘봉을 움직이지 않아서 노래를 멈췄다는 신호를 보내왔다. 나는 이해가 잘 안 돼서 침묵을 깨고 질문을 던졌다.

"여러분은 이 지휘봉의 움직임에 맞춰 노래를 부른다는 겁니까?"

그렇다고 대답하는 것처럼 모두 고개를 끄덕이며 미소를 지었다. 그때의 놀라움은 이루 말할 수 없었다. "여러분은 악보를 숙지하고 있습니다. 그런데 왜 지휘봉이 필요합니까? 내가 지휘를 멈췄다고 여러분도 노래를 멈추다니, 믿어지지가 않는군요. 이건 공연입니다. 합창단이 있고 지휘자가 있는……. 모두 이 곡을 잘 알고 있고 자신의 역할을 수행하고 있어요. 나는 지휘자가 실제로 어떤 영향을 끼친다고는 생각지 못했습니다. 그냥 페이스 조절을 위해 지휘자가 필요한 거라고 생각했지요."

모두 웃음을 터뜨렸다. 음악적인 관습에 대한 나의 무지에 반은 당황하고, 반은 상처받은 눈치였다.

"자, 그럼 계속할까요?" 내가 말하자 합창단원들은 내게 피아노 쪽을 가리켜 보였다. 나는 무슨 뜻인지 알아차리고 피아니스트에게 연주를 시작하라는 몸짓을 했다. 피아노 연주가 시작하지 않으면 합창단원들이 입을 벌리지 않을 것이기 때문이다. 그런데 이번에는 피아니스트가 내가 자기를 이해하지 못하고 있다는 사인을 보내왔다. 나는 영문을 몰라서 어깨를 으쓱해 보였다.

"신호를 주세요." 피아니스트가 속삭였다. 그제야 모든 게 이해되었다.

피아니스트와 합창단원들은 모두 내가 실제로 공연을 이끌어가야 하는 것처럼 행동하고 있었다. 지휘자가 없으면 공연도 없는 것이다! 피아니스트는 신호를 달라고 요청했고 합창단은 음악에 활력을 불어넣을 것을 요구했다. 모든 게 내게 달려 있었다. 내가 굳어버리면 음악을 연주할 수 없었다. 합창단은 지휘자의 해석을 애정으로 받아들이고 피아니스트도 지휘자의 지시에 따라 아름다운 선율을 빚어낸다. 그러기 위해서는 지휘자가 지휘를 해야 한다. 모두들 지휘자의 동작을 해석하여 자신들의 목소리로 반응할 것이다. 지휘자는 악기 없이 소리를 내는 유일한 사람이다. 나는 피아니스트를 향해 지휘봉을 크게 휘둘렀다. 그 즉시 피아니스트는 몸을 건반 위로 굽혔고 곧 놀라운 선율이 홀 안을 가득 채웠다. 내가 제때 손을 높이 들어 합창단을 향해 지휘봉을 흔들자, 그들은 피아노 소리에 상응하는 아름다운 목소리로 반응했다. 나는 음악에 이끌려 황금빛 해안을 거닐다가 우레 같은 박수 소리에 현실로 돌아왔다. 합창단원들이 웃으며 박수를 치고, 피아니스트는 자리에서 일어나 내게 살짝 고개를 숙여 보였다.

내 생각은 다시 두렵기만 한 하프타라의 합창으로 향했다.

'너는 지휘를 멈췄어.' 내면의 목소리가 말했다. '다시 지휘봉을 들고 지휘자석으로 돌아가. 합창단은 네가 지시하는 대로 노래할 거야. 삶을 생기로 가득 채워. 그러면 세상은 네게 화를 내거나 겁을 주는 대신, 노래를 불러줄 거야. 세상은 너를 기다리고 있어. 네 정체성 카드를 꺼내봐. 정체성 카드가 바로 너의 지휘봉이야! 일어나서 변화된 모습을 보여줘. 지휘자가 되는 거야!'

나는 다시 정체성 카드를 들여다보았다.

근원	본성
주된 특성: 친절	주된 특성: 나의 영예 = 나
순수	매사에 일인자가 되고자 함
신뢰	소속감을 느끼지 못함
사랑	'괜찮은' 사람들을 두려워함
정직	힘으로 쟁취함
용기	칭찬을 구함

나는 하프타라의 합창에서 '본성'의 목소리를 어렵지 않게 찾아낼 수 있었다. '소속감을 느끼지 못함'과 "괜찮은' 사람들을 두려워함'이 바로 그것이었다. 그 순간 과거가 얼마나 강하게 나를 잡아끌며 내 미래에 얼마나 큰 영향을 미치는지 알 수 있었다. 나는 샤리프의 질문 '차이 안에 정확히 무엇이 있는가?'에 대한 답을 찾기 위해 이런저런 생각을 글로 옮기던 것으로 돌아가, 지휘자와 합창단에 대한 이야기를 써내려갔다.

"이봐, 지휘자 양반, 합창단이 콘서트를 접수했어! 합창단이 콘서트를 주도하고 노래할 곡목을 선정했어. 일어나! 너는 지휘를 멈췄어. 합창단은 '본성'의 강력한 힘을 드러내며 위협과 협박의 노래를 부르고 있어. 하지만 거기까지야! 그걸로 충분하다고! 이제부터는 내 차례야! 콘서트는 '근원'이 주도하는 콘서트로 바뀔 것이고, 나는 이 새로운 콘서트를 위해 곡을 쓰겠어. 나만의 오케스트라를 지휘하는 것은 재미있을 거야."

그런데 나는 혼자가 아니었다. 방안에 다른 누군가가 있었다. 연약하고 상처받은 사람이 한쪽 구석에 서 있었다. 그는 내 안에 있는 어린아이였다. 사람들에게 거부당하고 혼자가 된 그는, 자기를 위로해주고 이끌어줄 어른을 찾고 있었다. 그 아이와 만난 것은 아주 오랜만의 일이었다. 나는 아이를 끌어당겨 꼭 안아주었다. 아이의 포동포동한 뺨을 감싸 쥐고 그의 푸른 눈을 들여다보았다.

"인생은" 내가 말했다. "모두와 함께 추는 춤이란다. 너는 모든 위기에서 무언가를 얻고 그것을 통해 성장할 거야. 내 말 듣고 있어?"

아이는 잠시 말이 없다가 이윽고 환한 미소를 지으며 "정말이요?" 하고 물었다. 나는 아이에게 입맞춤을 한 뒤 "그럼, 정말이고말고" 하고 말해주었다.

흰색 와이셔츠와 검은 정장을 입은 200명의 합창단원이 어떻게 내 자그마한 서재 안에 들어올 수 있었는지는 나도 모르겠다. 어쨌든 그들의 〈할렐루야〉 합창에 귀가 멀 것 같았다. 내면의 목소리는 압사 직전이었다. 곱슬머리의 독일 작곡가 헨델이 합창을 지휘하고 있었다.

'할렐루야! 듣고 있어?' 내면의 목소리가 무대 위에서 소리를 질렀다.

"듣고 있어. 정말 환상적이야!"

레너드 코헨이 솔로이스트였는데, 그의 부드럽고 깊은 목소리가 내는 〈할렐루야〉가 내 귓전을 울렸다.

'믿어지지가 않아.' 내면의 목소리가 기뻐했다.

"잠깐!" 내가 말했다. "내가 지휘하는 〈할렐루야〉를 들어봐!" 나는 용기를 쥐어짰다. 잠시 음악이 멈춘 사이에 츠비가 〈할렐루야〉의 가사를 읽는 소리가 들려왔다.

"할렐루야―단순성, 기쁨, 결과."

나는 지휘봉을 들고 크고 우아한 동작으로 '근원'의 합창을 지휘했다. 근원의 힘들이 노래하기 시작했다.

"나는 완벽을 추구합니다. 나는 내가 유대인인 게 좋습니다. 나는 세상에 빚진 자입니다. 나는 세상을 더 좋게 만들고 자기 자신을 더 좋게 생각해야 합니다. 나는 나를 용서합니다. 내겐 순수한 면이 있고, 나는 그런 내가 부끄럽지 않습니다. 나는 스스로를 신뢰합니다. 내겐 시스템에 대한 믿음이 있고, 시스템을 창조하신 하나님에 대한 믿음이 있습니다. 나는 왕의 왕이 함께하시는 세상에 살고 있습니다. 그분은 친절하고 진실하십니다. 내겐 솔직해질 용기가 있습니다. 왕의 왕을 섬길 때 정확성을 기할 용기가 있습니다. 나는 선을 위해 싸울 겁니다. 부모님은 나를 버렸지만, 오 하나님, 당신은 나를 받아주셨습니다. 당신께 감사의 노래를 바칩니다. 할렐루야. 나는 온전한 유대인이 되기 원합니다. 온전한 유대인은 바르 미츠바에서 토라와 하프타라를 낭독합니다."

동전의 양면인 근원과 본성은 이런 식으로 내게 모습을 드러냈다. 그둘은 각자의 〈할렐루야〉를 노래했다. 오직 동전의 세 번째 면인 지적인 영혼만이 종잇장처럼 얇았다. 이제 나의 지성을 활성화해야 한다. 가장먼저 할 일은 샤리프가 내준 과제를 완수하는 것이다.

---

1. 차이에 이름 붙이기
'소속감의 결여'라는 이름이 어떨까? 어딘가에 소속되어 있지 않다는 것은 매우 두려운 일이지만 내가 소속감을 느끼지 못하는 것은 사실이니까. 나는 나와 연관된 모든 세계에 속한다고 느끼는 동시에 그 어디에도 속해 있지 않다고 느낀다. 그리고 그게 나를 힘들게 한다.

2. 고통을 묘사하기
나는 몹시 갖고 싶었지만 갖지 못했던 것들에 대해 결핍의 고통이 있다. 특히 인생 초기에 유대교와 토라를 접하지 못한 것이 못내 아쉽고 안타깝다. 그것은 고통의 언어로 내게 말을 걸어오는 진한 동경이다.

샤리프와의 두 번째 만남

나는 내가 많이 발전했다는 생각이 들어 벅찬 가슴으로 기분 좋게 약속 장소에 도착했다. 비록 어려움이 따르긴 했지만, 나는 '하프타라 낭독'이라는 돌파 프로젝트의 과제를 성공적으로 수행하는 중이었다.

샤리프가 나를 향해 걸어오는 게 보였다. 우리는 악수를 했다.

"잘 지내셨어요?" 샤리프가 물었다.

"풍랑이 일고 폭우가 쏟아졌답니다."

샤리프가 웃음을 터뜨렸다. "코칭을 시작하기 전에 제가 알아야 할 무언가가 있습니까, 아니면 바로 시작해도 될까요?"

"몇 가지 말씀드리고 싶은 게 있습니다. 나는 홍수처럼 밀려드는 과거의 기억들과 과거로부터 들려오는 목소리들 때문에 몹시 혼란스러웠답니다. 나는 고통을 맛보았고 차이에 이름을 붙였습니다. 그건 그리 간단한 일이 아니었어요. 하지만 그래도 내가 차이 안으로 그만큼 걸어 들어갈 수 있었다는 게 기쁘군요."

"정확히 무슨 일이 있었는지 말씀해주시겠어요?" 샤리프가 말했다.

나는 내게 있었던 일들을 이야기한 뒤, 내가 '근원'과 '본성'에 대해 쓴 글을 읽어주었다.

"'소속감의 결여'는 당신에게 어떤 의미지요?" 샤리프가 물었다.

"소속감을 느끼지 못하는 것은 내겐 매우 익숙한 일입니다. 내겐 이스라엘 사회의 각계각층에 많은 친구가 있습니다. 키부츠에서 사귄 친구가 있고 군대 시절에 알게 된 친구가 있으며 그 밖에 정치인이나 저널리스트, 광고업자, 예술가 친구도 있습니다. 그들은 내 친한 친구들이고 나는 그들을 사랑하지만, 마음속 깊은 곳에서는 내가 어떤 그룹에도 진정으로 속하지 않았다는 생각이 듭니다. 그래서 마음이 아픈 거고요."

"그게 당신의 프로젝트와 어떤 상관이 있지요?" 샤리프가 물었다.

"내가 느끼는 감정의 양극단을 말씀드리기가 쉽지 않군요. 나는 이논과 함께 하프타라를 낭독하다가 '다시는 너를 버림받은 자라 부르지 아니하며 다시는 네 땅을 황무지라 부르지 아니하고'(《이사야서》 62장 4절)라는 구절에서 눈물을 흘리면서도 한편으로는 내가 예루살렘과 굳게 연결되어 있다는 느낌을 받지 못한답니다." 나는 조용히 대답했다.

"그래서요?"

"그래서 이런 초연한 느낌이 하프타라를 낭독하는 일이나 시나고그와 거기에 모인 회중에게 거리를 두게 합니다. 한편으로는 하프타라를 멋지게 낭독하고 싶으면서도 다른 한편으로는 거리감을 느끼는 거죠."

"당신이 맛본 고통은 어떤 것이었나요?"

"그것은 믿음이 깊은 집안의 경건한 분위기 속에서 성장했다면 얻을 수 있었을지도 모르는 무언가를 얻지 못한 데서 오는 좌절감이었습니다. 내가 토라에 대한 이해를 더 깊이 할 수 있는 시간이 얼마나 남았는지를 헤아려보았더니 얼마 남지 않았더군요. 일찍부터 토라를 접하지 못한 게 너무나 안타깝습니다."

"소속감을 느끼지 못하는 데서 오는 고통은 당신을 어디로 이끕니까?"

"이 고통은 잉크 얼룩과도 같습니다. 그것은 점점 번져서 옷을 완전히 검은색으로 물들일 수도 있고 깨끗이 빠질 수도 있지요. 예미마(Yemima Avital, 1929~1999. 이스라엘 문화에 큰 영향을 미친 '의식적 사고 이론'을 개발한 심리학자_원주)는 이것을 '짐'이라고 일컬었습니다. 짐이 우리를 컨트롤하면 우리는 짐이 되어버리거나 짐을 지고 살아가게 됩니다. 그러나 그런 삶을 살고 싶은 사람은 아무도 없을 겁니다. 짐의 정체를 알고 싶다면, 그것의 존재를 부인하기보다는 받아들여야 합니다. 나중에 따로 건사할 수 있을 때까지 당분간은 짐을 선반 위에 올려놓는 거죠. 그 사이에 우리는 짐이 되는 대신 짐을 선반 위에 올려놓은 상태에서 기능하는 법을 배울 수 있을 겁니다."

"훌륭합니다." 샤리프가 기뻐하며 말했다. "그런데 소속감의 결여는 당신을 어디로 이끌지요?"

"그것은 나를 정체성 카드로, 내 안에 있는 근원의 힘들에게로 이끕니다. 나는 거기서 믿음이라는 힘을 선택하고 그 힘을 통해 나 자신과 이논 그리고 이사야와 그의 예언들에 대한 믿음을 갖게 됩니다. 이것은 내게 선택할 힘을 줍니다. 나로 하여금 여기에 머물고, 마음먹은 것들을 이루며, 스스로를 하프타라를 낭독하는 시간과 공간 그리고 시나고그에 모인 회중에게 연결시키기로 선택할 힘을 주지요. 그 결과, 나는 이루고자 하는 일들과 나를 둘러싼 환경들을 좋아하게 됩니다."

"설명을 아주 잘하시는데요." 샤리프가 감탄했다. 나는 그의 이런 반응을 통해 내가 얼마나 발전했는지를 깨닫고 안도했다.

샤리프는 내게 계속해도 되겠느냐고 물었다. 나는 기쁜 마음으로 좋다고 대답했다.

"당신은 패턴의 정의를 알고 있습니다. 이제 시나고그에서 하프타라를 낭독하는 일과 관련하여 어떤 패턴이 작용하는지 알아볼까요?"

나는 워크시트에 적어둔 것을 소리 내어 읽었다.

"나는 그 일을 할 때 두려움과 고립감을 느낀다. 사실 나는 낭독을 중단하고 달아난다."

샤리프는 내 말을 받아 적은 후, 내용을 보여주면서 "제가 정확하게 받아 적었나요?" 하고 물어보았다.

"네, 정확합니다."

"혹시 다른 일들에도 이렇게 반응할 때가 있습니까?"

나는 솔직하게 대답했다. "네, 그렇습니다. 일이 내 뜻대로 되지 않을 때면 본성의 힘들이 활동을 개시합니다. 그래서 스스로를 영예롭게 여기고, 매사에 일인자가 되려 하며, '괜찮은' 사람들을 두려워합니다. 뭔가 원하는 게 있으면 힘으로 쟁취하려 하고, 상황이 내게 유리하게 돌아가지 않으면 두려움과 고립감을 느끼고 하던 일을 중단한 채 달아나버립니다. 나는 이런 반응을 잘 알고 있습니다."

"당신의 패턴을 아주 짤막하게 요약해주시겠어요?" 샤리프가 요청했다. 나는 그에게 요약해서 들려주었다.

"내 패턴은 일이 내 뜻대로 되지 않거나 내가 상황을 통제하지 못할 때 두려움과 고립감을 느끼고 하던 일을 중단한 채 달아나는 것입니다."

"돌파 프로젝트의 수행과 관련하여 지금까지의 일에 대해 어떻게 생각하십니까?" 샤리프가 물었다.

나는 정체성 카드를 꺼내며 이렇게 대답했다. "과제를 성공적으로 수행하려면 내 안에 있는 정직과 용기를 잘 활용해야 한다고 생각합니다. 이 프로젝트로 인해 이렇게까지 깊은 생각을 하게 될 줄은 몰랐군요."

"이제 패러다임으로 넘어갈까요?" 샤리프가 물었다.

"네, 하지만 괜찮으시다면 먼저 커피부터 마신 뒤에 했으면 좋겠네요."

"커피라면 사양하는 법이 없지요." 샤리프가 기분 좋은 웃음을 터뜨렸다. 그때 피아노 연주자가 아름다운 배경 음악을 연주하기 시작했다. 음악과 커피 향 때문에 머리가 맑아졌다. 나는 '단순성, 기쁨, 결과'라고 하는 츠비의 코칭 슬로건을 떠올리며 그에게 고맙다는 생각을 했다.

"이제부터는 당신이 코칭을 주도하시겠습니까?" 샤리프가 물었다. 이것은 '모든 게 당신 손에 달려 있다'는 뜻을 전하는 현명한 방법이다.

"우리는 패턴의 층에서 패러다임의 층으로 올라가는 중입니다." 샤리프가 내게 상기시켜주었다. "나는 두려움을 느끼고 달아나는 행동 패턴을 만들어내는 패러다임을 찾고 있습니다."

나는 생각나는 것들을 소리 내어 말하기 시작했다. "하던 일을 그만두고 달아나는 반응을 보이는 사람은 무슨 생각을 할까요?"

샤리프는 말이 없었다.

나는 다시 말을 이었다. "달아나는 행동 패턴은 내가 중간에 그만두고 달아난 것들에서 얻을 수 있는 유익함보다 강합니다. 그러니 좋은 것을 잃는 줄 알면서도 중도에 포기하고 달아나게 만드는 패턴에 굴복당한 사람들은 무슨 생각을 할까요? 중도 포기로 인한 손해를 그 일을 해냄으로써 얻는 이익보다 더 중시하는 사람은 무슨 생각을 할까요? 분명 그는 자신이 손해가 아니라 이익을 보았다고 생각할 겁니다."

나는 이 모든 생각이 얼마나 근거 없는 것인지를 보여준 '손해와 이익' 표를 떠올렸다.

"그러나 패러다임을 바꾸려면 먼저 패러다임을 찾아내야 합니다." 나는 내가 떠나온 지점, 즉 하던 일을 그만두고 달아나는 행동 패턴으로 돌아가 보았다. 그리고 샤리프가 말없이 지켜볼 때 "나는 일이 내 방식대로 되어야만 유익을 얻는다"라고 썼다.

"당신은" 샤리프가 조용히 물었다. "츠비와 상자에서 나오는 연습을 하셨나요?"

"네." 내가 대답했다. "나는 이 상자에서 저 상자로 옮겨가는 느낌을 받았답니다. 익숙한 상자를 떠나기란 그리 쉬운 일이 아니었지요."

샤리프가 오늘의 만남을 정리하기 시작했다. "집에 돌아가서서 당신이 말씀하신 패러다임('나는 일이 내 방식대로 되어야만 유익을 얻는다')이 패러 다임의 정의에 부합하는지 그리고 그 패러다임에서 '나는 하던 일을 그만두고 달아난다'는 패턴이 쉽게 나올 수 있는지 점검해보세요. 당신은 아주 잘하고 계십니다. 당신도 그렇게 생각하시죠?"

"네, 많이 발전한 것 같습니다. 오늘의 만남을 통해 얻은 것은 뭔가 좋은 것에 대한 기대입니다."

샤리프가 미소를 지었다. "기분이 어떻습니까?"

"코칭 작업이 선사하는 기쁨과 시나고그에서 하프타라를 낭독할 일에 대한 두려움이 반반 섞여 있습니다."

"아주 좋습니다. 당신은 말 그대로 '기쁨과 떨림'을 동시에 경험하고 있군요. 기쁨과 떨림은 아주 잘 어울리죠. 기분 좋은데요. 당분간 일이 되어가는 대로 두세요. 두려움이 찾아오면 두려움에 몸을 맡기세요. 결국은 기쁨에 도달하게 될 테니. 그럼 다음 주에 봬요."

"다음 번엔 카타몬에서 만나면 어떨까요?" 내가 물었다. "그 동네에서 약속이 있거든요. 댁에서도 가까운 곳이니 괜찮겠지요?"

샤리프가 동의했다. 우리는 시간 약속을 잡고 헤어졌다.

이논과의 작업은 스위스 시계처럼 정확하게 돌아갔다. 아침마다 "좋은 아침입니다"라는 이논의 인사를 들으며 레몬티를 마시고 졸린 음성으로 화상 통화를 하는 일이 반복되었다. 이논이 하프타라의 한 구절을 선창하면 나는 정확히 그가 끝낸 곳에서부터 올바른 가락에 맞춰 낭독해야 했다. 이논은 그것을 '디지털적인 반복'이라 불렀다. 금요일 오전에는 두어 번 정원에 나가 템플 산을 바라보며 휴식을 취하는 것을 제외하곤 이논과 함께 줄곧 방안에 틀어박혀 〈이사야서〉를 낭독했다.

샤리프와의 세 번째 만남

멀리 샤리프의 모습이 보였다. 선글라스를 낀 채 노천카페의 파라솔 밑에 앉아 있던 그는, 나를 알아보자 휴대폰을 내려놓고 일어나 미소를 지었다.

"카타몬에 오신 것을 환영합니다!" 내가 말했다. "당신은 이 지역의 모든 미국인 여피들과 프랑스인 여피들 사이에서도 단연 돋보이는데요."

"그들이 이곳으로 이주한 것은 좋은 일이죠. 참 아름다운 동네로군요. 잘 지내셨어요?"

나는 시나고그에서 있을 하프타라 낭독 연습 스케줄에 대해 이야기해 주었다. "진심으로 하시는 말씀이에요?" 샤리프가 물었다.

"네. 오전 9시부터 오후 1시 30분까지 연습한답니다." 내가 대답했다.

"정말 대단하신데요."

"나는 그 일에 지대한 관심이 있답니다. 그건 내 비전을 실현하는 일의 일부이니까요. 《탈무드》도 배우고 싶어 죽을 지경이지만 막상 배우기 시작하면 정말로 죽을지도 모릅니다." 둘 다 웃음을 터뜨렸다. 이윽고 커피가 나왔고, 우리는 시작할 준비가 되었다.

"제가 코치를 해도 되겠습니까?" 샤리프가 물었다. 늘 듣던 질문이지만 마치 처음 듣는 것처럼 느껴졌다. 나는 고개를 끄덕이며 워크시트를 꺼내서 거기에 쓰여 있는 패러다임을 읽었다.

"'나는 일이 내 식으로 되어야만 유익을 얻는다.' 끔찍하게 들리겠지만 사실이에요."

샤리프는 곧바로 핵심으로 들어갔다. "변화는 관점의 층에서 일어난다는 것을 알고 계시죠? 관점의 층에서 변화가 일어나면 그 밑의 패러다임과 패턴에도 연쇄적으로 변화가 일어납니다. 따라서 관점의 변화는 우리가 반응하는 방식에 변화를 가져오고 우리를 새로운 결과에 이르게 합니다. '당신의 방식대로 되어야만 유익을 얻는다'는 패러다임을 낳는 관점은 어떤 것일까요?"

긴 침묵이 흘렀다. 우리 코칭 작업에서 샤리프의 침묵은 상당 부분을 차지했다. 그가 침묵할 때마다 나는 내 생각의 궁전에 있는 여러 방을 돌아다니곤 했다. 그리고 내가 거대한 궁전 안을 돌아다니다가 길을 잃은 어린아이 같다는 생각을 했다. 하지만 그 아이는 상상 속에서만 길을 잃을 뿐이다. 왜냐하면, 그는 궁전 입구에서 엄마가 기다리고 있으며 언제든 '엄마!' 하고 소리치면 엄마가 달려오리라는 것을 알고 있으므로.

샤리프는 코칭 수첩을 꺼낸 뒤 나를 바라보았다.

"괜찮으시다면 관점의 정의에 대해 기억을 새롭게 해드리고 싶습니다. 배운 것을 복습하는 것은 좋은 일이니까요. '관점이란 삶에서 일어나는 사건들에 대한 우리의 해석의 결과로, 우리의 영혼 안에 자리 잡고 있다. 삶에서 일어나는 사건들은 우리에게 그것들을 해석하게 하고 설명하게 함으로써 그 사건에 대처하게 하는데, 이런 해석의 결과가 바로 우리가 형성하는 관점이고, 이것은 우리 자신과의, 그리고 삶과의 관계를 정의해준다. 관점은 패러다임을 낳고, 패러다임은 관점을 표현하는 도구이다.' 당신은 당신의 어떤 관점이나 철학, 혹은 사상이 '나는 일이 내 식으로 되어야만 유익을 얻는다'는 패러다임을 강화시킨다고 생각하시나요? 그리고 당신에게 이런 철학을 내면화하게 한 어떤 사건이나 사람, 장소가 있습니까?"

나는 마음속에 뭔가 떠올랐다는 신호를 한 뒤 그 생각을 나눴다.

"'괜찮은' 사람들을 아시나요? 늘 '괜찮은' 사람들 말이에요. 그들은 삶도 괜찮고 가정도 괜찮고 모든 게 괜찮습니다. 입고 있는 옷도 괜찮고 물론 직업도 괜찮습니다. '괜찮은' 사람들끼리는 서로를 한눈에 알아보지요. 그러나 다른 한편으로는 '괜찮지 않은' 사람도 있습니다. '괜찮지 않은' 사람들의 삶은 모든 게 혼란스럽고 뒤죽박죽이지요. 이런 의미에서 볼 때 나는 '괜찮은' 사람이 아닙니다."

"어떻게 해서 그런 생각을 하게 되었지요?" 샤리프가 물었다.

"시설에서 자란 아이들은 '괜찮은' 사람이 될 수 없을 겁니다. 그들은 가정이 깨어진 데다 주의력결핍증후군이나 다양한 종류의 난독증을 앓고 또 정서적인 불균형을 초래하는 일들을 겪기 마련이니까요. 나는 그런 아이 중 하나였고, 이것을 경험했습니다. 그래서 이런 생각을 하게 되었죠."

"그 당시의 상황을 기억하십니까?" 샤리프가 물었다.

"물론입니다. 나는 안정된 가정에서 자라지 못했습니다. 많이 외로웠지요. 나는 살아야만 했고, 삶을 유지해나가야 했으며, 사회에서 인정받기 위해 우회적인 방법을 찾아야 했습니다. '괜찮은' 사람들은 늘 내게 삶이 고단하다는 것을 상기시켜주었지요. 이렇게 말하고 보니 디킨스의 소설이 연상되는군요." 나는 웃음으로 얼버무리려 했지만, 샤리프는 대화가 조금이라도 옆길로 새는 것을 용납하지 않았다.

"어떤 버튼이 관점을 활성화해서 당신 안에 연쇄 반응을 일으키는지 말씀해주실 수 있습니까? 살짝만 눌러도 반응하는 그런 버튼 말입니다. 그 버튼에 뭐라 쓰여 있습니까?"

'샤리프는 참으로 똑똑하단 말이야!' 내면의 목소리가 말했다.

그때 갑자기 검은 글씨로 '너는 여기에 속해 있지 않아'라고 쓰여 있는 둥글고 노란 버튼이 보였다. 나는 무의식중에 그 문구를 소리 내어 읽다가 깜짝 놀라 입을 다물고 말았다.

샤리프가 말했다. "몇 가지 여쭤봐도 될까요?"

"그러시죠. 당신은 좋은 질문을 많이 하시잖아요." 내가 대답했다.

"좋습니다. 제가 묻는 말에 재빨리 대답해주시기 바랍니다. 생각하지 말고 바로 대답해주셔야 하는데, 한번 해보시겠습니까?"

나는 그러겠다고 했다.

"이것이 과학적인 정확성을 요하는 일이 아니라는 것을 기억하세요. 우리는 정확한 답을 찾는 게 아닙니다. 그냥 지금 이 시간과 이 상황에서 당신과 관련된 것이기만 하면 됩니다. 아시겠죠?"

"알겠습니다."

"당신의 패러다임은 어떤 생각에서 비롯되었습니까?"

"내가 무언가를 성취하는 유일한 방법은, 내 식으로 하는 것뿐이라는 생각에서 비롯되었습니다."

"당신의 방식이 가장 좋은 방법이라고 생각하시는 이유는요?"

"그것은 이미 결과로 입증되었습니다. 그리고 만약 실패한다고 해도 나는 언제든 그 방식을 포기하고 달아날 수 있지요."

"이런 패러다임을 낳은 당신의 생각이나 철학은 무엇입니까?"

"나는 외로운 늑대입니다. 삶이라고 하는 정글 속에서 우리는 포식자나 먹이가 될 수밖에 없습니다."

"지금부터 제가 하는 말을 하나의 문장으로 완성해보세요. '내 생각에 나는…….'"

"나는 괜찮은 사람들에 속하지 않습니다."

"그리고 나의 관점은……."

"나는 괜찮은 사람들과 다르고 그들이 멀게 느껴진다는 것입니다."

"그리고 나의 패러다임은……."

"나는 내 식으로 할 때에만 무언가를 성취할 수 있다는 것입니다. 이같은 패러다임은 나는 괜찮은 사람과 다르고 그들이 멀게 느껴진다는 내 관점을 표현해줍니다."

"당신이 말한 것들을 내가 제대로 옮겨 적었는지 봐주시겠어요?" 샤리프가 내게 표를 보여주면서 말했다.

	현재 상황	내가 원하는 상황
사건	하프타라를 배울 때 시나고그에서 낭독할 것을 생각하면 그 자리에서 몸이 굳어진다.	
관점	나는 괜찮은 사람들과 다르고 그들이 멀게 느껴진다.	
패러다임	나는 내 식으로 할 때에만 무언가를 성취할 수 있다.	
패턴	나는 하던 일을 그만두고 달아난다.	

"네, 정확합니다." 내가 대답했다. 하지만 내가 어떤 사람인지를 보여주는 표를 보고 있자니 적잖이 당황스러웠다.

"다행이네요." 샤리프가 말했다. "마침 시간도 다 됐군요. 오늘 시간 활용을 아주 잘하셨습니다. 참, '손해와 이익' 표를 갖고 계시죠?"

"물론입니다."

"당신의 관점으로 인한 손해와 이익을 따져보고 다음 번에 만날 때 그 결과를 알려주세요. 그럼 이제 오늘의 만남에서 무엇을 얻었는지 말씀해주시겠어요?"

"그게 왜 중요하지요?" 내가 물었다.

"당신이 오늘의 만남에서 어떤 선이나 가치를, 특히 추상적인 가치가 아닌 실제적인 가치를 이끌어냈는지 확인해보려는 겁니다. 우리는 행동을 중시하니까요. 실제적인 접근은 당신을 목표에 더 가깝게 해줄 겁니다. 그리고 가치를 이끌어내는 것은 실제적인 접근이지요."

"알겠습니다. 저는 오늘 내가 실제로 어떻게 행동하는지를 보여주는 커다란 거울을 얻었습니다. 내가 미처 생각하지 못한 내 모습을 볼 수 있게 해주셔서 감사합니다."

"제가 더 감사하지요." 샤리프가 말했다. "당신이 정말 감탄스러울 정도로 잘하고 계십니다. 이런 건 저절로 터득할 수 있는 게 아니거든요. 다음 주에도 여기서 만날 수 있을까요?"

"물론입니다." 나는 몹시 기분이 좋았다. 우리가 포옹을 하자 카페 안에 있는 미국인들과 프랑스인들 그리고 모든 괜찮은 사람들이 우리에게 동류의식이 깃든 미소를 보내왔다. 갑자기 사람들의 대화 소리가 귀에 들어왔다. 샤리프와 이야기하는 동안에는 그곳에 마치 우리 둘만 있는 것처럼 다른 소리는 전혀 들리지 않았었는데…….

나는 앞으로 이틀간은 코칭 작업을 하지 않기로 했다. 당분간은 일정한 거리를 두고 사물을 바라볼 필요가 있었기 때문이다. 그날 저녁 구글 검색창에서 예루살렘에 있는 말레 영화예술학교의 입학 원서를 찾아보았다. 그것을 들여다보고 있으려니까 내 삶의 다양한 교차로와 정거장이 생각났다. '나이, 결혼 여부, 직업, 주소……' 현재의 시간과 장소에 머물기로 마음먹는 게 얼마나 중요한지 모른다. 현실을 붙잡지 못하고 과거의 흐름 안에서 떠다니기는 얼마나 쉬운지! 원서를 작성하고 나자 비전 세미나에서 내가 직접 설계한 비전을 다시 한 번 살펴보고 싶어졌다. '영화 학교에 등록하기'는 나의 세 번째 과제였다. 첫 번째 과제는 '결혼생활과 가정생활에 투자하기'였고 두 번째 과제는 《탈무드》를 공부할 수 있는 예시바 알아보기'였다.

나는 이메일에 입학 원서를 첨부해서 '보내기' 버튼을 눌렀다. 그와 동시에 어디선가 자그마한 요정이 튀어나와 전송중인 입학 원서를 붙잡으려 했다.

'입학 원서는 이미 영화 학교 컴퓨터에 도착했어.' 내면의 목소리가 웃음을 터뜨렸다. '너는 지금 여기에 있기로 했잖아. 그러니까 여기 있어! 이랬다저랬다 하지 말고!'

"저를 당신의 사명을 감당할 그릇으로 만드소서"

The Secret of
Jewish Coaching

16장 "저를 당신의 사명을 감당할 그릇으로 만드소서"

●

큰 기쁨과 엄청난 두려움
코칭 요청서를 쓰다
피그스 레스토랑에서―참된 만남

●

카페는 커피를 마시기 위한 곳만은 아니다. 사람들을 만나고 분위기를 즐기는 장소이기도 하다. 나는 늘 카페에는 괜찮은 사람들만 앉아 있을 거라고 생각했다. 괜찮은 사람들이 괜찮은 대화를 속삭이며 괜찮은 세상에서 일어나고 있는 일들에 대해 괜찮은 인상들을 나눌 거라고 생각했다. 내가 괜찮은 사람들의 세상에 속하지 않았다는 느낌을 빼곤 모든 게 괜찮아 보였다. 하지만 나는 카페에 들어갈 때마다 괜찮지 않았으며, 종업원들보다 덜 중요한 존재로 느껴졌다. 종업원들은 늘 괜찮은 사람 중에서도 가장 괜찮은 사람들로 보였기 때문이다. 텔아비브에서 카페를 운영할 때 나는 괜찮지 않은 사람들도 내가 운영하는 카페에 자주 오는 것을 보았다. 그들은 낯가림이 심하지도 않았고 숨기는 것도 없었다. 결국, 나는 누구와도 동류의식을 느낄 수 없었다. 나는 그저 카페를 운영할 뿐이고, 그들은 잠시 하고 싶은 일을 하려고 장소를 빌리는 것뿐이었다. 물론 괜찮지 않은 일이 생기면 그 일은 즉시 내 주의를 끌었다. 그래서 나는 괜찮지 않은 사람들의 사회복지사가 되었다. 지금 나는 카타몬에 있는 쇼시 카페에 앉아 있다. 카페 안은 서로에게 모든 게 괜찮다는 것을 알려주는 괜찮은 사람들로 가득했다. 그때 샤리프가 걸어 들어오더니 악수를 청했다.

"잘 지내셨어요?" 샤리프가 물었다.

"네, 잘 지냈답니다. 모든 게 괜찮게 굴러가고 있어요." 놀랍게도 내 입에서 이런 대답이 튀어나왔다. '사실 괜찮게 지내는 게 훨씬 더 재미있지 뭘 그래.' 나는 속으로 생각했다.

"지난 한 주 동안 있었던 일 중에서 제가 알아야 할 일이 있습니까? 어떤 일을 저와 나누고 싶으세요?" 샤리프는 내게 질문을 퍼부었다. "시나고그에서 하프타라를 낭독하기로 한 날이 언제죠?"

갑자기 나는 괜찮지 않은 사람이 되었다. 내 안에 긴장감이 차올라 마치 두꺼운 담요처럼 나를 감싸는 게 느껴졌다.

'당장 그만둬!' 압박감을 느낀 내면의 목소리가 소리쳤다.

어찌 된 일인지는 모르겠지만, 그 순간 나는 담요가 나를 에워싸지 못하게 가로막는 내 모습을 볼 수 있었다. 숨이 막힐 정도로 두꺼운 담요의 가장자리를 쥐고 카페 바깥으로 내던지는 모습을……. 담요는 바람에 날려 시야에서 사라졌다. 나는 신선한 공기를 들이마셨다. 담요에서 벗어난 나는 나비처럼 자유로웠다.

"4주 후입니다." 나는 샤리프의 질문에 대답했다.

"잘됐군요. 오늘은 할 일이 많습니다. 제가 코치를 해도 될까요?"

"물론이지요. 하지만 먼저 한 주 동안 있었던 일들을 당신과 나누고 싶군요. 집에서 '손해와 이익' 표를 만들어보았는데 놀라운 결과를 얻었습니다. 나의 관점으로 인해 정말 많은 손해를 보고 있다는 것을 알게 되었지요. 내 관점임에도 불구하고 그런 관점대로 행동한다는 게 당혹스러울 정도입니다. 간단히 말해서 모든 게 하나의 거대한 손실입니다."

"그래서요?" 샤리프가 물었다.

"그래서 변화가 필요합니다. 나는 새로운 관점을 선택할 때 거기에서 새로운 패러다임을 얻고, 그 결과 새로운 패턴을 개발하게 되리라는 것을 압니다. 이것은 새로운 인식과 관계 그리고 츠비가 말하는 분만실의 탄생으로, 두렵지만 흥미진진한 일입니다."

"무엇이 흥미진진하고 무엇이 두렵습니까?" 샤리프가 물었다.

"새로운 탄생을 약속하고 있어 흥미진진하고, 또 그것이 측정 가능하기에 두렵습니다. 만약 측정할 수 없다면 내가 새로운 관점과 패러다임, 패턴에 따라 행동했는지를 어떻게 알 수 있을까요?"

"당신의 관점을 다시 한 번 말씀해보세요." 샤리프가 말했다.

"나는 괜찮은 사람들에 속하지 않는다." 나는 이렇게 말한 뒤 "조금 특이한 관점이지요" 하고 덧붙였다.

"이 관점을 좀 더 다듬거나 변화하고 싶으세요?"

나는 잠시 생각해본 뒤 이것이 지금 내가 하고 있는 일에 대한 나의 관점이라고 결론지었다.

"지금 당신에게 가장 도움이 되는 것은 무엇일까요?" 샤리프가 물었다. "우리는 지금 변화의 충에 있습니다. 당신은 변화라는 게 어떤 것이고 얼마나 이루기 힘든 것인지 압니다. 그러니 당신이 변화하는 데 가장 도움이 될 만한 것이 무엇일지 생각해보세요. 잠시 시간을 드릴 테니 잘 생각해서 새로운 관점을 찾아보세요. 나는 당신이 변화의 영역을 돌아볼 수 있도록 질문지를 드릴 수도 있고, 당신이 질문을 접할 때 머릿속에 떠오르는 것들을 이야기할 수 있게 그 질문지에 적힌 질문을 읽어드릴 수도 있습니다.

나는 후자를 택했다. 그리고 상황을 통제하려는 마음, 대답을 카테고리별로 구분하려는 마음을 내려놓았다. 그런 다음, 눈을 감고 기도했다. "오 하나님, 저를 당신의 사명을 감당할 그릇으로 만드소서."

샤리프는 질문을 읽기 시작했다.

- **당신에게 변화란 무엇과도 같은가?**
  새로운 탄생과도 같다.

- **당신의 삶에 어떤 변화가 일어나고 있는가?**
  나는 예시바에서 《탈무드》를 공부하기 시작했다.

- **변화의 과정에서 어떤 느낌을 받는가?**
  큰 기쁨과 엄청난 두려움을 동시에 느낀다.

- **변화의 과정에서 당신 안에 있는 어떤 힘이 드러나는가?**
  순수, 용기, 헌신 등의 힘이 드러난다.

- **변화하기 위해 당신은 무엇을 포기했는가?**
  중요한 사람이 되는 것, 익숙하면서도 비판적이지 않은 환경, 사업을 하면서 나도 모르게 익숙해진 윤택한 삶 등을 포기했다.

- **변화를 생각하면 어떤 느낌이 드는가?**
  아직 변화하는 과정 중에 있을 때도 나는 새로운 여정의 과실을 맛보고 싶은 생각이 든다. 유의미한 결과를 얻기까지는 시간이 걸리므로.

- **당신에게 변화를 가능하게 하는 것은 무엇인가?**

'근원'의 힘인 믿음과 사랑이다.

- 당신의 삶에서 변화시키고 싶은 영역이 있는가?
  그렇다.

- 그것은 어떤 영역이며, 변화시키고 싶은 것은 무엇인가?
  소속감이 작용하는 영역이다. 나는 내가 살아가는 사회에 속하고, 그 사회의 일원이라고 느끼고 싶다. 나는 괜찮은 사람들에 속하고 싶다.

- 당신이 말한 변화를 촉진하는 것은 무엇인가?
  하나님과 자기 자신에 대한 믿음, 꿈과 비전의 실현, 행복해지려는 마음 등이다.

- 당신이 변화하는 데 방해가 되는 것은 무엇인가?
  습관, 에고, 내가 괜찮지 않은 사람이라는 생각 등이다.

"괜찮으세요?" 샤리프가 물었다.

"네, 괜찮습니다."

"잠깐 쉬었다 할까요, 계속할까요?"

나는 계속하는 쪽을 택했다.

"그럼 당신이 집에서 작성해온 '손해와 이익' 표를 한번 보세요. '손해와 이익' 표는 당신이 새로운 관점에 따라 도달하고자 하는 목표에까지 쉽게 뛰어오를 수 있게 도와줄 겁니다."

나는 코칭 파일에서 '손해와 이익' 표를 꺼내 살펴보았다. 현재의 관점을 유지하면 손해를 볼 게 확실했다.

"어떻게 해서 손해를 이익으로 전환할 생각이십니까?"

"혼돈 상태에 질서를 부여하도록 하겠습니다. 나는 괜찮은 사람들에 속하기로 마음먹었습니다."

"그러기 위해 무엇을 포기할 준비가 되어 있습니까?"

"비참하고 불행했던 과거와 내가 운명으로 받아들였던 것들을 포기할 준비가 되어 있습니다."

"그리고 무엇을 그만둘 준비가 되어 있습니까?"

"슬퍼하는 것과 스스로를 희생자로 여기는 것, 다른 사람들을 탓하는 것, 내 기분을 정당화하는 것, 내가 좋은 것을 얻을 자격이 없다고 생각하는 것을 그만둘 준비가 되어 있습니다."

"무엇에 대한 통제를 그만둘 준비가 되어 있습니까?"

내 안에서 무언가가 폭발했다. 뭐라고? 내가? 통제를? 나는 아무 말도 할 수 없었다. 침묵 속에서 숨소리만 들렸다.

"당신이 통제하고 있다고 생각하는 것은 그게 뭐든 실은 그것이 당신을 통제합니다." 샤리프가 미소 지으며 말했다.

"나는 감정을 통제하는 것을 그만둘 준비가 되어 있습니다."

"당신은 무엇을 끝내고 무엇을 시작할 준비가 되어 있습니까?"

나는 그런 폭발에 대해 아무런 대비가 되어 있지 않았다. 샤리프는 지나치게 민감한 부분에 다가서고 있었다. 이제 어떻게 할 것인가? 우리는 곧 감정을 건드리게 될 것이다. 내가 원한 것은 무엇이었던가? 나는 그저 설교단에 올라가 토라와 하프타라를 낭독하고 싶었고, 유대교의 전통을 느낄 수 있는 이 자그마한 돌파 프로젝트에 성공하고 싶었을 뿐이다. 그런데 이게 다 뭐란 말인가? 왜 내 안의 케케묵은 감정들을 헤집어야 하는가? 이렇게 해서는 내가 원하는 목표에 도달할 수 없다. 나는 이 모든 것에 속하지 않는다. 이곳을 떠나자. 샤리프에게 유머를 몇 가지 들려주고 나중에 만나기로 하자. 그에게 작별 인사를 하자.

'이봐.' 내면의 목소리가 말했다. '여기에 어른은 없어? 이 모든 게 전통에 경의를 표하는 자그마한 프로젝트일 뿐이라고 한다면, 이 모든 폭발과 기절할 것 같은 상태는 뭐지? 너는 머릿속이 하얘졌어. 너는 코칭을 원하지만 코칭은 사람을 힘들게 하지. 그것은 너의 감정을 건드려서 달아나고 싶게 만들어. 네가 그렇게 똑똑하다면 왜 너를 이끄는 두려움의 기제를 알아차리지 못하는 거야? 내가 할 수만 있다면 너에 대해 아는 것을 죄다 샤리프에게 말해줄 텐데. 두려움에 이끌려 다니는 게 지겹지도 않아? 세상에는 놀라운 삶이 너를 기다리고 있어. 그러니까 나가서 붙잡아. 네 자신을 놓아줘! 삶의 흐름에 몸을 맡기는 거야! 정체성 카드를 떠올려봐. 거기에 적힌 친절, 순수, 신뢰, 사랑, 정직, 용기를…… 스스로를 믿고 사랑하도록 해! 자신에게 솔직해지고, 네게 주어진 수많은 것에 감사하도록 해! 너는 불평불만이 너무 많아! 사람이 하나의 세상이라고 한다면 너는 그 세상을 파괴하고 있어. 그 무엇도 파괴하지 마. 삶과 더불어 춤춰! 그것이 너를 향한 하나님의 뜻이야.'

나는 내면의 목소리를 끄고 조용히 기도했다.

"하나님 아버지! 저는 당신의 사명을 감당할 그릇이 되게 해달라고 간구했습니다. 그런데 이제 이 그릇이 저를 뒤집어놓으려 하는군요!"

'당장 사과해.' 내면의 목소리가 소리쳤다. '즉시 고맙다고 말해.'

"미안해. 그리고 대단히 고마워." 나는 곧바로 내면의 목소리의 정당한 요구에 반응했다.

"뭐라고 하셨습니까? 괜찮으세요?" 샤리프가 걱정스러운 듯 물었다.

나는 혼란스러운 와중에도 미소를 지으며 내 뇌와 회의를 했다고 설명했다. 막 회의를 마무리하면서 그 내용을 정리하던 참이었다고……

"그래서 당신은 무엇을 끝내고 무엇을 시작할 준비가 되어 있습니까?" 샤리프는 내 머리 위에 파괴의 위험이 드리워져 있지 않은 것처럼 다시 질문을 시작했다.

"나는 지성이 감정을 차단하는 것을 끝낼 준비가 되어 있고 삶과 더불어 춤출 준비가 되어 있습니다."

"당신 안에 어떤 힘들이 작용하는지 알 수 있나요?"

나는 정체성 카드를 꺼내 그의 눈앞에 흔들어 보였다.

"모를 수가 없지요." 내가 말했다.

"그 힘들이 어떻게 동기를 부여하는지, 혹은 당신이 하는 일을 방해하는지 아시나요?"

"네, 그리 유쾌한 일은 못 되지만 알고 있습니다. 본성의 힘들은 나의 영예를 위해 싸웁니다. 하지만 일인자가 되고자 하는 욕구와 모든 사람을 두려워하는 마음, 힘으로 내 필요를 충족시키려는 성향은 내가 충만한 삶을 살아가지 못하게 합니다. 반면에 근원의 힘인 친절, 순수, 신뢰, 사랑, 정직, 용기는 내 안에 있는 신성한 빛을 밝히고 내면의 가치와 믿음, 이상, 조화를 표현할 수 있게 동기를 부여합니다."

"그러면 당신은 어떤 관점을 선택하실 생각인가요?" 샤리프가 물었다.

"커피의 관점이요."

샤리프는 양팔을 벌리며 호탕하게 웃음을 터뜨렸다.

"우리는 정말 쓸데없이 진지하군요. 어떻게 커피 마시는 것을 잊을 수가 있었을까요?"

갑자기 나는 밀크셰이크가 마시고 싶어졌다. 그래서 커피 한 잔과 밀크셰이크 한 잔을 주문했다.

"당신 덕에 좋은 아이디어가 떠올랐어요." 샤리프가 말했다. "새로운 관점을 선택하기에 앞서 혼합하는 연습을 하는 겁니다."

"당신은 내가 보지 못하는 것을 보시는군요. 그거 좋은 생각인데요. 지금 여기서 하나요?"

샤리프는 가방을 뒤져서 종이를 한 장 꺼냈다.

• 실제 사건
나는 이논과 함께 연습을 한다. 시나고그 관리인이 내 이름을 부르며 설교단에 올라가라는 몸짓을 해보인다. 시나고그에 모인 회중을 보니 두려움에 말문이 막힌다. 나는 자리에서 일어날 수가 없다. 그래서 《모세 오경》을 덮고 그곳을 떠난다.

• 이 사건을 현재의 포맷으로 만든 힘들
근원: 25퍼센트—순수, 용기
본성: 75퍼센트—나는 모든 사람이 두렵다. 나는 내 힘으로 목표하는 것들을 이뤄온 나 자신을 영예롭게 여긴다.

• 내가 원하는 사건
나는 이논과 함께 연습한다. 시나고그 관리인이 내 이름을 부르는 소리에, 나는 설교단으로 올라간다. 나는 축복 기도를 마친 후 자신감 있고 또렷한 목소리로 니차빔의 마지막 부분과 하프타라를 낭독한다. 내가 마지막 축복 기도를 하자 시나고그 관리인이 내게 사탕을 던진다. 나는 기쁘고 나 자신이 자랑스럽다.

• 이 사건을 원하는 포맷으로 만든 힘들
근원: 70퍼센트—신뢰, 사랑, 용기, 순수, 정직
본성: 30퍼센트—나는 매사에 일인자가 되고자 한다. 나는 내가 하는 일을 잘 알고 있다. 나는 스스로를 영예롭게 여긴다.

"이것을 보고 무엇을 발견하셨습니까?"

"같은 힘이 근원과 본성에 나타날 수 있다는 것을 발견했습니다. 그 힘들이 영향을 미치는 정도는 내가 어떤 삶을 살고 그 힘들을 어떻게 표현하느냐에 달려 있습니다.

지적인 영혼은 길을 택할 때 그 길에 적합한 힘들을 불러 모으고 그 힘들의 세기와 영향력을 점검합니다. 지적인 영혼은 내가 본성의 힘으로부터 유익을 얻을 수 있도록 본성과의 관계를 만들어나갈 힘을 가지고 있습니다. 이렇게 해서 이 힘들은 근원의 힘에 적대적인 세력이 되는 대신, 근원의 힘의 충실한 하인이 될 수 있습니다."

"훌륭합니다!" 샤리프가 놀라워했다. "건배!" 그는 커피 잔을 높이 들어올렸고 나는 남은 밀크셰이크를 들어올렸다.

"그래서 어떤 관점을 선택하기로 하셨나요?"

"내가 선택한 새로운 관점은 '나는 괜찮은 사람들에 속한다'입니다!"

"우와!" 샤리프는 감탄사를 내지르며 일어나서 나를 껴안았다. "축하합니다." 그가 속삭였다.

'지금 달아나면 죽을 줄 알아!' 내면의 목소리가 말했다. 내가 달아나고 싶은 건 사실이었다. 몹시 두려웠기 때문이다. 샤리프가 워크시트에 나의 새로운 관점을 적어 넣었다.

카페의 조명이 바뀌었다. 내 주변에서 무언가가 일어나고 있었다. 나는 그곳에 우리 둘만 있는 것 같은 느낌을 받았다. 괜찮은 사람들의 대화나 커피 끓는 소리 따위는 들리지 않았다. 오직 샤리프의 시선과 나의 두근거리는 심장만이 느껴졌다.

내가 괜찮은 사람들에 속한다고? 어떻게 그럴 수가 있지? 하지만 바로 그 순간부터 나는 괜찮은 사람 같았다. 어찌할 바를 몰라 하면서도 나의 지적인 영혼은 그렇게 마음먹었다. 나의 정서적인 영혼은 잠에서 깨어 새롭고 낯선 아침을 맞았다. 괜찮지 않은 사람으로 잠들었다가 괜찮은 사람으로 깨어난 것이다. 나는 이제 괜찮은 사람들에 속했다. 이것은 내게 무엇을 말하는가? 그리고 나에 대해 무엇이라 말하는가? 그것은 내가 괜찮은 사람들의 땅에 상륙했음을 말해준다. 내가 그곳의 새로운 시민임을 말해준다. 그곳의 시민권을 받은 순간부터 나는 괜찮은 사람들이 누리는 모든 권리를 동등하게 누리게 되었다. 이제 내가 할 일은 그들의 언어와 몸짓을 배우고 행동 방식을 배우며 무엇보다도 그곳을 떠나지 않는 법을 배우는 것뿐이다.

관점의 층에 있다는 것은 얼마나 흥미로운 일인가! 관점의 층에서 우리는 많은 노력을 기울이지만, 그 무엇에도 얽매일 필요가 없다. 구체적인 삶과의 연관성은 패러다임의 탄생과 더불어 시작된다. 패러다임은 관점을 개념에서 생각으로, 그리고 다시 행동으로 전환한다. 그래서 삶의 단순성 안에서 모든 것이 일상적인 패턴으로 변하고 그 패턴들은 더 이상의 설명이나 논의 없이 행복을 만들어내는 것이다. 이때, 삶과의 춤은 우리 존재의 기본 바탕이 된다. 나는 이것을 깨닫고 몹시 흥분되었지만, 아직 삶과 더불어 춤출 수 있는 단계에는 이르지 못했다.

침묵이 내려앉았다. 가서 내가 괜찮은 사람들에 속한다고 하는 혁신적인 관점에 걸맞은 패러다임을 찾아봐야겠다.

"그럼 이제 좀처럼 손에 잡히지 않는 패러다임으로 넘어갈까요?" 샤리프가 미소 띤 얼굴로 물었다.

나는 생각의 궁전으로 들어가 커다란 홀과 복도를 헤맸다. 샤리프의 질문들은 나를 구원해주었지만 나는 잠시 혼자가 되어 쉬고 싶었다. 모든 질문이 신부(신랑이 도착하기를 기다리고 있는)를 찾는 신랑 같았다. 나는 적절한 답을 찾았을 때 그것을 느낄 수 있었다. 그러나 그 답이 올바른 답이 아니면 샤리프는 다음 질문으로 넘어갔고, 또다시 답의 왕국으로 돌진하여 적당한 신붓감을 찾아 결혼을 하고 아이를 낳는 일이 반복되었다.

"당신은 어떤 길을 택하고 싶으세요? 그 길에서 어떻게 행동하고 싶으세요? 새로운 패러다임이 현실 속에서 어떻게 보이면 좋겠습니까? 당신의 새로운 행동 패턴은 어떤 것이어야 한다고 생각하세요? 나와 함께 브레인스토밍을 하면서 몇 가지 패러다임을 더 생각해보고 싶으세요? 새로운 패러다임을 냄새 맡을 수 있으세요?"

"네." 나는 대답했다. "냄새 맡을 수 있습니다. 하지만 새로운 관점에 익숙하지 않은 탓에 그리 쉽진 않네요. 어쨌든 나는 스스로를 새롭게 발견하고 싶고, 또 내 삶을 관리하는 새로운 시스템을 설계해야 한다고 느낍니다. 새로운 패러다임의 냄새가 나지만 그것으로는 아직 충분하지 않습니다. 나는 새 패러다임을 두 손으로 꼭 붙들고 그것과 춤추고 싶습니다.

긴 침묵이 흘렀다.

"나는 모든 일에서 내게 유익한 무언가를 발견합니다." 내가 입을 열었다. "이것이 바로 내가 선택한 새로운 삶과 새로운 관점에 어울리는 새로운 패러다임입니다."

"정말 흥분되는 순간이네요." 샤리프가 말했다.

그는 내가 한 말을 그가 만들어놓은 표에 적어 넣었다.

"그 표는 정말 분만실이라고 할 만하군요." 내가 말했다.

"그렇습니다." 샤리프가 대답했다. "출산이 아주 순조롭게 이루어지고 있습니다. 머리는 이미 나왔고 몸통도 거의 다 나왔습니다. 이제 다리만 나오면 됩니다. 자, 새로운 패턴을 선택하시죠."

나는 니차빔을 떠올렸다. 나는 니차빔이 낭독되는 주간에 두 번 태어났다. 첫 번째는 내가 세상에 태어났을 때이고, 두 번째는 내가 성실한 유대교인이 되었을 때이다.

"내가 오늘 하늘과 땅을 불러 너희에게 증거로 삼노라 내가 생명과 사망과 복과 저주를 네 앞에 두었은즉 너와 네 자손이 살기 위하여 생명을 택하고"(《신명기》 30장 19절)

라시는 "생명을 택하고"라는 구절에 대해 "이것은 마치 아버지가 아들에게 '내 재산 중 좋은 몫을 택하라'고 말한 뒤, 가장 좋은 몫을 가리키며 '이것이 바로 네가 택해야 할 몫이다'라고 말하는 것과 같다"고 설명한다. 하나님은 내 앞에 여러 가능성을 제시하시기만 한 게 아니라 직접 나를 선과 생명으로 인도하셨다.

"새로운 패턴을 선택했습니다." 나는 샤리프에게 말했다. "나의 새로운 패턴은 '내 몫에 만족하고 다른 사람들과 이익을 나눈다'입니다." 샤리프는 나를 바라보며 웃었다.

"축하합니다! 잘하셨어요! 아기가 정상인지, 팔다리는 제대로 붙어 있는지 살펴보세요."

나는 방금 전에 내 안에서 나온 '내가 원하는 상황'이라는 이름의 갓난아기를 바라보았다.

	기존의 상황	내가 원하는 상황
관점	나는 괜찮은 사람들과 다르고, 그들이 멀게 느껴진다.	나는 다른 모든 사람과 마찬가지로 괜찮은 사람이다.
패러다임	나는 내 식으로 할 때에만 무언가를 성취한다.	나는 모든 일에서 내게 유익한 무언가를 발견한다.
패턴	나는 하던 일을 그만두고 달아난다.	나는 내가 발견한 좋은 것을 다른 사람들과 나눈다.

나는 아기를 처음 본 순간부터 마음에 들었다. 아기에 대해 아직 잘 모르면서도 말이다.

샤리프가 말했다. "다음에 만날 때는 코칭을 시작하게 될 겁니다. 그러니까 집에 돌아가시거든 정확히 어떤 부분을 더 발전시키고 싶고 어떤 부분에 코칭이 필요한지 생각해보세요. 당신은 이미 츠비에게서 코칭 요청서를 작성하는 법을 배웠다고 들었습니다. 다음 번에 만날 때 잘 정리된 코칭 요청서를 작성해 오시면 많은 도움이 될 겁니다."

나는 나의 변화와 관련하여 어떤 층에서 가장 유의미한 결과를 얻을 수 있는지 결정해야 한다는 것을 이해했다. 나는 샤리프에게 코칭 요청서를 작성해 오겠다고 말했다.

"오늘 만남에서 무엇을 얻으셨나요?" 샤리프가 물었다.

"아기를 얻었습니다." 나는 기쁜 마음으로 대답했다. "나는 '내가 원하는 상황'이라고 하는 아기를 얻었고, 이제 그 아기가 잘 자랄 수 있는 환경을 만들기 위해 노력하겠습니다."

샤리프는 내가 해온 일들에 대해 감탄하며 나를 칭찬했다. 나는 그가 코칭 시간에 보여준 세 가지 선물에 감사를 표했는데, 그 세 가지 선물이란 그의 깊이 있는 경청과, 여러 생각을 불러일으키는 마법 같은 질문, 그리고 우리를 주저하게 하는 과거의 안 좋은 기억들에 대한 그의 관점이었다. 나는 이 모든 것에 대해 츠비와 이야기해보고 싶었다. 샤리프와 나는 포옹하고 헤어졌다.

다음 날 아침, 나는 태어나서 처음으로 일부러 휴대폰을 집에 두고 예시바로 향했다. 그리고 예시바에서 랍비 추리엘과 요즘 내게 많은 시간을 할애하는 랍비 코헨에게서 《탈무드》를 배웠다.

물론 내면의 목소리는 내가 이 세상을 저버렸다는 둥, 사람들이 내가 어디로 숨어버렸는지도 모르고 지금 이 순간에도 나를 찾고 있을 거라는 둥 떠들어댔다. 그러나 이미 내면의 목소리도 이런 조용한 생활이 늘 사람들 속에서 정신없이 바쁘게 지내던 것보다 열 배는 더 달콤하다는 것을 알고 있었다. 나는 어제 자동응답기에 음성 메시지를 남기지 말아달라는 새로운 메시지를 녹음해둔 사실을 내면의 목소리에게 알리지 않았다. 나는 음성 메시지가 아닌 문자 메시지만을 받고 싶었고, 이는 내게 뭐라 표현하기 힘든 자유로운 느낌을 주었다.

그날 밤, 츠비에게 전화를 걸었다. 수화기 너머로 신호가 가는 소리가 들렸다. 그 소리가 세 번 울린 후 나는 수화기를 내려놓았다.

'왜 츠비를 귀찮게 하는 거야?' 내면의 목소리가 나무랐다. '너는 광고 일에 미쳐 있다가 이제는 감정을 파헤치는 일에 미쳐 있어. 하지만 너무 조급해하지 말고 마음의 여유를 가져! 서서히 돌파 프로젝트를 마무리하고 토라 낭독에도 도전해야지. 그리고 예시바에서 《탈무드》를 공부하고, 영화를 공부하고, 손자들과 놀아주고, 아내를 행복하게 해주는 거야. 마음을 편히 가져. 네가 너무 급히 서두르는 바람에 죽을 것 같아.

삶을 보다 안정적으로 살아갈 수는 없어?'

이번에는 나의 충실한 내면의 목소리에 귀를 기울여 츠비에게 전화하는 것을 내일 아침으로 미루기로 했다. 그런 후 사랄레와 함께 어둠이 내려앉은 정원의 커다란 포플러나무 밑에서 차를 마셨다.

아침에 츠비에게 전화를 걸었다. 애틀릿에서는 수화기 저편에서 울리는 신호음조차도 다르게 들린다. 대도시에서처럼 조급하게 울리지 않고 느긋하게 울리는 것이다. 그 소리는 물기 머금은 포도 잎사귀를 지나 곰팡내 나는 곡물 창고를 지나 홍차 냄새와 기름 냄새가 밴 철도의 침목을 지나 매연을 뿜어내는 기차를 지나 무화과나무 수액을 지나 츠비의 집 현관을 지나 푸른 유리창에 레이스 커튼을 쳐놓은 거실에 도달한다.

"여보세요?" 츠비가 전화를 받았다.

'애틀릿이죠? 예루살렘이에요. 내 말 들려요?' 나는 속으로 말했다.

"안녕하세요, 츠비? 저 베니예요."

츠비는 무척 반가워했다. 그의 목소리에서 반가워하는 게 느껴졌다. 나는 코칭에서 사용하는 몇 가지 개념들에 대해 이야기하고 싶다고 말했다.

"다음 주에 예루살렘에 갈 일이 있습니다." 츠비가 말했다. "첨단기술 분야의 콘퍼런스에 참석하는 사람들을 대상으로 세미나를 하거든요."

그 순간 나는 줄을 지어 앉아서 츠비의 말에 귀 기울이는 그 모든 괜찮은 사람들을 떠올렸다.

"그때 만나서 이야기하면 좋을 것 같네요." 츠비가 기뻐하며 말했다.

'신사답게 굴어!' 내면의 목소리가 중얼거렸고, 나는 무슨 뜻인지 알아들었다.

"츠비, 편안한 분위기에서 이야기할 수 있도록 피그스 레스토랑에서 만나는 게 어떨까요? 아마 음식이나 분위기 모두 마음에 드실 겁니다."

"근처 중앙버스 역에서 파는 팔라펠(병아리콩을 으깨 경단처럼 빚어서 튀긴 중동지방의 전통 음식)도 맛볼 수 있겠네요." 츠비가 말했다. 우리는 약속 시간을 정했다.

코칭 요청서를 작성할 시간이 다가왔다. 나는 실제 상황과 내가 원하는 상황이 적힌 표를 들여다보면서 어떤 층에서 가장 큰 변화를 이끌어낼 수 있을지 생각해보았다. 모든 층을 다 다룰 수 있을 만큼 시간이 많지 않기 때문에 가장 효과적으로 변화를 일으킬 수 있는 층에 집중해야 했다. 나는 실제 상황과 내가 원하는 상황 사이의 차이가 가장 큰 층을 찾아보았다. 차이가 클수록 힘은 더 들겠지만, 그 안에는 아주 귀한 선물이 있을 것이다. 나는 패러다임의 층을 선택했다. 그리고 다음과 같이 코칭 요청서를 작성했다.

나는 시나고그에서 하프타라를 낭독하는 일과 관련하여 코칭을 요청합니다. 나는 '내 식으로 할 때에만 무언가를 성취한다'고 하는 예전의 패러다임이 나타나면, 근원의 힘인 (나는 테이블 위에 정체성 카드를 올려놓고 변화에 필요한 힘을 찾아서 이렇게 적었다) '신뢰'에 따라 행동하겠습니다.

그리고 본성의 힘 중에서는 (여기서 나는 어떻게 하면 본성의 힘을 고상한 목적을 위해 사용할 수 있을지 생각해본 다음 이렇게 적었다) '매사에 일인자가 되고자 하는 마음'에 따라 행동하겠습니다. 힘으로 일인자가 되겠다는 게 아닙니다. 스스로에게 자신의 능력을 입증해 보이고 하프타라를 낭독해 보임으로써 사람들의 존경을 얻기 위해 현 상태의 나 자신을 있는 그대로 받아들이는 첫 번째 사람이 되겠다는 뜻입니다. 그리고 예전에 키부츠에서 함께 지낸 동료 중 정확한 가락에 맞춰 하프타라를 낭독하는 첫 번째 사람이 되겠다는 뜻입니다.

내가 선택한 새 패러다임은 '나는 모든 일에서 내게 유익한 무언가를 발견한다' 입니다. 모든 것을 그만두고 달아나고 싶어질 때 나는 그런 기분을 극복하고 그 에너지를 문제를 해결하는 데 쓰도록 하겠습니다.

내가 얻게 될 결과는 어른스럽게 설교단에 올라가, 스타처럼 하프타라를 낭독하고, 축복 기도를 적어도 시나고그 관리인인 도비처럼 훌륭하게 암송하는 것입니다. 그리고 그 상황을 즐기는 것입니다.

나는 의자에 등을 기대고 앉아 눈을 감았다. 내면의 목소리가 깨어났다. '이게 바로 너라는 걸 알겠어? 이게 바로 인생에서 네가 해야 할 역할이라고 느끼는 거야? 이게 바로 문자적으로 '서다'라는 뜻을 지닌 니차빔이 토라에 기록된 의미라는 걸 이해하겠어? 일어서는 것은 행동에 선행해. 먼저 일어나서 책임감과 관심을 보인 다음 행동에 돌입하는 거지. 너는 일어나 있는 거야?'

"그래." 내가 대답했다.

'그리고 토라에서 '네 모든 것'이라고 말할 때, 그것이 무슨 뜻인지 기억해? 그건 네 모든 존재를 의미해. 알아?'

"알아."

'토라에서 '오늘'이라고 말할 때 그것은 말 그대로 '지금 당장'을 의미한다는 것도 알아? 네 안의 가장 깊숙한 곳에 있는 자아는 일어났어?'

"그래."

'그렇다면 너는 왕께 감사드려야 해.'

"감사합니다, 나의 왕 나의 하나님." 나는 진심으로 속삭였다.

사랄레가 등 뒤에서 말했다. "여보, 당신은 변화하고 있어요. 당신 주변의 것들도 변화하고 있고요. 기분이 어때요?"

나는 일어나서 하프타라를 읊기 시작했다. 그리고 그와 동시에 사랄레의 어깨에 팔을 얹고 탱고를 췄다. 사랄레가 나를 따라 하프타라의 가락을 흥얼거리는 것을 보며 다시금 온 집안이 나로 인해 영향을 받고 있음을 깨달았다.

나는 평소에 다니던 길로 차를 몰아 일찌감치 피그스 레스토랑에 도착했다. 피그스 레스토랑은 예루살렘 성전 터에서 나온 돌로 지은 식당으로, 창밖으로 옛 도읍의 성벽이 보였다.

나는 물을 조금 마셨다. 예루살렘의 고요와 육중한 돌, 그리고 물이 편안하고 유쾌한 기분을 불러일으켰다. 모든 게 괜찮았다. 메뉴판을 훑어보았다. 음식 이름이 미각을 자극했다. 주키니 호박과 리코타 치즈로 속을 채운 고추 요리와 샐러드. 무화과와 구운 가지와 삶은 달걀을 넣어 만든 샌드위치, 올리브유와 타라곤으로 맛을 낸 야채 케밥. 생강 처트니로 버무린 렌즈콩과 염소젖으로 만든 치즈를 곁들인 마하라자 마자다라. 올리브유와 레몬과 고수로 맛을 낸 비트 뿌리와 석류 요리. 고추냉이와 생강을 곁들인 두부 요리와 초밥. 나는 이 매혹적인 이름들 뒤에 숨어 있는 맛이 궁금해서 요리를 조금씩 다 맛보고 싶었다. 주방에서 들려오는 말소리와 접시 부딪히는 소리를 들으며 금방이라도 츠비가 도착해서 이 맛있어 보이는 음식들을 맛볼 수 있으리라는 생각을 했다. 그러나 메뉴를 다 살펴보았을 때쯤엔 시장기가 사라졌다.

전화벨이 울렸다. 츠비였다.

"예루살렘 인근의 샤르하게이에서 도로가 꽉 막혔어요. 경찰이 도로를 차단하고 모든 차량을 되돌려 보내는 바람에 예루살렘으로 진입할 수가 없게 되어버렸어요. 정말 미안합니다. 이만 끊어야겠어요. 경찰이 화난 얼굴로 쳐다보고 있거든요. 다시 연락할게요."

'오, 이런!' 나는 온몸이 굳어졌다. 정체성 카드는 어디에 있고 근원은 어디에 있는가? 모든 것이 적신호를 나타내고 있었다. 내면의 목소리가 화를 내기 시작했다.

'샤르하게이이라니, 대체 어떻게 된 거야? 예루살렘에 도착했어도 이미 한참 전에 도착했을 시간인데. 요즘 누가 그런 오래된 도로로 다닌담? 443번 도로를 탔어야지! 네가 츠비에게 할 이야기가 얼마나 많은데……. 츠비에겐 책임감이라는 것도 없나? 당연히 교통체증이나 도로 상황을 고려했어야지. 이게 뭐람? 말과 행동이 다르잖아. 츠비는 늘 말뿐이야! 입만 살았다고. 당장 일어나! 여기서 나가게!'

"이봐, 잠깐만!" 나는 내면의 목소리에게 말했다.

'왜 그래?'

"조금 전에 네가 한 말은 전에도 들은 적이 있어. 네가 늘 하던 소리잖아. 너는 아직도 예전 패턴에 갇혀 있는 것 같아. 나는 이미 달라지기 시작했는데 말이야. '나는 내 식으로 할 때만 무언가를 성취할 수 있다'는 예전 패러다임 기억나? 뜻대로 안 될 때는 늘 하던 일을 그만두고 달아나려 했던 것 기억하냐고?"

'기억나!' 내면의 목소리가 대답했다.

"참고로 말하자면, 우리는 새 패러다임으로 '나는 모든 일에서 내게 유익한 무언가를 발견한다'를 선택했어. 그리고 새 패턴으로는 '내가 발견한 좋은 것을 다른 사람들과 나눈다'를 선택했지."

나는 물을 조금 더 마신 뒤, 옛 도읍의 견고한 성벽을 응시했다. 성벽에 문을 낸 것은 잘한 일이었다. 그 사이로 교통의 흐름이 이어지게 하는 것은 중요하니까. 내 안의 성문을 넓히고 성벽을 낮춰야 한다. 아니, 어쩌면 성벽을 떠나 탁 트인 들판으로 나와야 할지도 모르겠다. 두려워해서는 안 된다.

'그래서 어쩌려고?' 내면의 목소리가 물었다.

나는 새로운 패턴에 따라 행동하는 데 익숙지 않았다. 자동항법장치가 작동하면 저절로 지성이 깨어나 내 행동을 정당화하고, 그러면 내가 모욕당했다는 느낌이 들면서 분노가 정당화된다. 나는 잘못한 게 없으니까 화내도 된다. 분노는 모욕감과 상처를 보상해주며, 나는 안전한 장소로 숨는다.

나는 생각했다. '이번에 자동항법장치를 작동시킨 버튼에 뭐라고 쓰여 있었지?' 내가 생강이나 고추냉이 냄새를 맡지 못할 정도로 상황을 악화시킨 게 무엇일까? 나는 인생 궤도를 달리는 열차 안에 앉아 미지의 세계로 나가고 있었다.

'단순성, 기쁨, 결과.' 나는 이런 것들을 모토로 삼는 츠비를 존경하고 사랑한다. 나도 종종 약속 시간에 늦을 때가 있지 않은가. 나는 버튼에 쓰여 있는 문구를 보았다. '내가 영예롭게 여기는 것은 곧 나'라는 문구였다. 나는 다시 의자에 주저앉았다. 이런 기분으로 있기 싫었다. 나는 좀 더 유쾌하고 밝고 솔직하고 진실한 무언가를 누릴 자격이 있었다. 나는 츠비를 잃고 싶지 않았고, 나 자신을 잃을 준비가 되어 있지도 않았다. 나는 변화하고 싶었다. 깊은 고통 속에서 변화하려면 어떻게 해야 하는가? 상처와 아픔 속에서 변화하려면 어떻게 해야 하는가? 나는 정체성 카드를 꺼내 '근원'의 힘들에게 후방의 사령관을 찾아보도록 했다. 후방의 사령관이 내게 답했다. "당신에겐 친절과 순수, 신뢰, 사랑, 정직, 용기가 있어요. 그중에서 하나만 골라요."

나는 '신뢰'를 선택했다.

나는 츠비를 신뢰한다. 츠비는 도로가 통제되는 바람에 오늘 피그스에서 나와 만나지 못했다. 그는 나를 만나고 싶었고 또 만나려고 애썼다. 아마 만나지 못해서 나 못지않게 실망했을 것이다. 그도 나를 만나서 대화를 나누고 싶어했으니까. 나는 가서 '내 몫에 만족하고 이익을 다른 사람들과 나누기로' 했다. 나는 기쁘고 감사한 일들을 찾아보았다. 그리고 펜을 꺼내 냅킨에 다음과 같이 적었다.

"내 삶을 변화시키고 성장할 기회를 얻게 되어 기쁘다. 이 기회를 놓치지 않아서 기쁘고, 실제 상황과 내가 원하는 상황의 차이에서 비롯된 이 같은 고통에도 불구하고 나 자신에게 솔직할 수 있어서 기쁘다. 정체성 카드를 사용할 수 있어서 기쁘고, 자동항법장치에 내 삶을 맡기는 대신, 내가 선택한 삶을 살 수 있도록 해주는 단순하면서도 진실한 힘을 찾을 수 있어서 기쁘다. 위기를 기회로 바꿀 수 있어서 기쁘다. 나는 츠비와 만나지 못했지만 그 덕에 그와의 만남을 통해 얻을 수 있었던 것보다 더 많은 것을 얻었다."

낯선 기쁨의 향기가 가슴에서부터 콧구멍 쪽으로 올라왔다. 심장이 두근거렸다. 이런 두근거림은 뭔가 좋은 아이디어가 떠올랐다는 신호다. 나는 종업원을 불러 값비싼 음식 두 가지를 포장해 달라고 한 뒤, 사랄레에게 전화를 걸었다.

"여보, 피그스 레스토랑에서 맛있는 음식을 사가지고 갈게."

"뭐라고요? 츠비와 만나기로 한 게 아니었어요?"

"그랬지. 하지만 일찍 헤어졌어. 자세한 이야기는 집에 가서 해줄게. 당신을 위해서 특별한 음식을 주문했는데, 괜찮지?"

"괜찮고말고요." 사랄레가 웃음을 터뜨렸다.

"정원에서 먹을 수 있게 바깥 테이블에 식탁보를 깔아줘. 나머지는 내가 다 준비할게. 그럼 이따 봐."

집에 돌아가는 길에 츠비에게 전화를 해서 애틀릿까지 가는 길이 즐겁고 편안하기를 빌어주었다.

"피그스 레스토랑에 대해 들려드릴 놀라운 이야기가 있지만" 내가 말했다. "나중에 만나서 들려드릴게요."

"그게 좋겠네요. 지금은 배가 고파 거의 죽을 지경이니까요." 츠비가 말했다.

어떻게 두려움이
작용하는가

The Secret of
Jewish Coaching

17장 어떻게 두려움이 작용하는가

●

먼저, 자기 자신에게 접속하라
이논이 '왜……'라고 운을 떼우다
선택 vs 잉여

●

"한 주 동안 어떻게 보내셨어요?" 샤리프가 물었다.

나는 많은 일이 있었다고 말해주었다.

"츠비와의 만남은 어땠나요?" 그가 물었다.

"아주 좋았답니다." 내가 대답했다.

"잘됐군요." 샤리프가 기뻐했다. "생각을 명료하게 하는 것은 중요한 일
이지요. 츠비는 특별한 사람이고, 그와 중요한 문제를 의논하는 것은 특
권이랍니다. 모든 것을 명확하게 이해하려고 하신 것은 잘하신 일이에
요. 츠비와의 만남에 대해 간단히 말씀해주시겠어요?" 샤리프가 물었다.

"당신도 그 자리에 있었답니다."

내 말에 샤리프는 놀라서 나를 바라보았다. 나는 피그스에서 있었던
일을 모두 이야기해주었다. 우리가 만난 이래 처음으로 샤리프의 눈에
눈물이 고였다. 그는 눈도 깜빡이지 않고 나를 응시했다.

"우리의 코칭 작업을 통해 배운 많은 것들이 그곳에서 분명해졌어요."
내가 말했다. "나는 사람을 옴짝달싹 못하게 하는 커다란 차이 안으로
들어갔고, 고통을 느끼면서도 그 안에 머물렀어요. 처음에는 화가 났지
만, 점차 생각을 바꿀 수 있게 되었지요. 그리고 보다 밝고 건전한 감정
과 욕구를 가지려고 애썼어요. 그때 내 곁에 당신과 츠비가 있었지요."

"그리고 당신도 있었고요." 샤리프가 중얼거렸다.

"맞는 말씀이에요." 내가 동의했다. "나도 있었지요. 나는 예전 패턴에
굴복하지 않았어요. 샤르하게이에서 도로가 차단된 것을 행운으로 여겼
고, 그동안 배운 것들을 이해하기 시작했어요. 기쁘게도 츠비의 부재가
그의 생생한 현존으로 바뀌었답니다. 나는 츠비와 당신을 그리고 우리
가 해온 코칭 작업을 온전히 신뢰합니다. 그리고 지금은 나 자신도 온전
히 신뢰하게 되었지요. 내겐 변화를 위한 도구와 언어가 있으며 그 언어
로 말할 용기도 생겼어요. 감사하게도 그동안의 작업이 효과를 나타내
기 시작한 거죠."

"이 사건에서 얻은 것은 무엇입니까? 샤리프가 물었다.

"변화에 대한 욕구를 얻었고 정체성 카드를 활용하게 되었어요. 정체
성 카드는 나의 GPS예요. 내가 원하는 바를 명확하게 말하면 무엇이 나
를 목표에 더 다가가게 해주고 무엇이 나를 방해하는지 알려주지요. 모
든 것은 내 안에 있어요. 중요한 것은 내가 무엇을 선택하고 어떻게 결
정하느냐 하는 겁니다. 정말 놀라운 일이지요!"

샤리프가 웃으며 물었다. "그럼 코칭을 시작할까요?"

"좋습니다."

"제가 코치를 해도 되겠습니까?"

"오, 물론입니다!"

"당신의 신뢰에 감사드립니다. 그런데 코칭 요청서는 작성해오셨나요?"

나는 테이블 위에 워크시트를 펴놓고 거기에 적힌 코칭 요청서를 소리 내어 읽었다.

"나는 시나고그에서 하프타라를 낭독하는 것과 관련하여 코칭을 요청합니다. 나는 '내 식으로 할 때에만 무언가를 성취한다'는 예전 패러다임이 나타나면, 근원의 힘인 '신뢰'와 본성의 힘인 '매사에 일인자가 되고자 하는 마음' 그리고 내가 선택한 새 패러다임 '나는 모든 일에서 내게 유익한 무언가를 발견한다'에 따라 행동할 것입니다. 그러다 보면 어른스럽게 설교단에 올라 스타처럼 하프타라를 낭독하고, 적어도 시나고그 관리인인 도비만큼 훌륭하게 축복 기도를 드리게 될 것입니다. 그리고 그 상황을 즐기게 될 겁니다."

긴 침묵이 흘렀다.

"어른스럽게 설교단에 올라 스타처럼 하프타라를 낭독하고 누구처럼 훌륭하게 축복 기도를 드린다고요?" 샤리프가 물었다.

"도비처럼요." 나는 활짝 웃으며 대답했다. "나는 시나고그에서 도비 옆자리에 앉는데, 그는 리프시츠 대학교에서 교육 프로그램 개발을 전공한 교육학 박사이자 존경받는 시나고그 관리인이랍니다."

"시나고그 관리인이 되려면 교육학 박사 학위가 있어야겠군요." 샤리프가 농담을 했다. "당신은 어른스럽게 설교단에 올라가 스타처럼 하프타라를 낭독하고 싶다고요?"

"맞아요." 내가 말했다.

"어른스럽게 설교단에 올라가 스타처럼 낭독한다는 게 무슨 뜻이지요?"

"어른스럽게 올라간다는 것은 도비가 사람들을 설교단으로 초청할 때 누구나 하는 행동이지요. 사람들은 단지 설교단에 올라가 축복 기도를 드리고 다시 자리로 돌아올 뿐입니다. 그러면 그가 지나가는 통로에 앉아 있는 사람들이 모두 악수를 청하거나 고개를 끄덕여 보이지요."

"그럼 스타처럼 낭독하고 싶다는 건요?" 샤리프가 물었다.

"그건 그냥 토라를 펴놓고 낭독해야 할 부분을 찾아서 낭독한 다음, 축복 기도를 드리고 설교단에서 내려오는 것을 뜻합니다. 그 어떤 극적인 요소도 없이 말이죠. 그게 바로 스타처럼 낭독하는 것입니다."

"어른스럽게 행동하고 스타처럼 낭독해서 좋은 점은 무엇인가요?"

"내가 있고 싶은 곳에 있게 된다는 겁니다."

"거기가 어딘데요?"

"괜찮은 사람들이 있는 곳입니다."

"괜찮은 사람들이란 어떤 사람들이죠?"

나는 괜찮은 사람들이란, 질서 잡힌 세계에 속한 사람들이라고 말했다. 괜찮은 가정에서 자란 괜찮은 사람들이라고. 그들은 괜찮은 사람들의 나라에 속해 있으며 괜찮은 나라 일부를 이룬다.

"괜찮은 사람들의 나라에 속해 있어서 좋은 점은 뭐죠?"

"마음에 여유가 생긴다는 겁니다." 나는 이렇게 대답하면서 나 자신도 놀랐다. "내 자리를 지키기 위해 싸우지 않아도 된다는 겁니다."

"그래서 좋은 점은요?"

"평온을 얻게 됩니다."

이 말을 할 때 이상하게도 마음이 평온해졌다. 마치 녹음 스튜디오에 앉아 있을 때처럼 사방에서 조용한 속삭임이 들려오기 시작했다.

"그렇다면 괜찮지 않은 사람들은 어떤 사람들인가요?" 샤리프의 목소리가 마치 헤드폰을 통해 들려오는 것 같았다.

나는 녹음 스튜디오 안에서 큰 소리를 내어서는 안 된다는 신호를 보냈다. 우리는 조용히 해야 했다. 하지만 나는 스스로에게 속삭였다. "나는 혼돈의 세계에 속해 있어. 그리고 혼돈의 세계와 질서 정연한 세계 사이에는 연결 통로가 없어. 하지만 혼돈의 세계에 속한 파편들을 수리할 수는 있어. 바로 자신의 내면이 혼란스럽다는 사실을 인정하고 새로운 삶, 즉 내면세계에 질서가 잡힌 사람의 삶을 살려고 애쓰는 거지. '괜찮은' 사람이 따로 있고 '괜찮지 않은' 사람이 따로 있나? 그런 건 다 겉모습에 불과해. 모든 건 내가 어떻게 생각하고 어떻게 해석하느냐에 달렸어. 나로서는 과거의 고통을 치유하기 위해 곧장 과거의 고통 속으로 걸어 들어가는 건 불가능해. 그러나 미래를 향해 나아가면서 그 안에 있는 나의 의지를 발견한다면 그것이 어떻게 과거의 고통과 연결되어 있는지 알 수 있을 거야. 하지만 그러기 위해서는 질서 있는 미래에 대한 소망으로 더욱 강력해진 힘들로 무장해야 해. 그렇게 해서 나는 생명을 선택하고 그 생명이 내 안에서 자라가게 할 수 있어. 그리고 과거의 고통에 맞닥뜨렸을 때 그것을 제압하고 거기에 새로운 형태를 부여할 수 있어. 그렇게 되면 과거의 고통 따위는 얼룩이나 흉터 또는 흐릿한 인상으로만 남겠지. 나는 온몸의 세포 하나하나까지 단순성을 원해. 단순하게 하면 해낼 수 있어. 공연히 이곳저곳 기웃거려봤자 피곤하기만 하고 또다시 달아나고 싶어질 거야."

나는 나만의 방에서 나와 샤리프에게 돌아왔다. 내가 녹음 스튜디오에 있는 동안, 샤리프는 어느새 향이 좋은 커피와 진한 초콜릿을 준비해 두었다.

"평온을 원하세요?" 샤리프가 물었다.

"생명을 원합니다." 내가 대답했다. "새 생명을 낳는 것은 힘든 일입니다. 고통스러운 일이지요. 나는 니차빔이 낭독되는 주간에 두 번 태어났습니다. 첫 번째는 부에노스아이레스에 있는 한 산부인과 병동에서였고, 두 번째는 예루살렘에서 내가 유대교 신자가 되었을 때입니다. 해마다 이맘때쯤엔 기도를 드린 뒤에 〈시편〉 23편을 낭독한다지요? 나는 이번에 처음으로 '내 부모는 나를 버렸으나 여호와는 나를 영접하시리다'(〈시편〉 27편 10절)라는 구절에 깊이 공감했습니다. 부모님은 내가 생명을 택하는 법을 스스로 터득하리라 믿고 나를 버렸습니다. 하지만 나는 이제 스스로를 믿도록, 생명을 믿고 우주의 왕을 믿도록 초청받고 있습니다. 우리는 날마다 생명을 택해야 합니다."

"스스로 자신의 모든 일을 돌보라"고 말하는 랍비 츠비 예후다의 목소리가 들리는 듯했다. 그리고 "유대식 코칭은 문제점과 그 해결책을 찾는 게 아니라 그 사람의 이상과 그의 온 세계를 발전시키고, 그를 그의 근원으로 인도하는 데 주안점을 두고 있습니다"라고 말하는 츠비의 목소리가 들리는 듯했다.

내면의 목소리가 소리쳤다. '겨우 하프타라와 축복 기도 조금 낭독하는 것 갖고 왜 이리 야단법석이야? 단순하게 해, 단순하게! 단순하게 한다는 게 무슨 뜻인지 알아? 어쨌든 이건 바르 미츠바 때 낭독하지 못했던 하프타라를 낭독하는 것뿐이야. 마을을 건설하거나 나라를 세우는 게 아니라고. 이건 그냥 바르 미츠바를 재현하는 것일 뿐이야. 너의 작은 세계를 더 낫게 만들기 위해 네가 결심한 것들을 상기시켜줄까? 왜 그렇게 수선을 피우는 거야? 너는 그냥 겸허하고 단순하게 자신과의 약속을 실천하기만 하면 돼. 사실 너는 조금 지쳐 있어! 괜찮은 사람이 되고 싶어? 그럼 그렇게 해. 어딘가에 속하고 싶어? 곧 그렇게 될 거야. 하지만 먼저 너 자신에게 속하도록 해! 평온을 원해? 그럼 평온을 취하도록 해. 그건 네 안에 있으니까. 가서 평온을 만나. 만나서 꼭 붙잡아. 모든 것은 네 안에 있어. 모르겠어? 충만한 삶을 살도록 해. 생명을 택하도록 해! 그리고 제발 부탁이니 나를 화나게 만들지 마!'

맞은편에서 샤리프의 눈이 미소 짓고 있었다. 그는 내가 생각에서 빠져나오기를 기다리는 중이었다.

"뭔가 결론을 내리셨나요?" 샤리프가 부드럽게 물었다.

나는 조금 민망했지만 이렇게 대답했다.

"네, 앞으로는 이제까지와는 조금 다르게 살기로 했습니다. 나 자신을 신뢰하고 모든 일에서 유익한 점을 찾아보겠습니다. 설령 그 일이 두렵거나 긴장되는 일이라도 말이지요. 남들 앞에서 일인자가 되려 하기보다는 스스로에게 최고가 되도록 노력하고 상황을 즐기겠습니다. 그렇게 하다 보면 어른스럽게 설교단에 올라가 도비처럼 스타가 될 수 있을 겁니다."

"훌륭해요!" 샤리프가 감탄했다. "혹시 빠진 게 있나요?"

"스스로에 대한 믿음이 빠진 것 같군요." 나는 솔직하게 대답했다.

"필요하면 언제든 사용할 수 있는 또 다른 힘이 있을까요?"

나는 정체성 카드를 살펴보았다.

"사랑이 있네요." 나는 샤리프에게 말했다. "사랑은 늘 승리할 겁니다."

'말은 그럴싸하군!' 내면의 목소리가 비웃었다. '벌써 눈물이 나는걸.' 그러나 나는 굴하지 않았다.

"나 자신에게 친절하게 대하겠습니다. 내 안에는 스스로에 대한 신뢰와 단순한 사랑이 있어요. 나는 내게 속하기로 했습니다. 내 안에 숨어 있는 그 모든 강력한 힘들이 나를 도와줄 겁니다. 두렵고 떨리지만 나는 꼭 성공하겠습니다."

"그건 희망 사항입니까, 결심입니까?" 샤리프가 물었다.

"결심입니다." 내가 대답했다.

"당신이 원하는 방식으로 목표를 이루려면 어떻게 해야 하는지 아십니까?"

나는 모른다고 말했다. 나는 아직 예전의 습관에 따라 행동하는 데 익숙했다.

"앞으로 어떻게 될 것 같습니까?"

"결심한 대로 될 겁니다. 성공적으로 하프타라를 낭독하고 그 상황을 즐기게 될 겁니다." 나는 조용히 대답했다.

"좋습니다. 숙제를 조금 내드리지요. 이논과 연습할 때 다음 네 가지 질문에 대한 답을 찾아보세요.

---

1. 연습할 때 얼마나 자주 두려운 마음이 드는가?
2. 그것을 알아차리기까지 시간이 얼마나 걸리는가?
3. 이 두려움에 이름을 붙인다면 뭐라고 하겠는가? 그 두려움은 당신에게 뭐라고 말하며, 당신은 정확히 무엇을 두려워하는가?
4. 당신이 상황을 충분히 즐길 수 없게 만드는 것은 무엇인가?

"이 질문들에 대한 답을 적어서 다음 번에 만날 때 가져오세요. 아쉽지만 시간이 다 됐군요. 기분이 어떻습니까?"

"지구전을 치른 느낌입니다. 그렇지만 살면서 내가 해야 하는 역할과 내가 마음먹기에 따라 얼마든지 해낼 수 있는 일들과 내 안에 잠재된 강력한 힘들의 존재가 점점 더 분명해지고 있습니다."

"목표를 이룰 수 있도록 기도하세요." 샤리프가 말했다. "위대한 코치이신 하나님과의 대화는 코칭에 있어서 가장 핵심적인 부분이랍니다. 당신은 아주 잘하고 계십니다. 정말 훌륭해요!" 우리는 서로 포옹을 한 뒤 헤어졌다.

새벽 5시. 창밖은 칠흑같이 어두웠다. 컴퓨터 모니터 옆에는 진하고 따뜻한 레몬티가 놓여 있었다. 여느 때처럼 잠이 덜 깬 이논의 얼굴이 컴퓨터 화면에 나타나더니 이내 쾌활한 목소리로 "좋은 아침입니다" 하고 인사를 전해왔다.

"시작할까요? 준비되셨나요?" 이논이 물었다.

"그래, 시작하자꾸나."

이논은 내가 암송해야 할 하프타라 구절의 운을 띄우기 시작했다. 그가 첫 단어를 말하면 내가 다음 단어부터 문장 끝까지 암송해야 한다. 연습은 순조롭게 진행되다가 이논이 "왜"라고 말한 곳에서부터 막히기 시작했다.

나는 다음 단어를 떠올릴 수 없었다.

이논이 "왜" 하고 반복해서 말했지만, 여전히 다음 단어가 생각나지 않았다.

테이블 위에 있는 《모세 오경》을 들여다보고 싶었다. 내가 난감해하는 것을 눈치챈 내면의 목소리가 이른 시각임에도 나를 진정시키려 애썼다. '왜 이렇게 긴장한 거야? 이건 연습일 뿐이야. 지금 정확한 가락을 익혀두면 평생 잊어버리지 않을 거야. 우리는 위기를 통해 가장 잘 배우잖아. 이논은 네 친구야. 그렇게 긴장할 것 없어.'

"하지만 '왜'에서 막힌 게 이번이 처음이 아니잖아."

"왜……" 이논이 되풀이했다.

나는 몹시 초조했다. 이논이 어떻게 된 일이냐고 물었고, 나는 잠시 쉬었다 하자고 말했다.

"잠시 후에 돌아올게." 나는 이렇게 말하고 웹캠의 전원을 껐다.

'어떻게 된 거야?' 내면의 목소리가 물었다.

"긴장했나 봐."

'기분이 어때?'

"두려워." 그때 샤리프가 내준 숙제가 떠올랐다. '연습할 때 얼마나 자주 두려운 생각이 드는가?'

오늘 아침엔 이번이 처음이었다.

'그것을 알아차리기까지 시간이 얼마나 걸리는가?'

몇 초밖에 안 걸린다.

'이 두려움의 이름은 무엇인가? 그것은 뭐라 말하고, 나는 정확히 무엇을 두려워하는가?'

이 두려움의 이름은 '소속감의 결여'이다. 그것은 내가 실은 지금 하는 일에 속해 있지 않다고 말한다. 나는 모든 게 쇼일 뿐, 진심으로 하는 일이 아닐지도 모른다는 두려움을 느낀다.

'내가 상황을 충분히 즐길 수 없게 만드는 것은 무엇인가?'

그것은 내가 진정으로 예루살렘에 속해 있으며 유대 민족에게 일어나고 있는 일들, 즉 유대 역사의 일부를 이루고 있다는 느낌이 부족하다는 것이다. 이사야 선지자가 예언한 모든 것이 내 앞에 펼쳐지고 있다는 느낌이 부족하고, 내가 다른 유대인과 함께 고향으로 돌아가는 중이라는 느낌이 부족하다는 게 문제다. 나는 울기 시작했다. '왜'로 시작되는 성구를 암송할 수만 있다면! 내 입에서 흐느낌이 새어나왔다.

'오, 이런!' 내면의 목소리가 외쳤다. '너는 정말 어린애 같아, 감정적이 되어서 울다니 말이야. 진정해. 숨을 깊이 들이쉬고 내 말 잘 들어. 너는 진정으로 고향으로 돌아가고 있어. 너는 고향과 토라로 돌아가는 위대한 민족의 일원이야. 모든 유대인은 고향으로 돌아가는 여정과 관련한 특별한 편지를 갖고 있어. 토라와 이 땅의 들판과 바위와 하늘에 쓰인 이 편지는 모든 유대인을 연결해주지. 고개를 들어봐. 그러면 이 여정에 랍비 츠비 예후다뿐만 아니라 이스라엘 건국의 아버지 중 하나인 이츠하크 타벤킨도 함께 있음을 알게 될 거야. 모두가 다 이곳에 있어. 모두 고향으로, 조상에게로 돌아가기를 원해. 너는 혼자가 아니야. 네겐 너 자신이 있고 세상을 지으신 하나님이 있어. 그분이 네게 힘을 주실 거야. 정체성 카드를 꺼내서 한번 들여다봐!'

나는 정체성 카드를 살펴보았다. '순수'라는 단어가 네온 불빛처럼 선명하게 드러났다. 내면의 목소리가 말을 이었다.

'네 안엔 순수함이 있고, 그것이 너의 의심을 몰아낼 거야. 네 안에 있는 순수함만이 아무데도 속하지 않고 누구도 필요로 하지 않는 외로운 늑대의 과도한 교활함과 생존 본능을 이길 수 있어.'

이른 아침의 구름이 흩어지면서 푸른 하늘이 드러났다. 태양이 환히 빛나고 있었다. 창밖의 떡갈나무 가지에 자그마한 벌새가 내려앉았다. 프라하로 여행 갔을 때 사온 꼭두각시인형 메나헴이 창가에서 몸을 굽히는 게 마치 인사를 하는 것 같았다. 숨쉬기가 한결 편해졌다. 이논이 몹시 보고 싶었다. 나는 컴퓨터 화면 상단의 웹캠을 켰다.

"돌아오셨군요?" 이논이 말했다.

그런 다음 그는 다시 이사야(수천 년의 세월 동안 참을성 있게 나를 기다려준)에게로 돌아가서 내게 운을 띄웠다. 나는 그가 첫 단어를 말해준 성구를 끝까지 암송했다.

"됐어요. 오늘은 여기까지 하기로 해요." 이논이 말했다. "많이 좋아지셨는데요. 그럼 내일 같은 시간에 봬요."

나는 침실로 돌아와 붉은색 안락의자에 앉았다. 아직 잠들어 있는 사랄레의 부드러운 숨소리가 들렸다. 만약 사랄레가 깨어 있었다면 나는 방금 전에 있었던 일에 대해 뭐라고 이야기했을까?

나는 샤리프와의 여섯 번째 만남을 앞두고 우리의 코칭 작업이 어떤 방향으로 나아가야 할지 그리고 내가 코칭을 통해 무엇을 얻고자 하는지 생각해보고 싶었다. 다행히 나는 조금 일찍 도착하여 앞으로의 코칭 작업과 그 결과에 대해 생각해볼 수 있게 되었다. 지난 한 주 동안 나는 스스로에 대해 다음과 같은 중요한 사실들 몇 가지를 알게 되었다.

> • 내 과거는 나의 정서적인 면에 지대한 영향을 미친다.
> • 내 과거는 나에게 심각한 장애물이 될 수 있다.

- 내겐 이 장애물을 극복할 도구가 있다.
- 끝까지 목표에 충실한 게 중요하다.
- 시나고그에서 하프타라를 낭독하기 위해 준비하는 작업은, 특히 그 과정에서 겪는 어려움을 통해 내게 성장할 기회를 제공한다.

나는 "내가 샤리프와의 이번 만남에서 얻고자 하는 것은 무엇인가?" 하고 자문한 뒤 이렇게 대답했다. "과거의 경험에서 비롯되는 장애물들에 귀 기울이는 법과 그것들을 제자리로 돌려놓고 내가 선택한 목표를 향해 계속해서 앞으로 나아가는 법을 알고 싶어."

나는 대답에 만족하며 샤리프가 도착하기를 기다렸다. 그리고 잠시 후 그가 차를 몰고 와서 주차 공간을 찾는 모습을 흐뭇한 마음으로 지켜보았다.

"잘 지내셨어요?" 샤리프가 반갑게 인사했다.

"네, 덕분에요."

샤리프는 멋쩍은 듯 웃으며 내게 작은 문고본 책을 건네주었다.

"자그마한 선물을 하나 가져왔어요." 그가 말했다.

그것은 《빈 의자: 브레슬로프의 랍비 나흐만의 가르침에 담긴 불멸의 지혜The Empty Chair: the eternal wisdom of the teachings of Rabbi Nachman of Breslov》라는 제목의 책이었는데, 첫 페이지에 손글씨로 다음과 같은 문구가 쓰여 있었다.

"세상에는 거짓이 난무하지만, 진리는 하나다."

나는 문구를 보고 몹시 감동하여 샤리프에게 거듭 고마움을 표했다.

"내 마음이 당신에게 이 책을 선물하라고 시키더군요. 오늘은 어디서부터 시작할까요?" 샤리프가 물었다.

나는 지난주에 있었던 일들과 이논과의 연습을 통해 깨달은 것들을 이야기했다. 샤리프는 눈과 귀를 활짝 열고 내 말을 경청했다. 내가 과거의 경험에서 비롯되는 장애물들에 대해 깨달은 것과 오늘의 만남을 통해 얻고자 하는 것들을 이야기하자, 샤리프는 매우 즐거워했다.

"당신은 매우 중요한 여정 가운데 있고, 이제 그 끝이 다가오네요. 그러니 오늘은 진도를 나가지 않는 편이 좋겠어요. 앞으로 한 번만 더 만나면 당신이 바르 미츠바를 재현할 날이 돌아오니까요. 오늘은 장애물에 대해 깊이 생각해보는 시간을 갖는 게 좋겠습니다."

"맞아요." 내가 말했다. "나는 과거에 있었던 일들이 내게 얼마나 큰 영향을 끼치는지, 어떻게 내 삶 가운데 흘러들어와 현재를 컨트롤하고 문제를 일으키는지 알지 못했어요. 특히, 그것은 내가 무언가를 이루고자 할 때 문제를 일으키지요. 내가 시나고그에서 하프타라를 낭독하기로 했을 때에도 내 안에서는 이 일을 이루지 못하게 방해하겠다는 단 한 가지의 목적만을 지닌 거친 이미지와 감정들이 생겨났어요. 그렇지만 나는 과거를 파헤치고 싶지 않았어요. 그냥 미래와 연결된 꿈을 이루기 위해 코칭을 원했지요. 이미 말씀드렸듯이 과거는 강력한 힘으로 나를 휘저었고, 나는 갑자기 과거의 경험에서 비롯된 고통에 맞닥뜨리게 되었어요. 이 문제가 심리치료의 대상인지 코칭의 대상인지 모르겠군요. 혹시 내겐 코치가 아니라 심리상담가가 필요한 게 아닐까요?"

샤리프는 잠시 생각한 뒤 신중하게 말을 시작했다.

"장애물 중에는 코칭으로 극복할 수 있는 것도 있지만, 뿌리가 워낙 깊어 정서적인 치유를 요하는 것도 있습니다. 다행히 전문 지식을 지닌 훌륭한 상담가가 있으니 상담이 필요한 사람들은 적절한 도움을 받을 수 있을 겁니다. 코칭은 건강한 사람들에게는 효과가 있지만, 정서적으로 문제가 있는 사람들에게는 별 도움이 되지 않습니다. 코칭 기간 동안 맞닥뜨리게 되는 심리적 장애물에 대해서는 이렇게 말씀드릴 수 있겠네요. 당신이 정한 야심찬 목표가 당신의 사명에 정확히 부합하면 부합할수록 당신 안에서는 그것을 이룰 수 있게 해주는 강력한 힘들이 더 많이 드러날 것이라고요. 이런 힘들은 당신이 힘든 시간을 이겨내고 좋아하지 않는 일들도 해낼 수 있게 해줍니다. 목표를 이루고자 하는 마음과 목표가 실현되는 것을 볼 때의 뿌듯함이 모든 어려움을 보상해주기 때문이지요."

샤리프는 자신의 말에 미소를 지으며 설명을 계속했다.

"정체성 카드를 갖고 계시죠?"

"물론입니다." 나는 놀라서 대답했다.

샤리프는 다시 미소를 지었다. "그렇다면 이 세상도 정체성 카드를 갖고 있다는 것을 아셔야 합니다. 당신이 자신의 욕구와, 무언가를 선택해서 성취할 자유를 드러내주는 목표를 선택할 때 이 세상의 동물적 영혼이 지닌 힘이 깨어납니다. 이 동물적 영혼의 힘은 당신이 자기 자신과 세상을 위해 뭔가 하고자 하는 일을 하지 못하도록 재빨리 방해공작을 펼치지요. 이 힘들은 당신 못지않게 의지가 강한 데다 대담하고 창의적인 엘리트 집단이랍니다. 모든 것이 당신을 낙담시켜서 예전의 습관과 전부터 익숙해져 있던 안전지대로 돌려보내도록 짜여 있지요. 어떻습니까, 모든 게 괜찮은가요?"

"'괜찮다'는 말은 내겐 좀 부담스러운 말이랍니다." 나는 웃으며 대답했다. "하지만 나는 이미 그 말을 사용하기 시작했지요. 괜찮습니다."

샤리프가 다시 말을 이었다.

"이스라엘의 신비가이자 심리학자인 예미마 아비탈은 '우리를 방해하는 장애물들은 때론 진짜 장애물의 외피에 불과하다'고 말했습니다. 조금 어려운 말이긴 합니다만."

나는 혼란을 느끼며 물었다. "무슨 말인지 잘 모르겠군요. 예를 들어서 설명해주실 수 있을까요?"

"물론입니다. 예컨대 당신이 뭔가를 하고 싶어 하면서도 두려움이나 부끄러움 때문에 하지 못했다고 합시다. 누군가 왜 하지 못했느냐고 물으면 당신은 두려워서 못했다고 말하겠지요. 이럴 때 두려움은 진짜 장애물의 외피에 불과합니다. 부끄러움 역시 진짜 장애물의 외피가 될 수 있습니다. 우리에겐 훨씬 더 중요한 다른 장애물들을 감춰주는 다양한 경험들이 있으며, 때때로 이 경험들은 특정한 일을 하지 못하게 하는 '논리적인' 이유가 됩니다. 따라서 우리는 두려움이나 부끄러움 같은 감정 때문에 방해를 받는 대신, 그런 감정들을 잘 살펴 그 이면에 존재하는 진짜 장애물을 찾아내야 합니다. 예를 들어 당신을 방해하는 두려움은 언제 어디서 나타납니까?"

"이론과 연습할 때 나타납니다."

"아주 좋습니다. 그렇다면 그 두려움은 진짜 장애물과는 거리가 멉니다. 진짜 장애물은 무엇입니까?"

"진짜 장애물은 내가 소속감을 느끼지 못하며 이 모든 게 실은 나와 아무 상관도 없는 것 같다고 느낀다는 겁니다."

"나를 믿고 이렇게 민감한 주제에 대해 솔직하게 말씀해주셔서 감사합니다." 샤리프가 말했다. "두려움의 벽 근처에서 서성이다 보면 소속감의 결여라고 하는 진짜 장애물을 다룰 수 없다는 것을 알고 계십니까? 진짜 장애물의 외피는 그것이 진짜 장애물인 양 우리를 현혹합니다. 그리고 그렇게 해서 우리 영혼의 힘을 앗아갑니다. 그래서 우리는 무기력한 상태로 두려움의 벽 앞에 남겨진 채 '내가 뭘 할 수 있겠어?' 같은 말을 중얼거리게 되는 것이지요. 두려움은 우리가 진짜 장애물에 도달할 수 없게 우리를 무력화시키려는 가상의 공포일 뿐입니다. 우리의 몸속에 '두려움 주머니'라고 하는 자그마한 먹물 주머니가 하나 있다고 상상해보세요. 그것은 자그마해서 삶에 영향을 미치는 일이 거의 없습니다. 우리와 두려움 주머니는 완전히 별개입니다. 우리에게 그것과 연관된 자극이 주어지기 전까지는 말이지요. 그러나 자극이 주어지면 '두려움 주머니'에 구멍이 뚫리면서 먹물이 새어나와 금세 온몸으로 퍼져나갑니다. 두려움은 교만해서 우리를 침묵시키고 우리에게 아무것도 이루어진 것이 없다고 믿게 합니다. 그러면 우리는 옴짝달싹할 수 없게 되지요. 이런 경우 조금 두려운 정도가 아니라 온몸이 마비될 정도의 공포가 우리를 에워싸기 때문입니다."

그때 갑자기 여러 대의 차량과 검은색 밴이 차례로 코너를 돌아 도로를 봉쇄하기 시작했다. 차 문이 열리면서 검은 옷을 입은 군인들이 조용하면서도 재빠르게 쏟아져 나왔다. 눈을 제외한 얼굴을 모두 가린 채였다. 군인들은 각자 무기와 소형 무전기를 들고 있었다. 이웃한 건물의 지붕에서 밧줄을 타고 내려와 창문을 통해 카페 안으로 진입하는 군인들도 있었다. 그들은 순식간에 카페의 구석구석에 자리를 잡고 서로 신호를 주고받았다. 사령관이 곧장 내게로 와서 총구를 내 관자놀이에 겨눈 채 무전기에 대고 속삭였다. "용의자를 제압했다." 그것은 사실이었다. 나는 꼼짝도 할 수 없었다.

'흥분하지 마!' 내면의 목소리가 말했다. '이것들은 이 우주에 속한 본성의 힘들로, 내부에서 너를 컨트롤하기 위해 네게 속한 본성의 힘들과 접촉하려는 거야. 네 얼굴이 점점 흙빛이 되어가고 있구나. 그건 두려움이 너를 지배하고 있다는 뜻이지. 얼른 정체성 카드를 꺼내서 네게 어떤 본성의 힘이 있는지 살펴봐.'

나는 정체성 카드를 꺼내 거기에 적혀 있는 문구를 읽었다. '나는 모든 사람이 두렵다.'

'바로 그거야. 네가 모두를 두려워하기 때문에 저들이 서로 접촉하려 하는 거야. 이 세상의 본성과 네 본성이 연합하면 너는 끝장이야. 파멸이라고!'

"누가 나를 구할 수 있을까?" 나는 겁에 질려서 물었다.

'너를 구할 수 있는 사람은 아무도 없어.' 내면의 목소리가 대답했다. '네 안에 있는 힘을 사용해. 하나님이 네게 지성을 주셨잖아. 그걸 사용해. 외부의 힘에 의존하지 마. 너는 하나의 세상이고 네 안에는 성공에 필요한 모든 게 있어. 일어나서 행동을 개시해! 네 힘으로 문제를 해결하는 거야. 지금은 너를 가르칠 시간이 없어. 그러니까 얼른 네 안에 있는 근원의 힘을 찾아봐.'

나는 정체성 카드의 하늘색 면에서 본성의 힘에 맞설 근원의 힘을 찾아보았다. 내 안에서 세계대전이 벌어지고 있었다.

"신뢰." 나는 내면의 목소리에게 정체성 카드에서 찾은 근원의 힘을 읽어주었다. "그리고 용기."

'좋아.' 내면의 목소리가 기뻐했다. '스크린 위에 네 미래의 모습이 담긴 사진들을 올려봐. 어떤 모습이 보여?' 나는 스크린 위에 사진을 올려놓고 자세히 살펴보았다.

"나는 시나고그의 설교단에 서 있어. 내 목소리가 예배당 안을 가득 채우고, 나는 〈이사야서〉를 낭독하고 있어. 여신도석에서 사랄레가 귀 기울여 듣고 있다가 온 세상과 함께 나를 축하해주고 있어. 괜찮은 사람들이 내게 잘했다고 칭찬해주고, 나는 몹시 행복해하고 있어."

'근사하군!' 내면의 목소리가 말했다.

"이제 어떻게 해야 해? 내가 물었다. 관자놀이에 총신이 더 깊이 파고드는 게 느껴졌다.

'네 안에 '신뢰'의 힘이 있다고 했지? 너 자신을 신뢰하도록 해. 네가 지닌 용기가 행동으로 표현될 수 있는 것인지 아니면 말뿐인 피상적인 것인지 점검해보고.'

"내가 지닌 용기는 피상적인 게 아니야!" 나는 재빨리 대답했다.

'그렇다면 〈이사야서〉의 성구들을 낭독해봐.'

나는 〈이사야서〉를 낭독했다. 샤리프는 말없이 나를 바라보고 있었다.

"퇴각하라!" 사령관이 무전기로 검은 옷을 입은 군인들에게 명령했다. 그러자 군인들이 순식간에 카페를 빠져나갔다. 그들은 바깥에서 대기하고 있던 검은색 밴을 타고 사라졌다. 주변을 뒤덮은 검은 기운이 점차 사그라지더니 자그마한 검은 버튼처럼 보였다.

'우와!' 내면의 목소리가 말했다. '이 모든 게 외피와의 전쟁이었어. 하지만 아직 진짜 장애물에는 도달하지 못했지. 그러니까 목표를 이룰 때까지 그 조그만 검은 버튼을 호주머니에 넣고 다녀.'

이때 샤리프가 다시 대화에 참여했다. 그는 다음과 같은 중요한 정보를 제공했다.

"외피는 사실 불필요한 것입니다. 우리는 외피로부터 몸을 숨기려 하거나 그것의 존재를 부인할 필요도 없습니다. 외피는 힘으로 제거하는 게 불가능합니다. 그것은 우리보다 더 강하지 않으니까요. 우리는 우리가 두려워한다는 것을 인정하고, 목표를 향해 나아갈 때에도 이 두려움을 호주머니에 넣고 다녀야 합니다. 같이 산책이라도 하는 기분으로 말이지요. 두려움을 두려워해서는 안 됩니다. 우리 안에 두려움이 있다는 것을 알 때의 느낌과 우리가 두려움에 옴짝달싹 못할 때의 느낌에는 차이가 있습니다."

"그래서 해결책은 뭔가요?"

"특별한 해결책 같은 것은 없습니다. 연습이 있을 뿐이죠. 우리는 '선택 vs 잉여'의 연습을 할 수 있습니다. 이 연습의 원리는 우리가 선택한 것들을 얻으려면 불필요한 잉여를 포기해야 한다는 겁니다. 그것을 포기하지 않으면 아무것도 얻을 수 없습니다. 잉여를 포기하면 여유 공간이 생겨 우리가 선택한 것들이 들어올 수 있게 되지요. 복잡하게 들릴 수도 있겠지만, 아주 간단합니다. 한번 직접 확인해보시겠습니까?"

"좋습니다."

"지금 당신에게 잉여는 무엇입니까?"

"두려움입니다."

"당신이 선택한 것은 무엇입니까?"

나는 정체성 카드를 들여다본 뒤 "용기입니다"라고 대답했다.

"용기를 선택하려면 무엇을 포기해야 합니까?"

"두려움을 포기해야 합니다."

"두려움을 포기하시겠습니까?"

나는 아무 말도 하지 않았다. 두려움을 포기하기란 쉽지 않았다. 두려움을 포기하지 않으면 변화와 성장을 위해 노력하지 않아도 되고, 스스로를 체스판 위의 외로운 말로 여길 수 있기 때문이다. 이 말은 나 자신이 체스판이자 그 위에 놓인 모든 말이라는 사실을 받아들이지 않아도 된다는 뜻이다. 영웅적이고 헌신적인 어른이 되기보다는 작고 무기력한 겁쟁이가 되는 편이 더 쉬웠다. 나는 아무것도 포기하지 않은 채 그냥 생각에 잠겨 있었다.

"두려움 말고도 또 다른 잉여가 있습니까?"

"네. 소속감의 결여에서 오는 고통이 있습니다."

"그 고통 대신 당신이 선택한 것은 무엇입니까?"

"어딘가에 속해 그 그룹의 일원이 되는 것입니다."

"소속감의 결여에서 오는 고통을 포기한다는 것은 무슨 뜻입니까?"

"그것은 내가 희생자로 살아갈 필요가 없다는 뜻입니다. 더 이상은 간절히 원했으나 가질 수 없었던 것들 때문에 슬퍼하지 않아도 되고, 매사에 불평을 늘어놓지 않아도 된다는 뜻입니다. 불우했던 어린 시절로 인해 가슴 아파하지 않아도 되고, 다시 시작하려고 어디론가 떠나지 않아도 된다는 뜻입니다."

"선택하기가 매우 힘들 때는" 샤리프가 말했다. "'손해와 이익' 표로 돌아가 당신이 두려움으로 인해 무엇을 잃고 무엇을 얻었는지 살펴봐도 됩니다. 또 다른 잉여가 있나요?"

"네. 회중의 반응에 무게를 두는 데서 오는 압박감이 있습니다."

"그런 압박감 대신 당신이 선택한 것은 무엇입니까?"

"나는 독립적이고 차분하며 스스로에 대한 확신을 지닌 사람이 되기로 했습니다. 그리고 회중의 반응이나 논평에 중요성을 부여하지 않기로 했습니다."

"그러기 위해 당신이 포기해야 하는 것은 무엇입니까?"

"괜찮은 사람들, 즉 전통과 율법, 관습, 시나고그와 그 안의 분위기를 포함한 모든 것을 다 가진 것처럼 보이는 사람들에 대한 나의 잘못된 관점을 포기해야 합니다."

"지금까지 말씀하신 것들을 다 포기할 준비가 되어 있습니까?" 샤리프가 물었다.

"포기할 때도 되었지요." 내가 대답했다.

"오늘은 여기까지 하지요. 당신의 발전한 모습에 크게 감동했습니다. 당신이 한 걸음씩 앞으로 나아갈 때마다 주위가 환해지는군요. 확실히 당신은 신뢰의 들판에서 춤을 추고 계신 것 같습니다. 오늘의 만남에서는 무엇을 얻으셨습니까?"

"진실을 얻었습니다. 스스로에게 진실해질 수 있었지요."

샤리프는 내게 미소를 지어 보이며 이렇게 말했다. "히브리어로 진실, 믿음, 코칭은 모두 같은 어원에서 나왔습니다. 따라서 코칭은 본질적으로 진실을 추구하는 한 방법이랍니다."

"당신에게 찬사를 보내고 싶습니다." 내가 대답했다. "내가 츠비와 만나기로 했는데 결국 만나지 못했던 일을 기억하시죠? 그때 나는 코칭 과정에서 접한 몇 가지 것들을 깊고 분명하게 이해하고 싶었습니다. 그중하나가 내가 살면서 만난 장벽과 장애물들이었지요. 그런데 이제 당신과 '선택 vs 잉여' 연습을 하면서 그런 것을 명확하게 이해할 수 있게 되어 정말 기쁘고 감사한 마음입니다. 질문만 잘하시는 줄 알았더니 훌륭한 교사이자 인도자이기도 하시군요."

"모두 츠비에게 배운 것들이랍니다." 샤리프가 수줍게 대답했다. 우리는 포옹을 하고 헤어졌다.

———— 18장 ————
"아빠, 과감하게 하세요!"

The Secret of
Jewish Coaching

18장 "아빠, 과감하게 하세요!"

•

인용부호에 관한 꿈을 꾸다
애정이 깃든 경청
일어나라, 아들아

•

돌파 프로젝트를 실행에 옮길 날이 머지않았다. 이제 일주일 뒤면 시나고그에서 하프타라를 낭독하게 될 것이다. 나는 바르 미츠바에서 자주 하는 것처럼 사탕을 던지거나 소리를 지르지 말라고 아이들에게 일러두었다. 그런 행동을 하면 사람들이 무슨 일인지 궁금해하고, 내가 바르 미츠바를 재현한 것을 알게 되면 모두 흥분해서 나를 축복하려 할 것이기 때문이다. 그리고 그 후로도 몇 주 동안 여자들이 내게 축하 인사를 건네고 집으로 꽃다발과 축하 케이크를 보내올 게 뻔했다. 한마디로 '바르 미츠바 축제'가 몇 주 동안 이어질 터인데, 그건 정말이지 내가 바라는 바가 아니었다.

어느 날 밤, 나는 처음 보는 쌍둥이에 대한 꿈을 꾸었다.

"안녕하세요?" 그들이 상냥하게 말을 걸어왔다.

"안녕하세요?" 나는 놀라서 대답했다. "우리가 만난 적이 있던가요?"

"아마 그럴걸요."

나는 언제 어디서 만났는지 떠올려보려고 애썼다.

"당신들은 누구신가요?" 내가 부드럽게 물었다.

"우리가 누구냐고요?!" 그들이 소리쳤다. "그걸 어떻게 모를 수가 있지요? 우리는 인용부호잖아요."

"인용부호요?"

"네, 인용부호요!" 그들은 실망한 얼굴로 말했다. "그렇게 오랫동안 봐왔으면 지금쯤은 가족처럼 대해줘도 되는 것 아닌가요?"

갑자기 그들이 하는 말이 이해가 되었다.

"오, 물론이죠! 미안해요. 당신들은 하프타라의 곡조를 이루는 음들이잖아요. 당신들은 정말 대단해요. 내가 익히려고 얼마나 노력했는지 알고 있죠?"

"우리가 온 것도 그 때문이에요. 당신이 우리를 정확하게 불러주었으면 해서요. 당신은 우리를 조화롭고 아름다운 쌍둥이가 아니라 어린애처럼 취급하고 있어요. 그건 너무 모욕적이에요. 친구들은 당신이 우리에게 개인적인 감정이 있는 게 아니냐고들 해요. 자기들을 노래할 때는 아주 근사한 소리를 내면서 우리를 노래할 때는 늘 밋밋하게 부르니까요. 지금 한번 우리를 노래해보세요. 제대로 노래하는지 들어보게."

나는 목청을 가다듬은 뒤 최선을 다해 그 음들을 노래했다. 인용부호들은 눈물을 쏟으며 구슬프게 울기 시작했다.

"울지 마세요." 내가 말했다. "당신들을 노래할 때 온 마음을 다해서 노래하겠다고 약속할게요. 내일 메나헴 차바리를 만나러 갈 거예요. 그가 낭독의 대가라는 것은 당신들도 알지요? 그는 토라를 낭독하는 사람들에게 손짓으로 음의 높낮이나 박자를 알려주곤 한답니다. 마치 경험 많은 교통순경처럼요. 그가 당신들을 어떻게 노래해야 하는지 알려줄 거예요. 그러니 믿고 지켜봐주세요. 아마 내가 노래하는 게 마음에 들 테니까요."

메나헴 차바리의 이름을 듣자 그들은 울음을 멈추고는 서서히 사라졌다.

이논에게 그 이야기를 했더니 그는 내가 그런 꿈을 꿀 정도로 열심히 하고 있으니 모든 게 잘될 거라고 말해주었다.

"낭독에 관한 한 아저씨는 완벽해요. 문제는 사람들 앞에서 떨지 않고 잘할 수 있느냐 하는 거죠. 이제 연습할 시간도 일주일밖에 안 남았으니 오늘부터는 시나고그에서 연습하는 게 좋겠어요. 매일 한 시간 반씩요. 그곳 분위기에 익숙해지면 실제로 낭독할 때 자신감이 생겨서 스타처럼 낭독하실 수 있을 거예요."

나는 이논에게 또 인용부호에 대한 꿈을 꾸는 일이 없게 그 음들을 완벽하게 연습할 수 있을지 물어보았다.

나는 츠비와 만날 약속을 하려고 그에게 전화를 걸었다. 신호음이 들린 뒤 내가 말을 하기도 전에 츠비가 이렇게 말하는 소리가 들렸다. "영원한 민족은 긴 여행을 두려워하지 않는답니다. 여보세요?"

"여보세요, 츠비?" 나는 놀라서 대답했다. "저 베니예요. 잘 지내고 계시죠?"

"네, 덕분에요." 츠비가 웃음을 터뜨렸다.

"방금 전에 하신 말씀은 무슨 소린가요?" 내가 물었다.

"아, 그건 '하이파 타운홀입니다. 여보세요?'라거나 '하렐 보험회사입니다. 여보세요?' '로젠버그 조선소입니다. 여보세요?' 하는 말과 같은 거랍니다. 대화를 시작할 때마다 짤막한 메시지를 전달할 방법이 없을까 고민하다가 이런 방법을 시도해보았죠. 그러면 사람들은 곧바로 전화를 끊거나 그게 무슨 소리냐고 묻곤 한답니다. 정말 흥미롭지 않습니까? 그동안 잘 지내셨어요?"

"한번 뵀으면 합니다만……." 내가 말했다.

"불편을 끼쳐 드리고 싶지는 않지만" 츠비가 대답했다. "제가 지금 허리가 아파서 누워 있습니다. 가까운 시일 안에 저를 만나고 싶으시다면 애틀릿으로 오셔야 할 거예요. 미안합니다."

"미안해하실 것 없습니다." 내가 말했다. "누워서라도 말씀하실 수 있다면 기꺼이 댁으로 찾아뵙겠습니다. 좀 더 자세히 알고 싶은 것들이 있거든요."

나는 그에게 쾌유를 빈 뒤, 약속 시간을 정하고 전화를 끊었다.

기차가 멈췄다. 문이 열리자 개 짖는 소리가 들리더니 플랫폼을 따라 달리는 와플의 모습이 보였다.

"와플!" 나는 전우를 만난 것처럼 반가워서 소리쳤다. 와플은 뒤를 돌아보더니 꼬리를 흔들며 달려왔다. 마치 와플이 정말로 나를 아는 것 같은 느낌이 들었다.

"여기서 뭐하는 거야?"

나는 기쁜 마음으로 와플을 쓰다듬어주었다. 녀석은 오랜 여행에서 돌아오는 아버지를 맞이하러 공항에 나온 어린아이처럼 들떠서 내 주변을 빙빙 돌았다. 우리는 츠비의 집을 향해 출발했다. 앞장서서 달리는 와플의 뒤를 따라가던 나는 곧 츠비를 만난다는 기대로 한껏 부풀었다.

아무도 나와 보지 않는 집 안에 들어가자니 기분이 조금 묘했다. 마치 침입자가 된 느낌이랄까……

"어서 오세요!" 츠비가 집 안에서 소리쳤다. 나는 다양한 기념품들—사진과 그림, 잡지, 태피스트리, 화분—을 구경하며 천천히 안으로 들어갔다. 츠비는 찻주전자와 찻잔 두 개 그리고 여러 권의 책에 둘러싸인 채 커다란 침대에 누워 있었다. 그는 나를 보고 무척 반가워하며 옆에 와서 앉으라는 몸짓을 했다.

"환영합니다! 우리가 마실 차를 마련해두었답니다. 그동안 어떻게 지내셨어요?"

나는 샤리프와의 코칭 작업에 대해 이야기해주었다.

"웃으면 허리가 아프답니다." 츠비가 신음했다. "그렇지만 때로는 웃음을 멈출 수가 없어요. 그건 그렇고, 돌파 프로젝트를 실현할 날이 얼마 안 남았군요. 니차빔은 토라 중에서도 가장 감동적인 부분이지요. 당신은 언제 태어나야 할지 알고 태어나신 게 분명해요. 축하합니다! 시나고그에서 바르 미츠바를 재현하다니 정말 근사하군요!"

"저는 계속 다시 태어나고 있답니다." 내가 말했다. "오늘 제가 여기 온 것은 샤리프와의 작업을 통해 알게 된 몇 가지 중요한 것들을 더 자세히 알아보기 위해서예요. 병자를 돌보라는 토라의 가르침에 따른 것이기도 하고요. 여기, 선물을 하나 가져왔습니다."

나는 최근에 출판된 책을 건넸다. 츠비는 포장지를 벗기더니 놀라워하며 제목을 읽었다. "《스파크Sparks!》로군요! 안 그래도 읽고 싶었던 책인데…… 감사합니다! 정말 마음에 드는 선물이에요. 그럼 이제 당신의 이야기를 들어볼까요? 이 스파크가 당신을 이곳으로 인도했나요?"

"그렇습니다." 내가 대답했다. "내가 당신과 함께 탐구해보고 싶은 것은 바로 이 스파크, 샤리프와 함께 작업하는 동안 내 안에 일어난 스파크입니다. 최초의 스파크는 샤리프의 깊이 있는 경청을 접했을 때 일었습니다. 전에는 그토록 심오한 경청을 접해본 적이 없었거든요. 그런 특별한 경청을 처음 접한 것은 당신에게서였지만 그때는 그저 특별한 사람이 특별한 방법으로 특별하게 경청한다고만 생각했지요. 그런데 나중에 샤리프에게서도 그런 심오한 경청을 접하고 나니 이것이 습득된 방법이나 기술이라는 생각이 들었습니다. 그래서 이러한 경청에 대해 좀 더 알고 싶어졌지요."

"좋은 생각입니다." 츠비가 대답하며 몸을 일으키려 했다.

"그냥 그대로 누워 계세요." 내가 말했다. "누워서 말씀하셔도 들리니까요."

"우리가 처음 만났을 때 내가 유대식 코칭의 기초에 대해 간단히 소개하면서 다섯 번째 기초인 '잠재력을 이끌어내는 질문을 하는 기술'에 대해 언급했던 것 기억하세요? 잠재력을 이끌어내는 질문이란, 상대방의 진면모를 드러내고 그의 내면에 있는 고유한 빛을 강화시키는 질문입니다. 그것은 상대방의 내적인 삶이 드러나도록 여건을 조성해주는 질문이지요. 나는 이것을 난자를 찾아가는 정자의 움직임에 비유한 적이 있습니다. 난자와 정자는 각각의 사명과 목표를 가지고 있습니다. 난자는 정자 없이 살 수 있고 정자 역시 난자 없이 살 수 있습니다. 그리고 많은 난자가—그리고 영혼이—수정되지 못한 채 생을 마감합니다. 그렇지만, 때로는 자궁 안의 특정한 공간과 특정한 조건에서 난자와 정자가 만나는 매우 드물고 놀라운 일이 일어나기도 합니다. 경청은 자궁과 같습니다. 그것은 밭이고 가능성입니다. 기도와 사랑 없이는 파종도 없고 성장도 없고 새 생명의 출현도 없습니다. 자궁은 메마른 황무지처럼 아무 작용도 하지 않을 수 있습니다. 언젠가 피라미드에서 싹이 트지 않은 밀알이 발견되었다는 기사를 읽은 적이 있습니다. 빛과 열이 차단된 어두컴컴하고 메마른 피라미드 안에서 그 밀알들은 내면에 있는 생명을 드러내지 못한 채 수천 년을 지내온 것입니다. 그러다가 환경이 달라져서 물과 빛, 열에 노출되면 싹이 트기 시작하지요. 발아 과정은 원형의 해체와 더불어 진행됩니다. 어릴 때 유치원에서 콩나물을 키워본 사람들은 이 단계를 잘 알 겁니다. 콩의 형체가 해체될 때 무슨 일이 일어나지요?" 츠비가 물었다.

나는 유치원에서 기르던 콩나물과 우리를 돌봐주던 켐다 선생님이 생각났다. 켐다 선생님의 말이 마치 피라미드에서 영원한 잠을 자다가 깨어나 내 귓전을 울리는 것 같았다. "아래쪽에는 뿌리가 생기고 위쪽에는 떡잎이 생긴단다."

츠비는 미소를 지으며 말을 이었다. "이 해체의 과정은 경청이라고 하는 자궁 안에서만 가능합니다. 경청은 잠재력을 이끌어내는 질문의 근원이기도 하지요. 코칭에서는 경청을 중시하는데, 이 경청은 세 단계로 구분됩니다. 1단계는 코치가 본질적으로 자기에게 초점을 맞출 때이고, 2단계는 코치가 고객에게 다시 말해서 고객이 말하는 내용뿐만 아니라 말하는 방식에까지 초점을 맞출 때입니다. 가장 높은 단계인 3단계는 세 단계를 모두 아우르는 단계로, 직관이 360도로 작용한다는 게 주된 특징입니다. 그리고 바로 이 점이 유대식 코칭이 다른 일반적인 코칭과 구별되는 점이지요. 유대식 코칭은 코칭의 세계에 새로운 차원의 경청을 도입한 셈인데, 우리는 이것을 경청의 네 번째 단계라고 부를 수 있을 것입니다. 이것은 '애정이 깃든 경청loving listening'의 단계로, 랍비 이츠하크 긴즈버그의 저서 《어둠에서 빛으로》에 그 토대를 두고 있습니다.

애정이 깃든 경청은 허용적인 질문permissive question을 가능하게 해줍니다. '빌리다'와 '마음의 바람', '질문하다'는 뜻의 히브리어는 같은 어원에서 나왔는데, 이 단어의 공통점은 구하는 사람 혹은 질문하는 사람이 무언가를 받는다는 것입니다. 그러나 잠재력을 이끌어내는 질문은 질문하는 사람은 아무것도 받지 못하고 질문을 받은 사람이 무언가를—질문을—받습니다. 그렇다면 잠재력을 이끌어내는 질문이란 어떤 것일까요?

잠재력을 이끌어내는 질문은 대답의 세계가 아니라 회귀의 세계를 위한 질문입니다. 그것은 믿음을 바탕으로 하는 질문으로, 애정이 깃든 경청에서 비롯됩니다. 우리 코치들은 우리에게 궁금한 것을 질문하지 않습니다. 코치들은 고객이 궁금해하는 것을 질문합니다. 따라서 그 질문은 가능한 한 고객이 질문의 세계(회귀의 세계의 전단계인)에 들어갈 수 있게 해주는 것이어야 합니다. 코치는 질문할 때 아무런 선입견 없이 질문합니다. 그는 아무 말도 하지 않고 오직 듣기만 합니다. 무언가를 기대하거나 지시하지 않고 받아들이기만 합니다. 코치의 질문은 무언가를 창조하지는 못하지만 창조를 돕는 산파 역할을 합니다. '당신은 어디에 있습니까?' 같은 질문은 잠재력을 이끌어내는 질문의 첫 번째 예입니다. 그것은 믿음에 기초한 질문이자 코칭 세계의 질문입니다.

당신이 샤리프를 신뢰할 수 있다고 느껴서 정말 다행입니다. 샤리프는 경청의 대가이지요. 하지만 식기 전에 차를 좀 드시고 나서 대화를 이어가는 게 어떨까요?" 츠비는 이렇게 말한 뒤 불쑥 "하프타라를 낭독하는 것은 잘 되나요?" 하고 물었다.

그러자 내 안에 있는 무언가가 갑자기 긴장하는 게 느껴졌다.

"네" 내가 대답했다.

"그럼 연습 삼아 제 앞에서 한번 낭독해보시겠어요? 저더러 시나고그에 오지 말라고 하시니 집에서라도 한번 들어보고 싶군요. 여기는 당신을 두렵게 할 회중도 없잖습니까?"

'오, 이런!'

'왜 이렇게 부담을 느끼는 거야?' 내면의 목소리가 나를 진정시켰다. '사실 좋은 생각이잖아.' 나는 츠비의 말에 따를 수 없다고 생각하면서도 거절할 수가 없었다. '이건 기회야.' 내면의 목소리가 흥분해서 말을 이었다. '그냥 받아들여. 두려움에 굴하지 마! 일어나서 삶과 더불어 춤추는 거야. 츠비는 정말 좋은 사람이잖아. 안 그래?'

우리는 말없이 차를 마셨다. 내 안에서 소용돌이치는 모든 것이 나를 짓눌렀다. 그렇지만 내 안의 어딘가에 새로운 무언가가 느껴졌다. 갑자기 내 안에―심장과 폐 사이에―감추어져 있는 검은색의 작은 주머니가 생각났다.

'제대로 기억해냈구나.' 내면의 목소리가 속삭였다. '그건 두려움의 주머니야. 그게 얼마나 작은지 한번 보렴. 그 작은 주머니를 호주머니에 넣고 산책을 나가도록 해. 주머니가 터져서 온몸에 먹물을 묻히는 일이 없도록 조심하고.' 나는 보이지 않는 손을 뻗어서 두려움의 주머니를 감싸

유대인 인생의 비밀

쥐었다. 손가락 사이로 부드러운 감촉이 느껴졌다. 나는 그것을 호주머니에 넣고 폭발이 일어나기를 기다렸다. 그러나 폭발하는 소리는 들리지 않았다. 심장과 폐 사이의 무언가가 해방되었다. 나는 편하게 숨 쉬며 조용히 '나'에게 미소 지었다.

"제가 제안을 하나 하지요." 츠비가 웃으며 말했다. "제가 애정이 깃든 경청에 관한 프레젠테이션을 보여드릴 테니 당신은 니차빔 뒤에 이어지는 하프타라 본문을 낭독하는 겁니다. 어떻습니까?"

'서로 좋은 일이네! 어서 대답해.' 내면의 목소리가 재촉했다.

"알겠습니다. 그렇게 하지요."

"좋습니다. 그럼 누가 먼저 할까요?"

'매도 먼저 맞는 게 낫다잖아.' 내면의 목소리가 충고했다.

"제가 먼저 하지요." 놀랍게도 내 입에서 이런 대답이 튀어나왔다.

나는 일어나서 《모세 오경》을 찾아다가 내가 읽어야 하는 부분을 막힘없이 읽기 시작했다. 음이 틀려서 악몽을 꾸었던 부분이나 이논과 연습할 때 애를 먹었던 부분에서는 가슴이 뛰었지만, 그래도 무사히 낭독을 마칠 수 있었다. 츠비는 어깨를 살짝 들어 올리고 박수를 치다가 곧 신음 소리를 냈다. 그는 내게 사과하며 물리치료사가 알려준 '바다사자 체조'를 해야 한다고 말했다. 그러고는 두 손으로 매트리스를 짚고 상체를 뒤로 젖혔다가 몸을 돌려 엎드리는 동작을 취했다.

"이게 한 번이에요." 츠비가 신음하며 말했다. "이 동작을 열 번 반복해야 하지요." 나는 그가 허리 운동을 할 수 있도록 자리를 비켜주었다.

잠시 바깥에서 휴식을 취하고 돌아오니 츠비가 옆에 있는 영사기를 작동시키는 법을 알려주겠다고 했다. 그는 리모컨을 손에 쥐고 침실 벽에 비친 첫 번째 슬라이드를 바라보았다. 기버타임에 있는 우리 집 거실에서 마이모니데스의 《지식의 서Book of Knowledge》 슬라이드를 처음 본 후로 얼마나 많은 세월이 흘렀는지 모른다. 내 인생의 다양한 교차로를 비춘 그 모든 스크린과 사진, 비디오들, 프레젠테이션들이 떠올랐다. 그 모든 일이 지나고 이제 나는 애틀릿에 있었다. 촛대가 놓인 선반과 벽을 마주한 채 리모컨을 쥐고 엎드려 있는 남자와 함께. 나는 유대식 경청의 네 번째 단계에 도달해 있었다. 츠비의 목소리에 문득 정신을 차리고 보니 스크린에 다음과 같은 문구가 떠올라 있었다.

1. 코치와 고객이 널찍한 원의 한가운데에 앉아 있다.
2. 두 사람은 서로에게 자기소개를 한다. (두 사람을 둘러싼 원이 더 넓어진다.)
3. 코치는 자아를 죽이고 절대적인 평등과 사랑 안에서 고객의 세계에 집중한다. 그리고 대등한 관계에서 고객에게 코칭이 무엇인지를 설명한다.
4. 고객은 그가 코칭을 원하게 된 동기를 이야기한다.
5. 코치는 진정으로 고객에게 관심을 갖고 심도 있는 질문을 한다.
6. 고객은 자신이 살아온 이야기를 자세히 들려주고 코칭을 통해 무엇을 얻고자 하는지 이야기한다.
7. 코치는 고객의 관심사가 자신의 관심사이기도 하다는 것을 발견한다.
8. 코치는 고객이 하는 말을 주의 깊게 듣는다.
9. 두 사람을 둘러싼 원이 점점 더 넓어진다. 코치는 고객이 자신에게 에너지를 충전하고 개인적으로 성장할 기회를 주려고 하나님이 보낸 메신저이며, 오직 고객을 통해서만 이런 선물을 받을 수 있음을 이해한다. 코치의 세계와 고객의 세계 사이에 복된 혼돈이 생겨난다.
10. 두 사람을 둘러싼 원의 색깔이 하늘색에서 분홍색으로 바뀐다. 이것은 코치와 고객의 장벽을 허물고 코치와 코치 자신 그리고 고객과 고객 자신 사이의 장벽을 허무는 '사랑'의 원이다. 코치는 마음속에 떠오른 다양한 답을 구분하는 여과의 과정을 거친다. 그는 자기 안의 향상되지 않은 영역에서 온 답을 배제한다. 그리고 향상된 영역에서 오긴 했지만, 고객보다는 자신

과 더 관련이 있는 답도 배제한다. 이렇게 해서 그는 코치로서 잘못된 방식으로 경청하거나 행동하는 일이 없도록 한다.

11. '사랑'의 원은 코치와 고객 사이에 유대를 형성해주는 기본적이고 애정이 깃든 코칭을 낳는다. 그리고 이런 유대는 코치와 고객을 하나님 앞에서 동등한 위치에 놓는다. 두 사람은 하나님 앞에서 똑같이 겸손하고 헌신된 사람들이다.

12. 코치는 자신의 삶에서 해결해야 할 문제가 있음을 알고 언제 어디서 그 문제를 다룰지 결정한다. 고객은 코칭을 받고자 하며 또한 자기 영혼 안에서 개선되어야 할 부분을 찾고자 한다. 코치는 경청을 통해 자아를 완전히 내려놓고 고객의 말에만 귀를 기울인다. 그는 고객의 세계에 완전히 몰입하는 주관적인 상태와 고객과 거리를 둠으로써 그를 명확하게 이해하는 객관적인 상태를 주의 깊게 오간다. 그리고 바로 이 지점에서 혼돈이 끝나고 '애정이 깃든 경청'이 시작된다.

13. 그다음부터는 잠재력을 이끌어내는 질문을 하는 시간이다. 코치는 고객에게 초점을 맞춘다. 그리고 그제야 고객은 자기 안에 감추어져 있는 대답을 이끌어낼 질문들을 코치에게 암시할 수 있다.

"정말 훌륭한데요! 감사합니다!" 나는 츠비에게 진심으로 고마워했다.

"더 자세히 알고 싶은 게 있나요?" 츠비가 물었다.

"네, 그런데 대화를 계속하실 수 있겠어요? 피곤하진 않으세요?"

"괜찮습니다. 약간의 통증이 느껴지긴 하지만 체조를 하면 나을 거예요. 나와 내 허리는 이미 오랜 친구랍니다."

"저는 코칭의 개념에 대해 좀 더 깊이 탐구해보고 싶습니다. 당신이나 샤리프와 함께한 코칭에서 그 깊이를 느낄 수 있었으니까요. 이 코칭은 내게 내적 확신을 주었고, 대단히 유쾌했어요. 코칭은 내게서 비롯된 무언가에 기초한 게 아니었습니다. 그것은 내 행동에 대한 반응이나 지적으로 이루어진 게 아니었어요. 그것은 처음부터 당신에게서 시작된 것으로, 마치 우리가 같이 앉아 있다는 단순한 사실에서부터 이런 코칭이 나오는 것 같았습니다. 당신은 다른 사람에게도 그렇게 할 게 틀림없어요. 어떻게 하면 그런 수준의 코칭이 무한히 가능한 것일까요?"

츠비는 미소를 지었다. "당신은 우리가 해온 코칭 작업의 기초를 언급하셨습니다. 신뢰와 믿음, 즉 인간에 대한 신뢰와 하나님에 대한 믿음은 유대식 코칭의 기초를 이루는 네 번째 원리입니다. 다른 때 같으면 믿음에 대해 하루 종일이라도 이야기할 수 있겠지만 지금 상황에서는 조금 어려울 것 같군요. 괜찮으시다면 신뢰에 대해 몇 가지만 이야기하겠습니다. 앞서 언급했듯이 '믿음'과 '아멘', '코칭'을 뜻하는 히브리어는 같은 어원을 갖고 있습니다. 그런데 일반적인 코칭과 유대식 코칭 사이에는 근본적인 차이가 있습니다. 유대식 코칭의 고유한 특성은 그것이 유대적인 자료를 토대로 하지 않고 있다는 것입니다. 유대적인 가치와 전통도 그리 큰 비중을 차지하고 있지 않고요. 제가 '토라 문화'라고 불리는 최초의 코칭 모델에 대해 이야기한 적이 있는지 모르겠네요. 어쨌든 그 모델은 기본적으로 금언들을 모아놓은 것으로, 일반적인 코칭에 토대를 두고 있습니다. 그래서 우리는 그 모델을 포기하고 '회귀의 과정'이라고 하는 새로운 모델을 개발했지요.

우리가 처음 만났을 때 신뢰에 대해 간단히 논의했던 것, 기억하실 겁니다. 신뢰는 믿음의 연쇄 고리 중 첫 번째 고리로, 모태에서 시작됩니다. 자궁은 가장 기본적인 신뢰가 형성되는 곳입니다. 자궁은 에덴동산 같은 환경을 제공해 태아가 근심이나 걱정 없이 지낼 수 있게 해주지요. 그러나 인간은 탄생과 더불어 평생 지워지지 않는 강렬한 인상으로 남을 변화를 경험합니다. 갑자기 이상적이고 조용한 세계 바깥으로 내던져져 끊임없는 소란에 휘말리게 되는 것이지요. 그때부터 그는 빛과 소음, 굶주림, 고통 그리고 끊임없이 그를 당혹하게 만드는 혼란스러운 상황에 적응해야 합니다. 그리고 바로 여기서부터 믿음에 위기가 싹 트기 시작하지요. 우리는 이때 경험한 쓰라린 실망감을 진정시키기 위해 평생 애쓰게 됩니다. 신뢰할 수 있는 사람들을 찾고자 하는 우리의 끝없는 탐색이 시작되는 것이지요. 어머니의 사랑과 애정은 아기에게 신뢰와 소속감을 심어주어 아기가 상한 뿌리가 아닌 튼튼한 뿌리를 갖게 합니다."

'츠비가 어떻게 너의 그토록 사적인 부분까지 알고 있는 거지?' 내면의 목소리가 비명을 질렀다.

"어머니는 깨어진 신뢰를 회복하게 해주는 최초의 사람입니다."

'사람 살려!' 내면의 목소리가 비명을 질렀다. '츠비는 네게 몰래카메라를 달아놓은 게 틀림없어. 아니면 외계와 교신하고 있거나! 조심해!'

"많은 사람이 믿음의 반대는 이단이라고 생각하지만, 사실은 그렇지 않습니다. 믿음의 반대는 실망입니다. 《미슈나Mishnah》(유대교 랍비들의 구전을 집대성한 책)의 〈암소〉 편에는 '실망스러운 물'의 개념이 나옵니다. 《미슈나》에서는 '실망스러운 물이란 무엇인가?'라고 묻습니다. 그리고 '7년에 한 번씩 흐르기를 멈추는 샘은 실망스러운 물이다'라고 답합니다. 7년에 한 번씩 흐르기를 멈추는 에이탄 강은 아치자브 강이라고도 불리는데 '아치자브 강'이란 '실망스러운 강'이라는 뜻입니다. 여기서 우리는 무언가를 온전히 신뢰하는 데 필요한 조건이 무엇인지 알 수 있습니다. 히브리어로 '어머니'는 '진리'와 어원이 같습니다. 그 밖에도 '계약', '기둥', '믿음', '코칭'이 다 같은 어원에서 나온 말입니다. 안정성에 대한 환상은 우리에게 견고하고 안정적인 것을 의지하게 만듭니다. 자연의 모든 것이 다른 무언가에 의지하는 무언가를 의지합니다. 안정성에 대한 환상이 세상을 지탱하는 것이죠. 그러나 사실 우리는 의지할 사람이 아무도 없으며, 의지의 연쇄 고리 끝에는 의지할 게 아무것도 없습니다. 거대한 쓰나미가 세상을 강타하면 안정성에 대한 환상은 산산이 부서지고 말지요."

'그럼 하늘에 계신 우리 아버지는?' 내면의 목소리가 시적인 질문을 던졌다. 그러자 츠비는 마치 그 소리를 듣기라도 한 것처럼 설명을 이어나갔다.

"하늘에 계신 우리 아버지를 의지하려면 진실한 믿음이 필요합니다. 믿음이 부족한 사람의 삶은 안정성에 대한 환상을 토대로 하고 있습니다. '신뢰'는 무언가에 의지할 수 있다는 가능성의 표현입니다. 믿음의 원은 어머니에게서 아기에게로 확장되어, 아기는 자신의 팔과 다리를 발견하고 그것들을 신뢰하게 됩니다. 그리고 다시 그 주변에 있는 것들, 즉 가구나 장난감, 친구들, 동물들을 신뢰하게 됩니다. 이러한 신뢰의 경험은 점점 커져가고, 그래서 균형 잡힌 영혼으로 성장한 사람은 자신과 타인을 깊이 신뢰하게 됩니다. 그리고 그와 같은 깊은 신뢰는 개인의 소유물이나 중요한 물건을 다른 사람들의 손에 맡기는 것을 가능하게 합니다.

여기 믿음의 사람의 놀라운 예가 있습니다. 모세는 '신실한 종'이라고 불릴 정도로 믿음이 깊었습니다. 그리고 요셉은 주인인 보디발이 그를 '가정 총무로 삼고 자기의 소유를 다 그의 손에 위탁'(《창세기》 39장 4절)할 정도로 신실한 사람이었습니다. 우리는 잠자리에 들기 전에 하나님께 우리 영혼을 맡긴다고 말씀드립니다. 다음 날 아침 하나님이 우리에게 영혼을 돌려주시리라는 것을 확신하고 말이지요. 건강한 결혼생활도 태어날 때 손상된 신뢰를 어느 정도 회복시켜줍니다. 그리고 다른 사람을 하나의 온전한 세계 혹은 성소로 보는 것도 그 사람에게 위안을 줄 수 있습니다. 그러나 그러기 위해서는 먼저 '네 이웃 사랑하기를 네 자신과 같이 사랑'(《레위기》 19장 18절)해야 하는데, 여기서 '네 자신과 같이'라는 말은, 하나님이 당신을 다른 사람들과 똑같이 창조하셨다는 뜻입니다. 당신이 바라보는 모든 사람은 당신과 같은 사람들입니다. 그것이 '네 자신과 같이'라는 말의 참된 의미입니다. 나는 당신이 우리와 함께 작업하면서 느낀 것들이 바로 이런 것들이기를 바랍니다.

이 이야기는 여기까지 하지요. 등이 배겨서 더 이상은 힘들 것 같아요. 자세를 바꿔야겠습니다. 오, 이런! 아까도 말씀드렸듯이⋯⋯."

츠비가 자세를 바꾸자 나는 달콤하고 편안한 잠에서 깨어난 느낌이 들었다.

"그래, 얼마 후면 하프타라를 낭독하게 될 텐데 기분이 어떻습니까?" 츠비가 물었다.

"감사하게도 준비가 된 느낌입니다." 내가 대답했다. "이틀 뒤면 프로젝트를 실행할 수 있게 되었어요. 바르 미츠바를 재현할 수 있게 된 거죠. 사람들이 아무리 이상하게 생각하더라도 나는 이 일을 끝까지 밀어붙이기를 잘했다고 생각합니다."

"잘 해내시기를 바랍니다." 츠비가 말했다. "그리고 즐기는 것을 잊지 마시길⋯⋯. 그게 가장 중요합니다. 제가 다시 통증을 없애주는 체조를 하기 전에 더 물어보고 싶은 게 있나요?"

"네." 내가 대답했다. "괜찮으시다면 사소한 질문을 하나 더 드리겠습니다. 당신도 그렇고 샤리프도 그렇고 우리가 '그……'를 추구하는 건 아니라고 했는데, 우리가 추구하는 게 아닌 '그……'가 뭔가요?"

"정말 이상하게 들리는 말이죠?" 츠비가 웃음을 터뜨렸다. "설명해드리겠습니다. 우리 삶에서 일어나는 무언가를 묘사하거나 정의할 때 우리는 정확성을 원하고, 따라서 정확하게 판단하고 정확하게 정의하려 합니다. 어떤 사람들은 바로 그 일이나 그 아파트, 그 배우자를 찾지요. 그들은 '그……'에 못 미치는 것에는 만족하지 못하는 겁니다. 그런데 일단 목표한 것들을 탐색하기 시작하면 '그……'는 삶의 흐름에 따라 변해서 종종 찾기가 힘들어집니다. 그래서 우리는 찾는 일을 포기할까 봐 두려워 당분간은 현 상황에 적절한 상대적인 정의에 만족하지만 그래도 계속해서 '그……'를 찾아보겠노라고 말합니다. 그러나 실제로 일어나는 일은 그 반대입니다. 우리는 현 상황과 우리가 살아가는 특정한 순간에 관계된 정의에 만족하게 됩니다. 그리고 이 특정한 순간이 바로 '그……' 입니다. 이해가 되나요?" 츠비가 물었다.

나는 우리가 작별의 순간을 앞두고 있음을 깨달았다. 츠비와의 첫 만남부터 지금까지의 일을 돌아보니 정말 가슴이 벅찼다. 나는 어떻게 하면 이 작별의 순간을 짧고 유쾌하게 마무리할 수 있을지 생각해보았다.

'간단하게 해.' 내면의 목소리가 웅얼거렸다. "단순성, 기쁨, 결과'를 잊지 말라고.'

"저는 세상에서 가장 훌륭한 코치에게 답을 들었습니다. 그동안 저를 이끌어주신 데 대해 감사드립니다. 하나님은 제게 코칭을 받는 특권을 허락하셨고, 그 코칭을 통해 저는 그토록 오랫동안 찾아 헤맸던 '그……'

가 실은 늘 내 안에 있었다는 것을 알게 되었습니다. 이제 작별할 때가 되었군요. 안녕히 계세요, 츠비. 그동안 정말 감사했습니다."

츠비는 작별의 악수를 청했다. 그러고는 나를 바라보며 내가 낭독하기로 되어 있는 하프타라를 노래하기 시작했다.

내가 그와 헤어져 어두운 골목길을 따라 내려갈 때에도 그의 노랫소리는 계속되었다. 그 소리는 계속해서 나를 따라오다가 낙엽과 비닐봉지와 오래된 신문지를 뒤에 남기고 지나가는 기차 소리에 묻혀 사라졌다.

목요일은 샤리프와 마지막으로 만나는 날이었다.

"디데이가 다가오는군요." 샤리프가 도착해서 말했다. "기분이 어떻습니까?"

"아주 좋습니다!" 내가 대답했다. "내일 아침에 이논과 시나고그에서 마지막 연습을 하기로 했어요. 그리고 그다음 날에 실제로 사람들 앞에서 낭독하는 거죠."

"자축하세요. 당신은 인생에서 대단히 중요한 무언가를 해낸 거니까요." 샤리프가 말했다. 늘 그의 질문에 익숙해져 있던 나는 그의 말끝에 물음표가 붙지 않은 것에 놀랐다.

"당신의 성취를 축하해주세요. 아무런 기쁨의 표현도 하지 않고 넘어가는 일이 없도록 하세요. 당신은 스스로를 축하할 자격이 충분합니다. 그러니 가족과 함께 축하하세요. 가족들은 당신이 연습하는 것을 잘 참아주었으니까 기쁨도 맛보아야 하지 않겠어요? 제가 아주 솔직하게 한 말씀 드릴까요?" 그는 환한 미소를 지으며 말했다. 나는 고개를 끄덕여 보였다.

"다음 프로젝트에 돌입하기 전에 가족들과 함께 스스로를 축하해주세요."

우리는 나머지 시간을 우리가 처음 만났을 때부터 지금까지 함께한 코칭 작업을 정리하면서 보냈다. 나는 그동안 내가 느꼈던 것들을 이야기했고, 샤리프는 코칭을 하면서 경험한 것들을 나눴다.

"감사합니다." 내가 말했다. "우리가 처음 만났을 때 나는 당신의 눈썹이 치켜 올라가고 이마에 주름이 잡히는 것을 보고 조금 놀랐는데, 곧 당신의 단순한 '사랑'을 접하게 되었지요. 당신은 내가 많은 것을 생각할 수 있게 해주었습니다. 덕분에 당신과 만나고 나면 늘 심오한 기쁨을 맛볼 수 있었지요. 당신이 내게 해주신 것들에 대해 다시 한 번 깊이 감사드립니다."

"저도 감사합니다." 샤리프가 갑자기 수줍어하며 말했다. "처음에는 제가 당신의 삶에 어떤 공헌을 할 수 있을지 잘 몰랐습니다. 그런데 당신이 저에게 당신의 잠재력을 이끌어낼 수 있게 해주었어요. 저를 향한 당신의 신뢰가 큰 도움이 되었습니다. 저도 당신의 코칭을 통해 성장했습니다. 우리는 둘 다 성장했어요. 당신께 감사드리고 당신의 바르 미츠바를 축하드립니다." 우리는 포옹을 하고 헤어졌다.

금요일이었다. 나는 이논과 함께 시나고그에 있었다. 설교단에 올라가서 텅 빈 예배당 안을 둘러보았다. 조용했다. 나는 토라 궤가 있는 곳으로 가서 커튼에 입을 맞췄다. 이논이 박수를 치며 큰 소리로 말했다.

"자, 시작하시죠."

나는 스테인드글라스를 바라보며 생각했다. '나는 내일 이 시간에 여

기 있을 거야. 바로 이 자리에서 내가 선택한 일을 할 거야.'

그런 다음 에베레스트 산에 오른 최초의 이스라엘인 도론 하렐을 떠올렸다. 도론은 정상을 향한 마지막 60미터의 고되면서 흥분되고 상상을 초월하는 여정에 대해 이렇게 회고했다. "나는 두려운 마음으로 하산할 때 필요한 산소가 얼마나 남았는지 확인한 후 무거운 발을 끌며 천천히 정상을 향해 올라갔다. 그리고 정상에 서서 배낭에서 이스라엘 국기를 꺼내 높이 흔들었다. 5년간의 준비와 훈련이 결실을 맺는 순간이었다. 나는 조용히 사방을 둘러보며 혼잣말을 했다. '그토록 에베레스트에 오르기를 소망했는데, 이스라엘의 시골 마을 기버타임에서 온 나 도론이 드디어 세계의 정상에 올랐어. 하지만 정상에 선 지금 내가 원하는 것이라곤 기버타임에 있는 우리 집으로 돌아가는 것뿐…….'"

나도 설교단에 오른 지금 내가 왜 이 일을 하려고 했는지 생각해보았다. 하프타라를 낭독하려고 열심히 공부하고 연습한 것만으로도 충분한 것 같았다. 나는 하프타라를 가락에 맞춰 낭독할 수 있게 되었고, 따라서 굳이 내일 여기서 하프타라를 낭독하지 않아도 되었다.

그러나 나는 정상까지의 60미터를 마저 오르기로 했다. 나는 정상에 올라 기도 숄을 흔들 것이다. 그리고 뿌듯한 마음으로 집으로 돌아올 것이다. 이것은 나의 돌파 프로젝트였고, 후퇴는 없다. 그리고 나는 여기에 소속되어 있었다. 헤어질 때 이논은 매우 감동해서 말했다.

"아저씨는 대단한 일을 해내셨어요. 아저씨께 정말 감사드려요. 덕분에 많은 것을 배웠거든요. 아저씨의 굳은 의지와 성실함을 보면서 저도 개인적으로 더 성장한 것 같아요. 아저씨의 새로운 바르 미츠바를 결코 잊지 못할 거예요. 축하합니다."

그는 감정에 압도된 채 시나고그를 나섰다.

안식일이 되었다. 하늘은 청명했다. 나는 약간의 편두통을 느끼며 잠에서 깼다.

'축하해. 오늘은 나의 바르 미츠바 날이야.' 나는 속으로 생각했다. 나는 당면한 과제에 집중해야 했다. 이런저런 일이나 기분 때문에 주의가 산만해져서는 안 되었다.

'일찌감치 시나고그에 가. 그러면 떨리는 마음이 가라앉을 거야.' 내면의 목소리가 속삭였다.

"너는 안식일에도 일하는 거야?" 나는 내면의 목소리에게 물었다.

'그럼. 너를 위해 1년 365일 일하지. 마음을 편히 가져.'

사랄레와 아이들은 내게 행운을 빌어준 뒤 늦지 않게 시나고그에 오겠다고 말했다. 나는 그들이 어디엔가 사탕을 감춰두지는 않았는지 확인해본 뒤 시나고그로 향했다. 가서 보니 내가 시나고그에 도착한 첫 번째 사람이었다. 그리고 두 번째가 도비였다.

"잘할 수 있지?" 도비가 따스한 미소를 던지며 물었다.

"물론이지." 나는 이렇게 대답하고 그를 향해 다가갔다. "그런데 갑자기 머릿속이 하얘지면 어떡하지? 나를 대신할 사람이 있겠나?"

도비는 놀라서 나를 바라보았다. "머릿속이 하얘지다니, 그게 무슨 소린가?"

"왜, 숨이 가빠지고 눈앞이 캄캄해지는 뭐 그런 것 말일세." 나는 말을 더듬었다.

"괜찮을 거야. 내 말을 믿게나. 나는 경험이 많은 시나고그 관리인일세. 예배의 진행이 제대로 이루어지도록 할 다양한 방법을 알고 있지.

아무 문제 없을 거야." 도비가 말했다.

정말 아무 문제도 없었다. 도비가 내 이름을 부를 때까지는 말이다. 나는 내 이름을 부르는 소리에 로봇처럼 일어났지만, 몸을 움직일 수가 없었다. 점심때가 다 되어가는 터라 사람들은 시장해서 모두 집에 가고 싶을 텐데 나는 옴짝달싹할 수 없었다.

"왜 그러나?" 옆자리에 앉아 있던 마이클이 말했다. "어서 설교단으로 올라가게."

나는 숨이 가빠오고 눈앞이 캄캄해지는 것을 느끼며 설교단으로 향했다. 가는 길에 도비의 귀에 대고 속삭였다. "도비, 숨이 안 쉬어져. 게다가 축복 기도와 하프타라가 기억이 안 나는데, 어떡하지?"

"그런 건 잊어버리게." 도비가 작은 소리로 말했다. "그냥 첫 번째 축복 기도의 첫 문장만 생각하게나. 그건 기억나지?"

"기억나네." 내가 대답했다.

"좋아." 도비가 기뻐하며 말했다. "첫 문장을 말하면, 다음 문장은 자동으로 따라나올 걸세. 그러니까 첫 문장에 집중해." 그는 참을성 있게 미소를 지어 보이며 말했다.

딸아이 시라가 "아빠, 과감하게 하세요!"라고 말하는 게 들렸다. 그것은 내가 큰일을 앞두고 있을 때 딸아이가 늘 하는 말이었다. 그래서 나는 과감하게 입을 열었다. 첫 문장을 말하고 나니 두 번째 문장부터는 저절로 기억이 났다. 도비가 순조롭게 넘어간다는 신호를 보냈다. 나는 떨면서 하프타라를 낭독했다. 여신도석에 앉아 있는 사랄레도 떨고 있는 듯했다.

낭독이 끝나자 예배당 안이 조용해졌다. 상쾌한 바람이 불어왔다. 나는 기도 숄을 흔들며 세상을 향해 외쳤다. "드디어 정상에 올랐어. 주변의 모든 것들이 정말 아름답다! 이제 어디로 갈까?"

커다란 사탕이 내 이마에 정통으로 날아들었다.

"축하하네." 도비가 내 손을 쥐고 흔들었다. 세상은 별다른 감흥 없이 계속해서 조용히 돌고 있었다. 어쨌거나 이것은 또 하나의 바르 미츠바일 뿐이다. 집으로 돌아가자. 음식이 준비되어 있을 것이다. 시나고그에서 나올 때 메나헴 차바리가 인용부호가 찍힌 음들 때문에 애를 먹지는 않았느냐고 물었다.

"전혀!" 나는 놀라서 대답했다. "인용부호와 나는 오랜 친구라네. 그들은 밤에도 나를 찾아와서 대화를 나누곤 하지. 그들과는 아무 문제 없다네."

츠비와 샤리프와 함께한 매혹적인 여행의 끝에서 나는 나를 둘러싼 세상이 변하지 않았음을 발견했다. 변한 것은 세상이 아니라 바로 나 자신이었다. 그리고 이것이 바로 인생의 깊은 비밀이었다.

The Secret of Jewish Coaching

- **라시** 랍비 슐로모 이츠하키(Shlomo Yitzchaki, 1040~1105). 가장 유명한 토라 및 탈무드 주석서의 저자이다.

- **란** 랍비 니심 벤 르우벤 제론디(Nissim ben Reuven Gerondi, 1320~1389). 다양한 주석서와 답변(responsa)에 대한 책을 저술했다.

- **람쉘** 랍비 모쉬 하임 루자토(Moshe Chaim Luzzato, 1707~1747). 《정의로운 길(The Path of the Just)》의 저자이다.

- **랍비 나흐만(1772~1810)** 브레슬로브 하시디즘 운동의 창시자이다.

- **랍비 데슬러** 랍비 엘리야후 엘리에제르 데슬러(Eliyahu Eliezer Dessler, 1892~1953). 포네베츠 예시바에서 영적 조언자로 활동했고, 《진리를 찾아서》는 그가 이 예시바에서 가르친 강의를 기초로 한 책이다.

- **랍비 모쉬 하임 슐랭거(1931~)** 교육자. 《안식일 율법의 기초(The Foundations of the Laws of the Sabbath)》와 《정의로운 길에 대한 주석(A Commentary on the Path of the Just)》《야곱과 레아의 천막(The Tent of Jacob and Leah)》 등의 저서가 있다.

- **랍비 메나헴 멘델(1787~1859)** 코츠커 하시디즘 학교 설립자. 절대 진리에 도달하기 위한 그만의 독특한 방법론이 유명하다.

- **랍비 샤피로(1889~1943)** 죽을 때까지 바르샤바 게토에서 추종자들을 이끌던 지도자이자 교육자이다.

- **랍비 슐로모 로링크츠(1918~2009)** 이스라엘 국회의원을 지낸 학자이자 저술가이다.

- **바알 셈 토브** 랍비 이스라엘 바알 셈 토브(Yisrael Baal Shem Tov, 1700~1760). 하시디즘 운동의 창시자이다.

- **랍비 아브라함 이츠하크 하코헨 쿡(1865~1935)** 이스라엘 최초의 아슈케나지 (Ashkenazi, 중부·동부 유럽 유대인 후손) 최고 랍비로, 철학자이자 종교적 시온 주의 운동의 창시자이다.

- **랍비 이츠하크 긴즈버그(1943~)** 철학자. 하시디즘 철학과 과학, 심리학의 관계에 대한 책 십여 권을 썼다.

- **랍비 츠비 예후다 쿡(1891~1982)** 랍비 아브라함 이츠하크 쿡의 아들로, 종교적 시온 주의 운동의 영적 지도자이다.

- **랍비 하임 이츠코비츠(1749~1821)** '볼로친의 랍비 하임'으로 알려져 있으며, 믿음과 도덕성을 다룬 책 《네페시 하하임(Nefesh Hachaim)》으로 유명하다.

- **바알 하타냐** 리아디의 랍비 슈노이르 잘먼(Schneur Zalman of Liadi, 1745~1812). 샤바드-루바비치 하시디즘 운동의 창시자이자 샤바드 하시디즘의 주요 저작인 《타냐(Tanya)》의 저자이다.

- **마이모니데스** 랍비 모세 벤 마이몬(Moses ben Maimon, 1135~1204). 유대 율법의 권위자. 유대 율법과 유대 철학, 의학에 관한 저서를 남겼다.

- **마하랄** 랍비 예후다 로에브(Yehudah Loew, 1510~1600). 신비주의자, 철학자, 토라 주석가이다.

- **맬빔** 랍비 메이르 레이부시 벤 예키엘 미켈(Meir Leibush ben Yechiel Michel, 1809~1879). 성경 주석서를 저술했고 유대 율법의 권위자이다.

- **빌나 가온** 랍비 엘리야후 벤 슐로모 잘먼 크레머(Eliyahu ben Shlomo Zalman Kremer, 1720~1797). 토라 및 탈무드 학자로, 하시디즘 반대자들의 지도자이다.

- **아리잘** 랍비 이츠하크 루리아(Yitzchak Luria, 1534~1572). 신비주의자이자 루리아 카발라의 창시자이다.

유대인
인생의
비밀

초판 인쇄 2015년 7월 6일
초판 발행 2015년 7월 17일

지은이 베니 갈
옮긴이 박상은
펴낸이 강병선
편집인 김성수

기획·책임편집 김성수 **디자인** 이보람
해외저작권 한문숙 박혜연 김지영
마케팅 방미연 이지현 함유지 **홍보** 김희숙 김상만 한수진 이천희
제작 강신은 김동욱 임현식

펴낸곳 (주)문학동네
출판등록 1993년 10월 22일 제406-2003-000045호
임프린트 아템포

주소 413-120 경기도 파주시 회동길 210
문의전화 031-955-1930(편집) 031-955-2655(마케팅) **팩스** 031-955-8855
전자우편 kss7507@munhak.com

ISBN 978-89-546-3691-9 03320

www.munhak.com